"2+1"人才培养工学一体化系列教材

铁路车站与区间信号设备检修及维护

主　编　于　勇　李　欣

副主编　张贺宁　解祥云

参　编　（按姓氏笔画顺序）

马天娇　王　彩　刘新军

杨文广　蔡元菊

西南交通大学出版社

·成　都·

图书在版编目（CIP）数据

铁路车站与区间信号设备检修及维护 / 于勇，李欣
主编. -- 成都：西南交通大学出版社，2023.12
ISBN 978-7-5643-9151-5

Ⅰ. ①铁… Ⅱ. ①于… ②李… Ⅲ. ①铁路信号 – 信
号设备 – 维修 Ⅳ. ①U284.92

中国版本图书馆 CIP 数据核字（2022）第 255382 号

Tielu Chezhan yu Qujian Xinhao Shebei Jianxiu ji Weihu
铁路车站与区间信号设备检修及维护

主编 / 于　勇　李　欣　　　　责任编辑 / 何明飞
　　　　　　　　　　　　　　封面设计 / 吴　兵

西南交通大学出版社出版发行
（四川省成都市金牛区二环路北一段 111 号西南交通大学创新大厦 21 楼　610031）
营销部电话：028-87600564　　028-87600533
网址：http://www.xnjdcbs.com
印刷：四川森林印务有限责任公司

成品尺寸　185 mm × 260 mm
印张　25　　字数　559 千
版次　2023 年 12 月第 1 版　　印次　2023 年 12 月第 1 次

书号　ISBN 978-7-5643-9151-5
定价　68.00 元

课件咨询电话　028-881435775

总序
FOREWORD

为进一步适应国家职业教育改革，深化产教融合，更好地服务铁道行业发展升级对复合型技术技能人才的需求，新疆铁道职业技术学院与中国铁路乌鲁木齐局集团有限公司校企合作开展"2+1"人才培养。为提高人才培养质量，共同编写了"2+1"人才培养工学一体化系列教材，包括《铁路车站与区间信号设备检修及维护》《车站调车工作》《铁路轨道检修与维护》《接触网维护与检修》《电力机车运用与操纵》等 5 本教材。

"2+1"工学一体化系列教材的编写以习近平新时代中国特色社会主义思想为指导，以职业教育"三教"改革攻坚行动任务要求为重点，紧紧围绕铁路职业技能提升计划，以适应铁路新职员工岗位技能为目标，以提升培训质量和目标为主线，结合中国铁路乌鲁木齐局集团有限公司现场工装设备、岗位作业标准、技术规章制度，科学设置校企合作教学内容，精心编写"2+1"工学一体的工作手册式、活页式培训教材，并逐步配套制作数字化教学资源，力争打造立体式"2+1"培训教材。为进一步深化校企合作协同育人模式改革，为培养高素质的铁路技术技能型人才奠定基础。

"2+1"人才培养工学一体化系列教材的编写得到了中国铁路乌鲁木齐局集团有限公司职培部的大力支持，在此表示衷心的感谢！

编 者

2023 年 3 月

前言
PREFACE

本教材对应铁路信号工种"车站与区间"信号工岗位。随着高速铁路技术的发展，铁路信号设备列车运行控制系统在高速铁路运行过程中发挥着"中枢神经"的作用，关系着铁路运输的安全、正点和高效。列车运行控制系统包含本书介绍的所有信号设备，列车运行控制系统设备的运用质量需要通过"车站与区间"信号工的维护才能保证。

本教材的编写以习近平新时代中国特色社会主义思想为指导，以职业教育"三教"改革攻坚行动任务要求为重点，紧紧围绕铁路职业技能提升计划，以适应铁路信号工岗位技能为目标，以提升培训质量和目标为主线，结合中国铁路乌鲁木齐局集团有限公司现场工装设备、岗位作业标准、技术规章制度，科学设置校企合作教学内容，精心编写"2+1"工学一体的工作手册式、活页式培训教材。

本教材编写人员主要由中国铁路乌鲁木齐铁路局集团公司专家、具有现场工作经验的新疆铁道职业技术学院骨干教师组成。张贺宁和解祥云合作编写第一章和第四章，杨文广编写第二章，李欣和于勇合作编写第三章和第五章，刘新军编写第六章、第七章，蔡元菊编写第八章，马天娇编写第九章，王彩编写第十章。

由于编者水平所限，书中有不足之处在所难免，恳请广大读者指正。

编　者

2023 年 8 月

二维码目录

LIST OF QR CODES

序号	项目	二维码名称	资源类型	页码
21	项目 5 计算机联锁设备维护	计算机联锁系统	动画	201
22		TYJL-Ⅱ型计算机联锁系统结构	动画	204
23		TYJL-ADX 计算机联锁系统硬件结构	微课	216
24	项目 6 分散自律调度集中系统（CTC）/列车调度指挥系统（TDCS）维护	分散自律CTC系统介绍	微课	252
25		CTC车站设备	微课	254
26	项目 7 信号集中监测系统维护	铁路信号集中监测系统介绍	微课	283
27	项目 8 智能电源屏维护	智能电源屏组成	视频	304
28	项目 9 信号电缆设备维护	电缆芯线接续	视频	355
29	项目 10 信号防雷与接地设备维护	引下线	视频	370

目 录
CONTENTS

项目 1　道岔转辙设备维护

【项目导学】

　　道岔转辙设备是轨道交通必不可少的基础设备，它又是线路上的薄弱环节，需要专门技术和设施来保障通过列车（或车列）的安全。由一条线路分歧为两条线路，在分歧点上铺设的转辙线路叫作道岔。而道岔控制系统的执行机构是道岔转辙设备，它用来实现转换道岔、锁闭道岔及反映道岔尖轨所处的位置。转辙设备主要有电动（含交流、直流）、电液及电空转辙机及馈闭装置（驼峰自动化编组站使用），本书主要介绍 ZD6-D、ZYJ7、S700K、ZDJ9 等型号电动转辙机的日常养护、检修以及故障处理。

【教学目标】

1．知识目标

（1）掌握常见道岔转辙设备的基本结构以及电路原理。

（2）掌握 ZD6 型内锁闭道岔转辙设备日常养护内容及技术标准。

（3）掌握 ZYJ7+SH6 型外锁闭道岔转辙设备日常养护内容及技术标准。

（4）掌握 S700K 型道岔转辙设备日常养护内容及技术标准。

（5）掌握 ZD6-D 型道岔转辙设备标准化检修内容及技术标准。

（6）掌握 ZYJ7+SH6 型道岔转辙设备标准化检修内容及技术标准。

（7）掌握 S700K 型道岔转辙设备标准化检修内容及技术标准。

（8）掌握道岔 I 级测试的内容、方法及标准。

（9）掌握道岔密贴、缺口调整方法及标准。

（10）掌握道岔转辙设备故障处理方法及技巧。

2．技能目标

（1）能按照作业标准完成 ZD6 型内锁闭道岔转辙设备日常养护。

（2）能按照作业标准完成 ZYJ7+SH6 型外锁闭道岔转辙设备日常养护。

（3）能按照作业标准完成 S700K 型道岔转辙设备日常养护。

（4）能按照作业标准完成 ZD6-D 型道岔转辙设备标准化检修。

（5）能按照作业标准完成 ZYJ7+SH6 型道岔转辙设备标准化检修。

（6）能按照作业标准完成 S700K 型道岔转辙设备标准化检修。

（7）掌握道岔 I 级测试方法及标准。

（8）掌握道岔密贴、缺口调整方法。

（9）掌握道岔转辙设备故障处理方法。

3. 培养目标

（1）树立精检细修、严谨细致的工匠精神。

（2）培养学生吃苦耐劳、甘于奉献的道德情操。

（3）培养学生遵章守纪、严于律己的纪律意识。

任务 1　ZD6-D 型转辙设备日常养护

任务描述

ZD6-D 型电动转辙机是目前用量最大的转辙机之一，用于铁路站场，改变道岔开通方向，锁闭道岔尖轨、反映尖轨位置状态，是实现有轨运输现代化和自动化的重要基础设备。本任务以 ZD6-D 型电动转辙机为例，讲解其日常养护作业以及相关技术要求。

教学目标

1. 知识目标

（1）掌握 ZD6-D 型电动转辙机日常养护内容。

（2）掌握 ZD6-D 型电动转辙机日常养护相关技术标准。

2. 技能目标

能够按照日常养护作业流程，完成 ZD6-D 型电动转辙机的日常养护。

3. 素质目标

培养良好的协作能力。

知识链接

ZD6-D 型电动转辙机认知

一、ZD6-D 转辙机的安装方式

ZD6 转辙机的安装方式有两种：道岔在定位，电动转辙机动作杆处于"左伸"或"右缩"位置，自动开闭器接点第一、三排接点闭合称为正装；道岔在定位，电动转辙机动作杆处于"右伸"或"左缩"位置，自动开闭器接点第二、四排接点闭合，称为反装。

二、ZD6-D 型电动转辙机的结构与传动原理

（一）ZD6-D 型电动转辙机的结构

ZD6 型电动转辙机主要由电动机、减速器、摩擦联结器、主轴、动作杆、表示杆、移位接触器、外壳等组成，如图 1-1-1 所示。

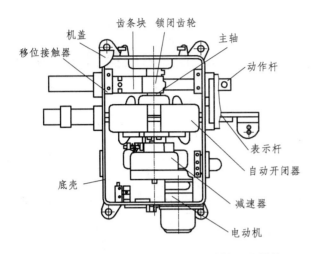

机盖　齿条块　锁闭齿轮　主轴
移位接触器
动作杆
表示杆
自动开闭器
底壳
减速器
电动机

ZD6-D 型电动
转辙机结构

图 1-1-1　ZD6-D 型电动辙机的结构

（二）自动开闭器

自动开闭器由静接点、动接点、速动片、速动爪、检查柱组成，用来表示道岔尖轨所在位置。

自动开闭器有 2 排动接点，4 排静接点。它们的编号规则为：站在电动机处观察，从右至左分别为第 1 排、第 2 排、第 3 排、第 4 排接点，1、4 排为动作接点；2、3 排为表示接点，每排接点有 3 组接点，自上而下顺序编号，如图 1-1-2 所示。

道岔在转换过程中，自动开闭器动作规律：

道岔在转换过程中总是先断开原位置的表示接点，随后接通向回转换用的动作接点，再断开原位置的动作接点，同时接通新位置的表示接点。

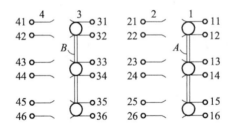

图 1-1-2　自动开闭器接点组排列图

（三）传动原理

图 1-1-3 中表示的各机件所处的位置是动作杆由右向左移动后的停止状态，自动开闭器 1、3 排接点闭合，当电动机通入规定方向的道岔控制电流，电动机轴按图中所示的逆时针方向旋转，电动机通过齿轮 1 带动减速器，这时，减速器中的输入轴按顺时针方向旋转，输出轴按逆时针方向旋转，输出轴通过一个正反十字形接头的启动片带动主轴，使主轴随输出轴按逆时针方向旋转，锁闭齿轮在旋转过程中完成了机械的解锁，转换时拨动齿条块，使动作杆带动道岔向右移，当转换到位时锁闭齿轮锁闭道岔，同时带动自动开闭器的动接点 1、3 排接点断开，2、4 排接点闭合。

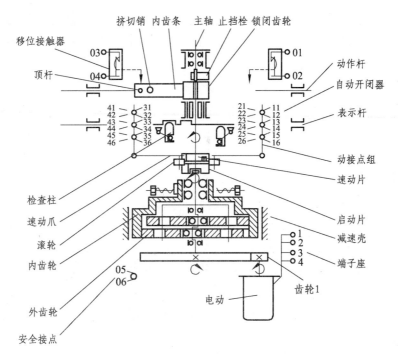

图 1-1-3　ZD6-D 转辙机传动原理

三、ZD6-D 电动转辙机的测试、调整方法及其他

（一）道岔尖轨密贴状态的检查和调整

（1）道岔尖轨密贴状态的检查。

检查尖轨密贴状态的方法很简单，即用撬棍将道岔尖轨分别拨向定位和反位，使之密贴于基本轨。撤去撬棍后，尖轨保持与基本轨密贴，则表示尖轨密贴状态良好。如果撤去撬棍后，尖轨自动移位，离开基本轨，则表示尖轨反弹，尖轨与基本轨间的间隙越大，反弹的力也越大。应查找原因，克服尖轨反弹，使其达到安装标准。

对使用中的道岔，如发现异状较为严重，可用手摇把摇动道岔，检查尖轨的密贴状态。摇动道岔，使尖轨与基本轨密贴，松开手摇把时，尖轨保持不动，表示密贴良好；若尖轨自动移位，且手摇把反转，表示尖轨有反弹或别劲。这时应立即通知工务，进行现场处置，克服尖轨反弹现象。

在通常情况下，检查道岔尖轨密贴状态的方法是在道岔第一连接杆处的尖轨与基本轨间，加一块宽 20 mm 厚 4 mm 的铁片，扳动或手摇道岔，道岔不能锁闭，表示不能接通，可视为道岔尖轨密贴状态良好。这是一种符合《铁路技术管理规程》要求的常规检查方法。

（2）衡量道岔密贴力的标准为 2 mm 锁闭、4 mm 不锁闭。

（3）道岔尖轨密贴状态的调整（即密贴力的调整）

调整前工务道岔开口必须合适，一般道岔开口在 142～152mm，以保证密贴调整杆的空动距离不小于 5 mm。道岔调整的程序：先调整密贴，后调整表示缺口；先调整伸出位，后调整拉入位（伸出、拉入指动作杆的状态）。

（4）调整 ZD6-D 电转机牵引道岔的正确步骤：伸出端的密贴→主杆缺口→拉入端密贴→副杆缺口。

（5）调整 ZD6-D 电转机密贴的方法。

在第一连接杆中部下方有 2 个调整螺母、2 个袖套、2 个档环，如果道岔右侧不密贴，则调整道岔左侧的袖套和螺母，反之如果道岔左侧不密贴，则调整道岔右侧的袖套和螺母，具体调整方法如下：

若道岔右侧不密贴，则用 450 mm 扳手松开左侧螺母，退出档环，向右适当调整螺套，直至尖轨密贴基本轨，使道岔造成锁闭位置。若道岔右侧密贴过紧，则向左调整袖套，调整完毕后，上好挡环，拧紧螺母，然后试验 2 mm 锁闭，再试验 4 mm 不锁闭。试验完毕，观察密贴调整杆的空动距离需在 5 mm 以上。若道岔左侧不密贴或密贴过紧，则调整右侧的袖套或螺母，具体调整方法同右侧密贴调整。

全部调整好后，检查螺母紧固，上好防松绑线。

（二）表示缺口的检查和调整

《信号维护规则》要求检查柱落入表示缺口后，检查柱和表示缺口的一边应有（1.5±0.5）mm 的间隙（ZD6-J 型机为缺口间隙加尖轨与基本轨的间隙之和应不大于 7 mm）。这个间隙在转辙机动接点组一侧下方的空隙中可以看到。检查表示缺口就是观察或测量这个间隙是否符合标准。

调整表示缺口就是调整表示杆的行程，使检查柱落入表示缺口；且缺口间隙满足《信号维护规则》的要求。

调整表示杆的步骤：先调主口，后调副口。具体来说，就是先调表示杆伸出位置的缺口，后调表示杆拉入位置的缺口。具体调整方法如下：

1. 主口的调整（即道岔伸出时缺口的调整）

动作杆伸出端密贴调整完毕后，用 450 mm 扳手调整尖端杆两侧的螺母，移动表示杆位置，使检查柱落入检查块缺口内两侧间隙（1.5±0.5）mm，然后拧紧尖端杆上的调整螺母，根部用铁线扎紧。

2. 副口的调整（即道岔拉入时缺口的调整）

将道岔操至拉入位置，卸去尾端外罩，松开表示杆上的调整螺丝，拧调整螺杆。使拉入位置的检查柱落入表示杆缺口内，间隙为（1.5±0.5）mm，然后拧紧表示杆上的横穿螺丝，将道岔扳动确认 1 个往返，确认主副缺口间隙合适。全部调整完毕后，拧上尾端外罩。检查表示杆上的紧固螺丝，并上好防松绑线。

（三）自动开闭器接点接触深度的调整

调整时用小扳手松开速动爪上调整螺栓的固定螺母，用改锥拧动调整螺栓来改变动接点的位置，调整接触深度，调好后用改锥顶住调整螺栓，同时用小扳手拧紧固定螺母即可。注意：调完后将道岔操到另一侧，看接点接触深度是否合适。

（四）更换挤切销

拉开遮断器，插入手摇把。将道岔摇到四开位置，将挤切销压盖卸下来，再用专用工具拔销器，拧住旧销，轻轻摇动道岔，将挤切销拔下，再将新销更换，垫上弹簧垫片，将压盖重新拧紧。摇回原来的位置，这时，就可以进行扳动试验了。

挤切销更换周期：

正线主销半年一次，侧线主销一年一次；副销检查，状态不良时更换。

更换挤切销应注意：顶螺母必须拧紧、拧到底，不得高于齿条面；更换螺母后，来回摇动观察，使其不得碰到启动齿，在更换、摇动过程中，有可能使移位接触器点跳起，应按下。完成后，应联系扳动试验，复查定、反位都有表示后，方能销点交付使用。

（五）摩擦电流的调整

电动转辙机的摩擦电流指减速器内齿轮在摩擦夹板内空转的电流。测试摩擦电流的方法是在尖轨和基本轨之间插入障碍物。使转换中的尖轨受阻，内齿轮空转，摩擦联结器失去连接作用，这时测得的电动机电流就是摩擦电流。

调节摩擦联结器弹簧杆上的螺母，改变弹簧的压力，就能调整摩擦电流的大小。具体方法为：打开遮断器，将万用表置直流 5A 挡，两表笔接 05、06 上。扳动道岔时，用 4 mm 铁板夹于尖轨与基本轨之间（第一连接杆处），使电动转辙机空转。此时，调整摩擦带上的弹簧螺母的松紧即可调整摩擦电流的大小，紧时摩擦电流增大，松时减小。在拧动螺母而摩擦电流变化不大时，可用扳手轻轻敲击压力弹簧，摩擦电流即可调整。

ZD6A、D、K、G 型转辙机单机使用时，摩擦电流为 2.3 ~ 2.9A。

ZD6E、J 型转辙机双机配套使用时，单机摩擦电流为 2.0 ~ 2.5A。

摩擦电流两边偏差及单边波动不大于 0.3A

（六）测 试

（1）测试动作电压，每年一次。万用表置于电压直流 250 V 挡，电压表笔正极接在 1（2）端子上、负极接在 4 端子上，ZD6-D 型电动机的额定电压为 160 V。

（2）测试动作电流，每 2 ~ 3 月一次。应将表头串入遮断器（即安全接点），并断开遮断器、其读数不大于规定值。ZD6-D 型电动机的动作电流不大于 2A。

（3）测试摩擦电流，每 2 ~ 3 月一次。测试时，应将表头串入遮断器（即安全接点），并断开遮断器。

在道岔第一连接杆处尖轨与基本轨之间夹入 4 mm 铁板，道岔转不到底时，万用表所指示的数值为摩擦电流（两只表笔应注意极性，并根据道岔转换方向，变换表笔）。也可从控制台上的电流表上测试。

试验 4 mm 不锁闭；2 mm 锁闭。测试结果符合标准后，将测试数据填入转辙机测试卡片。

（4）道岔表示继电器交、直流电压的测试。每年一次。

交流电压的测试，用万用表交流 100V 挡测表示继电器的 1、4 线圈上电压。直流电压的测试，用万用表直流 100V 挡在表示继电器 1、4 线圈上测量。

四、控制电路

道岔控制电路由道岔启动电路和道岔表示电路两部分组成，如图 1-1-4 所示。

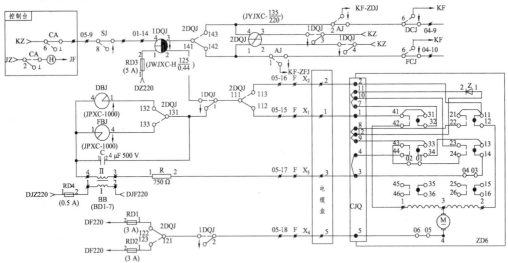

图 1-1-4 道岔控制电路

（一）道岔启动电路技术要求

（1）道岔区段有车占用，或道岔区段轨道电路发生故障时，该区段内道岔不应转换。对道岔的此种锁闭称为区段锁闭。

（2）进路在锁闭状态时，进路上的道岔应不能转换。对道岔的此种锁闭称为进路锁闭。

（3）道岔一经启动，就应转换到底，不受车辆进入影响，也不受值班员的控制。否则，在车辆进入道岔区段时，若道岔停转或受值班员控制而回转，都可能造成脱轨或挤岔事故。

（4）道岔启动电路接通后，由于电路故障（如自动开闭器接点、电动机碳刷接触不良），使道岔未转动，这时应能自动切断启动电路，以免由于邻线列车振动等原因故障消除后，造成道岔自行转换。

（5）道岔转换途中受阻（如尖轨与基本轨的轨缝夹有道砟等），使道岔不能转换到底时，应保证经值班员操纵能使道岔转回原位。

（6）道岔转换完毕应能自动断开启动电路。

（二）道岔表示电路技术要求

（1）用道岔表示继电器的吸起状态和道岔的正确位置相对应，不准用一个继电器的吸起和落下表示道岔的两种位置。即只能用道岔 DBJ 的吸起表示道岔在定位，用道岔 FBJ 的吸起表示道岔在反位。

（2）室外联系电路发生混线或混入其他电源时，必须保证不会使 DBJ 和 FBJ 错误励磁。

（3）道岔在转换过程中，或发生挤岔、停电、断线等故障时，应保证 DBJ 和 FBJ 失磁落下。

（三）进路式操纵使道岔由定位转换到反位电路动作原理

办理道岔由定位转换到反位进路式操纵手续后，FCJ 励磁吸起，接通 1DQJ 励磁电路。

1. 1DQJ 励磁电路

KZ—CA$_{61-63}$—SJ$_{81-82}$—1DQJ$_{3-4}$ 线圈—2DQJ$_{141-142}$—CAJ$_{11-13}$—FCJ$_{61-62}$—KF。

1DQJ 励磁吸起后，接通 2DQJ 转极电路。

2. 2DQJ 转极电路

KZ—1DQJ$_{41-42}$—2DQJ$_{2-1}$ 线圈—CAJ$_{11-13}$—FCJ$_{61-62}$—KF。

1DQJ 励磁吸起，2DQJ 转极后，接通 1DQJ1-2 线圈自闭电路，即电动机电路。

3. 1DQJ1-2 线圈自闭电路

DZ220—RD3—1DQJ$_{1-2}$ 线圈—1DQJ$_{12-11}$—2DQJ$_{111-113}$—X2—电缆盒 2 号端子—CJQ 2 号端子—自动开闭器 11-12—电机定子线圈 2-3—电机转子线圈 3-4—遮断接点 05-06—CJQ 5 号端子—电缆盒 5 号端子—X4—1DQJ$_{21-22}$—2DQJ$_{121-123}$—RD2—DF220。

自闭电路接通后，电机开始转换。

道岔转至反位后，自动开闭器 11-12 接点断开，使电动机停转。同时，断开 1DQJ$_{1-2}$ 线圈自闭电路，使 1DQJ 缓放落下，接通道岔反位表示电路。

4. 道岔反位表示电路

BB$_{II\,3}$—R1-2—X3-电缆盒 3 号端子—CJQ 3、4 号端子—自动开闭器 44-43—移位接触器 02-01—自动开闭器 24-23—CJQ 10、11 号端子—二极管 Z1-2—CJQ 12、8 号端子—自动开闭器 22-21—自动开闭器 11—CJQ 2 号端子—电缆盒 2 号端子—X2—2DQJ$_{113-111}$—1DQJ$_{11-13}$—2DQJ$_{131-133}$—FBJ$_{1-4}$ 线圈—BB$_{II\,4}$。

FBJ 励磁吸起后，在值班员室的控制台上点亮道岔反位黄灯，至此道岔由定位转换到反位动作完毕。

（四）单独操纵使道岔由定位转换到反位电路动作原理

办理道岔由定位转换到反位单独操纵手续后，FCJ 励磁吸起，接通 1DQJ 励磁电路。

1. 1DQJ 励磁电路

KZ—CA$_{61-63}$—SJ$_{81-82}$—1DQJ$_{3-4}$ 线圈—2DQJ$_{141-142}$—CAJ$_{11-12}$—KF—ZFJ。

1DQJ 励磁吸起后，接通 2DQJ 转极电路。

2. 2DQJ 转极电路

KZ—1DQJ$_{41-42}$—2DQJ$_{2-1}$ 线圈—CAJ$_{11-12}$—KF—ZFJ。

1DQJ 励磁吸起，2DQJ 转极后，接通 1DQJ1-2 线圈自闭电路，即电动机电路。电机电路、FBJ 电路与进路式操纵相同。

【复习思考题】

1.简述 ZD6-D 型电动转辙机的设备组成。

2.简述 ZD6-D 型电动转辙机的传动原理。

3.简述 ZD6-D 型电动转辙机的密贴、缺口调整以及相关技术标准。

4.简述 ZD6-D 型电动转辙机挤切销的更换方法以及安全注意事项。

5.绘制 ZD6-D 型电动转辙机的控制电路图，并叙述电路接通公式。

任务实施

ZD6-D 型转辙机的日常养护作业

一、作业前

（一）工作安排

安排工作任务，明确驻站联络员、现场防护员。

（二）安全讲话

根据天气、作业环境、作业内容、人员、机具、列车运行状况有针对性地提出安全注意事项。

（三）仪表料具准备

通信联络工具一台并试验良好、备用电池一块、照明灯具（夜间）、安全木楔、钥匙、手锤、活动扳手（300 mm、450 mm）、梅花扳手（27 mm/30 mm）、一字螺丝刀、十字螺丝刀、克丝钳、卷尺、塞尺、开口销、棉纱、机油。

（四）联系登记

室内驻站联络员办理登记手续，现场防护员接到允许作业命令后方可上线。

二、作业中

（1）转辙机安装稳固，机壳完好，标识清晰、加锁良好。箱盒基础无裂纹、安装稳固，电缆不外露、蛇管完好不脱落，如图 1-1-5 所示。

图 1-1-5　转辙机

（2）各部螺栓紧固、油润、开口销齐全，劈开角度 60°～90°。各杆件距轨底不小于 10 mm，距道床不小于 20 mm，杆件不磨卡，如图 1-1-6 所示。

图 1-1-6　转辙机紧固件状态

（3）各牵引点密贴状态良好，尖轨、心轨无翘头，爬行不超过 20 mm，并不得有影响道岔密贴的肥边、硬弯和反弹，如图 1-1-7 所示。

图 1-1-7　道岔状态

（4）清扫注油。

安全风险：道岔清扫作业必须按规定使用安全木楔。

对道岔转辙设备动作杆、表示杆、滑床板清扫注油。

三、作业后

（1）操纵试验，确认良好后进行料具清理。

（2）销记、小结。

① 通知作业负责人作业完毕，作业负责人通知驻站联络员销记。

② 防护员引领列队原路返回后，作业人员将任务完成情况、设备质量问题及待修缺点填入《工作手册》，并向工班长汇报。

【复习思考题】

1.ZD6-D 型电动转辙机日常养护的内容有哪些？

2.ZD6-D 型电动转辙机的日常养护流程是什么？

任务 2　ZD6-D 型道岔转辙设备标准化检修

任务描述

ZD6-D 型电动转辙机的日常检修作业是铁路信号工作人员设备日常维护的重要内容，铁路信号设备维护规则规定道岔转辙设备每 2~3 个月检修一次；本任务主要讲解 ZD6-D 型电动转辙机的日常检修作业流程，以及检修作业内容和相关的技术标准。

教学目标

1. 知识目标

（1）掌握 ZD6-D 型电动转辙机的日常检修作业流程。

（2）掌握 ZD6-D 型电动转辙机的日常检修作业内容和相关的技术标准。

2. 技能目标

能够按照标准的作业流程完成 ZD6-D 型电动转辙机的日常检修作业。

3. 素质目标

培养学生甘于奉献的职业素质。

任务实施

一、作业前

（一）工作安排

安排工作任务，明确驻站联络员、现场防护员。

（二）安全讲话

根据天气、作业环境、作业内容、人员、机具、列车运行状况有针对性地提出安全注意事项。

（三）仪表料具

通信联络工具一台并试验良好、备用电池一块、照明灯具（夜间）、手摇把、钥匙、万用表、手锤、试验夹板、活动扳手（300 mm、450 mm）、梅花扳手（27 mm/30 mm）、组合套筒、一字螺丝刀、十字螺丝刀、克丝钳、万可起子、油灰钳、油壶、毛刷、卷尺、塞尺、竹片、开口销、酒精、绸布、棉纱、机油、润滑脂。

（四）联系登记

驻站联络员办理登记手续，现场防护员接到允许作业命令后方可上线。

二、作业中

（一）密贴检查调整

（1）电操试验，道岔转换正常，整机动作平稳，定、反位密贴检查良好，2 mm锁闭、4 mm不锁闭试验正常，如图1-2-1所示。

2 mm锁闭，4 mm不锁闭

图1-2-1　密贴检查

（二）表示杆缺口检查调整

（1）E/J型：E机主副缺口（1.5±0.5）mm；J机检查缺口为单边检测，缺口间隙不大于7 mm。

（2）D、F/G型：主副缺口（1.5±0.5）mm。

（3）表示缺口指示标调整对中，左右偏差不大于0.5 mm。

① 调整顺序：伸出密贴→主杆缺口→拉入密贴→副杆缺口顺序调整。

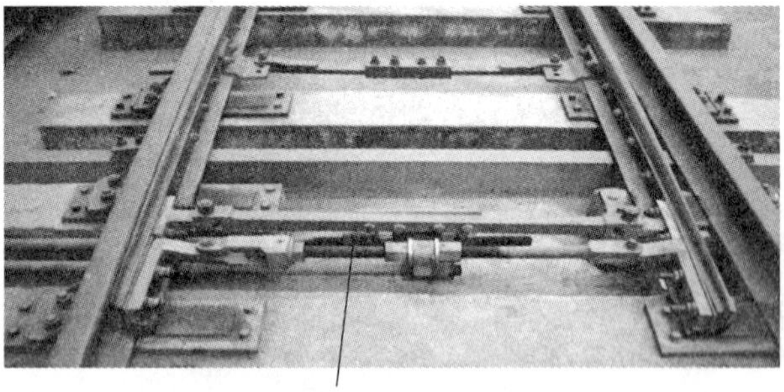

密贴调整位置

图1-2-2　密贴调整

② 密贴调整。道岔在解锁位调密贴，密贴紧时松螺丝，密贴松时紧螺丝，尖轨密贴后手摇把空转三圈半，如图1-2-2所示。

③ 缺口调整。

a.主缺口调整位置，如图1-2-3所示。缺口偏大，需要调小时，主缺口螺丝逆时针旋转；反之，主缺口螺丝顺时针旋转。

b.副缺口调整位置，如图1-2-4所示。缺口偏大，需要调小时，副缺口螺丝逆时针旋转；反之，主缺口螺丝顺时针旋转调。

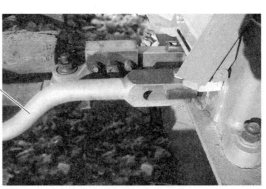

主缺口调整位置

图1-2-3　主缺口调整

图 1-2-4 副缺口调整

④ 调整标准。

a.密贴满足 4.0 mm 不锁闭，2.0 mm 锁闭。

b.满足 ZD6-A、D 的缺口为（1.5 ± 0.5）mm，ZD6-J 型缺口不大于 7 mm。

（三）绝缘检查

绝缘检查测试，如图 1-2-5 所示。

图 1-2-5 绝缘检查

（四）机内检修、清扫

安全风险：转辙机内部检修必须断开遮断器。

（1）密封检查：机盖密封良好，机内清洁，防潮措施齐全。

（2）遮断器检查：锁栓作用良好，安全接点接触深度不小于 4 mm，在插入手摇把时能可靠切断电路，非经人工恢复不得接通电源，安全接点断开距离不小于 2 mm，如图 1-2-6 所示。

（3）电机检查：电机安装稳固，转动时无过大噪声，换向器表面清洁，碳刷与换向器间无过大火花。碳刷与换向器接触面积不小于碳刷的 3/4，碳刷长度不小于全长的 3/5，如图 1-2-7 所示。

图 1-2-6 遮断器检查

（4）减速器、摩擦联结器检查：减速器安装稳固，动作灵活，无异常噪声；摩擦联结器在道岔转换终了时，电机应稍有空转，摩擦带清洁无锈蚀、无油水，如图 1-2-8 所示。

换向器表面清洁

图 1-2-7　电机检查

摩擦带

图 1-2-8　减速器、摩擦联结器检查

（5）自动开闭器检查：自动开闭器安装稳固，接点座不松动；动接点在静接点片内接触深度不小于 4mm，用手扳动动接点，其摆动量不大于 3.5mm；动接点与静接点座间隙不小于 3mm，转换过程中，动接点在静接点片内窜动，保证动、静接点接触深度不小于 2 mm，如图 1-2-9 所示。

不小于 3 mm　　　　不小于 4 mm

图 1-2-9　自动开闭器检查

（6）配线及端子检查：机内各部配线接线端子紧固、备帽齐全，如图 1-2-10 所示。

图 1-2-10　配线及端子检查

（7）齿条块、齿轮检查：齿条块、齿轮间啮合良好，转动时不磨卡，无过大噪声，移位接触器作用良好。顶杆与触头间隙在 1.5 mm 时，接点不应断开，间隙在 2.5 mm 时，接点应可靠断开，如图 1-2-11 所示。

移位接触器

齿条块

图 1-2-11　齿条块

（8）清扫注油，如图 1-2-12 所示（图中第 7 项由检修车间注油）。

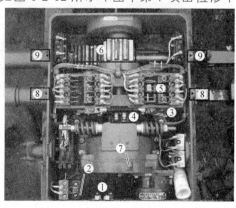

1—电动转辙机锁鼻注油螺丝；2—安全接点拐臂注油螺丝；3—动接点拐臂注油螺丝；
4—速动片注油处；5—检查栓注油处；6—转换齿条块锁闭、齿轮注锂基脂；
7—减速器注油孔；8—表示杆注油孔；9—内动作杆注油孔。

图 1-2-12　清扫注油

（五）电缆盒及配线检查

电缆盒内清洁，整流板、端子座固定良好；配线整齐、标识清晰、图实相符，电缆芯线卡接牢固，露铜不超过 2 mm，如图 1-2-13 所示。

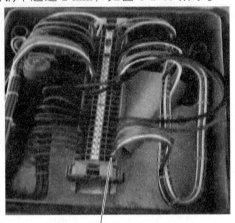

露铜不超过2 mm

图 1-2-13　电缆盒及配线检查

（六）ZD6-D 型转辙机 I 级测试

1. 动作电压测试方法和标准

（1）运用万用表 DC 250 V 挡，红表笔接电机端子 1，黑表笔接电机端子 4。道岔正常转换中测得电压为定位动作电压，标准为不小于 DC 160 V，如图 1-2-14 所示。

端子1、4

图 1-2-14　定位动作电压测试

（2）运用万用表 DC 250 V 挡，红表笔接电机端子 2，黑表笔接电机端子 4。道岔正常转换中测得电压为反位动作电压，标准为不小于 DC 160 V，如图 1-2-15 所示。

电机端子2、4

图 1-2-15　反位动作电压测试

2. 动作电流测试方法和标准

运用万用表 DC 5 A 挡，打开遮断器，万用表串联，红表笔接遮断器端子 05，黑表笔接遮断器端子 06（红里黑外）测试。道岔正常转换中测得电流为动作电流，标准为不大于 DC 2 A。当尖轨与基本轨间夹宽 20 mm、厚 4 mm 试验板造成人为故障，这时测得电流为故障电流，如图 1-2-16 所示。

红表笔接里接05
黑表笔接外接06

图 1-2-16　动作电流测试

（1）ZD6-A、D、F、G、H、K 型转辙机单机使用时，摩擦电流为 2.3～2.9A。

（2）ZD6-E 型和 ZD6-J 型转辙机双机配套使用时，单机摩擦电流为 2.0～2.5A。

（3）正反向摩擦电流相差不应大于 0.3A。

3. 表示继电器交直流电压测试方法和标准

运用万用表 AC 100 V 挡，一表笔接表示继电器线圈 1，一表笔接表示继电器线圈 4，测试电压为 AC 60 V 左右。运用万用表 DC 100 V 挡，红表笔接表示继电器线圈 1，黑表笔接表示继电器线圈 4，测试电压为 DC 30 V 左右，如图 1-2-17 所示。

图 1-2-17　表示继电器交直流电压测试

4. 测试记录填写

将测试记录填写到表 1-2-1 中。

表 1-2-1　ZD 型电动转辙机 I 级测试记录

_____电务段_____工区_____站

_____类　型_____编号

月	日	工作电压/V		工作电流/A		故障电流/A		2 mm 锁闭		4 mm 不锁闭		绝缘电阻/MΩ	测试人	备注
		定位	反位	定位	反位	定位	反位	定位	反位	定位	反位			

三、作业后

（1）合盖加锁，单操试验；确认良好，料具清理。

（2）销记、小结。

① 通知作业负责人作业完毕，作业负责人通知驻站联络员销记。

② 防护员引领列队原路返回后，作业人员将任务完成情况、设备质量问题及待修缺点填入《工作手册》，并向工班长汇报。

【复习思考题】

1. 简述 ZD6-D 型电动转辙机检修作业流程。

2. 简述 ZD6-D 型电动转辙机检修作业技术标准。

3. 简述 ZD6-D 型电动转辙机测试的内容、测试方法以及技术标准。

4. 简述 ZD6-D 型电动转辙机密贴、缺口的调整顺序以及调整方法。

任务 3　ZD6-D 型道岔转辙设备故障处理

任务描述

在铁路信号设备的日常养护过程中，信号设备的应急故障处理是铁路信号工作人员必须掌握的技能，信号设备故障处理的快慢直接影响铁路运输的效率，本任务主要讲解 ZD6-D 型道岔转辙设备常见故障处理方法。

教学目标

1. 知识目标

（1）掌握 ZD6-D 型道岔转辙设备常见故障处理方法。

（2）掌握利用集中监测设备分析常见道岔转辙设备故障的方法。

2. 技能目标

能处理 ZD6-D 型道岔转辙设备常见故障。

3.素质目标

培养学生严谨细致的观察能力以及分析设备故障的能力。

任务实施

一、ZD6 转辙机机械故障处理

单操道岔，电流表指针指示电流为 1A 左右，3.8 s 后电流表指针指示电流增大到 2.6A 不回零，道岔无法锁闭，为室外机械卡阻故障。到室外重点检查：

（1）尖轨与基本轨间是否有异物。

（2）尖轨与滑床板是否磨卡。

（3）尖轨与基本轨密贴调整是否过紧。

（4）是否有尖轨撬头、吊板、基本轨横移等工务病害。

（5）转辙机内自动开闭器检查柱缺油卡阻造成动接点不能转换等，查找故障原因并处理。

单操道岔，电流表指针指示电流小，3.8 s 后电流表指针不回零，道岔无法锁闭，故障为转辙机摩擦电流调整过小，按照《维规》标准对摩擦电流进行标调、试验。

二、ZD6 型转辙机电路故障判断

（一）启动故障室内外判断

1. 单操试验判断

ZD6 型转辙机
电路表示故障室内外判断

当道岔出现故障后，故障现象首先反映在控制台上，可在控制台进行单操试验判断。如果单操道岔：① 观察控制台表示灯不熄灭，说明 1DQJ 没有吸起。② 如果控制台表示灯熄灭，按钮松开后，表示灯又点亮，说明 1DQJ 吸起，2DQJ 没有转极。通过上述道岔单操试验可判断故障在室内。③ 如果控制台表示灯熄灭没有点亮，说明 2DQJ 转极，通过分线盘测试区分室内外故障。

如果是多动道岔，通过单操试验，在控制台观察电流表指针摆动的次数，判断是第几动转辙机故障。电流表指针未动，故障在一动（分线盘测试区分室内、外故障）；电流表指针摆动一次，4 s 左右回零，故障在二动（故障在室外），以此类推进行判断。

2. 测试判断

在单操道岔时，用万用表 250 V 直流挡测试分线盘 X1、X4（定操）端子。X1（+）、X4（−），如有 220 V 电压，故障在室外；反之，故障在室内。

（二）表示故障室内外判断

以道岔定位表示故障为例：用万用表交流 250 V 挡，在分线盘测试 X1、X3 线间测试电压、电流。① 有 110 V 电压，故障在室外开路；② 无电压，有电流，判断故障在室外短路；③ 无电压，无电流，判断故障在室内。如图 1-3-1 中粗线电路所示。

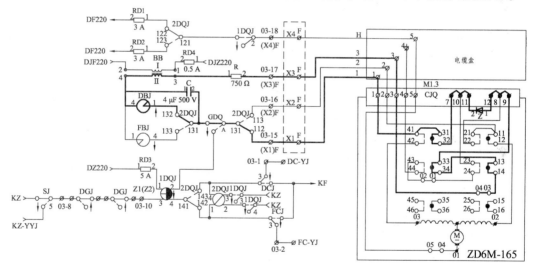

图 1-3-1 道岔定位表示电路

（三）ZD6 道岔启动故障处理

首先通过单操试验观察控制台表示灯和电流表的变化判断 1DQJ、2DQJ 的动作和故障范围（见表 1-3-1），如 1DQJ、2DQJ 未动作，用万用表直流 24 V 挡在组合侧面 06-1（2）端子借 KZ 电源，或 06-3（4）端子借 KF 电源，根据 1DQJ、2DQJ 的电路逐步进行测试处理。

在处理 1DQJ 励磁电路故障时，注意提前观察 2DQJ 的状态及道岔操纵的方向，不要弄错，造成故障处理延时。在处理 1DQJ、2DQJ 电路故障时，需控制台操作人员配合进行。

表 1-3-1 1DQJ、2DQJ 的动作和故障范围判断

控制台电流表	定、反位表示灯	1DQJ 状态	2DQJ 状态	故障判断
不摆动	表示灯不灭	未吸起	未转极	室内控制电路故障
不摆动	表示灯灭后又点亮	吸起	未转极	室内控制电路故障
不摆动	表示灯灭	吸起	转极	启动电路开路
摆动大回零	表示灯灭	吸起	转极	启动电路混线
正常摆动	表示灯灭	吸起	转极	表示电路故障

如室内控制电路正常，电流表不动，为电机电路故障。由于道岔电机电路采用双断防护，可用万用表欧姆×1 挡在分线盘 X1、X4（定位）端子测试室外回路电阻，如有十几欧电阻，判断故障在室内。如道岔反位操动正常，可排除启动电源、启动断路器、1DQJ 接点及启动共用电路故障，配合单操道岔，用万用表 DC250 V 挡按照室内启动电路进行测试、处理。

排除室内故障后，在分线盘 X1、X4（定位）端子测试室外回路电阻为无穷大，为室外开路。按照图 1-3-2 道岔电路图中加粗线路逐步进行测试处理。测试室外电缆盒 1、5 端子电阻无穷大，故障在转辙机内，接 1 端子表笔不动，另一表笔分别在插接器 5，安全接点 05、06，电机，插接器 4、3、1，自动开闭器 42、41 端子测试，有电阻与无电阻间为故障点。

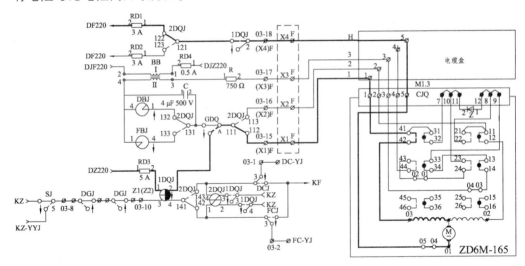

图 1-3-2 道岔电路图

（四）ZD6 道岔表示故障处理

1. 室内故障处理

道岔表示故障，先在分线盘 X1、X3（定位）测试电压、电流，无电压、电流，故障在室内。先测试、检查 BD1-7 表示变压器 Ⅰ、Ⅱ 侧电压，Ⅰ 侧有电压，Ⅱ 侧无电压，检查保险或更换 BD1-7 变压器。BD1-7 变压器有 110 V 电压输出，交叉测试 BD1-7 变压器 3、组合侧面 05-15，BD1-7 变压器 4，组合侧面 05-17 电压，判断变压

器 3 到组合侧面 05-17，BD1-7 变压器 4 到组合侧面 05-15 两条线中哪条开路，再用电压法对断线进行查找、处理（见图 1-3-2）。

2. 室外故障处理

室外开路故障，参照表示电路简化图（见图 1-3-3），测试电缆盒 1、3 端子：① 无电压，为分线盘到电缆盒断线，如反位有表示，故障为 X1 断线，反位无表示，故障为 X3 断线；测试电缆盒 1、3 端子。② 有电压，故障在机内或电缆盒内。测试电缆盒 11、12 端子，有电压，更换二极管；无电压，交叉测试电缆盒 D1、D12，D3、D11，判断 D1 到 D11，D3 到 D12 两条线中哪条线断，用电压法对断线进行查找处理，电压突变点既是故障点。

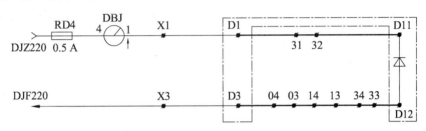

图 1-3-3　定位表示电路简化图

在分线盘 X1、X3 线间测试有 150 V 左右的交、直流电压，故障为室内 DBJ 支路开路。在分线盘 X1、X3 线间测试有 7 V 左右的交、直流电压，故障为室内电容支路开路。

【复习思考题】

1.ZD6-D 型电动转辙机 1DQJ 不励磁的故障现象是什么？如何处理？

2.ZD6-D 型电动转辙机 2DQJ 不转极的故障现象是什么？如何处理？

3.ZD6-D 型电动转辙机 1DQJ 不自闭、电机不动作的故障现象是什么？如何处理？

4.ZD6-D 型电动转辙机的常见故障有哪些？

5.写出 ZD6-D 型电动转辙机定、反位表示电路接通公式。

任务 4　ZYJ7+SH6 外锁闭道岔转辙设备日常养护

ZY（ZYJ）7+SH6 型电动液压转辙机及其配套的安装装置与外锁闭装置，是为满足我国提速线路需要而研制的新型道岔转换系统。它能转换、锁闭国内现有各种规格、型号的内、外锁闭道岔，并能正确反映尖轨及可动心轨辙叉的位置和状态。ZYJ7+SH6 型电动液压转辙机在普速以及高速铁路得到普遍的应用，本任务内容主要讲解 ZYJ7+SH6 型外锁闭道岔转辙设备的日常养护技术标准以及作业流程。

教学目标

1. 知识目标

（1）掌握 ZYJ7+SH6 型外锁闭道岔转辙设备日常养护内容；

（2）掌握 ZYJ7+SH6 型外锁闭道岔转辙设备日常养护相关技术标准。

2. 技能目标

能够按照日常养护作业流程，完成 ZYJ7+SH6 外锁闭道岔转辙设备的日常养护工作。

3. 素质目标

培养良好的协作能力。

知识链接

ZYJ7 型电动液压转辙机认知

电液转辙机是采用电动机驱动、液压传动方式来转换道岔的一种转辙装置。液压传动是用液体作为工作介质来传递能量的，油压传动是液体传动的一种，其工作介质是液压油。

一、ZYJ7 型电液转辙机的组成

ZYJ7 型电液转辙机由主机（用于第一牵引点）、SH6 型转换锁闭器（副机，用于第二、第三等牵引点）和外锁闭装置组成，主机与副机共用一套动力系统，两者之间靠油管连接传输动力。

ZYJ7 型
转辙机的构造

（一）ZYJ7 型转辙机的构造及部件名称

ZYJ7 型电液转辙机主机主要由电机、油泵、油缸、启动油缸、接点系统、锁闭杆、动作杆组成，如图 1-4-1 所示。

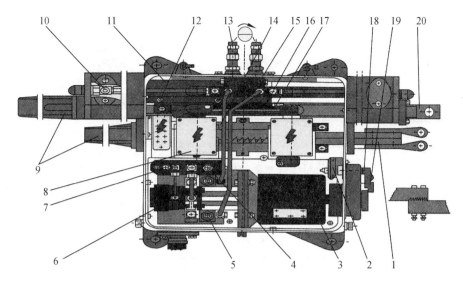

1—表示杆；2—安全接点；3—电机；4—注油孔；5—溢流阀；6—油泵；7—油标；8—接点组；
9—保护管；10——动调节阀；11—油缸；12—油杯；13—二动调节阀；14—锁闭柱；
15—空动油缸；16—动作板；17—滚轮；18—开关；19—锁栓；20—动作杆。

图 1-4-1　ZYJ7 型电液转辙机外形及结构

各部件功能：

（1）电机：将电能变为机械能，为整机提供动力。

（2）惯性轮：消除电机惯性，在电转机转换到位后防止电机倒转。

（3）油泵：用来把机械能传递给液体，形成液体的压力能。

（4）油缸：将液压能转换为机械能，带动动作杆做功的执行机构。

（5）启动油缸：作用是在电动机刚启动时先给一个小的负载，待转速提高，力矩增大时再带动负载，来克服交流电动机启动性能的不足。

（6）溢流阀：调节油压，起到电动转辙机摩擦连接器的作用。

（7）调节阀：设在主机外侧立面上，通过软油管与 SH6 型转换锁闭器连接，向副机供油，通过松紧调节阀螺丝，调节供给副机油量大小，在转换道岔时实现同步动作。

（8）接点组：及时准确接通和断开电液转辙机的启动和表示电路（同 ZD6 型道岔）。

（二）SH6 型液压转换锁闭器的构造及部件名称

SH6 型液压转换锁闭器主要由油缸、挤脱接点、表示杆、动作杆四大部分组成，如图 1-4-2 所示。它的动作、表示原理与 ZYJ7 型转辙机相同，只是增设了一套挤脱装置。

挤脱装置：当道岔被挤时，使锁闭杆位移，转换接点组断开表示电路，及时给出挤岔表示。

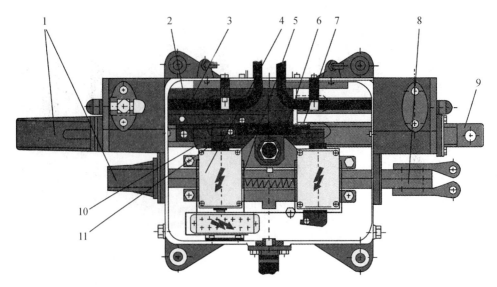

1—保护管；2—油缸；3—油杯；4—挤脱接点组；5—检查柱；6—动作板；
7—滚轮；8—表示杆；9—动作杆；10—锁块；11—锁闭铁。

图 1-4-2　SH6 液压转换锁闭器外形及结构

（三）安装装置构造

安装装置包括动作杆、长短表示杆、基础托板和油管托架等。

1. 外锁闭装置构造

外锁闭装置包括锁闭杆、锁闭铁、锁闭框、调整片、限位块、尖轨连接铁、锁钩和限位铁等部件。图 1-4-3 所示为钩型外锁闭装置，图 1-4-4 所示为外锁闭装置。

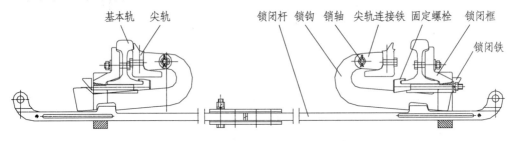

图 1-4-3　钩型外锁闭装置组装示意图

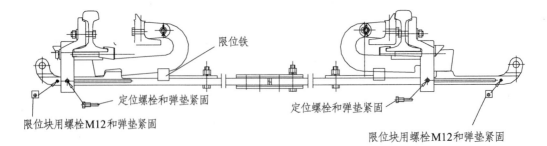

图 1-4-4　外锁闭装置详细示意图

2. 分动外锁闭工作原理

外锁闭装置解锁、转换、锁闭过程如图 1-4-5 所示。

初始时，左侧密贴尖轨处于锁闭状态，右侧斥离尖轨与基本轨保持要求的开口，密贴尖轨锁钩同时被锁闭铁和锁闭杆卡住不能落下，斥离尖轨锁钩的缺口卡在锁闭杆的凸起处不能移动，从而保持斥离尖轨与基本轨的开口基本不变。解锁状态，锁闭杆向右移动，斥离尖轨向密贴位移动，同时密贴尖轨处锁闭杆相对锁钩移动，当锁闭杆凸起与密贴尖轨锁钩缺口对齐时，锁钩落下卡在锁闭杆凸起内，尖轨与基本轨解锁。锁闭杆继续向右移动，通过锁钩带动斥离尖轨和密贴尖轨同步向右移动，当锁闭杆带动道岔转换至右侧尖轨与基本轨密贴时，开始进入锁闭过程；锁闭杆继续向右移动，右侧锁钩沿锁闭杆斜面向上爬起，当锁钩升至锁闭杆凸起顶面时，进入锁闭状态，同时左侧尖轨继续向右移动至要求开口，完成转换过程。

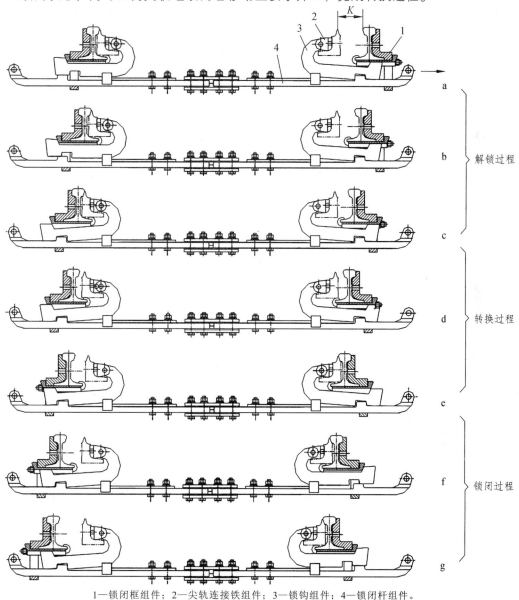

1—锁闭框组件；2—尖轨连接铁组件；3—锁钩组件；4—锁闭杆组件。

图 1-4-5　外锁闭装置解锁、转换、锁闭过程

二、ZYJ7 型电液转辙机原理

ZYJ7 型电液转辙机使用 380 V 交流电源作为动力驱动三相电动机，带动油泵输出高压油，送入油缸，油塞杆固定不动，油缸运动，带动动作杆及表示装置工作，实现道岔的转换和锁闭，并反映道岔的状态。

（一）ZY（ZYJ）7 型电动液压转辙机油路系统工作原理

本系统为闭式系统，当电机带着油泵逆时针方向旋转时，油泵从油缸右侧腔内吸入油，油泵泵出的高压油使油缸左腔为高压，此时油缸向左移动，当油缸动作到终端停止动作时，泵从右边的单向阀吸入油，泵出的高压油经左边的滤油器和溢流阀回油箱。若电机带着油泵顺时针方向转动，油缸动作方向与上述方向相反。为了改善交流电机启动特性，与油缸并联了启动油缸。

主机上一动调节阀和二动调节阀［ZY（ZYJ）7-B1 型电液转辙机在副机油缸两端的椭圆管接头处］用于调节主机油缸与副机油缸在转换道岔时实现同步动作。

ZY（ZYJ）7 型电动液压转辙机油路系统如图 1-4-6 所示。

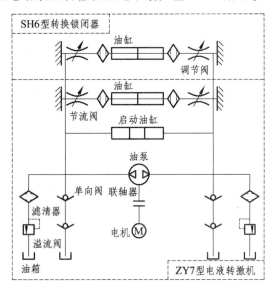

ZYJ7 型转辙机
液压传动原理
（正常动作）

图 1-4-6 ZY7 型电动液压转辙机油路系统

（二）ZY（ZYJ）7 型电动液压转辙机机械动作原理

1. 转换锁闭机构动作原理

电机经联轴器带动油泵顺时针方向旋转，由于活塞杆固定不动，使油缸向右动作，油缸侧面的推板接触反位锁块［见图 1-4-7（a）］。油缸继续向前移动时通过推板和反位锁块带动动作杆向右移动，同时定位锁块开始解锁。当油缸走完解锁动程后，反位锁块和定位锁块处于锁闭铁和推板的间隙内，油缸继续通过推板和反位锁块带动动作杆向右移动［见图 1-4-7（b）］，当动作杆继续移动到反位锁块与锁闭铁的锁闭面将要作用时，开始进入锁闭过程，继续向右移动 17.4 mm，将反位锁块推入锁闭铁的反位锁闭面，反位尖轨密贴于基本轨，此时，动作杆的行程为 220 mm。因此，在尖轨密贴时，动作杆上的转换力可增加一倍，当尖轨密贴于基本轨后，油缸继续向右移动，动作杆不动作，油缸侧面的推板进入反位锁块的锁闭面［见图1-4-7（c）］进入锁闭状态。

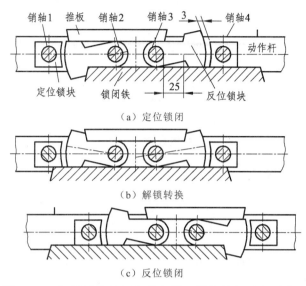

（a）定位锁闭

（b）解锁转换

（c）反位锁闭

图 1-4-7　机械转换锁闭机构解锁、转换锁闭过程示意

2. 表示锁闭机构动作原理

当油缸向右移动，动作板的斜面推动接点组转换，断开原表示电路接点。当尖轨密贴于基本轨后，油缸继续向前移动接近锁闭时，接点组的启动片在接点组拉簧的动作下快速掉入动作板上速动片圆弧内，快速切断电源，接通反位表示（动作板、速动片、启动片动作关系见图1-4-8），同时锁闭柱插入锁闭杆缺口内（见图1-4-9），锁闭尖轨。

ZYJ7 型转辙机锁闭机构动作原理

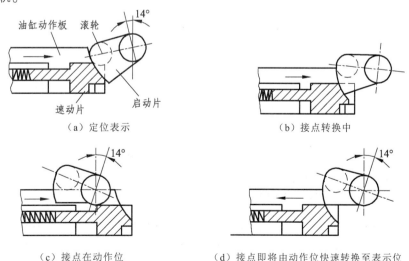

（a）定位表示　　　　　　　　　（b）接点转换中

（c）接点在动作位　　　　（d）接点即将由动作位快速转换至表示位

图 1-4-8　动作板、速动片、启动片动作关系

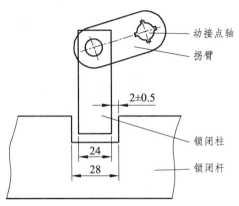

图 1-4-9　锁闭柱锁闭杆及缺口位置示意图

3. 挤脱表示机构动作原理

挤脱表示机构表示部分的工作原理与锁闭表示机构的表示部分的工作原理相同；当电液转辙机处于锁闭位时，若油缸不动，尖轨带动动作杆和表示杆向左移动时，动作杆通过锁块推动锁闭铁一起向左移动，锁闭铁顶起挤脱块［见图 1-4-10（b）］同时表示杆斜面推动检查柱向上移动，从而断开表示接点，实现挤脱断表示功能。

ZYJ7 型转辙机道岔受阻时液压传动原理

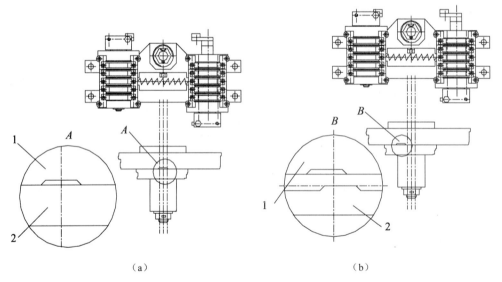

（a）　　　　　　　　　　　　　（b）

1—锁闭铁；2—挤脱块。

图 1-4-10　挤脱前和挤脱后示意

三、ZYJ7 型电动液压转辙机的安装方式

对于电动液压转辙机来说，其中正装拉入和反装伸出为定位时，接点组第 2、4 排接点接通；正装伸出和反装拉入为定位时，接点组第 1、3 排接点接通。这与 ZD6 电动转辙机恰好相反。

同样，电液转辙机内部件的动作规律也是与 ZD6 型电动转辙机恰好相反。动作杆、表示杆的运动方向与接点组的动接点的运动方向是相同的。

举例说明：图 1-4-11 所示转辙机为反装伸出为定位的道岔，若道岔从反位向定位转换，表示杆向左运动，动接点也向左运动，故定位为 2、4 排接点闭合。

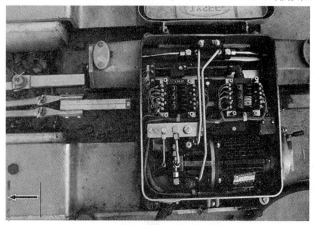

图 1-4-11　ZYJ7 型转辙机

四、ZYJ7 型电液转辙机的测试、调整方法及重点检查部位

（一）ZYJ7 型电液转辙机的测试及调整方法

1. 开口调整

（1）道岔开口测量标准规定。

60 kg/m 9 号道岔：第一牵引点开程（160±5）mm，锁闭量不少于 35 mm；第二牵引点动程（82±5）mm，锁闭量不少于 20 mm。

60 kg/m 12 号道岔：第一牵引点动程（160±5）mm，锁闭量不少于 35 mm；第二牵引点动程（75±5）mm，锁闭量不少于 20 mm。

（2）锁闭量检查方法。

在尖轨与基本轨密贴的一侧处测量锁钩与锁闭杆凸台吻合的距离，即为锁闭量。

标准：60 kg/m 9 号、60 kg/m 12 号道岔：第一牵锁闭量不少于 35 mm；第二牵引点锁闭量不少于 20 mm。

（3）道岔开口测量方法。

一牵站在道心，钢卷尺起始位置顶在基本轨上测量。

60 kg/m 9 号、60 kg/m 12 号标准：第一牵引点开程皆为（160±5）mm。

二牵站在枕木头处，钢卷尺起始位置顶在尖轨上测量。

60 kg/m 9 号道岔：第二牵引点动程（82±5）mm；60 kg/m 12 号道岔：第二牵引点动程（75±5）mm。

测量完后，再申请扳动道岔，进行另一侧第一牵引点、第二牵引点的开口测量。也就是说，测量开口要进行 4 处的开口测量，即第一牵引点伸出端开口测量、第二牵引点伸出端开口测量、第二牵引点拉入端开口测量、第一牵引点拉入端开口测量。

（4）道岔开口调整有两种方法。

第一种方法：

如一侧开口大，另一侧开口小时，调整动作杆齿牙。

具体步骤：① 打开动作杆限位块，计划好移动距离。② 在动作杆调整牙上做好计划移动前记号，打开固定螺丝，撬动尖轨，移动动作杆的齿牙到计划位置，重新将动作杆限位块限位。③ 调整完后，再次测量开口，确认开口调整完毕。

第二种方法：

如一侧开口大，另一侧开口基本标准时，在尖轨连接铁中间加调整片。

具体步骤：在工务轨距标准情况下，可松开尖轨连接铁，向尖轨和尖轨连接铁中间加调整垫片，紧固后减小道岔开口，但必须将对应位置锁闭铁和锁闭框中的调整片减少，即增加尖轨连接铁内调整垫片多少必须减少锁闭铁中的调整片多少。同样，调整完后，再次测量开口，确认开口合适。

确认道岔开口合适后，进行道岔尖轨密贴状态的检查和调整。

2. 道岔尖轨密贴状态的检查和调整

（1）道岔尖轨密贴状态检查。

① 检查密贴间隙，标准一牵不能大于 0.5 mm；在一牵锁钩处，用 0.5 mm 的塞尺塞尖轨和基本轨的夹缝。如果不能塞入，说明密贴良好。注意：也不是缝隙越小越好。

二牵不能大于 1 mm。

ZYJ7 型转辙机
密贴调整

确认密贴间隙后，再进行以下步骤：

② 2 mm 锁闭检查：电操电液转辙机分别在尖轨第一牵引点锁闭杆处的尖轨与基本轨间插入宽 20 mm 厚 2 mm 的铁板时，道岔能够锁闭，表示接点接通。

4 mm 锁闭检查：电操电液转辙机分别在尖轨第一牵引点锁闭杆处的尖轨与基本轨间插入宽 20 mm 厚 4 mm 的铁板时，道岔不能锁闭，无表示。

10 mm 锁闭检查：电操电液转辙机分别在尖轨第一、第二牵引点中间部位，尖轨与基本轨之间插入宽 20 mm 厚 10 mm 宽的铁板时，道岔不能锁闭，无表示。

（2）电液道岔尖轨不密贴时的调整方法。

调道岔前工务道岔的开口必须合适，若尖轨与基本轨密贴良好，但转辙机不能锁闭，说明密贴力过大；若尖轨与基本轨未密贴，转辙机已锁闭，说明密贴力太小。此时应将道岔操至另一位置，用活动扳手松开外锁闭装置上的调整螺丝，根据尖轨与基本轨间隙的情况，进行加装调整片或取调整片后，紧固调整螺丝即可。

密贴调整完后再次试验工作：

① 2 mm 锁闭检查：电操电液转辙机分别在尖轨第一牵引点锁闭杆处的尖轨与基本轨间插入宽 20 mm 厚 2 mm 的铁板时，道岔能够锁闭，表示接点接通。

② 4 mm 锁闭检查：电操电液转辙机分别在尖轨第一牵引点锁闭杆处的尖轨与基本轨间插入宽 20 mm 厚 4 mm 的铁板时，道岔不能锁闭，无表示。

③10 mm 锁闭检查：电操电液转辙机分别在尖轨第一、第二牵引点中间部位，尖轨与基本轨之间插入宽 20 mm 厚 10 mm 的铁板时，道岔不能锁闭，无表示。

（3）调整 ZYJ7 电液转辙机的顺序。

先调第一牵引点，再调第二牵引点；先调密贴，后调表示缺口。

道岔密贴调整好后，观察锁闭柱与锁闭杆缺口间隙是否符合标准。

3. 缺口调整

（1）道岔表示缺口的标准。

ZYJ7 型转辙机
缺口调整

《维护规则技术标准》规定：第一牵引点尖轨或心轨的锁闭柱与锁闭杆缺口两侧间隙为（2±0.5）mm，尖轨第二牵引点的检查柱与表示杆缺口间隙为（4±1.5）mm。

通常将二机表示杆缺口调整到上限，即 5.5 mm 间隙。

（2）表示缺口的检查。

这个间隙在转辙机接点组一侧下方的空隙中可以看到。检查表示缺口就是观察或测量这个间隙是否符合标准。

注意：要检查 4 处的表示缺口。即第一牵引点定位表示缺口、第一牵引点反位表示缺口、第二牵引点反位表示缺口、第二牵引点定位表示缺口。

（3）调整表示缺口的方法。

可直接拧主副表示杆（长、短表示杆）的调整螺母，定、反位可以分别调整，互不影响，这是与 ZD6 型电动转辙机所不同的。

ZD6 型电动转辙机表示缺口调整必须先调伸出端缺口，再调拉入端缺口。而 ZYJ7 型电液转辙机表示缺口调整是不分先后顺序的，定、反位可以分别调整，互不影响。

4. 溢流压力的调整

（1）《铁路信号维护规则》技术标准规定。

① 道岔正常转换时，油压表读数即为工作压力，不大于 10 MPa。

② 道岔遇阻空转时，油压表读数为溢流压力，不大于 14 MPa。

（2）工作压力及溢流压力的测试。

将启动油缸上的压力测试孔的压盖旋开，拧紧压力表，操纵道岔，道岔在转换过程中，压力表的读数即为工作压力。

当尖轨与基本轨间夹入 4 mm 铁板，道岔转不到底时，压力表读数即为溢流压力。

注意：在第一牵引点和第二牵引点分别进行 4 处的检测。

（3）溢流压力调整方法。

在测试溢流压力时，若发现溢流压力不在标准范围内，应松开溢流阀上的调整螺丝的固定螺母，用六角扳手拧动调整螺丝，即可调整溢流压力。

调整完后，用六角扳手卡住调整螺丝，将调整螺丝的固定螺母拧紧。

举例说明如图 1-4-12 所示，道岔在拉入端位，测试溢流压力时，应将油压表接在启动油缸旁边的压力测试孔上，调整溢流阀上的油压调整螺丝，先松开对应的固定螺母，再使用内六角扳手调整溢流阀上的油压调整螺丝，顺时针转动溢流压力变大，逆时针转动溢流压力变小。

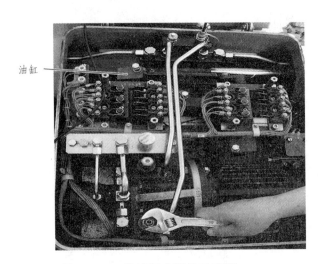

图 1-4-12　溢流压力调整示意图

（二）ZYJ7 电液转辙机的重点检查部位

1. 惯性轮

惯性轮应动作灵活，检测方法：一手卡住电机转子，一手拨动惯性轮，惯性轮应转动灵活，否则进行注油润滑。

2. 油标尺

（1）检查电液转辙机油缸油标，油位应在上、下限油标之间。当油位低于下限时，则需向油缸内注 YH-10 型航空油至上限。

（2）加注液压油后，要排掉油路系统中的空气。

排气方法：松开定反位溢流阀，插入手摇把，摇动道岔，使空气从油箱中排出。可以听到排气的声音同时手感渐渐沉重，说明油路中的油气从溢流阀中排出。

3. 油　路

电液转辙机在正常工作时，一般不易观察、判断小漏油现象。小漏油的故障判断方法：把正常转换的道岔夹上 4 mm 故障试验铁板，油压就会升高到 11 ~ 12MPa，此时就容易查找漏油现象，判断时重点是各部接头、油泵螺丝和连接油管等。若漏油，应采取措施，拧紧各部螺丝。紧固各接口件时，切忌用 300 mm 的活动扳手，应用单头扳手来紧固，而且力度适中。

4. 动作板与滚轮间隙及油缸导杆两头光六角 ϕ20 螺母检查

滚轮在动作板上应滚动灵活，落下时滚轮与动作板底部不受力，并与动作板斜面有 0.5 mm 及以上间隙。

调整方法：如果间隙小于标准，调整油缸两端的导杆螺丝。

平时要注意油缸导杆两头光六角 ϕ20 螺母检查：油缸导杆两头光六角 ϕ20 螺母一旦松动，就会造成机内速动片偏移，速动片偏移后会挤掉速动片与速动滚轮 2 mm 间隙，最后将速动滚轮托起断开表示。

5. 内锁闭铁与内锁块间隙

正常时内锁闭铁与内锁块无间隙。如有间隙，则会造成道岔掉表示，所以要及时调整。

一牵调整方法：松开锁闭杆齿条连接铁将动作杆向机内推动调整为零。

二牵调整方法：取掉开程调整片，对道岔开程重新调整。

6. 限位块

《维护规则技术标准》规定：对一机、二机动作杆上的限位块间隙进行定反位调整，至锁闭框的间隙不大于 3 mm。

限位块调整方法：用 300 mm 扳手卸松固定限位块的螺母，将限位块齿牙进行移动调至合适距离。

7. 限位铁

限位铁要保证清洁，在每季度或大风过后，必须分解清扫限位铁，以保证道岔正常动作。

五、电路原理

（一）电路组成

电液转辙机室内将原有道岔（DD、SDZ）组合改成 JDD、JSD 的基础上增设了 JDF 组合，按作用性质可分为启动电路和表示电路两部分。

（二）电路结构

电液转辙机室内控制电路是在原电动转辙机控制电路的基础上（见图 1-4-13），根据电液转辙机的特点设计的，启动电路同样也设置了 1DQJ 和 2DQJ。1DQJ 的 3-4 线圈检查的区段锁闭条件及 2DQJ 的转极控制条件与电动转辙机电路完全相同。区别在于 1DQJ 的 1-2 线圈所接的电路有所改变。电动转辙机的 1DQJ 的 1-2 线圈是直接串在电机的启动回路中，检查电机的动作情况。而电液转辙机的 1DQJ 的 1-2 线圈只并接了 TJ 半导体时间继电器和 1DQJF，电源仍采用 KZ、KF（24 V 直流控制电源）。JDF 组合还设置 DBQ 断相保护器、BHJ 断相保护继电器、TJ 时间继电器、DBJ 定表继电器、FBJ 反表继电器，是五线制电路。设置 TJ 的作用是为了道岔因故转换不到位电动机长时间空转会烧毁电机（延时时间 13 s）时，TJ 励磁切断 1DQJ 自闭电路和 1DQJF 保持电路，断开三相电机动作电源保护电动机不被烧毁。设置 DBQ、BHJ，当控制三相动作电源有任一相发生断相，及时切断其余两相电源，以保护电动机不被烧毁。

038

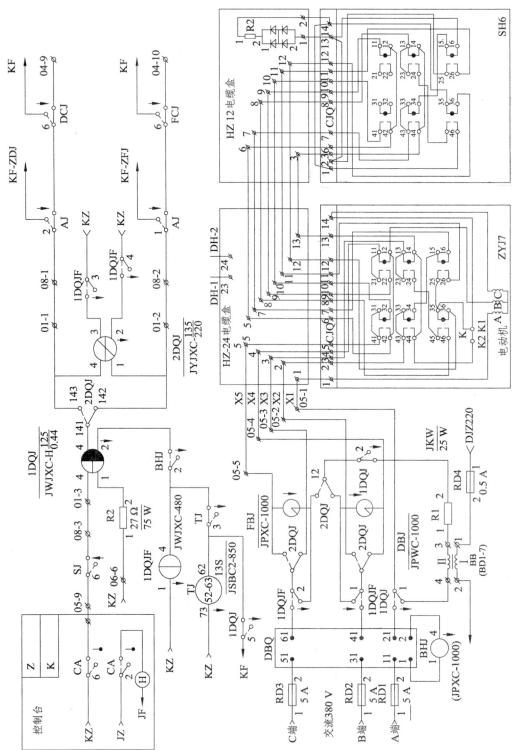

图 1-4-13 ZYJ7+SH6 电液转辙机电路

（三）五线制电路特点

（1）表示回路的定位和反位分别设置，即定位表示由 X1、X2、X4 连通，反位表示由 X1、X3、X5 连通（X1 共用），减少了电路误动的可能性。

（2）采用了电源、继电器与二极管回路并联连接方式（也称为旁路整流电路），取消了原 ZD6 型道岔表示电路继电器线圈上并接的滤波电容。由于继电器线圈是感性负载，延长了电流通过继电器线圈的时间，使其可靠吸起，表示电路的可靠性提高了很多。

（3）表示电路中每组转辙机（SH6 锁闭器）在定位时，接点组的第一排和第三排（2，4 闭合的是第二排和第四排）每排至少各检查一组接点。这就防止了若发生有一处静接点混线或动接点松脱而造成错误表示。

（4）当电缆芯线（X1~X5）倒错或二极管反接时，表示继电器（DBJ 或 FBJ）线圈上得到的直流电压极性正好相反，继电器是偏极的而不能吸起，不会出现错误表示，符合"故障–安全"原则。

（5）如果表示电路发生混线，二极管回路将失去整流作用，继电器线圈得到的是交流电源，而不可能吸起，符合技术条件。

应当指出的是，表示电路虽然采取了以上各项防护措施，但如果是工作中倒错配线（工程开通或更换配线时），将 X2 与 X3、X4 与 X5 连同二极管极性同时接反，即可出现错误表示（室内外不一致）。所以，电务维修人员在施工开通时和处理故障中动了配线后，必须严格按程序进行联锁试验，认真核对道岔实际位置（开通方向）与室内继电器状态、控制台表示必须绝对一致，保证表示与位置相符。

（6）转辙机定位 1、3 闭合时：

A——由定位向反位启动 X1、X3、X4。

B——定位表示 X1、X2、X4。

C——由反位向定位启动 X1、X2、X5。

D——反位表示 X1、X3、X5。

由此可见，此种接法 X1 是启动、表示、定位、反位的共用线，X2、X3 是启动、表示交叉共用线，X4 则是定位启动和表示的共用线，X5 则是反位启动和表示的共用线。掌握了电路接法的这一特点，对电路发生故障时的分析、查找和处理是非常有帮助的。

（四）道岔定反位转换动作电路

电液转辙机五线制道岔启动电路由定位向反位转动时是 X1、X3、X4 提供三相交流电源的。而由反位向定位转动是 X1、X2、X5 向电动机供出三相电源的。改变交流三相电动机的旋转方向是靠改变三相电源中的两相的相位来实现的。只要改变任意两相的相位（即其中两线的极性），改变电动机的旋转方向，即可控制转辙机带动道岔向定位或反位转换。所以，要操纵道岔向定位或反位转换，只需在室内控制电路中变换启动控制线其中两条的极性便可操纵道岔了。

道岔启动电路继电器动作顺序：

$$FCJ\uparrow \rightarrow 1DQJ_{3\text{-}4}\uparrow \rightarrow \begin{array}{l} 1DQJF\uparrow \rightarrow 2DQJ \text{转极} \rightarrow \text{接通道岔启动电路} \\ \hline \text{给 TJ 线圈供电 13S} \rightarrow TJ\uparrow \end{array} \begin{array}{l} 1DQJ\downarrow \rightarrow TJ\downarrow \end{array}$$

$$1DQJF\downarrow$$

当动作电路沟通→BHJ↑沟通 1DQJ 自闭电路,道岔动作完毕后→BHJ↓→ 断开 1DQJ 保持电路 1DQJ↓→1DQJF↓→启动电路复原。

1.定一反

A 相—RD 1—DBQ$_{11-21}$—1DQJ$_{12-11}$—XI—电机端子 001。

B 相—RD 2—DBQ$_{31-41}$—1DQJF$_{12-11}$—2DQJ$_{111-113}$—X4—主机 11-12—电机端子 3。

C 相—RD 3—DBQ$_{51-61}$—1DQJF$_{22-21}$—2DQJ$_{121-123}$—X3—主机 13-14—遮断器 Kl-K2—电机端子 2。

2.反一定

A 相—RDl—DBQ$_{11-21-1}$—DQJ$_{12-11}$—X1—电机端子 1。

B 相—RD2—DBQ$_{31-41}$—1DQJF$_{12-11}$—2DQJ$_{111-112}$—X2—主机 43-44—遮断器 Kl-K2—电机端子 2。

C 相—RD3—DBQ$_{51-61}$—1DQJF$_{22-21}$—2DQJ$_{121-122}$—X5—主机 41-42—电机端子 3。

任务实施

ZYJ7+SH6 外锁闭道岔转辙设备日常养护作业

一、作业前

1. 工作安排

安排工作任务,明确驻站联络员、现场防护员。

2. 安全讲话

根据天气、作业环境、作业内容、人员、机具、列车运行状况有针对性地提出安全注意事项。

3. 仪表料具

通信联络工具一台并试验良好、备用电池一块、照明灯具(夜间)、安全木楔,钥匙、手锤、活动扳手(300 mm、450 mm)、梅花扳手(27 mm/3 mm)、一字螺丝刀、十字螺丝刀、克丝钳、卷尺、塞尺、开口销、棉纱、机油。

4. 联系登记

室内驻站联络员办理登记手续,现场防护员接到允许作业命令后方可上线。

二、作业中

(1)箱盒基础稳固、无裂纹,电缆不外露、蛇管完好不脱落;转辙机机壳完好,标识清晰、加锁良好;各部螺栓齐全、油润、不松动,防松措施齐全,如图 1-4-14 所示。

（2）防护管槽固定牢固，油管无较大皲裂、无泄漏如图 1-4-15 所示。

蛇管　标识

油管　防护管槽

图 1-4-14　外观检查（一）　　　　图 1-4-15　外观检查（二）

（3）各杆件距轨底不小于 10 mm，距道床不小于 20 mm，杆件平顺不磨卡，如图 1-4-16 所示。

（4）清扫注油。

安全提示：道岔清扫作业必须按规定使用安全木楔。

① 动作杆、表示杆清扫注油，如图 1-4-17 所示。

表示杆

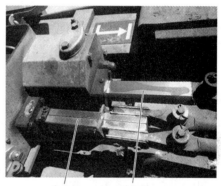

表示杆　动作杆

图 1-4-16　外观检查（三）　　　　图 1-4-17　动作杆及表示杆

② 锁闭杆、锁钩摩擦面注油，如图 1-4-18 所示。

③ 锁钩、轴销清扫油，如图 1-4-19 所示。

锁闭杆、锁钩摩擦面

图 1-4-18　锁闭块

轴销注油　锁钩注油　轴销注油

图 1-4-19　锁钩及轴销

④ 滑床板清扫注油，如图 1-4-20 所示。

滑床板

图 1-4-20   滑板床

三、作业后

（1）操纵试验，确认良好后进行料具清理。

（2）销记、小结。.

① 通知作业负责人作业完毕，作业负责人通知驻站联络员销记。

② 防护员引领列队原路返回后，作业人员将任务完成情况、设备质量问题及待修缺点填入"工作手册"，并向工班长汇报。

【复习思考题】

1. 简述 ZYJ7+SH6 型电动液压转辙机的内部结构。

2. 简述 ZYJ7+SH6 型电动液压转辙机内部各部件的作用以及相关技术标准。

3. 简述 ZYJ7+SH6 型电动液压转辙机电路动作原理以及动作顺序。

4. 简述 ZYJ7+SH6 型电动液压转辙机机械传动原理。

5. 简述 SH6 型转换锁闭器的结构组成以及功能。

6. 简述 ZYJ7+SH6 型电动液压转辙机与 ZD6-D 型电动转辙机的不同之处。

7. 简述五线制交流转辙机的电路特点。

8. 简述 ZYJ7+SH6 型电动液压转辙机日常养护的内容以及技术标准。

9. 简述 ZYJ7+SH6 型电动液压转辙机日常养护的流程。

任务 5　ZYJ7+SH6 型外锁闭道岔转辙设备标准化检修

任务描述

ZYJ7+SH6 型道岔转辙设备广泛应用于车站提速道岔，其中 ZYJ7 型电动液压转辙机也广泛应用高速铁路提速道岔，ZYJ7+SH6 型道岔转辙设备的日常检修作业每 2~3 个月进行一次，本任务主要讲解 ZYJ7+SH6 型道岔转辙设备标准化检修作业流程以及相关的技术标准。

教学目标

1. 知识目标

（1）掌握 ZYJ7+SH6 型道岔转辙设备的日常检修作业流程。

（2）掌握 ZYJ7+SH6 型道岔转辙设备的日常检修作业内容和相关的技术标准。

2. 技能目标

能够按照标准的作业流程完成 ZYJ7+SH6 型道岔转辙设备的日常检修作业。

3. 素质目标

培养学生吃苦耐劳、积极主动的职业素质。

任务实施

一、作业前

1. 工作安排

安排工作任务，明确驻站联络员、现场防护员。

2. 安全讲话

根据天气、作业环境、作业内容、人员、机具、列车运行状况有针对性地提出安全注意事项。

3. 仪表料具

通信联络工具一台并试验良好、备用电池一块、照明灯具（夜间）、手摇把、钥匙、万用表、油压表、手锤、试验夹板、探口器、撬棍、活动扳手（300 mm、450 mm）、梅花扳手（27 mm/30 mm）、组合套筒、一字螺丝刀、十字螺丝刀、克丝钳、万可起子、油灰钳、竹片、卷尺、塞尺、油枪、开口销、棉纱、密贴调整片、液压油、机油、酒精、绸布。

4. 联系登记

驻站联络员办理登记手续，现场防护员接到允许作业命令后方可上线。

二、作业中

（1）密贴检查调整，尖轨及心轨一牵处有 4 mm 及其以上水平间隙，其余密贴牵引点处有 6 mm 及以上水平间隙时，不应锁闭或接通道岔表示；尖轨牵引点间有 10 mm 及以上水平间隙时，不应接通道岔表示，如图 1-5-1 所示。

间隙不大于0.5 mm，松开能自然密贴

图 1-5-1　密贴检查

（2）密贴、缺口检查调整。

① 调整顺序。

先调整一、二牵引点尖轨密贴，再调整一、二牵引点表示杆缺口。

② 密贴调整。

道岔在解锁位调密贴，密贴紧时减密贴调整片，密贴松时加密贴调整片，如图 1-5-2 所示。

增减密贴片

图 1-5-2　增减密贴片

③ 缺口调整。

缺口大时顺时针旋转表示杆螺丝，缺口小时逆时针旋转表示杆螺丝，如图 1-5-3 所示。

④ 调整标准。

a.密贴满足尖轨尖端至第一牵引点不大于 0.5 mm，第一、第二牵引点及两牵引点间不大于 1 mm。

b.表示杆缺口满足 ZYJ 型（2.0 ± 0.5）mm，SH6 型转换器（4.0 ± 1.5）mm，内外标尺对正，如图 1-5-4 所示。

图 1-5-3　缺口调整　　　　　　图 1-5-4　标尺对正

（3）机内检修、清扫。

安全提示：转辙机内部检修必须断开遮断器。

① 密封检查。

机盖密封良好，机内清洁，防潮措施齐全，如图 1-5-5 所示。

② 遮断器检查。

锁栓作用良好，在插入手摇把时能可靠切断电路，非经人工恢复不得接通电源，如图 1-5-6 所示。

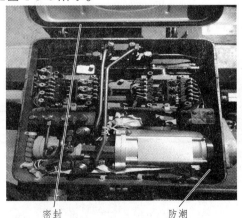

图 1-5-5　密封检查　　　　　　图 1-5-6　遮断器检查

③ 电机、联轴器检查。

电机安装稳固，转动时无过大噪声。

④ 油路系统检查。

油路系统密封良好，不渗漏，油量在标尺上下刻度间。

⑤ 自动开闭器检查。

自动开闭器安装稳固，接点座不松动；动接点在静接点片内接触深度不小于 4 mm，用手扳动动接点，其摆动量不大于 3.5 mm；动接点与静接点座间隙不小于 3 mm。

⑥ 配线及端子检查。

机内各部配线、接线端子紧固、备帽齐全，如图 1-5-7 所示。

⑦ 清扫注油。

机内清洁，动作板、滚轮、启动片、惯性轮、检查柱注油，如图 1-5-8 所示。

配线、端子　　　　　检查柱　动作板　滚轮　启动片　惯性轮

图 1-5-7　配线及端子检查　　　图 1-5-8　清扫注油

（4）整流板及配线检查。

电缆盒内清扫，整流板、端子座固定良好；配线整齐，标识清晰，图实相符，电缆芯线卡接牢固，露铜不超过 2 mm，如图 1-5-9 所示。

（5）Ⅰ级测试（测试项目、方法和标准）。

① 油压测试。

道岔正常转换时测试压力为动作压力，标准为不大于 10 MPa。溢流压力是在道岔竖切部位尖轨与基本轨间夹宽 20 mm、厚 4 mm 试验板或两牵引点间夹宽 20 mm、厚 4 mm 试验板，造成人为故障时测到的压力，标准为不大于 14 MPa，如图 1-5-10 所示。

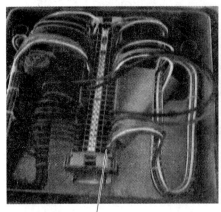

露铜不超过2 mm　　　　　油压测试　　　测试位置

图 1-5-9　整流板及配线检查　　　图 1-5-10　油压测试

② 将测试记录填入表 1-5-1 中。

表 1-5-1　ZYJ-7 型电液转辙机Ⅰ级测试记录

_____电务段_____工区_____站

_____类　型_____编号

月	日	内容											测试人	备注
		动作压力/MPa		溢流压力/MPa		4 mm 不锁闭				10 mm 中间部位接点不接通				
						一牵引点		二牵引点						
		定位	反位	定位	反位	定位	反位	定位	反位	定位	反位			

三、作业后

（1）合盖加锁，单操试验；确认良好后进行料具清理。

（2）销记、小结。

① 通知作业负责人作业完毕，作业负责人通知驻站联络员销记。

② 防护员引领列队原路返回后，作业人员将任务完成情况、设备质量问题及待修缺点填入"工作手册"，并向工班长汇报。

【复习思考题】

1. 简述 ZYJ7+SH6 型外锁闭道岔转辙设备标准化检修作业流程。

2. 简述 ZYJ7+SH6 型外锁闭道岔转辙设备标准化检修作业内容以及相关技术标准。

3. 简述 ZYJ7+SH6 型外锁闭道岔转辙设备Ⅰ级测试的内容以及相关技术标准。

4. ZYJ7+SH6 型外锁闭道岔转辙设备密贴、缺口调整的顺序以及调整的方法。

任务 6　ZYJ7+SH6 型外锁闭道岔转辙设备故障处理

任务描述

在铁路信号设备的日常养护过程中，信号设备的应急故障处理是铁路信号工作人员必须掌握的技能，信号设备故障处理的快慢直接影响铁路运输的效率。本任务主要讲解 ZYJ7+SH6 型道岔转辙设备常见故障处理方法。

教学目标

1. 知识目标

（1）掌握 ZYJ7+SH6 型道岔转辙设备见故障处理方法。

（2）掌握利用集中监测设备分析常见道岔转辙设备故障的方法。

2. 技能目标

能处理 ZYJ7+SH6 型道岔转辙设备常见故障。

3. 素质目标

培养学生严谨细致的观察能力以及分析设备故障的能力。

任务实施

一、ZYJ7+SH6 型电动液压转辙机机械故障处理

ZYJ7 型转辙机与 S700K 型转辙机均使用三相交流异步电机作为动力，三相交流异步电机的力矩与旋转磁场和转子的转速差成正比，与电流的关系不大。

（一）分析集中监测曲线处理机械故障

通过集中监测道岔曲线来判断、分析机械故障。

道岔电流曲线如图 1-6-1 所示，定位向反位扳动 13 s 后停机，这时观察反位向定位转换的时间：① 如果转换时间是 7 s 左右，可能是锁钩调整过紧或卡异物，道岔没有锁闭；② 如果转换时间是 4 s 左右，可能是道岔中途卡阻；③ 如果转换时间是 1～2 s，可能是锁闭位的锁钩调整过紧，或锁钩下部有异物使锁钩不能落下造成道岔没有解锁。

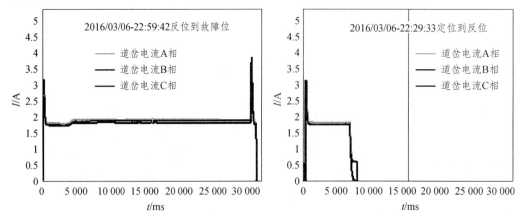

图 1-6-1　道岔动作电流曲线

道岔定位向反位的电流曲线如图 1-6-2，显示道岔转换 8s 左右停机，但是没有最后的"小尾巴"，道岔反位无表示。道岔电流曲线中的"小尾巴"，是道岔转换完后，其中两相电经过表示回路产生的电流。出现这种故障曲线，是道岔反位卡缺口造成的，应及时调整反位表示缺口。

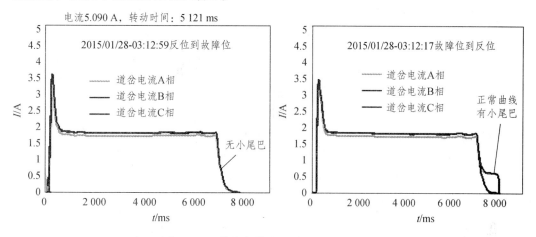

图 1-6-2　道岔定位向反位的电流曲线

（二）单操试验处理机械故障

单操道岔，13 s 后电流表指针回零，道岔无法解锁或锁闭，为室外机械卡阻故障。室外重点检查：① 尖轨与基本轨间是否有异物；② 尖轨与滑床板是否磨卡；③ 锁钩调整是否过紧；④ 是否由于尖轨撬头、吊板、基本轨横移等工务病害造成；⑤ 是否由于限位块间隙调整不当，锁闭框与锁闭杆磨卡；查找故障原因并处理。

二、ZYJ7+SH6 电动液压转辙机电路故障室内外判断

（一）启动故障室内外判断

（1）单操试验判断。

ZYJ7+SH6 型电动液压转辙机发生故障后，故障现象反映在控制台上，首先进行单操试验，观察控制台表示灯、电流表现象进行判断。如果单操道岔：a.观察控制台表示灯不熄灭，说明 1DQJ 没有吸起。b.如果控制台表示灯熄灭，松开操纵按钮后，表示灯又点亮，说明 1DQJ 吸起，2DQJ 没有转极（通过上述道岔单操试验可判断故障在室内）。c.如果控制台表示灯熄灭没有点亮，说明 2DQJ 转极，通过分线盘测试区分室内外故障。

（2）单操试验时，观察电流表（机械室 DBQ 上指示灯），a.如果电流表指针摆动 1.8 A 左右后立即回零（DBQ 上指示灯闪绿灯），说明室内外 A、B、C 三相启动电路已沟通回路，说明室内 1DQJ 自闭电路故障；b.如果电流表指针摆动 1.8 A 左右（DBQ 上指示灯闪绿灯），经过 13 s 后回零，为室外机械卡阻故障或动作压力调整太小造成；c.如果电流表指针摆动 3.0 A 左右后立即回零（DBQ 上指示灯不亮），或

电流表指针未动，为断相故障。在分线盘测试区分室内外故障。

（3）测试判断。

通过上述试验判断为断相故障，可根据道岔电路的特点，利用表示电压在分线盘各端子的等电位，在不操动道岔情况下，进行测试判断故障点。

例如（1.3 闭合为定位）道岔有定位表示，向反位操动，判断为断相故障，将道岔单操至定位且有定位表示，说明 X1、X4 线电路室外正常。X1 与 X3 是等电位，在分线盘用万用表交流 100 V 挡测试 X3、X2 间电压等于 X1、X2 间电压，说明室外三相启动电路完整，可判断故障在室内，如图 1-6-3 所示。

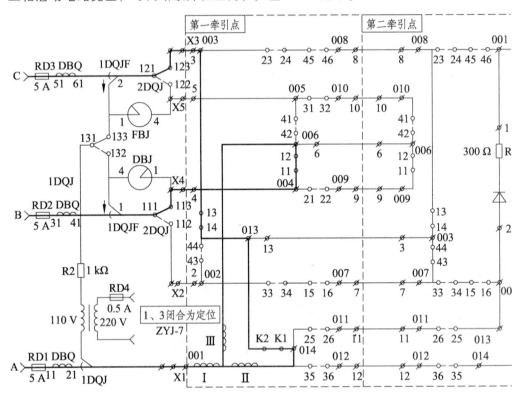

图 1-6-3　反位启动电路

如能熟练地掌握该方法，可避免在测试判断时，频繁操动道岔，造成故障判断时间长或故障判断错误。

（二）表示故障室内外判断

对于多机牵引的道岔，由于每一台转辙机设一套表示电路，必须先通过观察机械室内各表示继电器的状态，确认是某一台转辙机表示电路故障，还是总表示电路故障，然后再进行处理。

以（1、3 闭合为定位）道岔定位表示故障为例：用万用表交流 250 V 挡在分线盘测试 X1、X2 线间电压、电流。①有 110V 电压，故障在室外开路；②无压，有流，判断故障在室外短路；③无压，无流，判断故障在室内。

在分线盘测试 X1、X2 线间有 65 V 左右的交流电压，X2、X4 线间无电压，故障为室外 X4 开路如图 1-6-4。

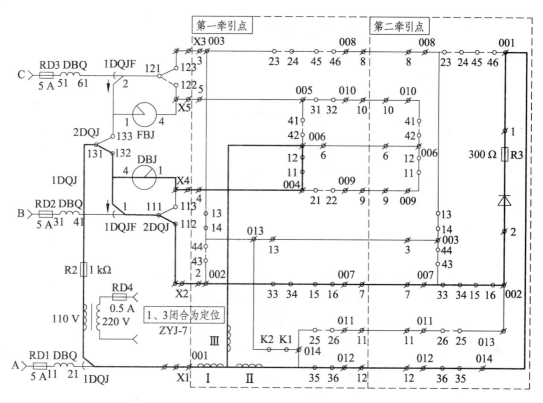

图 1-6-4 定位表示电路

🚄【复习思考题】

1. ZYJ7+SH6 型外锁闭道岔转辙设备常见机械故障有哪些？该如何处理？

2. ZYJ7+SH6 型外锁闭道岔转辙设备启动电路故障如何区分室内外？

3. ZYJ7+SH6 型外锁闭道岔转辙设备表示电路故障如何区分室内外？

4. ZYJ7+SH6 型外锁闭道岔转辙设备故障处理流程是什么？

任务 7　S700K 型外锁闭道岔转辙设备日常养护

任务描述

S700K 型道岔转辙机广泛应用于普速铁路提速道岔以及高速铁路道岔，S700K 型转辙机的日常养护作业是铁路信号工作人员必须具备的专业技能，本讲按照 S700K 型道岔转辙机日常养护作业流程，介绍 S700K 型电动转辙机日常养护的内容以及相关的技术标准。

教学目标

1. 知识目标
（1）掌握 S700K 型电动转辙机的日常养护作业流程。
（2）掌握 S700K 型电动转辙机的日常养护内容以及相关技术标准。
2. 技能目标
（1）掌握 S700K 型电动转辙机的日常养护的作业流程以及技术标准。
（2）能够对 S700K 型电动转辙机进行日常养护作业。
3. 素质目标
培养学生严谨细致的职业素养。

知识链接

S700K 型电动转辙机认知

一、S700K 型电动转辙机的主要部件

（一）S700K 型电动转辙机的结构（见图 1-7-1）

S700K 的整体结构及组成

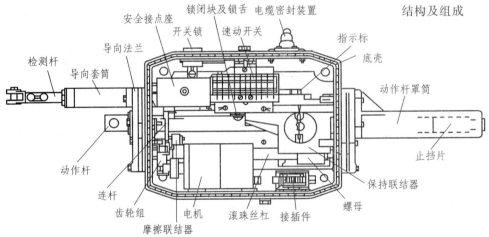

图 1-7-1　S700K 电动转辙机内部结构

（二）S700K 型电动转辙机机外部分（见图 1-7-2）

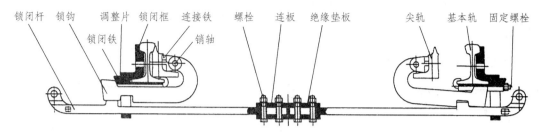

图 1-7-2　外锁闭装置结构

（三）锁闭框组件（见图 1-7-3）

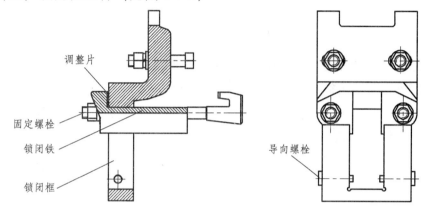

图 1-7-3　外锁闭框组件

二、S700K 型电动转辙机工作原理

只有通过认真观察 S700K 道岔的动作过程，了解其动作原理，通过对测试数据的分析，才能有针对性地提出解决方案，提高道岔的运行质量。

（一）S700K 型电动转辙机内部动作的三个过程

1. 解锁及断开表示接点过程

当室内操纵道岔，需使转辙机动作杆由缩进变为伸出位置时，三相电机得到均衡的交流 380 V 电源，使电机顺时针方向旋转，经变速齿轮组及摩擦联结器使滚珠丝杠向顺时针方向旋转，从而使丝杠上的螺母向左侧运动。

在运动过程中，由操纵板将锁闭块顶进，使表示接点断开，同时带动左锁舌向缩进方向运动，直至左锁舌完全缩进，完成了转辙机的解锁。

2. 转换过程

当转辙机解锁后，由于三相电机在继续转动，故滚珠丝杠上的螺母继续向左运动，带动保持联结器向左运动，由于保持联结器与动作杆是固为一体的，这样动作杆向左侧（伸出方向）运动，使外部道岔尖轨或心轨进行转换，当动作杆运动 220 mm 时，即完成了转换过程。

S700K 转辙机
传动过程

3. 锁闭及接通表示接点的过程

当动作杆向左侧运动了 220 mm 后，如检测杆在尖轨带动下运动了 160 mm，或在心轨带动下运动了 100 mm，这时锁闭块将弹出，接通表示接点，同时右锁舌也将弹出，锁住保持联结器，使动作杆不得随意串动。

三、S700K 型道岔检修调整内容及标准

（一）检查、调整道岔密贴［先调整第一牵引点（J1、X1），后调整第二牵引点（J2、X2）］

（1）电动操纵道岔，在第一牵引点和第二牵引点中心尖轨与基本轨间插入厚 4 mm、宽 20 mm 的铁板。道岔不得锁闭，转辙机表示接点不得接通。

（2）电动操纵道岔，在第一牵引点和第二牵引点中心尖轨与基本轨间插入厚 2 mm、宽 20 mm 的铁板。道岔应锁闭，转辙机表示接点不得断开。

（3）电动操纵道岔，在第一牵引点和第二牵引点间任意一点尖轨与基本轨间插入厚 10 mm、宽 20 mm 的铁板。道岔不得锁闭，转辙机表示接点不得接通。

（二）检查、调整道岔锁闭量［先调整第一牵引点（J1、X1），后调整第二牵引点（J2、X2）］

（1）尖轨第一牵引点（J1）锁闭杆锁块与锁钩，锁闭量不小于 35 mm。

（2）尖轨第二牵引点（J2）锁闭杆锁块与锁钩，锁闭量不小于 20 mm。

（3）辙叉第一牵引点（X1）锁闭杆锁块与锁钩，锁闭量不小于 35 mm。

（4）辙叉第二牵引点（X2）锁闭杆锁块与锁钩，锁闭量不小于 20 mm。

（5）定、反位锁闭量之差。不大于 2mm

（三）检查、调整道岔开程［先调整第一牵引点（J1、X1），后调整第二牵引点（J2、X2）］

（1）测量尖轨第一牵引点（J1）道岔开程（160±3）mm。

（2）测量尖轨第二牵引点（J2）道岔开程（75±3）mm。

（3）测量辙叉第一牵引点（X1）道岔开程（117±1.5）mm。

（4）测量辙叉第二牵引点（X2）道岔开程 68 mm。

（四）检查、调整外锁闭（包括"结合部"的项目及螺丝紧固、清扫、注油等）

（1）锁闭杆与动作杆平行，偏差不大于 10 mm。

（2）防护罩齐全便于检查，安装螺丝无松动，开口销齐全。

（3）销、轴、滑板磨损不超标，旷量不大于 0.5 mm。

（4）各部螺丝紧固、开口销齐全，防松标记清晰。

（5）第一牵引点尖轨与基本轨间 2 mm 锁闭，4 mm 不锁闭，两锁闭点之间任意一点 10 mm 不锁闭。

（6）锁闭铁与锁钩斜面间隙，有一定的旷量，保持在（0.5±0.3）mm。

（7）道岔锁闭量符合标准，J1、X1≥35 mm，J2、X2≥20 mm。

（8）锁闭框两边固定锁闭杆的防跳螺丝无松动，弹簧垫及平垫片齐全。防跳螺丝必须在锁闭杆两侧的槽内（注：防跳螺丝上的平垫片及弹垫圈不可缺少）。防跳螺丝紧固后，用手锤左右敲打锁闭杆，观察锁闭杆距锁闭框两侧间是否有一定的旷动量。

（9）心轨锁钩过紧（尖轨不密贴）的检查与调整：造成心轨锁钩过紧的原因：心轨的锁闭框是安装在心轨的"长轨"上的，由于"长轨"是"八字形"的，造成锁闭框不垂直（一头厚，一头薄），使锁闭铁也不平直，顶在锁钩的侧面，从而造成锁钩过紧、无旷动量、不利于锁钩的解锁和锁闭，易造成尖轨不密贴乃至故障。根据造成锁闭铁斜度的情况，将不同厚度的"密贴调整片"截成两节，用其中的半节垫在锁闭铁偏斜的一面即可解决锁钩过紧及尖轨不密贴的现象。

（五）检查、调整安装装置（包括"接合部"的项目及螺丝紧固、清扫、注油等）

（1）各种拉杆与轨枕的间隙不小于 10 mm。

（2）动作杆与锁闭杆平行，偏差不大于 10 mm。

（3）绝缘管垫齐全，无破损，绝缘符合要求，不小于 10 Ω。

（4）销、轴、滑板磨损不超标，旷量不大于 0.5 mm。

（5）导管、拉杆平直、不磨卡，杆件距轨底大于 10 mm。

（6）检测杆平直、不磨卡，两杆上下平行，不倾斜弯曲，托架紧固不磨卡。

（7）锁闭杆与锁闭框垂直、不磨卡，杆与框边应保持一定的间隙。

（8）锁闭框两侧固定锁闭杆防跳螺丝无松动，弹簧垫及平垫片齐全。防跳螺丝必须在锁闭杆两侧的槽内（注：防跳螺丝上的平垫片及弹簧垫圈不可缺少）。防跳螺丝紧固后，用手锤左右敲打锁闭杆，观察锁闭杆距锁闭框两侧间是否有一定的间隙和旷动量。

（六）检查、调整密贴检查器（包括"接合部"的项目及螺丝紧固、清扫、注油等）

（1）检查密贴检查器检测杆上的横标记是否在指示标框中心位置，若偏差可直接在密贴检查器拉杆调整螺丝上进行调整。调整时注意观察拉杆接头不要顶上检测杆套筒边缘的螺丝。

（2）机外拉杆及机内检测杆油润、无锈蚀。

（3）机内环线绑扎整齐，无破损，端子螺丝无松动。

（4）机内滚轴与检测杆槽内斜面边缘应保持（1.5±0.5）mm 的间隙。

（5）机内动、静接点接、断符合标准，动作灵活。动接点环打入静接点片的深度不小于 4 mm，接点片的接点压力应在 3.5～10 N。

（6）安装螺丝紧固、无松动。

（7）机盖密封良好，开闭灵活。

（8）拉杆底部无障碍物。

（9）拉杆垂直、不偏斜，拉杆托架不磨卡轨枕。

（10）密贴检查器的作用：① 检查尖轨密贴状态；② 检查机械锁闭；③ 挤岔报警；④ 检查轨距变化。

（七）电动转辙机内部检查

（1）外观器件完整，安装螺丝紧固，开口销齐全。

（2）机内外动作杆、表示杆润滑。油润（涂专用油）、不锈蚀。

（3）机盖锁，开闭灵活。

（4）机盖防尘良好、机内清洁，干燥无锈。

（5）机内配线绑扎整齐，无挤压、破损。

（6）机内表示缺口指示标对中，左右偏差小于 0.5 mm，机外表示缺口，应参照机内表示缺口进行校对、调整。

（7）机内锁闭块（重点），锁闭块弹出灵活，锁闭块距保持联结器底座边缘应有 1 mm 左右的间隙。

（8）底壳固定螺栓，不松动。

（9）电机紧固螺栓，不松动。

（10）滚珠丝杠、操纵板及齿轮组，润滑（涂专用油）、不锈蚀。

（八）检查、调整表示缺口（重点对转辙机内锁闭块距保持联结器底座边缘间隙检查和调整）

（1）外表示缺口，指示标应对中，两侧各 1.5 mm。

（2）机内表示缺口，指示标应对中，偏差小于 0.5 mm。

（3）转辙机内锁闭块距保持联结器底座边缘，应有 1 mm 左右的间隙。

四、S700K 型道岔的电路原理

（一）S700K 型道岔电路知识

（1）BD 1-7 变压器作用：变压隔离，变比为 2∶1，提供 110V 独立电源，供表示电路使用，提高表示电路的稳定性。

（2）$R1$ 电阻的作用：防止室外负载（整流堆 Z 和 R）短路烧毁 BD1-7 变压器，一般情况使用 1 000 Ω/25W 的电阻。

（3）$R2$ 电阻的作用：在 1DQJ↑→1DQJF↑，而 2DQJ 尚没转极前，或者当道岔转换到位时，表示接点已接通，而 1DQJ 在缓放状态下，室内送出去的 380 V 动作电源将直接加在整流堆 Z 的两端（定位通过 X1、X2 线，反位为 X1、X3 线），如果不串入 $R2$ 电阻，则有可能会使二极管击穿。$R2$ 电阻若太大，影响二极管的整流效果，即 R2 越大，表示继电器两端的直流成分就越低，R2 一般选择 300Ω/50～75 W 的电阻。

（4）用 DBJ 前接点和 2DQJ 定转极接点，或者用 FBJ 前接点和 2DQJ 反转极接点检查表示电路与操作位置的一致性；在表示电路中检查室外转辙机的接点状态，确认道岔已转换到位。

（5）S700K 型三相交流电动转辙机控制电路 5 条联络线的作用。

① X1 的作用：一是动作电路 A 相电源的传送线。二是表示电路定位表示、反位表示的共用回线。

② X2 和 X4 的作用：一是动作电路 B 相电源的传送线。X2 用于向反位转换。X4 用于向定位转换。二是表示电路定位表示的回线。X2 是用于与二极管的联络线。X4 是用于定位表示继电器的励磁回线。

③ X3 和 X5 的作用：动作电路 C 相电源的传送线。X3 用于向反位转换。X5 是用于表示电路反位表示的回线。X3 是用于与二极管的联络线。向定位转换时，X5 用于反位表示继电器的励磁回线。

（二）分动外锁闭道岔控制电路的组成和特点

分动外锁闭道岔电路主要分为三个部分：室内控制电路、道岔动作电路、道岔表示电路。电路制式为五线制电路，分别命名为 X1 线至 X5 线。

1. 道岔启动电路（动作电路）

（1）1DQJ 继电器电路，如图 1-7-4 所示。

① 用 3-4 线圈来检查道岔启动前的联锁条件是否符合要求（SJ↑，DGJ↑道岔处在空闲解锁状态）和道岔需要转换的方向（定位 DCJ 或反位 FCJ），这一点与电气集中道岔工作原理相同。

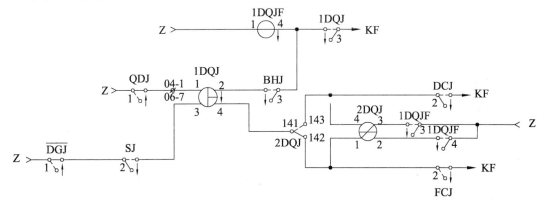

图 1-7-4　1DQJ 继电器电路图

② 1DQJ₁₋₂ 线圈自闭电路中串联了 BHJ↑接点，用来监督检查道岔的转换。道岔转换到位后，用转辙机内启动接点断开三相电机的控制电路使 BHJ↓切断 1DQJ 的自闭电路。

③ $1DQJ_{1-2}$ 线圈自闭电路中的 QDJ↑ 接点，用于检查尖轨（或心轨）几个牵引点转辙设备是否动作一致。如果其中有一台电机不动作，那么 QDJ↓ 将切断其他几台电机的动作电路，保证尖轨（或心轨）几个牵引点的转辙设备动作的一致性。

④ 保证 2DQJ 转极以后，1DQJ 继电器从励磁电路可靠转到自闭电路上，1DQJ 采用了缓放型继电器，即 1DQJ 励磁吸起↑—1DQJF↑—2DQJ 转极（$1DQJ_{3-4}$ 线断电）—控制电路通过 DBQ 线圈往外送电—BHJ↑—$1DQJ_{1-2}$ 线圈自闭电路沟通。

（2）1DQJF 继电器电路。

① 全复示 1DQJ 继电器的动作。

② 强制 2DQJ 转极。

③ 加强接点给室外转辙机输送动作电源。

（3）2DQJ 继电器电路。

① 1DQJ 和操作控制条件（DCJ 或 FCJ）进行转极。

② 2DQJ 的前接点区分定反位动作方向。

③ 动作电路中对 B、C 相电源进行换相，使三相电机实现正转或反转。

（4）切断继电器 QDJ 电路如图 1-7-5 所示。

① 一尖轨（或心轨）几个牵引点的 BHJ↓ 都在落下时，QDJ 励磁吸起，表示道岔处在静态位置。

② 道岔转换时，第一个吸起的 BHJ↑ 切断 2QDJ 继电器第一条励磁电路。

③ ZBHJ↑ 沟通 QDJ 第二条自闭电路。

④ C 回路在 QDJ 第一条励磁电路被 BHJ↑ 切断后，保持 2~3 s 的缓放时间，能可靠地转接到第二条励磁电路上，保证道岔可靠转换。

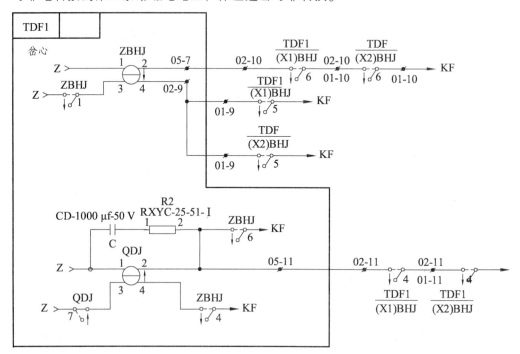

图 1-7-5　切断继电器 QDJ 电路图

（5）总保护继电器 ZBHJ 电路如图 1-7-6 所示。

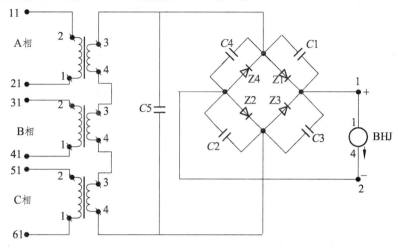

图 1-7-6　保护继电器 BHJ 电路图

① 对于采用多机牵引的提速道岔，尖轨和心轨各自独立设置一套 ZBHJ 和 QDJ 电路。

② 同一尖轨（或心轨）几个牵引点的 BHJ 都吸起后，ZBHJ 才能励磁吸起。如果其中有一个牵引点的 BHJ 不能吸起，那么 ZBHJ 将不能励磁→QDJ 的第二条励磁电路不能沟通，QDJ 经 2~3 s 缓放后落下后，将切断其他几个牵引点的 $1DQJ_{1-2}$ 线圈自闭电路，保证同一尖轨（或心轨）各牵引点间动作的一致性（不动都不动）。

③ 同一尖轨（或心轨）几个牵引点的 BHJ↑前接点并联构成 ZBHJ 的自闭电路，保证各牵引点要动就动到底，否则 13 s（或 30 s）切断。

（6）断相保护器 DBQ 和保护继电器 BHJ 电路。

DBQ 作用：DBQ 由 3 个电流互感器和 1 个整流桥组成。3 个互感器的一次侧分别串在三相电路当中，二次侧首尾相连，再接以整流桥。经过桥式整流输出直流，使 BHJ 吸起，以保持 1DQJ 吸起。当三相电源缺相或三相负载断相时，为了保护三相电机不被烧坏，在道岔动作电路中设计了断相保护器电路，由断相保护器 DBQ 和保护继电器 BHJ 来实现。

DBQ 内部设有智能检测装置，能检测到三相负载变压器一次侧输入线圈中是否有电压，道岔正常转换时有光电指示，并通过计时电路开关控制 DBQ 的直流电源输出，如果道岔转换中途受阻 13 s 后使 BHJ↓，保护三相电机不被烧坏，起到限时作用（相当于 TJ 的功能）。

BHJ 作用：

① 转辙机电源接通时吸起，构成 1DQJ 自闭电路。

② 转辙机转换到位，切断启动电路时落下，用以切断 1DQJ 自闭电路。

③ 三相电源断相时，切断 1DQJ 自闭电路，用以保护电机不会被烧毁。

2. S700K 动作电路

（1）定位—反位：X1、X3、X4。

A—RD1—DBQ—$1DQJ_{12-11}$—X1—A1-B1—电机线圈 W1-W2。

B—RD2—DBQ—1DQJF$_{12-11}$—2DQJ$_{111-113}$—X4—A4-B4—11-12—A11-B11—电机线圈 V1-V2。

C—RD3—DBQ—1DQJF$_{22-21}$—2DQJ$_{121-123}$—X3—A3-B3—13-14—安全接点 K—C10-A10—电机线圈 U1-U2。

（2）反位—定位：X1、X2、X5。

A—RD1—DBQ—1DQJ$_{12-11}$—X1—A1-B1—电机线圈 W1-W2。

B—RD2—DBQ—1DQJF$_{12-11}$—2DQJ$_{111-112}$—X2—A2-B2—43-44—安全接点 K—C10-A10—电机线圈 U1-U2。

C—RD3—DBQ—1DQJF$_{22-21}$—2DQJ$_{121-122}$—X5—A5-B5—41-42—A11-B11—电机线圈 V1-V2。

三相电机 U、V、W 三绕组同时接通三相电源，便开始转动，启动转辙机向定位或反位转换。转换完毕后快速接点接通 1、3 排或 2、4 排接点给出表示。

在启动电路的某一相电源中，串接了安全接点 K，作用是在人工摇动道岔时断开电机的启动电路，保证作业人员的安全。

3. S700K 表示电路原理

在表示电路中，道岔表示电源、DBJ/FBJ 线圈与半波整流堆 Z 和 R 并联构成。所以在沟通道岔表示时，有两条回路存在，交流供电回路和 DBJ/FBJ 励磁吸起的直流回路。故须按交流、直流回路分别进行分析。在分线盘测量交流电约为 60 V，直流电 24 V。

DBJ/FBJ 表示电路中，交流回路检查电机两个线圈，直流回路检查两个线圈，表示电路检查了三相电机 3 个绕组的完整性，保证了电机可靠动作。

使用 TS-1 接点组的 S700K 型分动外锁闭道岔表示电路如图 1-7-7 所示。

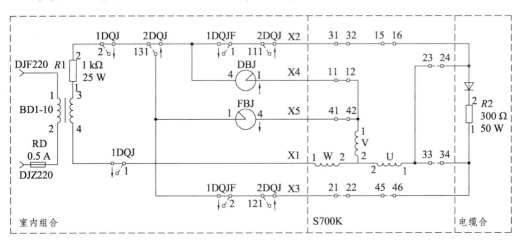

图 1-7-7　S700K 型 TS-1 接点组道岔表示电路示意图

4. 表示电路特点

（1）定位表示和反位表示电路分别使用三条线来控制。

① 定位用 X1、X2、X4 三线控制。

② 反位用 X1、X3、X5 三线控制。

（2）定反位表示电路都必须检查三相电机的线圈是否良好。

（3）表示继电器与整流二极管两者在表示电路中是并联关系。

（4）道岔在四开状态下，由于定反位启动电路都在接通状态，表示电路呈现短路状态。

（5）道岔在定位时，X5（反位位置时 X4）两端都是断开的（空闲），可以作临时应急使用。

（6）室外 TS-1 接点的使用规律。

① 第一排、第四排的 1-2 接点即 11-12、41-42 影响道岔启动和对应的另一个位置的表示。

② 第一排、第四排的 3-4 接点即 13-14、43-44 只影响道岔启动。

③ 第一排、第四排的 5-6 接点和第二排、第三排的接点只影响道岔表示。

（7）每个牵引点均设独立表示继电器，各点给出表示后，再接通总表示，便于缩小故障范围，查找故障。

5. 表示电路原理

因采用 BD1-10 表示变压器，输出为 110 V 交流电源，故须按交流电正、负半波进行电路分析，如图 1-7-8 所示。

6. DBJ 电路：X1、X2、X4

（1）交流回路检查条件：①电阻 $R1$；②整流堆 Z 和 $R2$；③交流电机的两个线圈；④TS-1 快速接点组定位表示接点。在交流回路中，整流堆 Z 和 R 相当于回路负载。

交流回路接通公式：经外线 X1、X2。

当交流电源正半波时，BD1-10 表示变压器二次侧 3 正、4 负，电流流向为：

Ⅱ3—$R1$—1DQJ$_{21-23}$—2DQJ$_{131-132}$—1DQJF$_{13-11}$—2DQJ$_{111-112}$—侧面端子 05-2—外线 X2—电缆盒 2 号端子—转辙机 WOGO 的（A2-B2）—（31-32）—（15-16）—（B7-A7）—电缆盒 7 号—整流堆 Z 和 R—电缆盒 8 号—（A9-B9）—（34-33）—B10—电机 U1-U2 线圈—B12—A12—电机 W2-W1 线圈—（B1-A1）—电缆盒 1 号—外线 X1—侧面端子 05-1—1DQJ$_{11-13}$—Ⅱ4

因整流堆 Z 的单向导电性，在电缆盒的 7 与 8 号端子上，7 +（Ⅱ3）、8 -（Ⅱ4）时电路导通有流通过，反之，整流堆 Z 截止无流。

（2）直流回路检查条件：①DBJ1-4 线圈；②交流电机的两个线圈；③TS-1 快速接点组定位表示接点。在直流回路中，整流堆 Z 相当于直流源，表示继电器是回路负载。

直流回路接通公式：经外线 X2、X4。

整流堆 Z 在电缆盒的 7 与 8 号端子上，7 +、8 - 时电路产生直流电，8 端上得直流 "+" 极性电源，电流流向为：

整流堆 Z 和 R 至电缆盒 8 号 "+" —（A9-B9）—（34-33）—B10—电机 U1-U2 线圈—B12—C12—电机 V2-V1 线圈—（B11-A11）—（12-11）—（B4-A4）—电缆盒 4 号—外线 X4—侧面端子 05-4—DBJ1-4 线圈—1DQJF（13-11）—2DQJ（111-112）—侧面端子 05-2—外线 X2—电缆盒 2 号端子—转辙机 WOGO 的（A2-B2）—（31-32）—（15-16）—（B7-A7）—电缆盒 7 号—整流堆 Z 和 R 至电缆盒 7 号 "−"。

7. FBJ 电路：X1、X3、X5

（1）交流回路检查条件：① 电阻 $R1$；② 整流堆 Z 和 $R2$；③ 交流电机的两个线圈；④ TS-1 快速接点组反位表示接点。在交流回路中，整流堆 Z 和 R 相当于回路负载。

交流回路接通公式：经外线 X1、X3。

当交流电源正半波时，BD1-10 表示变压器二次侧 3 负、4 正，电流流向为：

Ⅱ 4—1DQJ$_{13-11}$—侧面端子 05-1—外线 X1—电缆盒 1 号—（A1-B1）—电机 W1-W2 线圈—A12—B12—电机 U2-U1 线圈—B10—（23-24）—（B6-A6）—电缆盒 7 号—整流堆 Z 和 R—电缆盒 8 号—（A8-B8）—（46-45）—（22-21）—（B3-A3）—电缆盒 3 号端子—外线 X3—侧面端子 05-3—2DQJ$_{123-121}$—1DQJF$_{21-23}$—2DQJ$_{133-131}$—1DQJ$_{23-21}$—$R1$—Ⅱ 3。

因整流堆 Z 的单向导电性，在电缆盒的 7 与 8 号端子上，7 +（Ⅱ 4）、8 -（Ⅱ 3）时电路导通有流通过，反之，整流堆 Z 截止无流。

（2）直流回路检查条件：① FBJ1-4 线圈；② 交流电机的两个线圈；③ TS-1 快速接点组反位表示接点。在直流回路中，整流堆 Z 相当于直流源，表示继电器是回路负载。

直流回路接通公式：经外线 X3、X5。

整流堆 Z 在电缆盒的 7 与 8 号端子上，7 +、8 - 时电路产生直流电，8 端上得直流 "+" 极性电源，电流流向为：

整流堆 Z 和 R 至电缆盒 8 号 "+" —（A8-B8）—（46-45）—（22-21）—（B3-A3）—电缆盒 3 号端子—外线 X3—侧面端子 05-3—2DQJ$_{123-121}$—1DQJF$_{21-23}$—FBJ$_{1-4}$ 线圈—侧面端子 05-5—外线 X5—电缆盒 5 号—（A5-B5）—（41-42）—（A11-B11）—电机 V1-V2 线圈—C12—B12—电机 U2-U1 线圈—B10—（23-24）—（B6-A6）—电缆盒 7 号—整流堆 Z 和 R 至电缆盒 7 号 "−"。

注：① 图 1-7-8 按照转辙机在定位时 11-12、13-14、15-16、31-32、33-34 接点闭合设计。

② 若转辙机在定位时 21-22、23-24、41-42、43-44、45-46 接点闭合需做如下改变：X2 与 X3 交叉、X4 与 X5 交叉；现场二极管颠倒极性。

③ $R=300\,\Omega/75\,W$；$Z=2ZD656/1\,000\,V/5A$；$R1=1\,000\,\Omega/25\,W$。

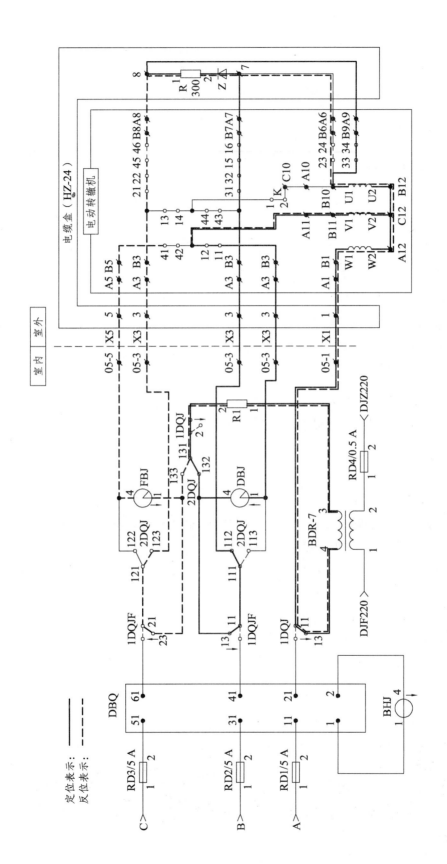

图 1-7-8　表示电路原理（定位 1：3 闭合表示电路）

任务实施

S700K 电动转辙机的日常养护

一、作业前

（一）工作安排

安排工作任务，明确驻站联络员、现场防护员。

（二）安全讲话

根据天气、作业环境、作业内容、人员、机具、列车运行状况有针对性地提出安全注意事项。

（三）仪表料具

通信联络工具一台并试验良好、备用电池一块、照明灯具（夜间）、安全木楔、钥匙、手锤、撬棍、活动扳手（300 mm、450 mm）、梅花扳手（27 mm/30 mm）、一字螺丝刀、十字螺丝刀、克丝钳、卷尺、塞尺、开口销、棉纱、机油。

（四）联系登记

室内驻站联络员办理登记手续，现场防护员接到允许作业命令后方可上线。

二、作业中

（一）密贴检查

用塞尺检查宏观密贴，尖轨、心轨尖端至第一牵引点密贴缝隙不大于 0.5 mm，其余密贴段不大于 1 mm。检查锁钩不过紧。检查方法：

（1）第一牵引点：用长度 350~450 mm 的工具从轨腰内侧向外撬动密贴尖轨（心轨）尖端，密贴缝隙有 0.5~1.0 mm 的位移量，松开后尖轨（心轨）能自动弹回。

（2）其余牵引点：锁钩、锁闭杆应能左右适度摆动，锁钩与锁闭铁锁闭斜面应自然吻合，间隙不大于 0.5 mm；用长度 350~450 mm 的工具向上撬动锁钩尾部，锁钩与锁闭杆凸台锁闭平面间有不小于 0.2 mm 间隙，松手后自动落下。如图 1-7-9 所示。

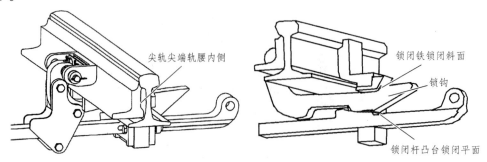

尖轨尖端轨腰内侧

锁闭铁锁闭斜面

锁钩

锁闭杆凸台锁闭平面

图 1-7-9　密贴检查

（二）缺口检查

转辙机及密贴检查器表示缺口指示标对中，左右偏差小于 0.5 mm，如图 1-7-10 所示。

（三）接合部检查

尖轨、基本轨、心轨、翼轨的竖贴部分无肥边，尖轨、心轨爬行不超过 20 mm。尖轨无翘头、吊空，尖轨与基本轨密贴，顶铁与尖轨间隙不大于 1 mm，如图 1-7-11 所示。

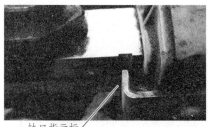

图 1-7-10　缺口检查　　　　　　图 1-7-11　接合部检查

（四）外锁闭及安装装置、杆件检查

（1）锁闭杆及表示杆绝缘良好，表示拉杆接头铁螺栓不松动。穿越轨底的各种杆件，距轨底的距离应不小于 10 mm。外锁闭装置同钢轨、轨枕（含道床）无磨卡，组件无卡阻、裂纹。外锁闭装置及安装装置应安装方正、枕间距达标，如图 1-7-12 所示。

图 1-7-12　绝缘良好，位置达标

（2）转辙机动作杆、锁闭杆、检测杆及表示杆应与基本轨垂直，操纵试验无磨卡。转辙机上下两检测杆无张嘴和左右偏移现象，检测杆头部的叉形连接头销、孔

的磨损旷量不大于 0.5 mm，如图 1-7-13 所示。

动作杆与锁闭杆在一条直线上

转辙机检测杆
两片吻合平顺，
不张口

图 1-7-13　位置正常

（3）锁钩锁闭状态良好，锁钩、锁闭杆与锁闭框两侧间隙均匀，不别劲（含斥离轨）；锁钩与连接轴销横向滑动良好；锁闭框两侧导向销应有效插入锁闭杆两侧的导向槽内，不得脱落，如图 1-7-14 所示。

锁闭框　　　　　　　　　　　　　　　　　　　　锁钩与连接
轴销

图 1-7-14　锁钩状态

（五）外部检查

各部螺栓齐全、油润、不松动，防松措施齐全，箱盒、转辙机油饰、密封、加锁良好，蛇管完好不脱落，标识清晰正确，如图 1-7-15 所示。

开口销劈开角度 60°~90°，劈开角度基本一致

无地面硬化处，托板与石砟不得接触

图 1-7-15　外部检查

（六）清扫注油

清扫杂物，可动部位注油，如图 1-7-16 所示。

锁钩注油孔及锁钩头部注油

图 1-7-16　清扫注油

三、作业后

（1）操纵试验，确认良好后进行料具清理。

（2）销记、小结。

① 通知作业负责人作业完毕，作业负责人通知驻站联络员销记。

② 防护员引领列队原路返回后，作业人员将任务完成情况、设备质量问题及待修缺点填入"工作手册"，并向工班长汇报。

【复习思考题】

1. 简述 S700K 型电动转辙机内部结构及其各个部件的作用。

2. 简述 S700K 型电动转辙机的外锁闭装置的作用及其技术标准。

3. S700K 型电动转辙机包含哪三级减速？

4. 简述 S700K 型电动转辙机的传动原理。

5. 简述 S700K 型电动转辙机的电路原理。

6. S700K 型电动转辙机日常养护的内容有哪些?

7. S700K 型电动转辙机日常养护作业的流程是什么?

8. 简述 S700K 型电动转辙机的日常养护的技术标准。

任务 8　S700K 型外锁闭道岔转辙设备集中检修

任务描述

S700K 型电动转辙机的标准化检修作业是铁路信号工作人员必须掌握的转专业技能之一，本任务主要讲解 S700K 型道岔转辙设备标准化检修作业的流程，检修作业内容以及相应的专业技术标准。

教学目标

1. 知识目标

（1）掌握 S700K 型道岔转辙设备的日常检修作业流程。

（2）掌握 S700K 型道岔转辙设备的日常检修作业内容和相关技术标准。

2. 技能目标

能够按照标准的作业流程完成 S700K 型道岔转辙设备的日常检修作业。

3. 素质目标

培养学生求真务实、勇于担当的职业素质。

任务实施

一、作业前

（一）工作安排

安排工作任务，明确驻站联络员、现场防护员。

（二）安全讲话

根据天气、作业环境、作业内容、人员、机具、列车运行状况有针对性地提出安全注意事项。

（三）仪表料具

通信联络工具一台并试验良好、备用电池一块、照明灯具（夜间）、手摇把、钥匙、万用表、试验夹板、手锤、撬棍、活动扳手（300 mm、450 mm）、梅花扳手（27 mm/30 mm）、组合套筒、一字螺丝刀、十字螺丝刀、万可起子、克丝钳、油灰钳、卷尺、塞尺、毛刷、油壶、竹片、密贴调整片、机油、棉纱、酒精、绸布、开口销。

（四）联系登记

驻站联络员办理登记手续，现场防护员接到允许作业命令后方可上线。

二、作业中

（一）电操动观察

操作试验，观察尖轨、心轨有无影响道岔转换、密贴的翘头、拱曲、侧弯、肥边、反弹、卡阻和异常声音。

（二）密贴检查、调整

尖轨及心轨一牵处有 4 mm 及以上水平间隙时，其余密贴牵引点处有 6 mm 及以上水平间隙时，不应锁闭或接通道岔表示；尖轨牵引点间有 10 mm 及以上水平间隙时，不应接通道岔表示。

检查方法：见 S700K 型转辙设备日常养护作业指导书。

调整方法：尖轨及心轨在锁闭铁与锁闭框间累加 0.5 mm 密贴调整片，直到道岔不能锁闭为止，第一牵引点处再取出（1.5±0.5）mm 调整片，其余密贴牵引点再取出（2.0±1.0）mm 调整片。多机牵引原则上应从辙叉往岔尖方向逐点顺序调整。

（三）锁闭量检查调整

尖轨、心轨第一牵引点锁闭量不小于 35 mm，其余牵引点不小于 20 mm，定、反位锁闭量偏差位于同侧且不大于 2 mm。如图 1-8-1 所示。

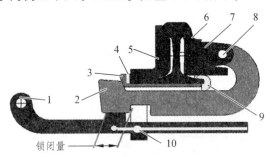

1—锁闭动作杆；2—锁钩；3—锁闭铁；4—调整片；5—锁闭框；6—尖轨；

7—尖轨连接铁；8—销轴；9—固定螺栓；10 导向销。

图 1-8-1　锁闭量调整

（四）开程检查

尖轨、心轨各牵引点动程不超标，尖轨各牵引点处开口值符合标准，两侧偏差不大于 3 mm；心轨第一牵引点处开口值符合标准，偏差不大于 2 mm。

（五）缺口检查调整

缺口指示标对中，距两侧各（2.0±0.5）mm（核对内外表示缺口指示标保持一致）。

（六）绝缘检查

安装装置、各部杆件绝缘检查、测试。

（七）内部检查

（1）机体无裂纹损伤，机盖无变形，防水、防潮措施良好；机内清洁，暗锁转动灵活，排水孔堵头不脱落，如图1-8-2所示。

（2）遮断开关（安全接点）通断作用良好。

检查方法：通电时，挡板能有效阻挡手摇把插入齿孔；当开关断开时，手摇把能顺利插入齿轮，非经人工恢复不得接通电路，手摇把齿轮的轴用挡圈无脱落现象，如图1-8-3所示。

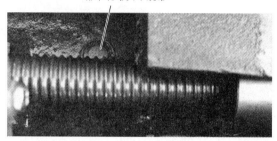

排水孔堵头不脱落

图1-8-2　防水检查

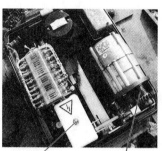

遮断开关　　齿轮组及摇把
　　　　　　齿轮保持油润

图1-8-3　遮断开关检查

（3）速动开关通、断电作用良好，动、静接点擦拭，配线整齐，螺丝防松标记良好、绝缘层无损伤、接点座无裂纹。

（4）滚珠丝杠、摩擦联结器转动时平稳、无噪声。

（5）检查保持联结器铅封完整。

（6）锁舌灵活，伸出量不小于10 mm，如图1-8-4所示。

动、静接点擦拭

锁舌伸出量不小于10 mm

图1-8-4　锁舌

（7）缺口监测报警试验。

（八）整流板及配线检查

配线整齐，插接端子牢固，图实一致。整流板外观良好，安装牢固。

（九）Ⅰ级测试

（1）测试项目以及周期见表 1-8-1。

表 1-8-1　S700K 型转辙机测试项目与周期

设备名称	测试项目	测试周期		备注
		Ⅰ级	Ⅱ级	
S700K	1.断相保护器直流输出电压； 2.道岔表示继电器交、直流电压； 3.转辙电机相电压； 4.转辙机相电流	1次/年（第2、4项不测）	1次/6年	测电流用钳形表

（2）测试方法及标准。

① 第 1 项使用万用表直流 100 V 挡在组合架断相保护器的 1、2 线圈上当道岔扳动时测试，标准为 16~28 V。

② 第 2 项使用万用表在 DBJ 和 FBJ 的 1、4 线圈上测试，参考电压交流 55~65 V，直流 20~25 V。

③ 第 3 项使用万用表交流 500 V 挡在道岔电缆盒对应端子上测试。当道岔由定位转反位时，测试 X1、X3、X4 对应端子，参考标准为 380 V；当道岔由反位转定位时，测试 X1、X2、X5 对应端子，参考标准为 380 V。

④ 第 4 项使用电源屏表头测试，在道岔扳动时测试的交流电流为转辙机相电流。转辙机相电流在道岔正常转换时不大于 2A，当道岔因故不能转换到底时不大于 3A。

（十）清扫注油

注油：① 摇把齿轮轴注油；② 滚珠丝杠注油；③ 动作杆外部注油；④ 锁闭块注油；⑤ 检测杆机外部叉形接头注油；⑥ 电机转子两端及中间齿轮注油；⑦ 齿轮表面注油；⑧ 摩擦联结器注油；⑨ 遮断开关注油；⑩ 锁闭块、锁舌注油；⑪ 检测杆注油。

说明：滚珠丝杠、电机齿轮用专用 FZ-243 型润滑脂（黑油），锁闭块及各种滑动摩擦面用 20#以上清机油，如图 1-8-5 所示。

图 1-8-5　注油部位

三、作业后

（1）合盖加锁，单操试验；确认良好后进行料具清理。

（2）销记、小结。

① 通知作业负责人作业完毕，作业负责人通知驻站联络员销记。

② 防护员引领列队原路返回后，作业人员将任务完成情况、设备质量问题及待修缺点填入"工作手册"，并向工班长汇报。

【复习思考题】

1. 简述 S700K 型电动转辙机的日常检修作业流程。

2. 简述 S700K 型电动转辙机日常检修作业内容以及技术标准。

3. 简述 S700K 型电动转辙机密贴缺口的调整方法和技术标准。

4. 简述 S700K 型电动转辙机 I 级测试的内容以及技术标准。

任务 9　S700K 型外锁闭道岔转辙设备故障处理

任务描述

在铁路信号设备的日常养护过程中，信号设备的应急故障处理是铁路信号工作人员必须掌握的技能，信号设备故障处理的快慢直接影响铁路运输的效率，本任务主要讲解 S700K 型外锁闭道岔转辙设备常见故障处理方法。

教学目标

1. 知识目标

掌握 S700K 型外锁闭道岔转辙设备常见故障处理方法。

2. 技能目标

能处理 S700K 型外锁闭道岔转辙设备常见故障。

3. 素质目标

培养学生严谨细致的观察能力以及分析设备故障的能力。

任务实施

一、表示电路故障分析

由于每一台 S700K 型转辙机设一套表示电路，所以要先确定是总表示电路故障还是哪一台转辙机表示电路故障，然后再进行处理。

（一）正常工作电压

表示电路正常时工作电压见表 1-9-1。

表 1-9-1　S700K 型电动转辙机正常工作时电压

测　试　处　所	交流/V	直流/V
定位：X2 与 X1、X4 间 反位：X3 与 X1、X5 间	55~60	21~22
DBJ/FBJ 的 1-4 线圈	55~60	21~22
R1	50~55	20~21
BD1-7　1-2	220	
BD1-7　3-4	110	

（二）故障分析（假定某转辙机的表示电路故障）

正常情况下，在分线盘测 X2 与 X1（反位为 X3 与 X1）间交流电压为 55~60 V，直流电压为 21~22 V。如电压相差太多，说明某处有故障。

（1）测分线盘电压，X2 与 X1（反位为 X3 与 X1）间无电压（为 0 V 或非常小）。

此时，可以测 R1 两端电压，若无电压，则说明是室内表示电源或断线故障，当测到较高的交流电压时（约为 110 V），则说明室外有混线故障（由于混线的位置和程度不同，X1 与 X2 间可以测到大小不同的低电压。此时，R1 电阻较正常状态热）。

（2）测分线盘电压，定位测（X2 对 X1、X3、X4）反位测（X3 对 X1、X2、X5）有交流 110 V，则为室外断线故障。检查室外开闭器接点是否闭合、遮断开关接点接触是否良好，电机配线和整流匣有无断线。

（3）测分线盘电压，定位 X2 对 X1（反位 X3 对 X1）测得交流电压为 20～30 V，没有直流电压，则为室外二极管混线。

（4）测分线盘电压，定位 X2 对 X1（反位 X3 对 X1）测得交流电压为 65 V 左右，直流电压为 35 V 左右，则为 X4（反位为 X5）外线断线。

（三）处理方法

（1）室内表示电源断线故障处理：测表示变压器有无交流电压（110 V）。如无电压则为电源故障，可依次检查电源、断路器、变压器及连线。如有电压则为室内断线故障，可依次检查电阻 R1、1DQJ23-21、2DQJ131-132、1DQJF13-11、2DQJ111-112、1DQJ11-12 及连线。

（2）室外混线故障处理：测分线盘电压，定位测量 X1 对 X2、X3 有 5.8 V 电压，X1 对 X4 有 2.9 V 电压，反位测量 X1 对 X2、X3 有 5.8 V 电压，X1 对 X5 有 2.9 V 电压，混线故障，去室外查找（电缆、电机、接点、整流匣等）。

① 室外 X1、X2 或 X2、X4 混线故障处理。

首先在电动转辙机处断开 X4，以区分是 X1、X2 还是 X2、X4 混线。若有电压则为 X2、X4 混线；若仍无电压，说明 X1、X2 混线。然后依次断开各电缆盒的 X2 端子，测 X1、X2 间电压，以确定混线故障点。

② X1、X4（反位是 X1、X5）混线故障处理。

当 X1、X4 混线时，不影响表示电路的正常工作，分线盘上的电压无明显变化，但转换道岔时断路器跳起。查找方法：首先断开转辙机侧的 X4 配线，测 X1、X4 间电压，依次断开各电缆盒的 X4 端子进行查找。

（3）室外断线故障处理。

① X1 或 X2 断线故障处理（反位是 X1 或 X3 断线）。

在分线盘的 X1、X2 上有 110 V 交流电压，而到电缆盒处无电压，说明电缆断线。此时，如 X1、X4 间有小电压，说明 X2 电缆断线，如无小电压，说明 X1 电缆断线。

在分线盘的 X1、X2 上有 110 V 交流电压，到电缆盒处也有 110 V 电压，说明电缆盒至转辙机间有断线故障，继续用测量 X1、X2 之间电压的方法查找到有无电压的临界点就是故障点。

② X4 断线故障处理（反位是 X5 断线）。

在分线盘 X2、X1 测的交流电压为 65 V 左右，直流电压为 35 V 左右，X1、X4 交流电压为 110 V，则为 X4 外线断线。到电缆盒处测量，如无 110 V，说明 X4 电缆断线，如有 110 V，继续用测量 X1、X4 间电压的方法查找有无电压的临界点即为故障点。

二、启动电路故障分析

（一）故障分析

（1）单独操纵道岔控制台定位表示灯不灭。

如果控制台表示灯不灭，则故障在室内，说明 1DQJ 未吸起，这时应进路式操纵道岔，看动作是否正常。

① 如果进路式时动作正常，则说明道岔单独操纵部分有故障，进一步检查 ZFJ 和 CAJ 是否动作正常，确定故障点。

② 如果进路式也不能动作，则应检查 SJ 是否在吸起状态，CA 接点接触是否良好，公共配线是否良好，CAJ 接点是否良好等。

（2）单独操纵到反位不动作。

首先检查 1DQJ、1DQJF 是否吸起，2DQJ 是否转极。如果控制电路部分继电器动作不正常，应按动作逻辑关系式进行检查：AJ↑及 ZFJ↑（或 FCJ↑）→1DQJ↑ →1DQJF↑→2DQJ 转极。

当确定室内道岔控制电路动作正常后，应进一步观察 BHJ 是吸起后再落下，还是根本不吸。

① 若 BHJ 根本不吸起，应检查组合侧面的 380 V 是否正常，熔断是否良好。若电源正常，但到分线盘测试时电源缺相（X1、X3、X4），则可能是 DBQ 到 1DQJ 及 1DQJF 的相应接点间断线，也可能是 DBQ 内部故障。

② 若在分线盘测试电源正常，则应到室外重点检查转辙机遮断开关及速动开关的接点接触情况。

③ 如 BHJ 先吸起，然后又落下，说明三相负载部分良好，重点观察 BHJ 和 1DQJ 落下的先后顺序：若 BHJ 先落下，一般来说可能是 DBQ 不良，可换一台试试；若 BHJ 在 1DQJ 落下后再落下，则说明可能是 1DQJ 自闭电路有问题，包括 QDJ 是否在吸起状态。

（二）故障处理方法

（1）判断故障是在室内还是在室外。

① 由定位向反位单操道岔，如能切断表示，说明 1DQJ 正常吸起，2DQJ 正常转极；再向回转换有定位表示后，在道岔的分线盘端子 X2 与 X1、X3、X4 之间分别测量电压，大约为 57 V（交流），22 V（直流）。如 X2 与 X3 之间无电压，说明 X3 外线断线。若 X2 与 X4 之间无电压，说明 X4 外线断线。

② 由反位向定位单操道岔时，如能切断表示，说明 1DQJ 正常吸起，2DQJ 正常转极；再向回转换有反位表示后，在道岔的分线盘 X3 与 X1、X2、X5 之间分别测量电压，大约为 57 V（交流），22 V（直流）。若 X3 与 X2 之间无电压，说明 X2 外线断线。若 X3 与 X5 之间无电压，说明 X5 外线断线。

（2）启动电路室内故障处理方法（参考 ZYJ7+SH6 型启动电路故障处理）。

（3）启动电路室外断线故障处理方法。

① 道岔在定位时：在电缆盒测 X2 与 X3（或 X2 与 X4）电压，如有电压说明对

应的电缆断线。如无电压说明故障点在电缆盒端子与电机相对应的端子之间。

② 道岔在反位时：在电缆盒测 X3 与 X2（或 X3 与 X5）电压，如有电压说明对应的电缆断线。如无电压说明故障点在电缆盒端子与电机相对应的端子之间。

三、提速道岔室内控制电路故障分析及查找方法

（1）IDQJ(JWCXC-H125/0,44)不动作：故障现象为道岔操纵不动作，控制台道岔不失表示，继电器动作电源为控制电源，IDQJ 的 3、4 线圈动作。在确认 SFJ、DCJ(FCJ)吸起后，用万用表先确认 3-4 线圈是否有电，3 为正、4 为负，借组合侧面的 KF(06-3 端子)电源，查 KZ 至线圈 3 端子的正电，如果线圈 3 端子无正电，就测试组合侧面 02-1 端子，02-1 端子无正电就测 24-103-4 端子，24-103-4 端子无正电源就测 24-103-3 端子，24-103-3 端子无正电就测 31-502-13 端子，若是 31-502-13 端子有正电，说明是 24-103-3 至 31-502-13 之间断线。同样，如果线圈 4 无负电，也是这样查找。

（2）1DQJF(JWJXC-480)不动作：故障现象为道岔操不动，表示失去又恢复；继电器动作电源为控制电源，查找 IDQJF 动作电路不能查 KZ(因为有两处地方为 KZ)，要用 KF 电源查找。首先确认 1 线圈有正电源，再用正表笔固定在组合侧面 06-1，负表笔测 IDOJ32-31(经 30 s TJ 吸起，说明 IDQJ32-31 良好)，TJ31-33 至线圈 4 之间无负电，说明 TJ33 至线圈 4 间断线。

（3）2DQJ（JYJXC-135/220）不转极：故障现象为道岔操不动，表示断又恢复，继电器动作电源为控制电源，固定 KF 测 KZ-1DQJF-2DQJ 故障点就在有电压与没电压之间（经 30 s TJ 吸起，切断 1DQJF 工作电路，1DQJF 落下 2DQJ 就不能转极）。

（4）1DQJ 不能自闭：故障现象为道岔操不动，表示断，首先观察继电器动作情况，DHJ 不能动作（先查 DHJ），条件满足后查 KZ 电源或用电阻挡查找（因为 1DQJF 已经动作）。共用电路部分正常，用负表笔固定在 06-3，正表笔测 BHJ32，正电有后，如果 1DQJ 自闭电路不断，但是 1DQJ 不能自闭，就要检查串联在 1DQJ1、2 此线圈的电阻值（27 Ω）有无变化。

（5）27 Ω 电阻断线：故障现象为道岔操不动，表示断；固定 KF，测 KZ-电阻 1、2-或用电阻挡查找。

（6）HBJ（JWXC-1700）不能动作：故障现象为道岔操不动，表示断，1DQJ 不能自闭。查找方法：

① 首先在 BHJ 的 1、2 端，用机械表测试 BHJ 动作电路中的正反向电阻值。正向 1 350 Ω、反向 1 700 Ω 左右（正向测的是断相保护器正和 JWXC-1700 继电器的阻值）。

用二极管挡测正反向相差不大，为 870～1 000 Ω；将 DBQ 与 HBJ 分离测，用二极管挡测 DBQ 正向 870～1 000 Ω，反向无穷大；用电阻挡测 HBJ 电阻值 1 700 Ω 左右。

② 判断 $1DQJ_{12}$、$1DQJF_{12}$、$1DQJF_{22}$ 是否有 380 V 电压。

③ 定操反不动，操回定位有表示。可用定位表示电压测 X2 与 X3 有电压故障在室内，可固定在 X2 与 $2DQJ_{123}$ 测有电压，说明定位操反位室外电路正常。

④ 操动道岔时，在分线盘测 X1、X3、X4 是否有 380 V 电压。

a.X1、X3 有 380 V 电压，X1、X4 无 380 V 电压（有 150 V 左右电压，因为测的是 X3 通过电缆电机线圈返回的电压）就是 X4 断相（定位有表示），故障点在 1DQJF12、11 与 2DQJ$_{111、112}$ 这两组接点之间，固定在 X1 操道岔测 1DQJF$_{11}$、2DQJ$_{113}$ 查出故障点。

b.X1、X4 有 380 V 电压，X1、X3 无 380 V 电压（有 150 V 左右，因为测的是 X4 通过电缆电机线圈返回电压）就是 X3 断相（以用表示查到 2DQJ123），故障点在 1DQJF$_{22、21}$ 与 2DQJ$_{121、123}$ 这两组接点之间，固定在 X1 操道岔测 1DQJF$_{21}$、2DQJ$_{123}$ 查出故障点。

（7）电机 3 线断：测 X1 与 X2（反位 X1、X3）交直、流电压值，如果有交流电压 62 V 左右，直流 30 V 左右，（比正常值大 10 V 左右），说明前述的第一条表示支路和表示继电器包括连线断线。再测 X2、X4（反位 X3、X5），如果有，上述电压值故障在室内；如果没，上述电压值故障在室外的 X4（反位 X5）断。电机 3 接在交流支路。

（8）室外二极管 D 短路：分线盘 1#、2# 或 2#、4# 均测不到直流电压，交流电压在 20 V 左右。室内 TDF 组合中的 R1 电阻端电压大约为 80 V，继电器端电压大约为 20 V；继电器落下。

【复习思考题】

1. S700K 型电动转辙机启动电路故障时，如何区分室内外？
2. S700K 型电动转辙机表示电路故障时，如何区分室内外？
3. S700K 型电动转辙机常见的机械故障有哪些？如何处理？
4. 试分析如何借用表示电路查找启动电路故障。

项目 2　轨道电路设备维护

 【项目导学】

　　轨道电路是用两条钢轨作为导体，在一定长度的钢轨两端，以钢轨绝缘为界限，构成的电气回路。在电气化铁路区段，要求轨道电路除完成检测轨道上有无列车（车辆）占用的功能外，同时要利用钢轨作为牵引电流的回路，这就要求该轨道电路具有抗牵引电流干扰的功能。

　　本项目通过学习在电气化区段的信号设备中使用广泛的 97 型 25 Hz 轨道电路设备组成、基本工作原理、日常养护内容及标准、集中检修内容及标准、Ⅰ级测试、故障处理流程等内容，提高信号设备维护人员的设备维护能力，确保铁路运输中信号联锁设备的运用质量。

【教学目标】

　　1. 知识目标

　　（1）掌握 25Hz 轨道电路设备组成、工作原理。

　　（2）掌握 25Hz 轨道电路日常养护内容及标准、集中检修内容及标准。

　　（3）掌握 25Hz 轨道电路Ⅰ级测试项目、故障处理流程。

　　2. 技能目标

　　（1）根据信号工派工单作业要求，确认检修设备及作业内容、标准，准备作业工具并确认良好。

　　（2）能进行安全预想，进行作业中安全卡控点分析并制订防护措施。

　　（3）能进行维修作业项目的登记。

　　（4）会按照作业流程进行计轨道电路日常养护。

　　（3）会按照作业流程进行计轨道电路集中检修。

　　（4）会对轨道电路进行标调。

　　（5）会进行故障处理。

　　3. 素质目标

　　（1）认识轨道电路设备检修作业对铁路运输生产的重大意义。

　　（2）树立爱岗敬业、遵章守纪的劳模精神。

　　（3）培养学生具备工作认真负责和良好的团队合作精神。

　　（4）培养学生精益求精、严谨求实的工匠精神。

任务1　97型25 Hz相敏轨道电路设备日常养护

按照《铁路信号设备维护规则》要求，××站的轨道电路设备应进行日常养护，现指派××站信号工区职工利用维修点外对该站轨道电路设备进行日常养护。

? 请思考：如何完成站25Hz轨道电路设备日常养护？

教学目标

1. 知识目标

（1）掌握97型25Hz轨道电路设备室外设备组成、工作原理。

（2）掌握97型25Hz轨道电路设备室外设备养护内容和方法。

2. 技能目标

（1）根据信号工派工单作业要求，确认日常养护设备及作业内容、标准，准备作业工具并确认良好。

（2）能进行安全预想，进行作业中安全卡控点分析并制订防护措施。

（3）能进行维修作业项目的登记。

3. 素质目标

（1）树立爱岗敬业、遵章守纪的劳动精神。

（2）培养学生具备工作认真负责和良好的团队合作精神。

（3）培养学生精益求精、严谨负责的工匠精神。

任务实施

25 Hz 轨道电路
设备日常养护

一、作业前准备

（一）作业计划核对

××站信号工区工长收到25 Hz轨道电路日常养护作业计划,同车间调度核对作业时间、作业内容、作业人员，并根据实际情况进行任务布置。

工长综合分析此检修周期内，该站25 Hz轨道电路设备的运用质量，结合车站行车指挥人员的反馈、工区日常值班人员交接班日志、信号设备日常巡视记录等有针对性地提出日常养护重点。具体计划见表2-1-1。

表 2-1-1　作业计划

序号	计划项目	具体内容
1	序号	01
2	计划号	××××

续表

序号	计划项目	具体内容
3	流程跟踪	正式维修计划
4	施工单位	××段××车间
5	设备管理单位	××工务段、××电务段
6	线别	××线
7	站/区段	××站（含）—××站
8	登记站	××
9	行别	上
10	等级	Ⅱ
11	项目	工务、电务综合维修
12	维修类型	电务
13	天窗类型	垂直天窗
14	施工里程	×××km+×××m
15	施工内容	维修内容：电务在××站进行信号联锁闭塞设备检修，影响××站信号联锁闭塞设备使用
16	时间	6：07—7：07（60min）
17	配合单位	××车务段
18	作业单位及负责人	××电务段：×××，电话××××××
19	备注	

（二）25 Hz 轨道电路设备日常养护作业流程（见表 2-1-2）

表 2-1-2　25Hz 轨道电路设备日常养护作业流程

序号	作业流程	作业项目	作业方法、质量标准	安全风险点
1	作业前准备	工作安排	工班长布置任务	按规定着装
		安全讲话	根据作业环境、作业内容、人员、机具、列车运行等情况，有针对性地提出安全注意事项	
		仪表料具	携带通信联络工具、照明灯具（夜间）、钥匙、手锤、活动扳手、一字螺丝刀、十字螺丝刀、克丝钳（按需要携带钢丝刷、油刷、油壶、机油、棉纱、1.6 mm 铁线）	

序号	作业流程	作业项目	作业方法、质量标准	安全风险点
2	登记联系	手续办理	确认允许作业命令	
3	日常养护	外部检查	1.箱盒无破损、标识清晰，安装牢固、油饰、密封、加锁良好。 2.箱盒基础完好不倾斜，硬化面清扫。 3.各部螺栓齐全、油润、不松动，防松、防脱作用良好。 4.电缆不外露，外界对轨道电路无影响。 5.扼流变压器、箱盒引接线、等电位连接线、中心连接板、钢轨接续线、跳线完好，防混措施良好，不得埋在石砟中，过轨卡子固定良好无破损。 6.补偿电容固定良好、标识清晰。 7.带有越级变压器地线的扼流变压器要求： （1）箱盖：必须有"高压危险 严禁断开"红色反光漆标识。 （2）中心连接板：必须有"高压危险"红色反光漆标识。 8.引接线、跳线及接续线塞钉接触良好，对缺油的钢轨引接线及信号锁涂、注机油。 9.轨端绝缘外观良好，绝缘处轨缝标准、无肥边，扣件不碰鱼尾板、无铁屑	严禁触碰接有越级变压器地线的扼流变中心连接板
		分路不良检查	轨面锈蚀严重时，及时申请要点测试，确认分路不良应做好登记、标识、建账工作	分路不良区段进行登记、标识、建账
4	销记		料具清理无遗漏，通知作业负责人作业完毕，作业负责人通知驻站联络员销记	
5	小结		作业人员报告任务完成情况和设备质量情况，工班长填写《工作日志》，对设备待修缺陷纳入待修记录	

（三）知识链接

按照 25 Hz 轨道电路设备日常养护内容要求，室外主要设备有：室外轨道箱盒、扼流变压器、中心连接板、引接线、接续线、轨道绝缘/补偿电容。

1. 91 型 25Hz 相敏轨道道路组成

97 型 25 Hz 相敏轨道电路的组成如图 2-1-1 和图 2-1-2 所示。

送电端设备构成：①BE25，送电端扼流变压器（室外）。②BG25，送电端电源变压器（室外）。③ RX，送电端限流电阻（室外）。④ RD1、RD2，熔断器（室外）。

受电端设备构成：①BE25，受电端扼流变压器（室外）。②BG25，受电端中继变压器（室外）。③ RD3，熔断器（室外）。④ FB，防雷补偿器（室内）。⑤ HF，防护盒（室内）。⑥ GJ，（JRJC1-70/240）25 Hz 相敏轨道电路接收器（室内）。

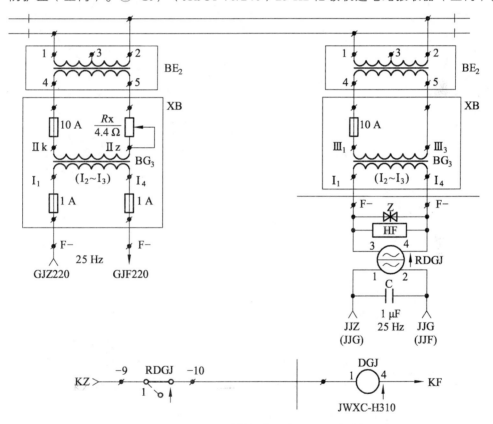

图 2-1-1　97 型 25 Hz 相敏轨道电路一送一受设备组成原理

2. 97 型 25 Hz 相敏轨道电路的工作原理

由 25 Hz 电源屏分别供出 25 Hz 轨道电源和局部电源。轨道电源由室内供出，通过电缆供向室外，经送电端 25 Hz 轨道电源变压器（BG25）、送电端限流电阻（Rx）、送电端 25 Hz 扼流变压器、钢轨线路、受电端 25 Hz 扼流变压器（BE25）、受电端 25Hz 轨道中继变压器（BG25）、电缆线路，送回室内，经过室内防雷硒堆（Z）、25Hz 防护盒（HF）给二元二位轨道继电器（GJ）的轨道线圈供电。局部线圈的 25 Hz

电源由室内供出，当轨道线圈和局部线圈所得电源满足规定的相位和频率要求时，二元二位继电器 JRJC1-70/240 吸起，轨道电路处于工作状态；反之二元二位继电器 JRJC1-70/240 落下，轨道电路处于不工作状态。

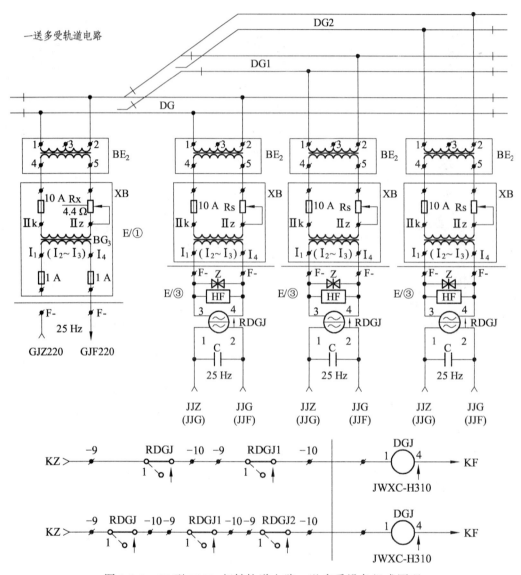

图 2-1-2　97 型 25 Hz 相敏轨道电路一送多受设备组成原理

3. 电源设备

智能电源屏 25 Hz 电源供电模块或 25 Hz 电源屏见项目 9 相关内容。

二、25 Hz 轨道电路日常养护

（一）任务布置

工长根据岗位人员职责、技术水平进行任务布置，具体见表 2-1-3。

表 2-1-3　任务分工

序号	任务	负责人
1	室内驻站防护登销记联系，核对作业命令	张××（驻站防护员）
2	1.室外轨道电路箱盒外部巡视检查； 2.扼流变外部中心连接板、引接线检查； 3.室外轨道电路跳线、接续线、绝缘检查	李××（信号工）
3	1.复查； 2.任务布置及总结会	刘××（工长）
4	1.安全风险点把控； 2.协助工长复查试验	马××（安全员）

（二）安全讲话

根据天气、作业环境、作业内容、人员、机具、列车运行等情况，有针对性地提出安全注意事项。

（三）工具准备

携带通信联络工具、照明灯具（夜间）、钥匙、手锤、活动扳手、一字螺丝刀、十字螺丝刀、克丝钳（按需要携带钢丝刷、油刷、油壶、机油、棉纱、1.6 mm 铁线）。

（四）作业实施

1. 轨道电路箱盒外部检查

轨道电路箱盒的作用主要是用来放置变压器、可调电阻、室外隔离盒、断路器等设备。

箱盒安装符合《铁路信号维护规则》技术标准，基础不歪斜，基础螺丝紧固，油润。

箱盒安装位置符合限界标准。标识清楚。

2. 扼流变压器外部检查

作用：沟通牵引电流，同时配合送电端供电变压器，受电端匹配变压器和 JRJC1-70/240 二元二位继电器等设备，构成 25Hz 相敏轨道电路系统。

原理：扼流变压器变比为 1∶3，牵引线圈匝数是 8+8 匝，信号线圈匝数是 48 匝。牵引线圈分为上下两部分，上部线圈末端与下部线圈的始端互相连接。

电气化区段以钢轨作为牵引回流通道，而信号设备又是以钢轨作为信号传输通道，所以要求轨道电路系统应具备良好的电磁兼容性。为了使牵引电流与信号电流分开，故在钢轨绝缘处设置扼流变压器 BE。

扼流变基础安装良好，不歪斜。中心连接板端子固定良好。等阻线安装牢固，卡具作用良好。安装有越级变压器地线的螺丝紧固。

扼流变压器如图 2-1-3 所示。

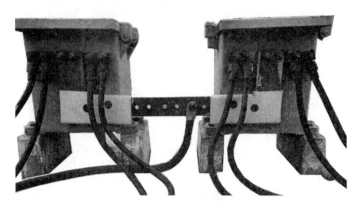

图 2-1-3　扼流变压器

3. 室外轨道电路跳线、接续线、绝缘检查

轨道电路跳线用于岔后轨道电路送电。

接续线是为了安全可靠，在所有钢轨接头处都安装有接续线保证轨道电路电流都能可靠沟通。

机械绝缘检查主要对外观进行检查，其次，粘胶绝缘可用绝缘在线测试仪进行测试来检查判断是否良好。

【复习思考题】

1.简述作业计划核对的关键点。

2.简述 PT 型 25 Hz 相敏轨道电路日常养护流程。

3.简述 PT 型 25 Hz 相敏轨道电路日常养护作业的内容及相应的技术标准。

任务 2　25 Hz 轨道电路设备集中检修

任务描述

按照《铁路信号设备维护规则》要求，××站的轨道电路设备应进行集中检修，现指派××站信号工区职工利用维修天窗点外对该站轨道电路进行集中检修。

? 请思考：完成 25 Hz 轨道电路设备集中检修应如何做？

教学目标

1. 知识目标

（1）掌握 97 型 25 Hz 轨道电路设备室内设备组成、工作原理。

（2）掌握 97 型 25 Hz 轨道电路设备室内外设备集中检修内容和方法。

（3）掌握 25 Hz 轨道电路 I 级测试项目、故障处理流程。

2. 技能目标

（1）根据信号工派工单作业要求，确认集中检修设备及作业内容、标准，准备作业工具并确认良好。

（2）能进行安全预想，进行作业中安全卡控点分析并制订防护措施。

（3）能进行维修作业项目的登记。

3. 素质目标

（1）树立爱岗敬业、遵章守纪的劳模精神。

（2）培养学生具备工作认真负责和良好的团队合作精神。

（3）培养学生精益求精、严谨负责的工匠精神。

任务实施

一、作业前准备

（一）作业计划核对

××站信号工区工长收到 25 Hz 轨道电路集中检修作业计划,同车间调度核对作业时间、作业内容、作业人员,并根据实际情况进行任务布置。

工长综合分析此检修周期内该站 25 Hz 轨道电路设备的运用质量,结合车站行车指挥人员的反馈、工区日常值班人员交接班日志、信号设备日常巡视记录等有针对性地提出检修重点。具体计划见表 2-2-1。

表 2-2-1　作业计划

序号	计划项目	具体内容
1	序号	52
2	计划号	912373

序号	计划项目	具体内容
3	流程跟踪	正式维修计划
4	施工单位	××线路车间
5	设备管理单位	××工务段、××电务段
6	线别	××线
7	站/区段	××A（含）—××B
8	登记站	××A
9	行别	上
10	等级	Ⅱ
11	项目	工务、电务综合维修
12	维修类型	电务
13	天窗类型	垂直天窗
14	施工里程	××km××m
15	施工内容	维修内容：电务在××站进行信号联锁闭塞设备检修，影响××站信号联锁闭塞设备使用。
16	时间	6：07—7：07（60 min）
17	配合单位	××电务段
18	作业单位及负责人	××电务段：张××，电话××××××
19	备注	

（二）25Hz 轨道电路设备集中检修作业流程

25Hz 轨道电路设备集中检修作业流程见表 2-2-2。

表 2-2-2　25 Hz 轨道电路设备集中检修作业流程

序号	作业流程	作业项目	作业方法、质量标准	安全风险点
1	作业前准备	工作安排	工班长布置任务	按规定着装
		安全讲话	根据作业环境、作业内容、人员、机具、列车运行等情况，有针对性地提出安全注意事项	
		仪表料具	携带通信联络工具、照明灯具（夜间）、移频参数测试仪、地线测试仪、钥匙、手锤、冲子、套筒、活动扳手、一字螺丝刀、十字螺丝刀、万可起子、尖嘴钳、斜口钳、克丝钳、分路测试线、毛刷、棉纱	
2	登记联系	手续办理	确认允许作业命令	

续表

序号	作业流程	作业项目	作业方法、质量标准	安全风险点
3	日常养护	轨道箱内检修	1.箱盒密封良好,防潮措施良好,内部清洁。 2.配线整齐,线头不松动,端子编号铭牌清晰,螺母垫片齐全、不松动,箱盒引接线固定良好。 3.电缆去向铭牌、配线图/表齐全清晰。 4.接地线齐全,接触良好,接地电阻符合标准。 5.引入孔绝缘胶不龟裂、无废孔。 6.箱内变压器、隔离盒、限流电阻、防雷元件齐全、有效、固定良好,无过热现象,标识齐全清晰。 7.熔断器安装牢固,通断试验、容量符合标准	1.更换扼流变压器、中心连接板、扼流连接线等器件时,使用"两横一纵"连接线。 2.带有越级变压器地线的扼流变压器集中检修作业必须在天窗点内且有供电部门专人防护才可进行
		扼流变压器箱内部检修	1.扼流变压器箱盒内各部螺栓齐全、不松动,防松标记良好,内部清洁。 2.带有越级变压器地线的扼流变压器必须在供电部门配合人员拆除其地线,并做好相关防护措施后,方可作业	
		调整测试	1.I级测试、记录。 (1)分路残压测试(标准:97型≤7.4 V;旧型≤7;电子型≤10 V,输出电压为0 V)。 (2)轨道电路在调整状态时,轨道继电器线圈(电子接收器轨道接收端)上有效电压不小于15 V,且不得大于调整表规定值。 (3)测试双套化引接线电流,测试数值基本保持平衡。 (4)轨道电路应符合极性交叉要求。	
4	销记		料具清理无遗漏,通知作业负责人作业完毕,作业负责人通知驻站联络员销记	

续表

序号	作业流程	作业项目	作业方法、质量标准	安全风险点
5	小结		作业人员报告任务完成情况和设备质量情况，工班长填写《工作日志》，对设备待修缺陷纳入待修记录	

二、25 Hz 轨道电路集中检修

（一）任务布置

工长根据岗位人员职责、技术水平进行任务布置，具体见表 2-2-3。

表 2-2-3　人员分工

序号	任务	负责人
1	室内驻站防护登销记联系，核对作业命令	张××（驻站防护员）
2	1.轨道箱内检修； 2.扼流变箱内部检修	李××（信号工）
3	调整测试	王××（信号工）
4	1.复查； 2.任务布置及总结会	刘××（工长）
5	1.安全风险点把控； 2.协助工长复查试验	马××（安全员）

（二）安全讲话

安全员根据天气、作业环境、作业内容、人员、机具、列车运行等情况，有针对性地提出安全注意事项。

（三）工具准备

携带通信联络工具、照明灯具（夜间）、移频参数测试仪、地线测试仪、钥匙、手锤、冲子、套筒、活动扳手、一字螺丝刀、十字螺丝刀、万可起子、尖嘴钳、斜口钳、克丝钳、分路测试线、毛刷、棉纱。

（四）作业实施

1. 轨道箱内检修

轨道变压器箱作用是使二元二位继电器高阻抗与轨道低阻抗相匹配，其变比是固定的，与扼流变压器变比为 1/13.89。

送、受电端变压器箱内部器材如图 2-2-1～图 2-2-4 所示。

25 Hz 相敏轨道电路测试

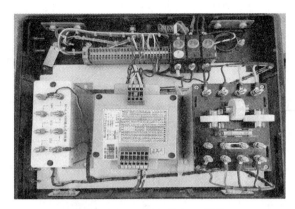

图 2-2-1　送端轨道变压器箱

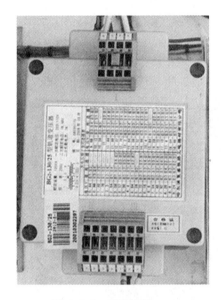

图 2-2-2　隔离盒

图 2-2-3　抽头变阻器

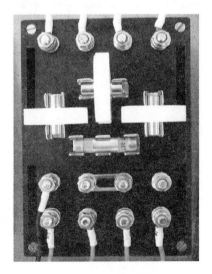

图 2-2-4　室外隔离盒

检修内容：

（1）箱盒密封良好，防潮措施良好，内部清洁。

（2）配线整齐，线头不松动，端子编号铭牌清晰，螺母垫片齐全、不松动，箱盒引接线固定良好。

（3）电缆去向铭牌、配线图/表齐全清晰。

（4）接地线齐全，接触良好，接地电阻符合标准。

（5）引入孔绝缘胶不龟裂、无废孔。

（6）箱内变压器、隔离盒、限流电阻、防雷元件齐全、有效、固定良好，无过热现象，标识齐全清晰。

（7）熔断器安装牢固，通断试验，容量符合标准。

2. 扼流变压器箱内部检修

扼流变压器内部如图 2-2-5 所示。

扼流变压器的作用是牵引回流在钢轨中畅通地流过钢轨绝缘 A、额流变压器及中心连接板。

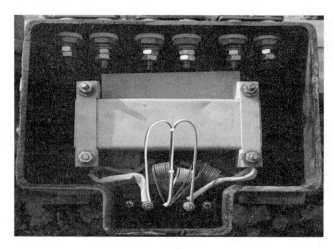

图 2-2-5　扼流变压器内部

检修内容：

（1）扼流变压器箱盒内各部螺栓齐全、不松动，防松标记良好，内部清洁。

（2）带有越级变压器地线的扼流变压器，必须在供电部门配合人员拆除其地线，并做好相关防护措施后，方可作业。

3. 调整测试

（1）97 型 25 Hz 相敏轨道电路的主要技术指标。

① 调整状态时，轨道继电器轨道线圈上的有效电压应不小于 18 V，注意轨测盘上实测值不是有效值。轨道线圈电压相位角滞后于局部电压相位角应在 80° ~110°。允许失调角 β 应在 ±30° 以内。

② 用 0.06 Ω 标准分路电阻线在轨道电路送、受端轨面上任一处分路时，轨道继电器（含一送多受的其中一个分支的轨道继电器）轨道线圈电压应不大于 7.4V。

③ 轨道电路送、受电端扼流变压器至钢轨应采用等阻线，接线电阻不大于 0.1 Ω。

④ 轨道电路送、受电端轨道变压器至扼流变压器的接线电阻不大于 0.3 Ω。

⑤ 轨道电路电源屏至送电端轨道变压器一次侧的电缆允许压降为 30 V。轨道继电器至受电端轨道变压器间的电缆电阻不大于 150 Ω。

⑥ 轨道电路送电端的电阻器 R_x，其阻值应按通号（99）0047 图册参考调整表中给出数值的规定，予以固定，不得调小，更不得调至零值。

⑦ 送、受端电阻器阻值为 4.4 Ω。受电端电阻值可以根据需要进行调整，允许按需要从零至全阻值进行调整。

⑧ 在电码化区段，于机车信号入口端用 0.06 Ω 标准分路电阻线分路时，应满足动作机车信号的最小短路电流的要求（对于 ZPW-2000A 型，用 0.15 Ω 标准分路电阻线分路时，1 700 Hz、2 000 Hz、2 300 Hz 不小于 500 mA，2 600 Hz 不小于 50 mA）。

⑨ 25 Hz 电源屏输出轨道电压（220±6.6）V，局部电压（110±3.3）V，局部电压相位角恒超前轨道电压相位角 90°±1°。

⑩ 相邻轨道区段应满足 25 Hz 相敏轨道电路极性交叉要求。

⑪ 适用于钢轨内连续牵引总电流不大于 800A，钢轨内不平衡电流不大于 60A 的交流电气化牵引区段的站内及预告区段的轨道电路。

（2）97 型 25 Hz 相敏轨道电路的测试内容。

97 型 25 Hz 相敏轨道电路的测试项目、内容、标准和周期见表 2-2-4。

表 2-2-4　测试内容

序号	测试项目和内容	技术标准	测试周期	备注
1	25 Hz 电源屏轨道电压、局部电压及相位角	1. 轨道电压（220±6.6）V； 2. 局部电压（110±3.3）V； 3. 局部超前轨道相位角 90°±1°	每月 1 次	—
2	室内调整变压器电压	—	半年 1 次	电码化区段测试
3	送、受端变压器Ⅰ、Ⅱ次电压	—	半年 1 次	受电端及电码化送电端变比应固定不得调整
4	限流电阻器电压	—	半年 1 次	其阻值应按参考调整表固定，不得调整
5	扼流变压器Ⅰ、Ⅱ次电压	—	半年 1 次	—
6	送、受端轨面电压	—	半年 1 次	—

续表

序号	测试项目和内容	技术标准	测试周期	备注
7	轨道继电器（JXW-25接收端）电压 U_j（有效电压）	≥18 V	值班点每日1次，非值班点每月2次，特殊情况加测	—
8	轨道继电器相位角	局部电压超前轨道继电器电压90°±30°，具体按参考调整表要求	安装25 Hz轨道电路测试盘测试要求同第7项	—
9	极性交叉	相邻轨道区段应正确	每年1次	—
10	轨道绝缘	绝缘良好	每年4次	—
11	分路残压（测试电压）	≤7.4 V	每年1次	室外钢轨并接电容时，应测试电容容值符合标准要求
12	机车信号入口电流	1 700 Hz、2 000 Hz、2 300 Hz不小于500 mA；2 600 Hz不小于450 mA	每年1次	电码化区段，入口分路采用0.15 Ω分路线，出口短路采用0.06 Ω分路线分路（出口电流不大于7 A）
13	电码化电码校验	按电码化发码技术条件	每年1次	
14	送、受端BE不平衡电流	≤60A	每年1次	电化区段测试，牵引电流不大于800 A
15	标调	—	5年1次	

（3）97 型（JXW-25 型）25 Hz 相敏轨道电路的测试方法。

① 送、受端变压器 Ⅰ、Ⅱ 次电压测试。

轨道电路在调整状态，用选频电压表在变压器 Ⅰ、Ⅱ 次端子上测得。

② 限流器电压测试。

轨道电路在调整状态，用选频电压表在限流器两端测得。

③ 送、受端轨面电压测试。

轨道电路在调整状态，用选频电压表在送、受端轨面测得。

④ 轨道继电器电压、相位及 JXW-25 输出电压测试在 25 Hz 轨道电路测试盘上直读测得。

⑤ 分路残压测试。

室外用 0.06 Ω 标准分路线在轨道送端、受端、无受电分支处轨面分路时，室内在 25 Hz 轨道电路测试盘上直读测得。

⑥ 送受端 BE 不平衡电流检查测试。

用 CD96-3 型表的电流钳在两条钢丝绳上测试电流，其差为不平衡电流。

⑦ 极性交叉检查测试。

用选频电压表在轨端绝缘处轨面测得（见图 2-2-6）。在电化有扼流变压器区段，两轨端绝缘处电压 V_1+V_4 之和约等于两轨面电压 V_2+V_3 之和，或轨端绝缘处电压 V_1、V_4 大于交叉电压 V_5、V_6 时，有相位交叉。或用 CT268A 型轨道电路极性交叉检查仪测量直读邻接区段是否极性交叉。

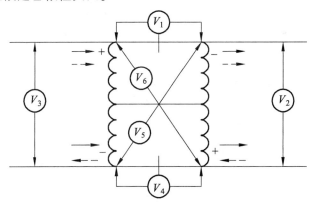

图 2-2-6　极性交叉测试原理图

（4）选定送、受电端变压器 BG2 的变比。

电码化区段变压器变比应固定，非电码化区段二次电压可微调，各类室内调整变压器、轨道、扼流变压器应注意不要将同名端接错。遇器材同名端有误时，应及时更换器材，不允许在器材外部采取人为交叉方式解决；否则将破坏全站的相位交叉，具体连接按表 2-2-5 进行。

表 2-2-5　送、受电端变压器变比配置及连接

区段	类型	送电端变压器 BG2-130/25				受电端变压器 BG2-130/25			
		一次侧		二次侧		一次侧		二次侧	
		使用端	连接端	使用端	连接端	使用端	连接端	使用端	连接端
1.电码化区段，由室内调整BMT-25	有扼流变	I1-I4（220V挡）	I2-I3	III1-III3（15.84V挡）	—	I1-I4	I2-I3	III2-III3（10.56V挡）	—
	无扼流变	同上		同上		同上		同上	
2.非电码化区段，由室外调整送电端BG2	有扼流变	I1-I4（220V挡）	I2-I3	按参考调整表，调整二次电压U_B		I1-I4	I2-I3	III1-III3（15.84V挡）	—
	无扼流变	I1-I4（220V挡）	I2-I3	按参考调整表，调整二次电压U_B		I1-I4	I2-I3	III1-II3（4.4V挡）	II4-III2

（5）选定送、受电端的限流电阻 R_x、R_s。

按通号（99）0047 图册调整参考表中的给出数值选定，并固定不得随意调整，否则会破坏轨道电路整体特性，特别是分路特性。选定参考见表 2-2-6。

表 2-2-6　送、受电端限流电阻选定参考

区段类型	区段长度/m	有扼流变压器			无扼流变压器		
		送电端R_x/Ω	受电端R_s/Ω	送电端二次电压U_B（参考值）/V	送电端R_x/Ω	送电端R_s/Ω	送电端二次电压U_B（参考值）/V
无岔区段	100～400	4.4	0	3.2～4.2	0.9	0	1.4～1.9
无岔区段	500～1 000	4.4	0	4.9～7.8	4.4	0	4.6～7.2
无岔区段	1 100～1 500	4.4	0	8.6～12.8	4.4	0	7.9～11.7
一送一受（有岔）	100～400	4.4	0	3.3～4.4	1.6	0	2.0～2.9

续表

区段类型	区段长度/m	有扼流变压器			无扼流变压器		
		送电端 R_x/Ω	受电端 R_s/Ω	送电端二次电压 U_B（参考值）/V	送电端 R_x/Ω	送电端 R_s/Ω	送电端二次电压 U_B（参考值）/V
一送二受（有岔）	≤200	4.4	2.2	4.4～6.4	1.6	0	2.9～4.3
一送三受（有岔）	≤200	4.4	2.2	5.9～8.9	1.6	0	4.0～5.0

（6）调整轨道电路供电变压器 BMT-25 的电压，使轨道继电器电压 U_j 满足技术指标。

① 对于电码化区段，调整方法为改变室内调整变压器 BMT-25（见图 2-2-7）的输出端子，同时测量轨道继电器电压 U_j 和相位角，使之满足规定的技术指标。室内轨道电压在调整状态时不小于 15 V，经验值为 20~26 V；分路状态时不小于 7.4 V，一般要达到 2.6 V 以下。一送多受分路检查时，应在岔尖和各受电端分别分路，如带有无受电分支，还应在其末端进行分路检查。

② 对于非电码化区段，调整方法为按调整参考表数值，改变送电端变压器 BG2-130/25 二次侧电压 U_B，同时测量轨道继电器电压 U_j 和相位角，使之满足规定的技术指标。

（a）

（b）

图 2-2-7 调节变压器

注：1. 调整轨道电路时，可用选频电压表，在输入、输出孔测量供电变压器的输入、输出电压值。

2. 灰色线为连接端子线，根据需要可以进行调整供电变压器的输出值；红色线为电源屏供轨道电源电压；黄色线为供电变压器输出。

BMT-25 电码化隔离变压器电压调整见表 2-2-7。

表 2-2-7 BMT-25 电码化隔离变压器电压调整

输出	连接端子	输出	连接端子
10	0-4、5-10	100	0-8、9-10
20	0-5、6-10	110	0-4、5-8、9-10
30	0-7、6-8、5-10	120	0-5、6-8、9-10
40	0-7、5-8、4-10	130	0-4、6-8、9-10
50	0-7、8-10	140	0-7、5-9、4-10
60	0-4、5-7、8-10	150	0-7、9-10
70	0-5、6-7、8-10	160	0-4、5-7、9-10
80	0-4、6-7、8-10	170	0-5、6-7、9-10
90	0-8、5-9、4-10	180	0-4、6-7、9-10
粗调：按上表接线，即可得到表中 10 V 一挡的粗调的电压			
精调：如果需要 2.5 V 一挡的细调电压，打开 0 号至其他端子的连接，串入 1、2 增加 2.5 V，串入 2、3 增加 5 V，串入 1、5 增加 7.5 V。例如：要得到 12.5 V，打开 0-4 连线，连接 0-1、2-4 即可			

BMT-25 电码化隔离变压器线圈调整端子如图 2-2-8 所示。

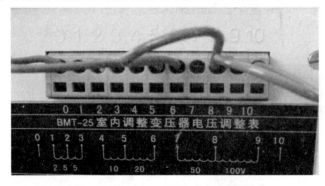

图 2-2-8 BMT-25 调整变压器端子

（7）调整防护盒的接线端子，使轨道继电器的相位角满足技术指标。

防护盒如图 2-2-9 所示。25 Hz 轨道电路相位角不满足相位角要求时，可调整防护盒的使用端子和连接端子的接线，具体见表 2-2-8。如失调角较大时，可适当调高 U_j（测试）电压，以使 GJ 的转矩满足技术指标。

表 2-2-8　HF4-25 型防护盒接线

序号	使用端子	连接端子	改善角度
1	1-3	2-8-9-10-11	30°~40°
2	1-3	4-8-9-10	15°~20°
3	1-3	5-8-9	同 HF2-25
4	1-3	6-8-10	−15°~20°
5	1-3	7-8	−30°~40°

（a）正面　　　　（b）后部

图 2-2-9　防护盒

注：在防护盒后部由上至下，从右至左，端子顺序编号 1、2、3、4、5、6、7、8、9、10…16。

（8）Ⅰ级测试、记录。

① 分路残压测试（标准：97 型不大于 7.4 V；旧型不大于 7 V；电子型不大于 10 V，输出电压为 0 V）。

② 轨道电路在调整状态时，轨道继电器线圈（电子接收器轨道接收端）上有效电压不小于 15V，且不得大于调整表规定值。

③ 测试双套化引接线电流，测试数值基本保持平衡。

④ 轨道电路应符合极性交叉要求。

三、作业结束

日常养护过程中遇到的不能解决的问题，危及行车安全的及时要点维修，不危及行车安全的进行记录并利用维修天窗维修。

【复习思考题】

1.简述 25 Hz 相敏轨道电路集中检修作业流程。

2.25 Hz 相敏轨道电路工程测试内容是什么？

3.简述 25 Hz 相敏轨道电路的调整方法。

4.简述 25 Hz 相敏轨道电路送受电端电 R_x 的设置标准。

任务 3　25 Hz 相敏轨道电路故障处理

任务描述

××站信号工区值班人员接到车站值班员设备故障通知，通过观察现象进行分析后确定是轨道电路故障，及时组织值班人员进行故障处理。

? 请思考：通过控制台现象观察分析，如何确认是轨道电路故障？

教学目标

1. 知识目标

（1）掌握轨道电路故障时控制台的现象。

（2）掌握轨道电路故障处理流程及技巧。

2. 技能目标

（1）会处理一送一受轨道电路故障。

（2）会处理一送多受轨道电路故障。

（3）会分析图纸，处理其他轨道电路故障。

3. 素质目标

（1）树立爱岗敬业、遵章守纪的劳动精神。

（2）培养学生具备工作认真负责和良好的团队合作精神。

（3）培养学生精益求精、严谨负责的工匠精神。

（4）培养学生整体观、大局观。

任务实施

一、作业前准备

（一）供电方式

电气集中车站，信号机均为透镜式色灯信号机，采用集中供电方式，由设在信号楼信号机械室里的电源屏分为 4 束供出专用的交流 220 V 点灯电源。在继电器组合架的零层、组合的侧面都设置了熔断器防护。点灯电源通过电缆送到室外。信号机变压器箱内设有点灯变压器或多功能信号点灯装置，将点灯电压降至信号灯泡点灯容许范围后，点亮信号灯泡。

信号机光源一般采用 12 V/25 W（或 15 W）双灯丝灯泡。变压器箱内对每一个灯泡分别设有一台 ZXD 多功能信号点灯装置（矮型信号机在机构后盖内），初级电压为 220 V，次级电压为 13 ~ 14 V。

（二）故障处理流程

故障处理流程如图 2-3-1 所示。

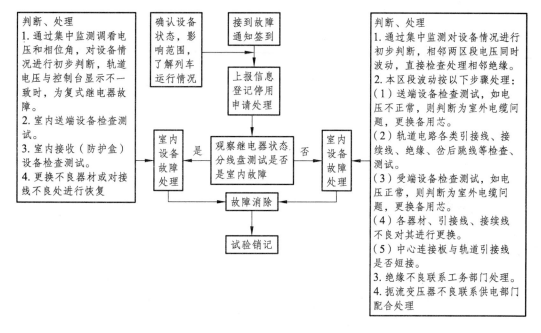

图 2-3-1　25 Hz 轨道电路故障处理流程

注：1.更换扼流变压器时，穿戴绝缘靴、绝缘手套，采用"两横一纵"连接线做好防护后，再进行故障

　　处理。

　　2.若带有吸上线扼流变压器中心连接板或扼流变压器故障需更换时，必须在接触网停电并接地

　　良好后，方准更换。

（三）登销记用语

按照《中国铁路乌鲁木齐局集团有限公司铁路固定行车设备登销记规定》文件中的设备发生故障时应急处理标准用语在"行车设备检查登记簿"内进行登记。

第 6 条　固定行车设备发生故障办理登记时，应注明时间、地点、设备名称等基本要素；办理销记时，应注明时间、地点、停用设备名称、影响范围、行车限制条件等基本要素。列车调度员（车站值班员）、设备管理单位人员办理登销记时应分别签认（涉及多单位时分别签认）。

第 11 条　列车调度员、车站值班员发现或接到固定行车设备故障报告的登记用语。

（时间）×月×日×时×分，（地点）××站（××站至××站间×线××）××（设备名称）××××（故障概述）××××。

第 12 条　固定行车设备管理单位发现设备故障登记用语。

（时间）×月×日×时×分，（地点）××站（××站至××站间×线××）××（设备名称）故障（危及行车安全），封锁（停用）×××，需（单位）××××（含接触网停电，不需配合不用写）。

故障处理完毕后，按照《中国铁路×××局集团有限公司铁路固定行车设备登销记规定》文件进行销记。

第 11 条　列车调度员、车站值班员发现或接到固定行车设备故障报告的销记用语。

（1）恢复正常行车：

（时间）×月×日×时×分，设备正常使用（开通）。

（2）限制行车：

（时间）×月×日×时×分，（地点）××站（××站至××站间×线××）××（设备名称）××，（行车限制条件）××。

第 12 条　固定行车设备管理单位发现设备故障销记用语。

（1）恢复正常行车：

（时间）×月×日×时×分，设备正常使用（开通）。

（2）限制行车：

（时间）×月×日×时×分，（地点）××站（××站至××站间×线××）××（设备名称）××，（行车限制条件）××。

阶梯提速（恢复常速）：

（时间）×月×日×时×分，（地点）××站××（××站至××站间×线××）提速至××（恢复正常速度）。

（四）安全预想

工作人员故障处理过程中必执行"三不动""三不离""七严禁"作业纪律，严格着装，严格执行工具使用规范，按标准化作业流程进行操作，严禁无命令施工，严禁超命令工作内容施工，严禁带电插拔设备。

做好进出信号机械室登记记录。

注意工具、衣服所带静电对设备的影响。

驻站防护时刻盯控控制台状态变化，有异常情况立刻报告。

（五）工具准备

3S 移频表、轨道电路故障数字智能诊断仪、万用表、电流钳。

（六）基础数据知识

25 Hz 轨道电路一共分 3 个部分（集中送电暂不考虑），室内送电端、室外部分、室内受端。区分室内外的关键在分线盘。在分线盘上，一定要掌握正常时送受、端的电压电流（见表 2-3-1）和一般故障（一送两受区段）时各点的电气特性值（见表 2-3-2~表 2-3-10）。

表 2-3-1　调整状态下室内分线盘正常值

项目	DG	DG1
送端电压/V	220	
送端电流/mA	57.9	
受端电压/V	18.4	18.8
受端电流/mA	21.1	17.3

表 2-3-2　室外 DG 受端开路

项目	DG	DG1
送端电压	正常	
送端电流	正常	
受端电压	0	正常
受端电流	0	正常

表 2-3-3　室外 DG 送端开路

项目	DG	DG1
送端电压	正常	
送端电流	正常	
受端电压	0	0
受端电流	0	0

表 2-3-4　室内送端开路

项目	DG	DG1
送端电压	0	
送端电流	0	
受端电压	0	0
受端电流	0	0

表 2-3-5　室内送端电压调整不当

项目	DG	DG1
送端电压	下降	
送端电流	下降	
受端电压	下降	下降
受端电流	下降	下降

表 2-3-6　室外送端半短路

项目	DG	DG1
送端电压	正常	
送端电流	上升	
受端电压	下降	下降
受端电流	下降	下降

表 2-3-7　室外送端短路

项目	5DG	5DG1
送端电压	0	
送端电流	上升	
受端电压	0	0
受端电流	0	0

表 2-3-8　室内 5DG 受端短路

项目	5DG	5DG1
送端电压	正常	
送端电流	上升	
受端电压	0	正常
受端电流	上升	正常

表 2-3-9　室内 5DG 受端开路

项目	5DG	5DG1
送端电压	正常	
送端电流	正常	
受端电压	正常	正常
受端电流	0	正常

表 2-3-10　室外 5DG 受端开路

项目	5DG	5DG1
送端电压	正常	
送端电流	正常	
受端电压	0	升高
受端电流	0	升高

（七）轨道电路故障处理技巧

1. 检测钢轨电流

轨道电路故障大多发生在室外，而到室外后最先最方便测试的设备就是钢轨，通过轨道电路故障诊断仪我们测试钢轨的电流状态能够快速区分送受端（使用 25 Hz 电流挡测试轨面电流）。

（1）电流正常时往受端走。

（2）电流升高时，轨面受端方向有短路，往受端方向走电流变化点就是故障点。

（3）电流降低时，往送端方向走。

（4）电流为 0 时，测试轨面电压，有压往受端走，无压往送端走。

2. 变压器箱内部故障查找

（1）测试 BG25 时注意环线，正常为无压有流。

（2）测试 RX 限流电阻和 BG25 相等时，有流为后方混线，无流为 RX 电阻内部断线。

（3）信号圈 3 芯并 3 根电流相等，1 根等于其余 2 根和时，2 被电流混线。

3. 轨道柜检测

（1）FB-1/2 防雷硒堆有压无流；电容有压有流。

（2）二元二位继电器 3、4 线圈配线，2 根双卡有电流为正常，无电流则线圈断线。

二、故障分析与处理

当轨道电路电压发生异常时，首先调阅微机监测系统中轨道电路的日曲线和月曲线进行分析判断。

（一）轨道电压发生变化，但没有立即导致红光带或者出现闪红光带

1. 轨道电压下降，相位角不变

现象：轨道电路中电阻增大，电路中的表现为纯阻性。

原因：引接线、接续线、道岔环线塞钉接触不良导致电阻增大、箱盒内部螺丝松动接触不良导致接触电阻增大等，如果电压下降较大也可能是断轨引起的。

2. 轨道电压下降，相位角增大

现象：轨道电路中存在半短路，整个电路感抗变小，容抗不变，从而使整个电路呈现容性，产生的容性电压分量，在总轨道电压不变的情况下，分配到继电器线圈上的电压变小，相位角就变大。

原因：轨距杆绝缘特性不良、道岔各部绝缘不良和转辙机，杆件等形成回路，轨道绝缘不良搭铁削、有铁丝或其他金属物横搭钢轨等。

3. 轨道电压下降，相位角下降

现象：轨道电路中负责相位角调整的器材发生劣化或损坏，主要是电容不良，

从而使容抗减小，感抗不变，使整个电路呈现感性，在总轨道电压不变的情况下，分配到继电器线圈上的电压变小，相位角变小。

原因：防护盒不良，防护盒连接线断线或者解除不良，扼流变带适配器的适配器不良，电容劣化等。

（二）轨道电路出现红光带（以一送两受为例：12DG/12DG1）

轨道电路设备安装较分散，设备间距离较长，为缩短故障处理时间，一般处理轨道电路设备故障时应先区分设备范围，如先区分室内设备故障还是室外设备故障，送电端设备故障还是受电端设备故障。这样不仅可以避免人员来回奔波，而且能够提高故障处理效率，但前提是测试过程准确，仪表使用正确，测试数据分析方法正确。

第一步：进入机械室，查看故障区段的二元二位继电器状态及轨测盘数据。

情况 1 数据见表 2-3-11。

表 2-3-11　轨测盘数据 1

参数	12DG	12DG1
轨测盘电压	升高	0
轨测盘相位角	不变	0
二元二位继电器	吸起	落下

第二步：分析轨测盘数据。12DG/12DG1 为一送两受的轨道电路区段，12DG 电压有而且较平时数值升高，说明送电端设备运用状态良好，12DG 区段受电端设备室外设备工作正常。12DG1 轨道线圈电压为 0 V，说明电源未送到继电器 3 ~ 4 线圈上，或轨道电源与局部电源相位不符合要求。得出故障范围为岔后环线塞钉至室内 12DG1 轨道组合侧面 7、8 间断线。首先进行分线盘测试区分室内外故障范围。

第三步：查找本站站内室外电缆配线图、上行咽喉轨道电路配线图、12DG 区段送电端电缆配线图（见图 2-3-2）、受电端电缆配线图（见图 2-3-3）。进行分线盘 12DG1 受电端端子测量，测试电压大于 7.4 V（室外设备有接触不良或短接可能性）为室内故障，小于 7.4 V 为室外故障。

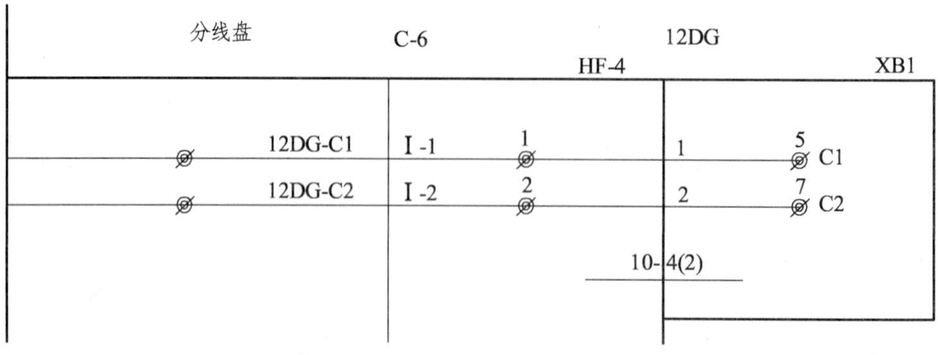

图 2-3-2　12DG 送电端电缆配线图

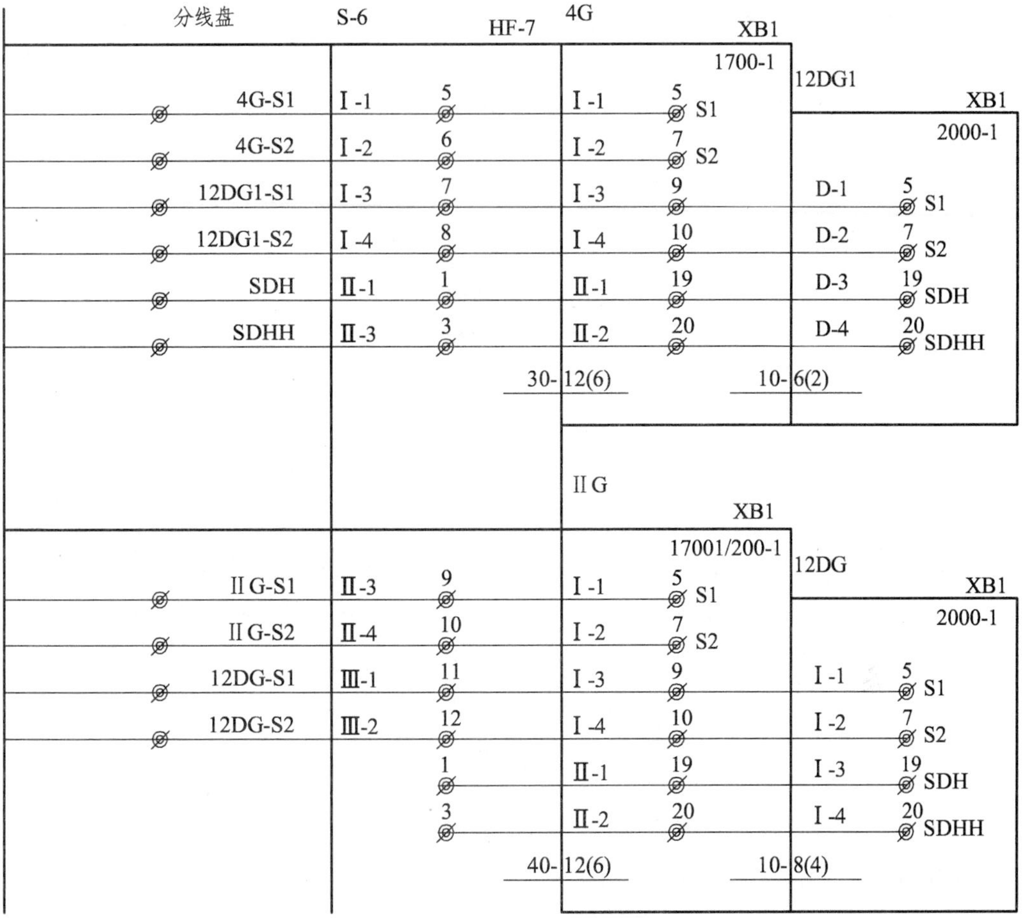

分线盘　　　　　S-6　　　　HF-7　4G　　　　　XB1

分线盘	S-6	HF-7	4G	1700-1 / 12DG1 XB1 2000-1
4G-S1	I-1　5	I-1	5　S1	
4G-S2	I-2　6	I-2	7　S2	
12DG1-S1	I-3　7	I-3	9	D-1　5　S1
12DG1-S2	I-4　8	I-4	10	D-2　7　S2
SDH	II-1　1	II-1	19	D-3　19　SDH
SDHH	II-3　3	II-2	20	D-4　20　SDHH
	30-12(6)			10-6(2)

II G

分线盘			XB1 17001/200-1	12DG XB1 2000-1
II G-S1	II-3　9	I-1	5　S1	
II G-S2	II-4　10	I-2	7　S2	
12DG-S1	III-1　11	I-3	9	I-1　5　S1
12DG-S2	III-2　12	I-4	10	I-2　7　S2
	1	II-1	19	I-3　19　SDH
	3	II-2	20	I-4　20　SDHH
	40-12(6)			10-8(4)

图 2-3-3　12DG、12DG1 受电端电缆配线图

第四步：① 室外测试。从 12#道岔岔后用移频表 25 Hz 电压挡间隔测试至变压器箱盒端子（设备），直至判断电缆断线止。② 室内测试。根据分线盘至轨道继电器的组合配线或电源屏到轨道继电器 1-2 线圈的配线进行故障查找。

情况 2 数据见表 2-3-12。

表 2-3-12　轨测盘数据 2

参数	12DG	12DG1
轨测盘电压	0	0
轨测盘相位角	0	0
二元二位继电器	落下	落下

第二步：分析轨测盘数据。两个区段轨道继电器 3-4 线圈电压均为零，表明电路公共部分断线，范围为本区段电源供出点至 12 号岔后环线前开路或者断线；或公共部分短路，此时因为电源短路有可能造成全站红光带，因此通过故障现象可直接排除。局部电源故障也会导致相位为零的情况。

第三步：查找本站站内室外电缆配线图、上行咽喉轨道电路配线图、12DG 区段送电端电缆配线图、受电端电缆配线图，进行分线盘 12DG 送电端端子测量，测试电压约为 220 V（叠加电码化区段为 40～60 V）为室外故障，若为零还需进行甩缆测试（若电源短路一般会有熔断报警现象）。

第四步：① 室外测试，。从室外方向盒至 12# 道岔岔后跳线用移频表 25 Hz 电压挡间隔测试，直至找到故障点。② 室内测试。根据叠加电码化区段电源至分线盘配线相关图纸进行测试。

情况 3 数据见表 2-3-13。

表 2-3-13　轨测盘数据 3

参数	12DG	12DG1
轨测盘电压	不变	不变
轨测盘相位角	不变	不变
二元二位继电器	落下	吸起

第二步：分析轨测盘数据。两个区段电压、相位在轨测盘测试都正常，通过观察 12DG 二元二位继电器落下，可以判断 12DG 轨道电路室内轨道柜侧面组合 7、8 到室内二元二位继电器线圈 3~4 有断线。因为轨测盘的采集点在轨道轨组合侧面的 7、8 端子，所以通过轨测盘上有电压、相位角，且和正常值差别不大，所以可以直接判断电压回到了侧面组合 7、8 端子。而 7、8 端子至线圈间距离很短，电缆电阻不做考虑，只有轨道线圈 3、4 自身的阻值，所以开路电压升高不明显，几乎不变。

第三步：查找本站站内轨道组合侧面配线图，找到 12DG 第六层侧面 01-7、01-8 到 12DG 二元二位继电器的 3-4 线圈依次测试（见表 2-3-14），通过比较能够快速查找出故障点。

情况 4 数据见表 2-3-14。

表 2-3-14　轨测盘数据 4

参数	12DG	12DG1
轨测盘电压	降低/0	不变
轨测盘相位角	降低/0	不变
二元二位继电器	落下	吸起

第二步：分析轨测盘数据。12DG1 电压、相位在轨测盘测试都正常，12DG 电压下降、相位角下降。由此可以判断，室内外整个回路是正常的，供电电压也正常，因为如果供电电压发生变化，12DG1 的电压一定也会发生变化。而 12DG 电压下降，其受端电路中可能存在混线，如果混线出现在公共部分会导致 12DG1 也发生变化，所以初步判断在 12 号道岔岔后环线至室内二元二位继电器线圈间可能存在半短路

第三步：分线判断 12DG 的故障范围，是在室内还是室外部分。通过电流钳测试，比较电流值与正常时的大小。如果电流变大，则判断故障点在后方（室内方向），如果电流变小，则判断故障点在室外。

第四步：查找注意事项。如果故障在室外，要注意轨面的电流测试要使用专用

25 Hz 轨道诊察仪，查找方向由送端方向至受端方向，可以使用电流表或者诊察仪按电缆配线图测试判断查找，也可以进行甩线测试电压的方法，以采用最熟悉的方法为原则。

12DG 电压相位角都为 0 时，而 5DG1 几乎没变化还有可能为防雷硒堆击穿导致短路。查找的方法和顺序不变。

情况 5 数据见表 2-3-15。

表 2-3-15　轨测盘数据 5

参数	12DG	12DG1
轨测盘电压	降低	降低
轨测盘相位角	不变	不变
二元二位继电器	落下	落下

第二步：分析轨测盘数据。两个区段电压在轨测盘测试都下降，而相位角没有发生变化。

A：公共部分半短路，范围为送端电缆至 5 号岔后环线半短路。

B：轨道电压下降，相位角基本不变时，可能是送端调整电压不足导致。

第三步：在分线盘测试进行判断。

A：通过电缆配线表测试 12DG 送端 C1、C2 电压。电压正常时，测试电流会大于正常值，接着分别测试分线盘 12DG1、12DG，S1、S2 电压和轨测盘基本相同（小于正常值），测试电流小于正常值，由以上数据可以判断故障在室外。人员到达室外后，重点检查室外送端公共部分，首先在送端用轨道诊察仪测试柜面电流，电流大于正常值向受端方向行走依次测试轨面，发现电流变化点就是故障点。

B：通过电缆配线表测试 12DG 送端 C1、C2 电压。电压小于正常值时，测试电流会小于正常值，判断故障在室内。首先测试室内 BMT-25 调整变压器一次、二次侧电压，如果二次侧电压和分线盘测试电压相等，检查 BMT-25 变压器的调整配线，如果配线调整电压和测试电压一致，则进行标准电压调整。

情况 6 数据见表 2-3-16。

表 2-3-16　轨测盘数据 6

参数	12DG	12DG1
轨测盘电压	下降一半	不变
轨测盘相位角	下降一半	不变
二元二位继电器	落下	吸起

第二步：分析轨测盘数据。12DG 电压相位角降低了一半，而 12DG1 的二元二位继电器正常吸起。当出现这种特殊情况，电压，相位角都下降一半时，考虑防护盒断线，电路中防护盒的容性缺失导致。

第三步：检查测试 12DG 对应的组合配线，首先测试防护盒是否有由二元二位继电器环接过来的配线电压。如果防护盒上电压为 0，则进行校线就可以判断故障点。如果防护盒有电压，则需要测试防护盒的调整配线，主要是电容调整配线是否断线，判断方法为一根调整线电压为 0，有压则为调整线问题，或者调整先当有电流，无流为不正常。如果调整线全部正常，则考虑更换防护盒。

情况 7 数据见表 2-3-17。

表 2-3-17　轨测盘数据 7

参数	12DG	12DG1
轨测盘电压	不变	不变
轨测盘相位角	不变	不变
二元二位继电器	吸起	吸起

第二步：分析轨测盘数据。12DG、12DG1 二元二位继电器全部吸起，控制台还有红光带，则考虑 12DG 复式继电器电路问题，观察 12DGJ 是否落下，需要通过查找复式电路处理了。使用万用表直流 25 V 挡按图 2-2 依次测试各点，判断故障点。

情况 8 数据见表 2-3-18。

表 2-3-18　轨测盘数据 8

参数	5DG	5DG1
轨测盘电压	不变	不变
轨测盘相位角	270	270
二元二位继电器	落下	落下

第二步：分析轨测盘数据。通过轨测盘判断 12DG、12DG1 的电压值正常，相位角变成 270°，由此特殊现象直接可以判断电路当中极性交叉翻了，需要找到翻的点翻转过来。

注意：

（1）这是 1 送 2 受区段，当两个区段同时发生极性交叉时，可以判断应当时公共部分翻线导致，如果时其中一个区段相位角变 270°，则考虑变化区段翻线，这样能减少判断时间。

（2）当出现分线盘至室外方向盒间的判断时，因为距离过远，无法进行校线判断，可以通过核对电缆配线图和实际使用线序的颜色来判断，当在电缆芯线判断过程中均可使用此方法。在箱盒或者组合内软线判断，也不必逐线测试，可根据电缆配线图，同一侧线间，跨多个点进行测试，如果同根线间出现电压，则可判断这两点间有交叉，可以大大缩短处置时间。

注意事项：处理故障时，通过已知的数据就要分析判断出大致的方向才不会出错。

三、作业结束

（一）召开故障分析会

工长组织故障处理人员召开故障专题分析会。针对故障现象观察、故障范围判断、人员组织、故障处理过程中人员表现、信息沟通传达、工具材料准备等情况进行分析，找出不足，提出改进意见及优化措施。并对日常设备维护工作过程中的人员表现、技能做出针对性的改进计划。

在故障专题分析会记录本上进行会议内容的登记。

（二）工作日志记录

信号工区当日值班人员将故障相关情况在工作日志上进行记录。

（三）组织交接班、学习

休班人员接班时，交班人员应将故障处理情况重点交代，接班人员组织学习，并按照优化方案进行工作调整。

【复习思考题】

1. 97 型 25 Hz 相敏轨道电路箱盒的日常养护内容及注意事项。
2. 97 型 25 Hz 相敏轨道电路 I 级电气特性测试内容。
3. 97 型 25 Hz 相敏轨道电路扼流变压器集中检修内容。
4. 画出 97 型 25 Hz 相敏轨道电路送电端设备接线示意图。
5. 简述 97 型 25 Hz 相敏轨道电路工作原理。
6. 简述更换扼流变压器上相关部件时的注意事项。
7. 简述 97 型 25 Hz 相敏轨道电路接续线安装应满足的技术要求。
8. 简述 97 型 25 Hz 相敏轨道电路绝缘安装应满足的技术要求。
9. 如何在分线盘区分轨道电路室内外故障？
10. 简述轨道电路区段故障时的控制台现象。

项目 3　色灯信号机维护

【项目导学】

信号机是表达固定信号显示所用的机具，用来防护站内进路、防护区间、防护危险地点，具有严格的防护意义。信号机的灯光显示用来表示列车运行及调车作业的命令，在普速铁路中地面设置的固定信号机灯光显示作为行车凭证，高速铁路中机车信号机灯光显示作为行车凭证。信号机的运用状态直接影响铁路运输行车安全，其日常维护及故障处理是信号工日常工作的典型工作任务。

本项目通过学习我国铁路运输中使用广泛的透镜式色灯信号机、信号表示器的设备组成、操作方式方法、日常养护内容及标准、故障处理流程内容、与机车信号之间的联系，提高铁路电务准入人员色灯信号机维护能力，确保铁路运输中信号机设备运用质量。

【教学目标】

1. 知识目标

（1）掌握普速铁路常见功能信号机基础知识。

（2）掌握行车凭证的意义。

（3）基本上掌握我国信号显示制度。

2. 技能目标

（1）根据信号工派工单作业要求，确认检修设备及作业内容、标准，准备作业工具并确认良好。

（2）能进行安全预想，进行作业中安全卡控点分析并制定防护措施。

（3）能进行维修作业项目的登记。

（4）会按照操作流程进行信号机日常养护、电气特性Ⅰ级测试。

（3）会按照操作流程进行信号机集中检修。

（4）会进行信号机点灯电路故障处理。

（5）会进行地面信号机灯光显示与机车信号机灯光显示分析。

3. 素质目标

（1）认识信号机检修作业对铁路运输生产的重大意义。

（2）树立爱岗敬业、遵章守纪的劳模精神。

（3）培养学生具备工作认真负责和良好的团队合作精神。

（4）培养学生精益求精、严谨求实的工匠精神。

任务 1　信号机图形符号识读

对所在车站信号机、信号表示器安装位置、灯光配列、图形符号、名称等进行详细了解，为信号机日常养护、集中检修、故障处理及联锁试验做好准备。

？ 请思考：掌握本站信号机基础数据信息需要查阅哪些技术资料？

教学目标

1. 知识目标

（1）掌握信号机、信号表示器各种灯光图形符号表示方法。

（2）掌握不同信号机的灯光配列要求。

（3）掌握四显示自动闭塞区段同方向相邻信号机显示关系。

（4）掌握我国信号显示制度。

2. 技能目标

（1）能根据技术资料快速找到指定信号机位置。

（2）能正确识别信号机定位灯光显示。

（3）能正确识别信号机灯光配列。

（4）能正确识别信号机名称，并根据名称快速找到对应信号机。

（5）能根据技术资料分析特殊情况下灯光显示要求。

（6）能根据技术资料分析信号机基础数据信息。

3. 素质目标

（1）树立爱岗敬业、遵章守纪的劳动精神。

（2）培养学生具备工作认真负责和良好的团队合作精神。

（3）培养学生精益求精、严谨求实的工匠精神。

任务实施

一、作业前准备

作业前，先进行资料准备。

（1）进入信号机械室取出图纸（本站室内图册），并进行登记，妥善保管，禁止在图纸上勾抹涂画，禁止外借丢失。

（2）查阅本站站细车站设备布置图相关内容。

（3）调阅微机监测本站站场图。

（4）调阅计算机联锁系统电务维修机，查看本站站场图。

二、信号机图形符号识读

信号机
图形符号

（一）信号机图形符号（见表 3-1-1）

表 3-1-1　信号机图形符号

序号	符号	名称	说明
1	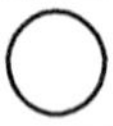	绿灯	
2		黄灯	
3		红灯	
4		蓝灯	
5		月白灯	
6		白灯	
7		空位灯	
8		亮稳定灯光	
9		亮闪光	
10	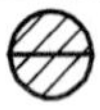	双半黄灯	机车信号
11		半红半黄灯	机车信号

（二）信号机定位

将信号机经常保持的显示状态作为信号机的定位。信号机定位的确定，一般需要考虑保证行车安全，提高运输效率或信号显示自动化等因素。

进站、进路、出站信号机，规定以显示停车信号——红灯为定位。双线单方向运行自动闭塞区段的车站（线路所）如将进站及正线出站信号机转为自动动作时，以显示进行信号为定位。

调车信号机以显示禁止调车信号——蓝灯为定位。

驼峰、驼峰辅助信号机用以指示溜放作业和下峰调车，以显示停止信号——红灯为定位。

自动闭塞的每架通过信号机，一般显示绿灯为定位，进站信号机前方第一架通过信号机，以显示黄灯为定位，四显示自动闭塞的进站信号机前方第二架通过信号机则以显示绿、黄灯为定位。双向运动的单线自动闭塞，当一个方向的通过信号机开放时，另一个方向的通过信号机灭灯。

线路所的通过信号机，以显示红灯为定位。

预告信号机是附属于主体信号机的，显示注意信号——黄灯为定位。

遮断信号机和各种复示信号机均以无显示为定位。

（三）信号机设置位置

我国铁路实行左侧行车制，机车上的司机座位统一设在左侧，为便于瞭望，规定所有信号机应设在行车线路的左侧。在特殊情况下，如线路左侧没有装设信号机的条件或因曲线、隧道、桥梁等影响，装在线路右侧显示距离较远，在保证不致使司机误认的条件下，经铁路局批准，也可设于线路右侧。

（四）信号机限界要求

图 3-1-1 所示为运行速度小于 160 km/h 客货共线铁路建筑限界。

图 3-1-2 所示为运行速度大于 160 km/h 小于 200 km/h 客货共线铁路建筑限界。

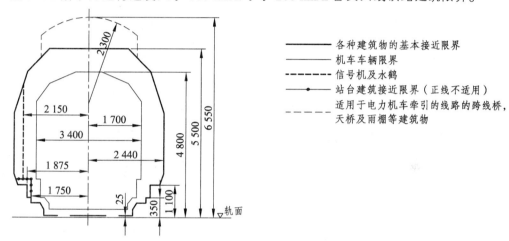

图 3-1-1　运行速度小于 160km/h 客货共线铁路建筑限界

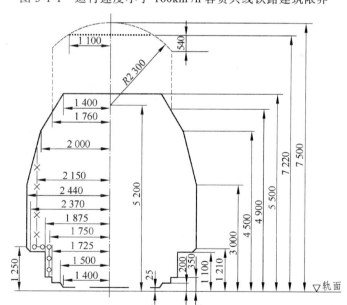

图 3-1-2　运行速度大于 160 km/h 小于 200 km/h 客货共线铁路建筑限界

（五）信号机命名规则

以图 3-1-3 站场车站信号设备平面布置图为例进行介绍。

（1）进站信号机是按列车运行方向进行命名的，上行用 S 表示，下行用 X 表示。若在车站一端有多个方向的线路接入，则在 S 或 X 的右下角加上该信号机所属线路名的汉语拼音字头，如东郊方向的下行进站信号机编为 X_D。若在同一方向有几条线路引入，出现并置的进站信号机时，则应加缀区间线路名称（单方向可不加）或顺序号。如山海关方面的上行进站信号机编为 S_{S2}、S_{S4}，北京方面的下行进站信号机编为 X_{B1}、X_{B3}（上行用偶数，下行用奇数）。

（2）出站信号机按列车运行方向命名，上行用 S 表示，下行用 X 表示，在名称的右下角加股道号，如 S_1、X_3 等。线群出站信号机应加所属线群的股道号，如 S_{5-8}。当有数个车场时，则先加车场号，再在右下角缀以股道号，如 S_{I2}、X_{II3}。

（3）通过信号机命名规则。

自动闭塞区段的通过信号机的名称以该信号机所在地点坐标千米数和百米数，下行编为奇数，上行编为偶数，如在 100 km+ 350 m 处的并置通过信号机，下行方向的编为 1003，上行方向的编为 1004。

非自动闭塞区段区间正线有分歧道岔的通过信号机，包括自动闭塞和非自动闭塞区段的，以 T 字命名，并在其右下角缀以运行方向，如 T_S、T_X，当有数架并存时，再加缀顺号，如 TS_2、TS_4、TX_1、TX_3（上行用偶数，下行用奇数）。

（4）调车信号机命名规则。

调车信号机以字母 D 命名，对于下行咽喉的各个调车信号机，以信号楼为参考点由远及近地分别以奇数做名称的下标，例如 D_1、D_3、D_5 等，对上行咽喉的调车信号以偶数做下标。

（5）复示信号机命名规则。

复示信号机的命名，第一个字母是 F，后缀以主体信号机名称，如下行进站信号机的复示信号机名称为 F_X，ⅡG 上行出站信号机的复示信号机名称为 $F_{S_{II}}$。

（6）预告信号机命名规则。

预告信号机的命名，第一个字母为 Y，后面缀以主体信号机名称，如 Y_{XD}。接近信号机的名称，第一个字母为 J，后面缀以主体信号机的名称，如 J_S 或 J_X。

（六）信号机灯光配列

色灯信号机灯光配列由《铁路信号设计规范》《铁路信号站内联锁设计规范》统一规定。

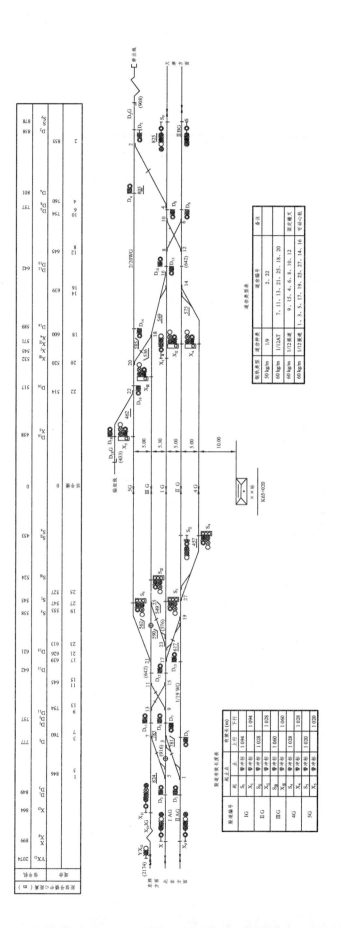

图 3-1-3　举例站场车站信号设备平面布置

三、作业总结

技术资料送回保管单位并妥善安置。

知识链接

运行方向

以北京为中心，从北京开出的车为下行，开往北京方向的车为上行。如果所经铁路与北京不连通（如陇海线）或为支线，则以朝向往北京的干线（如京沪线）方向为上行，背离北京的干线方向为下行。如果所经铁路与干线不连通或本为干线，则南向北、西向东为上行，而北向南、东向西为下行。

【复习思考题】

1.信号设备建筑接近限界是如何规定的？
2.简述信号机的命名规则。
3.简述信号机灯光配列的标准。
4.简述进站信号机各灯显示的意义。

任务 2   色灯信号机设备日常养护

任务描述

根据车站工区年度工作计划安排，对车站内信号机及信号表示器进行日常养护。

？ 请思考：信号机日常养护的重点内容是什么？如何进行日常养护？

教学目标

1．知识目标
（1）掌握信号机日常养护作业内容。
（2）掌握信号机日常养护作业流程。
2．技能目标
（1）会根据作业内容进行登销记。
（2）会按照日常养护作业流程进行信号机日常养护，并达到作业标准。
（3）能根据作业环境进行安全风险点分析，进行安全卡控。
3．素质目标
（1）树立爱岗敬业、遵章守纪的劳动精神。
（2）培养学生具备工作认真负责和良好的团队合作精神。
（3）培养学生精益求精、严谨求实的工匠精神。
（4）培养学生冷静、沉着、稳重、尊重流程（前人经验）的品质。

任务实施

一、作业前准备

（一）透镜式色灯信号机基本组成

透镜式色灯信号机组成结构如图 3-2-1 所示，透镜式色灯信号机机构结构如图 3-2-2 所示，信号灯点灯装置电路原理如图 3-2-3 所示。

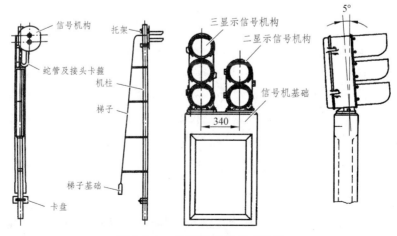

图 3-2-1   色灯信号机组成结构

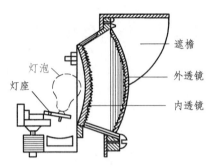

图 3-2-2　透镜式色灯信号机机构结构

（二）信号机点灯设备相关电气特性

（1）信号灯灯泡为双灯丝灯泡，其规格为 12 V、25 W。

（2）XDZ 多功能信号点灯装置电气原理如图 3-2-3 所示。其输出电压波动范围：XDZ-1G 为 DC 10.7～11.9 V；XDZ-1L 为 DC 10.2～11.4 V。

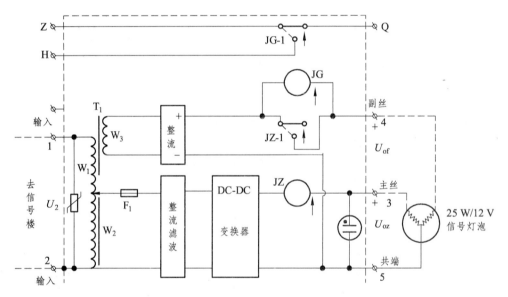

图 3-2-3　信号机点灯装置电路原理

（3）信号灯泡的端电压。

色灯信号机主、副灯丝端电压，列车信号（含驼峰主体、辅助信号）10.2～11.4 V，调车信号 9～11.4 V；允许信号（含道口信号机）7.8～10.2 V。

（4）LED 发光盘电气参数满足：PFL 型额定电压 DC 12 V、额定电流 DC 700 mA。

FDZ 型工作电压 AC 176～235 V，工作电流 AC 70～140 mA，输出电压 DC（12 ± 0.5）V，额定负载电流 700 mA，空载电流不大于 16 mA。

（三）信号机限界测量方法及标准

1. 信号机限界测量方法

高柱信号机的高度是指信号机柱钢轨水平面至最下面一个灯位中心线的距离。

矮型信号机的高度是指钢轨水平面至信号基础顶的高度，一般为 200～300 mm。

信号设备的建筑限界测量位置为所属线路中心线至信号设备的最突出边缘的距离。

2. 信号机限界标准

正线高柱信号机限界为 2 440 mm；站线高柱信号机限界为 2 150 mm。

高度标准：不少于 3.5 m。

继电器箱及表示器等（1100 以上），正线 2 440 mm，侧线 2 150 mm。

（四）作业安全预想

（1）电气化区段在信号机上作业时，首先要检查各部地线连接部分，连接牢固，接触良好。人身和手持电动工具不得侵入距接触网 2m，回流线 1m 以内的范围。

（2）在高柱信号机上作业时：

① 上高柱信号机作业必需使用安全带。

② 禁止上下同时作业；不得将工具、材料放在信号机上；不准上下抛递工具、材料。

③ 列车通过时，禁止在该股道两侧信号机停留。

④ 不准人扛、手提笨重物品攀登信号机。

（五）作业流程及作业内容

作业流程及作业内容见表 3-2-1。

表 3-2-1 作业流程及作业内容

序号	作业流程	作业项目	作业方法、质量标准	安全风险点
1	作业前准备	工作安排	工班长布置任务	按规定着装
		安全讲话	根据作业环境、作业内容、人员、机具、列车运行等情况，有针对性地提出安全注意事项	
		仪表料具	携带通信联络工具、照明灯具（夜间）、钥匙、手锤、活动扳手、一字螺丝刀、十字螺丝刀、克丝钳、棉纱	
2	登记联系	手续办理	确认允许作业命令	
3	日常养护	外部检查	1.梯子安装稳固，无过度弯曲，地线完好，接地端子紧； 2.箱盒外观无损伤，加锁良好。 3.机构、机柱外观良好，蛇管不脱落，基础稳固，标识清晰，机构加锁良好； 4.透镜清洁、无破损，信号显示距离达标	倒机后，同步工作灯显示正常
		清扫	硬化面无杂物，设备外部清扫	

续表

序号	作业流程	作业项目	作业方法、质量标准	安全风险点
4	销记		通知作业负责人作业完毕，作业负责人通知驻站联络员销记	
5	小结		作业人员报告任务完成情况和设备质量情况，工班长填写《工作日志》，对设备待修缺陷纳入待修记录	

二、日常养护

（一）任务布置

工长根据岗位人员职责、技术水平进行任务布置，见表 3-2-2。

表 3-2-2　任务布置

序号	任务	负责人
1	1.室内驻站防护登销记联系，核对作业命令； 2.DJ 电流测试，微机监测数据调看分析	张××（驻站防护员）
2	下行进站信号机日常养护	李××（信号工）刘××（工长）
3	X5 出站兼调车矮型信号机日常养护	王××（信号工）马××（安全员）
4	1.安全风险点把控； 2.协助工长复查试验	马××（安全员）

（二）安全讲话

安全员根据作业内容、车站作业情况、人员技术水平等有针对性地提出安全风险点及注意事项。

信号机是指示列车运行的关键设备，各工作人员务必遵守"三不动""三不离""七严禁"作业纪律，严格着装、工具使用规范，按标准化作业流程进行操作，严禁无命令施工，严禁超命令工作内容施工，严禁带电插拔点灯设备。在注重设备安全的同时注意自身安全，尤其是高柱信号机顶端作业过程中。驻站防护人员时刻盯控控制台状态变化，有异常情况即刻报告。

（三）作业内容登记

按照《中国铁路乌鲁木齐局集团有限公司铁路固定行车设备登销记规定》文件中的设备日常养护巡视时标准用语在"行车设备检查登记簿"内进行登记。

知识链接

第 13 条　固定行车设备使用和管理需办理登销记的用语（行车设备巡视等项目登销记用语）。

（1）登记用语。

（时间）×月×日×时×分至×时×分，在（地点）××站××（××站至××站间×线××）××（设备名称）进行（具体项目）××，不影响正常行车。

（2）销记用语。

（时间）×月×日×时×分，（地点）××站××（××站至××站间×线××）××作业完毕。

（四）作业内容

（1）各种基础或支持物无影响强度的裂纹，安设稳固，其倾斜限度不得超过 10 mm，测量方法如图 3-2-4（a）所示；高柱信号机机柱的倾斜限度不超过 36 mm，测量方法如图 3-2-4（b）所示；各种室外设备及标志的周围应培土夯实或硬面化，尺寸应便于维修人员作业，保持平整、不积水，不影响道床排水。

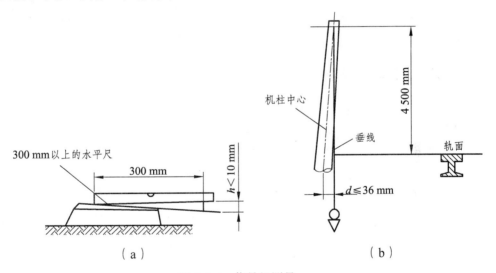

图 3-2-4　信号机测量

（2）用 500 V 兆欧表测量电气器件的绝缘电阻不小于 5 MΩ。

（3）各种信号机在正常情况下的显示距离如下。

① 进站、通过、接近、遮断信号机，不得小于 1000 m。

② 高柱出站、高柱进路信号机，不得小于 800 m。

③ 预告、驼峰、驼峰辅助信号机，不得小于 400 m。

④ 调车、矮型进站、矮型出站、矮型进路、矮型通过、复示信号机，容许、引导信号及各种表示器，不得小于 200 m。

⑤ 在地形、地物影响视线的地方，进站、通过、接近、预告、遮断信号机的显示距离，在最坏条件下，不得小于 200 m。

（4）信号机的安设应符合下列要求：

① 水泥信号机柱不得有裂通圆周的裂纹，裂纹超过半周的应采取加固措施；纵向裂纹，钢筋不得外露。机柱顶端须封闭，不进雨雪。

② 水泥信号机柱的埋设深度为柱长的 20%，但不得大于 2 m。卡盘的埋深应符合安装标准和设计要求。机柱周围应夯实。

③ 设在路堤边坡的信号机，如有影响信号机稳固的因素时，应以砌石或围桩加固。当用片石、水泥砂浆砌围时，砌围边缘距信号机柱边缘不小于 800 mm。

④ 信号机梯子中心线与机柱中心线应一致，梯子无过度弯曲，支架应水平安装。

（5）同一机柱上的色灯信号机构，其安装位置应保证各灯显示方向一致，两个同色灯光的颜色应一致。

（6）信号机构的灯室之间不应窜光，并不应因外光反射而造成错误显示。

（7）信号机构的光源应正确调整在透镜组的焦点上。

（8）机构门应密封良好，且开启灵活。

（9）机构的各种透镜、偏散镜不得有裂纹和影响显示的剥落。

三、作业结束

日常养护过程中遇到的不能解决的问题，危及行车安全的应及时要点维修，不危及行车安全的进行记录，利用维修天窗维修。

【复习思考题】

1.简述色灯信号机日常养护作业流程。

2.简述透镜式色灯信号机的光学原理。

3.色灯信号机日常养护的内容有哪些？

4.透镜式色灯信号机的点灯电压是如何规定的？

5.色灯信号机的显示距离是如何规定的？

任务 3　色灯信号机设备集中检修

任务描述

××站信号工区值班人员，对车站范围内信号机进行集中检修。

？ 请思考：信号机集中检修的项目有哪些，重点维护哪些部位？

教学目标

1. 知识目标

（1）掌握信号机集中检修作业内容。

（2）掌握信号机集中检修标准。

2. 技能目标

（1）会根据标准化作业流程进行信号机集中检修。

（2）会根据信号机运用状态有针对性地提出维修内容。

（3）会调阅电务维修机数据并进行状态分析。

3. 素质目标

（1）树立爱岗敬业、遵章守纪的劳动精神。

（2）培养学生具备工作认真负责和良好的团队合作精神。

（3）培养学生精益求精、严谨求实的工匠精神。

（4）培养学生整体观、大局观。

任务实施

一、作业前准备

（一）安全预想

信号机是指挥铁路运输作业的核心设备，各工作人员务必遵守"三不动""三不离""七严禁"作业纪律，严格着装、工具使用规范，按标准化作业流程进行操作，严禁无命令施工，严禁超命令工作内容施工，严禁带电插拔设备。

最好在没有行车作业的情况下进行设备日常维护工作。

做好进出信号机械室登记记录。

注意工具、衣服所带静电对设备的影响。

驻站防护时刻盯控控制台状态变化，有异常情况即刻报告。

（二）标准化作业流程及检修作业内容、标准

标准化作业流程及检修作业内容、标准见表 3-3-1。

表 3-3-1　色灯信号标准化作业流程

序号	作业流程	作业项目	作业方法、质量标准	安全风险点
1	作业前准备	工作安排	工班长布置任务	按规定着装
		安全讲话	根据作业环境、作业内容、人员、机具、列车运行等情况，有针对	
		安全讲话	性地提出安全注意事项	
		仪表料具	携带通信联络工具、安全带和安全帽（高柱信号机）、照明灯具（夜间）、万用表、地阻仪、钥匙、手锤、活动扳手、套筒、一字螺丝刀、十字螺丝刀、万可起子、克丝钳、毛刷、棉纱、主（副）灯泡	
2	登记联系	手续办理	1.确认现场防护员允许作业命令； 2.在"机械室出入登记本"内登记	
3	集中检修	地线检查测试	地线电阻测试值不大于 1 Ω，地线端子紧固无松动	禁止攀登地线电阻不合格的高柱信号机
		机构及箱盒内部检修	1.各部螺丝紧固，机构开启灵活。 2.变压器、点灯装置固定良好，配线整齐完好，线头无松动，标识清晰。 3.灯座安装牢固，弹片接触良好，灯头不松动。 4.各灯位主、副灯泡（丝）转换试验，报警良好；转换开关安装牢固（LED 发光盘安装牢固，不松动，发光盘二极管损坏数量达到 30%时，不得影响信号显示的规定距离，并及时报警）。 5.密封良好，内部清洁，内透镜无破裂。 6.配线图、表清晰正确	攀登高柱信号机时必须按规定使用安全带及安全帽
		测试、调整	1.信号显示距离检查、调整。 2.Ⅰ级测试、记录。 （1）信号灯泡：① 点灯变压器Ⅰ、Ⅱ 次侧电压。② 列车信号（含驼峰主体、辅助信号）10.2～11.4 V；调车信号 9~11.4 V；容许信号（含道口信号机）7.8~10.2 V。 （2）LED：① 点灯装置Ⅰ、Ⅱ次侧电压。②发光盘端电压11.5～12.5 V。	攀登高柱信号机时必须按规定使用安全带及安全帽

续表

序号	作业流程	作业项目	作业方法、质量标准	安全风险点
3	集中检修	测试调整	（3）DJ 电流：70～140 mA（JZXC-16/16 型不小于 140 mA；JZXC-H18 型不小于 100 mA；JZXC-H18F 型不小于 140 mA；JZXC-H142 型不小于 50 mA）	
4	复查		复查确认无异状，加锁良好，仪表、料具清理	
5	销记		通知作业负责人作业完毕，作业负责人通知驻站联络员销记	
6	小结		作业人员报告任务完成情况和设备质量情况，工班长填写"工作日志"，对设备待修缺陷纳入待修记录	

二、集中检修

（一）多功能点灯装置输入侧电压测试

安全风险：手不可碰表笔导电部位，防止触电。

（1）测试位置。

多功能点灯装置输入侧 1、2 端子如图 3-3-1 所示。

信号机检修测试

图 3-3-1　万用表挡位选择及输入侧测试端子

（2）测试方法。

万用表旋至 AC 250 V 挡位，表笔接在变压器输入端子上测试，如图 3-3-1 所示。

（二）多功能点灯装置输出侧电压测试

注意事项：注意仪表挡位。

（1）测试位置。

多功能点灯装置输出侧 3、5（主丝）或 4、5（副丝）端子。

（2）测试方法。

万用表旋至 DC 25 V，表笔接在变压器输出端子主丝、共端上测试。

（三）主灯（丝）灯端电压测试

注意事项：注意仪表挡位。

（1）测试位置。

灯端主丝（灯泡右侧端子）和回线端子，如图 3-3-2 所示。

（2）测试方法。

万用表旋至 DC 25 V，表笔接在灯端右侧端子和中间回线上测试，如图 3-3-2 所示。

（四）副灯（丝）灯端电压测试

注意事项：注意仪表挡位。

（1）测试位置。

灯端副丝和回线端子，如图 3-3-3 所示。

（2）测试方法。

万用表旋至 DC 25 V，表笔接在灯端左侧端子和中间回线上，转换至副灯（丝）时测试，如图 3-3-3 所示。

图 3-3-2　主丝测试位置　　　　　　　图 3-3-3　副丝测试位置

（五）灯丝继电器电流测试

（1）室内测试位置。

① 站内信号机 DJ 测继电器 53、63 接点，如图 3-3-4 所示。

② 区间信号机 DJ 测继电器线圈端子 1 或 2，如图 3-3-5 所示。

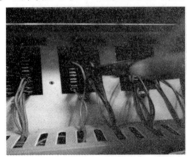

图 3-3-4　站内信号机 DJ 室内测试位置　　图 3-3-5　区间信号机 DJ 电流测试位置

（2）室外测试位置。

用电流钳测试变压器箱盒电源输入端子，如图 3-3-6 所示。

图 3-3-6　DJ 电流室外侧测试位置

（六）测试记录填写

将测试数据依次填写至信号机 I 级测试及更换灯泡记录卡片，见表 3-3-2。

表 3-3-2　信号机 I 级测试及更换灯泡记录卡片

信号机＿＿＿＿＿＿站/区间＿＿＿＿＿　＿＿＿＿＿＿电务段＿＿＿＿＿工区

日期	更换灯泡记录							变压器电压		灯端电压	测试人
	黄	绿	红	黄(下)	蓝	月白	引白	一次	二次		

注：1.新安灯泡时，必须标记灯泡的号码；2.在更换灯泡时，例如由红灯灯头上移到黄灯灯头上时将
　　该灯泡号码登入黄灯灯泡内，余数推。

三、作业结束

集中检修过程中遇到的不能解决的问题，危及行车安全的应及时要点维修，不危及行车安全的进行记录，利用维修天窗维修。

【复习思考题】

1.简述色灯信号机集中检测的项目及流程。

2.简述色灯信号机 I 级测试的内容及技术标准。

3.简述色灯信号机点灯电压、点灯电流的调整方法。

任务4　色灯信号机设备故障处理

任务描述

××站信号工区值班人员接到车站值班员设备故障通知，通过观察现象进行分析后确定是信号机点灯电路故障，及时组织值班人员进行故障处理。

？ 请思考：通过控制台现象观察分析，如何确认是信号机点灯电路故障？

教学目标

1. 知识目标

（1）掌握信号机点灯电路故障的控制台现象。

（2）掌握信号机点灯电路故障处理流程及技巧。

2. 技能目标

（1）会处理进站信号机点灯电路故障。

（2）会处理不带进路表示器的出站兼调车信号机点灯电路故障。

（3）会处理带进路表示器的出站兼调车信号机点灯电路故障。

（4）会根处理调车信号机点灯电路故障。

（5）会分析图纸，处理其他功能信号机点灯电路故障。

3. 素质目标

（1）树立爱岗敬业、遵章守纪的劳动精神。

（2）培养学生具备工作认真负责和良好的团队合作精神。

（3）培养学生精益求精、严谨求实的工匠精神。

（4）培养学生整体观、大局观。

任务实施

一、作业前准备

（一）供电方式

电气集中车站，信号机均为透镜式色灯信号机，采用集中供电方式，由设在信号楼信号机械室里的电源屏分为4束供出专用的交流220 V点灯电源。在继电器组合架的零层、组合的侧面都设置了熔断器防护。点灯电源通过电缆送到室外。信号机变压器箱内设有点灯变压器或多功能信号点灯装置，将点灯电压降至信号灯泡点灯容许范围后，点亮信号灯泡。

信号机光源一般采用12 V/25 W（或15 W）双灯丝灯泡。变压器箱内对每一个灯泡分别设有一台多功能信号点灯装置（矮型信号机在机构后盖内），该点灯装置型号为ZXD多功能信号点灯装置，初级电压为220 V，次级电压为13~14 V。

（二）信号机点灯电路技术要求

（1）凡是同时点亮多个允许信号的灯光，在接有 DJ 的灯光电路中都接有 2DJ 的前接点，其目的是当二黄灯灭灯时，使绿灯或一黄灯也随之灭灯，防止信号升级显示，以便用 DJ 的前接点断开进站信号机 LXJ 电路，使信号自动改点红灯。

（2）信号机点灯电路中，电路控制条件均设置在电源与负载之间，满足对混线防护提出的位置法的要求。对于混线防护除采用位置法外，对允许灯光和月白灯光都采用了双断法。为了减少连线，简化电路，在点灯电路部分灯跑控制导线共用一条回线。

（三）有关继电器作用

1. 四显示自动闭塞区段进站信号机

（1）列车信号继电器（LXJ）作用：吸起表明开放允许信号，落下表明点亮禁止灯光或开放引导信号。

（2）正线信号继电器（ZXJ）作用：吸起说明是经过道岔直向位置，显示一个绿灯（黄灯或绿黄灯），落下说明是经过道岔侧向位置，显示两个黄灯。

（3）通过信号继电器（TXJ）作用：吸起说明列车运行前方线路至第二离去区段空闲，显示一个绿灯。

（4）绿黄信号继电器（LUXJ）作用：吸起说明列车运行前方线路至第一离去区段空闲，第二离去区段占用，显示一个绿灯和一个黄灯。

（5）引导信号继电器（YXJ）作用：吸起时开放引导信号。

（6）侧线通过信号继电器（CTXJ）和闪光继电器（SNG）作用：吸起表明经过 18 号以上道岔侧向位置进入或通过车站。

2. 不带进路表示器的两方向出站兼调车信号机

（1）主信号继电器（ZXJ）作用：区分点一个绿灯还是两个绿灯。

① ZXJ 励磁吸起说明向主要干线方向发车，显示一个绿灯（或黄灯）。

② ZXJ 失磁落下说明是向次要线路方向发车，显示两个绿灯。

（2）第二离去继电器（2LQJ）作用：区分点一个黄灯还是点一个绿灯。

① 2LQJ 励磁吸起说明前方至少有两个闭塞分区空闲，显示一个绿灯。

② 2LQJ 失磁落下说明前方只有一个闭塞分区空闲，显示一个黄灯。

3. 带进路表示器的三方向出站兼调车信号机

（1）正方向信号继电器（ZXJ）作用：吸起表明主要发车方向正方向发车。

（2）反方向信号继电器（FXJ）作用：吸起表明主要发车方向反方向发车，此时监督进路表示器的 3DJ 应吸起。

（3）ZXJ 和 FXJ 均落下，表明发车方向为次要方向，此时监督进路表示器的 3DJ 应吸起。

（四）控制台现象

进站信号复示器平时点亮红灯。开放允许信号时，进站信号复示器点亮绿灯；开放引导信号时，进站信号复示器点亮一红一白灯光。出站信号复示器平时无显示；

开放允许信号时，点亮绿灯；开放调车信号时，点亮一个月白灯光。

允许信号开放条件不满足，LXJ 未曾吸起，控制台信号复示器保持原状态。

允许信号条件满足，允许灯光未点亮，信号复示器从开放信号状态经闪光后恢复原来状态。

禁止灯光灭灯时，进站信号机信号复示器闪红灯，出站兼调车信号机闪白灯。

控制台出现故障后的处理流程如图 3-4-1 所示。

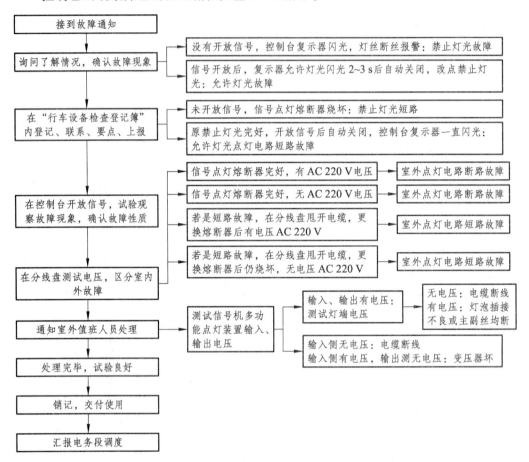

图 3-4-1　信号机点灯电路故障处理流程

（五）登销记用语

按照《中国铁路乌鲁木齐局集团有限公司铁路固定行车设备登销记规定》文件中的设备发生故障时应急处理标准用语在"行车设备检查登记簿"内进行登记。

第 6 条　固定行车设备发生故障办理登记时，应注明时间、地点、设备名称等基本要素；办理销记时，应注明时间、地点、停用设备名称、影响范围、行车限制条件等基本要素。列车调度员（车站值班员）、设备管理单位人员办理登销记时应分别签认（涉及多单位时分别签认）。

第 11 条　列车调度员、车站值班员发现或接到固定行车设备故障报告的登记用语。

（时间）×月×日×时×分，（地点）××站（××站至××站间×线××）

××（设备名称）××××（故障概述）××××。

第12条　固定行车设备管理单位发现设备故障登记用语。

（时间）×月×日×时×分，（地点）××站（××站至××站间×线××）××（设备名称）故障（危及行车安全），封锁（停用）×××，需（单位）××××（含接触网停电，不需配合不用写）。

故障处理完毕后，按照《中国铁路乌鲁木齐局集团有限公司铁路固定行车设备登销记规定》文件进行销记。

第11条　列车调度员、车站值班员发现或接到固定行车设备故障报告的销记用语。

（1）恢复正常行车：

（时间）×月×日×时×分，设备正常使用（开通）。

（2）限制行车：

（时间）×月×日×时×分，（地点）××站（××站至××站间×线××）××（设备名称）××，（行车限制条件）××。

第12条　固定行车设备管理单位发现设备故障销记用语。

（1）恢复正常行车：

（时间）×月×日×时×分，设备正常使用（开通）。

（2）限制行车：

（时间）×月×日×时×分，（地点）××站（××站至××站间×线××）××（设备名称）××，（行车限制条件）××。

阶梯提速（恢复常速）：

（时间）×月×日×时×分，（地点）××站××（××站至××站间×线××）提速至××（恢复正常速度）。

（六）安全预想

工作人员故障处理过程中必遵守"三不动""三不离""七严禁"作业纪律，严格着装、工具使用规范，按标准化作业流程进行操作，严禁无命令施工，严禁超命令工作内容施工，严禁带电插拔设备。

做好进出信号机械室登记记录。

注意工具、衣服所带静电对设备的影响。

驻站防护人员时刻盯控控制台状态变化，有异常情况即刻报告。

二、故障分析与处理

（一）禁止灯光灭灯，故障点在室外

1. 在分线盘上测量故障信号机的 H 和 HH（或 HBH）

（1）若有交流 220 V 电压，则说明室外发生断线故障。

（2）若无交流 220 V 电压，则应看组合架及相应组合的 XJZ 或 XJF 熔断器是否熔断。

① 若熔断器完好，则说明分线盘到组合内部断路。

② 若已熔断，且更换熔断器后即熔断，说明是短路故障。

③ 若是短路故障，则可在分线盘甩开一个端子再加熔断器，若不再熔断，则说明分线盘至信号机处短路；若再次熔断，则说明是分线盘至组合内部短路。

注意：若多功能点灯装置Ⅱ次侧短路，其现象是控制台复示器不闪光（DJ不失磁落下），熔断器不熔断，但在分线盘的端子上测到的电压降低，测到的电压大约为交流 150 V（视信号机至信号机的距离而定）。

2. 在信号机处的变压器箱或终端电缆盒上测量

进站信号机、两方向出站信号机端子为 3、7；一方向出站信号机端子为 3、6。

（1）若有交流 220 V 电压，则说明变压器箱或电缆盒至信号机内部点灯电路发生断路故障。

（2）若无交流 220 V 电压：

① 若在分线盘测出有交流 220V 电压，则说明电缆断线。

② 在分线盘甩开一个端子，再加熔断器，若不再熔断，则说明分线盘至信号机处短路，应前往现场信号机处，在电缆盒内甩开任一端子，室内再加熔断器：

a.仍然熔断熔断器，则说明分线盘至信号机电缆盒之间的电缆发生短路故障。

b.不再熔断熔断器，则说明多功能点灯装置Ⅰ次或电缆盒至多功能点灯装置Ⅰ次间引入线短路。

注意：在分线盘分析判断后，在前往室外时，要注意将分线盘动过的线头恢复到正常位置，防止发生判断错误。在操作时，要与室内人员密切联系，确保判断正确。

3. 在多功能点灯装置输入侧测量

设变压器箱或电缆盒端子有电压。

（1）若有交流 220V 电压，则说明多功能点灯装置输入侧故障或多功能点灯装置输出侧至灯泡间有断路故障。

（2）若无电压（此处仅分析断路，如短路故障另行分析），则说明故障位于变压器箱或电缆盒端子至多功能点灯装置输入侧之间，分别判断是哪一根引入软线断路即可。

4. 在多功能点灯装置输出侧测量

设多功能点灯装置输入侧有电压。采用直流 25 V 挡位（见图 3-2-3 信号机点灯装置电气原理图）。

若有 12 V 左右电压，则说明多功能点灯装置输出侧至灯端断路，若无电压，则说明多功能点灯装置故障。

5. 在灯泡端测量

设多功能点灯装置输出侧有输出。

（1）若有 12V 左右电压，则说明灯座弹簧不好或灯泡断丝。

（2）若无电压，按步进电压法查找具体断路点即可。

6. 变压器箱或电缆盒至信号机内部短路的分析及处理

当确定是短路故障之后，则应用断线法进行查找。

（1）甩开变压器箱或电缆盒端子 3 上的电缆线，用电阻 $R \times 1$ 挡测量多功能点灯装置输入侧。

① 正常。若电阻值在 80 Ω 左右，则说明引入软线及多功能点灯装置输入正常。

② 若电阻值为 0 Ω，则说明引入软线或及多功能点灯装置输入侧短路，继续在多功能点灯装置输入侧甩线，分别判断，即可以区分。

（2）若多功能点灯装置输入侧正常，输出侧短路，则可以用下列方法查找。

① 甩开共端，并取下信号灯泡，用电阻挡测试多功能点灯装置输出侧至灯端的配线是否短路，若短路，则应用甩线法分别判断。

② 若经过判断点灯电路的配线正常则应多功能点灯装置至室内的配线，共端的线应继续甩开，在多功能点灯装置输出侧测量。若无电压，则是输出侧短路。

注意：

（1）因为多功能点灯装置及信号灯泡阻值均较小，无法用电阻挡进行准确的判断。所以用甩线法进行电压判断时，应仔细与日常测试的值相比较。

（2）当上述方法不能区分断路范围时，则可以甩开输出侧的配线，测量输入侧的空载电流。输出侧如正常（输入侧的空载电流为 0.016 A 左右），则可以断定是输出侧配线故障，集中查找配线即可。若是输出侧短路，则输入侧的电流将明显增加。

（3）输出侧短路，变压器的噪声增加，温度升高，时间长将烧坏变压器。

（二）允许灯光的点灯电路故障分析（以四显示出站兼调车信号机白灯为例）

允许灯光灭灯，开放信号后，DJ↓ 将使 DXJ 经缓放后失磁落下，改点禁止灯光。所以，允许灯光的点灯电压，是瞬间送出的，不宜采用电压法进行查找。此时，可以使用电阻法进行查找。

注意：用电阻法查找，应与室内加强联系，严禁室内在处理故障的过程中开放信号，防止烧坏万用表或室内点灯熔断器。

1. 在变压器或电缆盒 4、6 端子上测量

设电压已送到电缆盒。

（1）若电阻值在 80 Ω 左右，则说明多功能点灯装置输入侧及引入线正常。

（2）若电阻值为 0 Ω，则说明多功能点灯装置输入侧或引入线短路，查找方法与红灯短路故障处理方法相同。

（3）若电阻值为无穷大，则说明引入线或多功能点灯装置输入侧线圈断路，分别判断区分即可。

2. 在灯泡端测量

设多功能点灯装置输入侧电压正常。

若电阻为 0 Ω，则可采用下列方法：

（1）取下信号灯泡，若电阻值仍为 0 Ω，则说明多功能信号点灯装置输出侧至灯泡端配线正常（仅限于断路情况），故障为灯座压簧不良或灯包断丝。

（2）若取下灯泡后，电阻值变为无穷大，则说明灯座及灯泡良好，故障是多功能点灯装置输出侧断线。

多功能点灯装置输出侧短路，处理方法同禁止灯光的处理方法。

（三）处理信号点灯电路故障的技巧

当信号点灯电路发生故障时，可以在分线盘上快速区分故障的范围及性质，方法如下（设允许灯光故障）。

（1）将万用表置于交流 250 V 挡位，在分线盘测量（重复开放信号时），有电压，则为室外故障，无电压，则为室内故障。进行此项操作时须确认室内的电压已经送出。

（2）若是室内电压已经送出，则故障在室外，可以将万用表置于 $R×1$ 挡位，在分线盘测量。

① 若阻值在 100 Ω 左右，说明分线盘至信号机多功能点灯装置输入侧正常，输出侧或信号机内部故障。

② 若阻值在 0 Ω 左右，说明分线盘至信号机处的电缆短路，此故障使熔断器熔断。

③ 若阻值在 20 Ω 左右，说明多功能信号点灯装置输入侧短路（视该信号机距信号楼的距离，应注意判断）。

④ 若阻值为无穷大，说明电缆或多功能信号点灯装置输入侧开路。

三、作业结束

（一）召开故障分析会

工长组织故障处理人员召开故障专题分析会，针对故障现象观察、故障范围判断、人员组织、故障处理过程中人员表现、信息沟通传达、工具材料准备等情况进行分析，找出不足，提出改进意见及优化措施，并对日常设备维护工作过程中的人员表现、技能做出针对性的改进计划。

在故障专题分析会记录本上进行会议内容的登记。

（二）工作日志记录

信号工区当日值班人员将故障相关情况在工作日志上进行记录。

（三）组织交接班、学习

休班人员接班时，交班人员应将故障处理情况重点交代，接班人员组织学习，并按照优化方案进行工作调整。

【复习思考题】

1. 简述信号机点灯电路故障处理流程。
2. 允许信号点灯故障处理时，为什么必须重复开放信号？
3. 简述信号机集中检修标准化作业流程及作业内容。
4. 信号机进行日常养护注意事项是什么？
5. 色灯信号机多功能信号点灯装置、灯泡的电气特性要求是什么？
6. 信号机发生故障的登销记用语如何填写？
7. 信号机集中检修时的登销记用语如何填写？
8. 信号机限界如何测量？
9. 简述信号机电气特性 I 级测试内容及标准。

项目 4　区间闭塞设备维护

🚄【项目导学】

　　闭塞设备是用来保证列车在区间内运行安全，并提高区间通过能力的区间信号设备。在单线铁路上，为防止一个区间内同时进入两列对向运行的列车而发生正面冲突，以及避免两列同向运行的列车（包括复线区间）发生追尾事故，铁路上规定区间两端车站值班员在向区间发车前必须办理的行车联络手续，叫作行车闭塞（简称闭塞）手续。用于办理行车闭塞的设备叫作闭塞设备。闭塞设备必须保证一个区间内，在同一时间里只能允许一个列车占用这一基本原则的实现。行车闭塞制式大致经历了电报或电话闭塞—路签或路牌闭塞—半自动闭塞—自动闭塞的发展过程。本讲主要介绍 ZPW-2000 系列移频自动闭塞、计轴站间自动闭塞设备。

🚄【教学目标】

　　1. 知识目标

　　（1）掌握 ZPW-2000 系列移频自动闭塞设备的组成及原理。

　　（2）掌握计轴站间自动闭塞设备的组成及原理。

　　（3）掌握 ZPW-2000A 型自动闭塞设备日常养护内容以及技术标准。

　　（4）掌握 ZPW-2000A 型自动闭塞设备集中检修内容以及技术标准。

　　（5）掌握 ZPW-2000A 型自动闭塞单项设备、器材更换的方法以及注意事项。

　　（6）掌握 ZPW-2000A 型自动闭塞设备限界测量的方法以及注意事项。

　　（7）掌握 ZPW-2000A 型自动闭塞设备故障处理的方法。

　　（8）掌握计轴闭塞设备日常养护的方法以及注意事项。

　　（9）掌握计轴闭塞设备集中检修的方法以及注意事项。

　　（10）掌握计轴单项设备、器材更换的方法及注意事项。

　　2. 技能目标

　　（1）能够按照作用标准对 ZPW-2000A 型自动闭塞设备进行日常养护。

　　（2）能够按照作用标准对 ZPW-2000A 型自动闭塞单项设备、器材、引接线进行更换。

　　（3）能够按照作用标准对 ZPW-2000A 型自动闭塞设备进行限界测量。

　　（4）会 ZPW-2000A 型自动闭塞设备故障处理。

　　（5）能够按照作用标准对 计轴闭塞设备进行日常养护。

　　（6）能够按照要求完成计轴单项设备、器材的更换。

　　3. 素质目标

　　（1）树立精检细修、严谨细致的工匠精神。

　　（2）培养学生吃苦耐劳、甘于奉献的道德情操。

　　（3）培养学生遵章守纪、严于律己的纪律意识。

任务 1　ZPW-2000A 自动闭塞设备日常养护

随着我国经济的快速发展，国家对铁路运输能力的整体需求不断扩大，对铁路准时性、安全性的要求也越来越高。区间闭塞设备是提高铁路运输效率、确保列车在区间安全运行的重要设备，ZPW-2000A 型移频自动闭塞设备的日常巡视养护工作是电务工作人员设备养护的重要内容，本任务主要讲解区间闭塞设备的基础知识以及 ZPW-2000A 型自动闭塞设备日常养护的内容以及相关技术标准和作业流程。

教学目标

1. 知识目标
（1）掌握区间闭塞的概念、分类。
（2）掌握 ZPW-2000A 型移频自动闭塞设备组成。
（3）掌握 ZPW-2000A 型移频自动闭塞设备工作原理。
（4）掌握 ZPW-2000A 型移频自动闭塞设备的日常养护的内容。
（5）掌握 ZPW-2000A 型移频自动闭塞设备的日常养护的作业流程。
（6）掌握 ZPW-2000A 型移频自动闭塞设备的日常养护的相关技术标准。
2. 技能目标
（1）掌握 ZPW-2000A 型移频自动闭塞设备的工作原理以及设备组成。
（2）掌握 ZPW-2000A 型移频自动闭塞设备的作用以及相关的技术标准。
（3）能正确识读闭塞设备的电路原理图。
（4）掌握 ZPW-2000A 型移频自动闭塞设备日常养护的标准化作业流程以及相关技术标准。
（5）能够按照 ZPW-2000A 型移频自动闭塞设备日常养护作业流程，完成日常养护工作。
3. 素质目标
（1）树立安全风险意识、责任意识。
（2）培养认真、严谨的职业素养。
（3）培养良好逻辑判断能力。

知识链接

ZPW-2000A 型自动闭塞设备认知

（一）区间闭塞设备简介

（一）区间闭塞概念

（1）为了防止两列列车在区间线路上发生迎面相撞事故和同方向线路上运行的

两列列车发生追尾撞车事故，就必须按照一定的方法组织列车在区间运行，一般叫作行车闭塞法，或闭塞。

（2）列车沿着固定的轨道运行时，如果没有分歧线路的地点，则两列车既不能交会，也不能越行。为了保证行车安全，并使线路具有一定的通过能力，则需要把铁路线路划分为若干区间，单线铁路每个区间同一时间内只准许一列列车运行，双线铁路每个区间的每个方向只准许一列列车运行。

（二）实行区间闭塞的基本方法

（1）时间间隔法：列车按事先规定好的时间由车站发车，使前行列车和后续追踪列车之间必须保持一定时间间隔。

（2）空间间隔法：把铁路划分成很多区段，在每一个区段内只准许运行一列列车，使前行列车和后续追踪列车保持一定的空间距离的行车方法。

（3）闭塞的类型。

闭塞设备制式分为半自动闭塞和自动闭塞。自动闭塞按照时间和空间间隔划分为自动站间闭塞、固定自动闭塞、准移动自动闭塞和移动自动闭塞。

二、各类型闭塞的具体设置条件的规定

（1）在单线区段，应采用半自动闭塞或自动站间闭塞，繁忙区段可根据情况采用自动闭塞。

（2）在双线区段，应采用自动闭塞。

（3）在同一区段内，原则上应采用同一种闭塞方式。

三、闭塞类型的基本原理简介

（一）半自动闭塞

（1）当采用出站或通过信号机的允许显示作为列车占用区间的凭证时，发车站值班员必须在办好闭塞手续的基础上才能开放出站信号，列车出发后信号机自动关闭；在没有检查区间是否留有车辆的设备时，需由接车站值班员确认列车完全到达后向发车站发送复原信息，闭塞设备才能恢复定位状态并可以重新办理闭塞。这种由人工办理闭塞手续，列车凭出站信号机的允许信号显示出发，出站信号机在列车出发后自动关闭，列车到达接车站经人工确认整列到达后办理到达复原，解除闭塞的闭塞方法叫作半自动闭塞。半自动闭塞利用车站来间隔列车，即两站间的区间同时只允许一列列车运行。

（2）半自动闭塞分为三类：路签/路票半自动闭塞、继电半自动闭塞和无线半自动闭塞。

（3）继电半自动闭塞包括：64D 继电半自动闭塞、64F 继电半自动闭塞、64Y 继电半自动闭塞。

（二）自动闭塞

（1）固定自动闭塞是根据列车运行及有关闭塞分区状态，自动变换通过信号机

的显示，司机凭信号行车的闭塞方法。自动闭塞是在列车运行过程中自动完成闭塞作用的。它将两站间划分为若干个闭塞分区，每个闭塞分区装设连续式轨道电路显示列车占用状态。列车进入区间时轨道继电器落下，信号机显示红灯，而当区间没有列车时，轨道继电器吸起，信号机显示允许灯光。通过轨道电路将列车和通过信号机的显示联系起来，根据列车运行及有关闭塞分区的状态使通过信号机的显示自动变换，整个闭塞作用的完成不需要人工操作，故称自动闭塞。

（2）目前，我国铁路自动闭塞有三显示和四显示两种制式。

① 三显示自动闭塞，区间通过信号机具有红、黄、绿三种灯光。两列车之间一般间隔两个闭塞分区，使列车经常在绿灯下运行，并能得到前一架信号机的预告通知，为提高行车速度和保证行车安全，创造良好条件。

三显示自动
闭塞原理

② 四显示自动闭塞是在三显示自动闭塞的基础上增加一种绿黄显示，在此种闭塞制式下，司机见到运行方向前方通过信号机显示绿灯时，表示与前方列车至少间隔三个闭塞分区，可按规定速度运行，当见到前方信号机显示绿黄灯时，注意运行，并进行必要的减速，使列车在抵达显示为黄灯的信号机时，运行速度不大于规定的允许速度，能够保证在显示红灯的信号机前方停车。实际上使列车的制动距离扩展到两个闭塞分区。这样不仅使列车的运行速度得以提高，而且运行的安全保障系数也增大了许多。

特点：追踪目标点固定，制动点固定、空间间隔长度固定。

（三）自动站间闭塞

（1）自动站间闭塞是既不同于半自动闭塞又不同于自动闭塞的闭塞方式。它与半自动闭塞相比，不需要人工办理闭塞和到达复原，其闭塞作用是自动完成的。它与自动闭塞相比，两站间不划分闭塞分区，也不设置通过信号机，两站间作为一个闭塞分区。

（2）自动站间闭塞的特点：有区间占用检查设备（长轨道区段或计轴设备），站间只准运行一列列车，办理发车进路时自动办理闭塞手续，自动确认列车到达和自动回复。

（3）在双线自动闭塞反方向运行时则借助区间轨道电路构成自动站间闭塞。

四、ZPW-2000A 型无绝缘移频自动闭塞系统的特点

（1）充分肯定、保持 UM71 无绝缘轨道电路整体结构上的优势。

（2）解决了调谐区断轨检查问题，实现轨道电路全程断轨检查。

（3）减少调谐区分路死区段。

（4）实现对调谐单元断线故障的检查。

（5）实现对移频干扰的防护。

（6）通过系统参数优化，提高了轨道电路传输长度。

（7）提高了机械绝缘节轨道电路传输长度，实现与电气绝缘节轨道电路等长传输。

（8）轨道电路调整按固定轨道电路长度与允许最小道砟电阻方式进行，既满足了 1 Ω·km 标准道砟电阻、低道砟电阻最大传输长度要求，又为一般长度轨道电路最大限度提供了调整宽度，提高了轨道电路工作稳定性。

（9）用 SPT 国产铁路数字信号电缆取代法国 ZCO3 电缆，减小铜芯线径，减少了备用芯组，加大了传输距离，提高了系统技术性能价格比，降低了工程造价。

（10）采用长钢包铜引接线取代 75 mm²铜引接线，利于维修。

（11）系统中发送器采用"$N+1$"冗余，接收器采用成对双机并联运用，提高系统可靠性，大幅度提高单一电子设备故障不影响系统正常工作的时间。

五、ZPW-2000A 型无绝缘移频自动闭塞设备

ZPW-2000A 型无绝缘移频自动闭塞设备组成分为室内和室外设备两部分。

（一）室内部分

室内设备由移频柜、移频组合柜、站内移频柜、综合柜、防雷柜、分线柜、电源屏、防雷配电盘、接地网、发送器、接收器、衰耗器、电缆模拟网络盘和机柜等组成。

1.移频柜

（1）移频柜外形如图 4-1-1 所示（正视图）。

图 4-1-1 移频柜外形

（2）每台移频柜容纳 10 套 ZPW-2000A 型轨道电路发送器、接收器、衰耗盘设备。10 块熔断器板（或断路器），每套轨道电路设备定型使用 1 块。10 块 3×18 柱零层端子，每套轨道电路设备定型使用 1 块。4 块电源端子板，用于发送器、接收器工作电源的引入。移频柜内设备示意如图 4-1-2 所示。

D1	D2	D3

熔断器	熔断器	熔断器	熔断器	熔断器	熔断器	熔断器	熔断器	熔断器
零层	零层	零层	零层	零层	零层	零层	零层	零层

发送器	发送器	发送器	发送器	发送器
接收器	接收器	接收器	接收器	接收器
衰耗器	衰耗器	衰耗器	衰耗器	衰耗器
衰耗器	衰耗器	衰耗器	衰耗器	衰耗器
发送器	发送器	发送器	发送器	发送器
接收器	接收器	接收器	接收器	接收器

图 4-1-2　移频柜设备布置示意图

　　① 发送器安装在 U 形槽内。发送器外形如图 4-1-3 所示，其插座板如图 4-1-4 所示，其端子代号及用途见表 4-1-1。

图 4-1-3　发送器外形

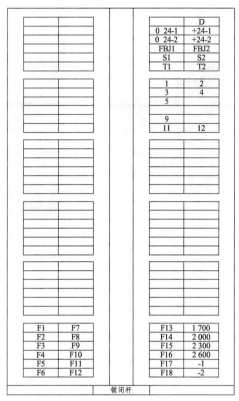

图 4-1-4 发送器插座板底视图

表 4-1-1 发送器端子代号及用途说明

序号	代号	用途
1	D	地线
2	+24-1	+24 V 电源外引入线
3	+24-2	载频编码用+24 V 电源（+1FS 除外）
4	024-1	024 V 电源外引入线
5	024-2	备用
6	1700	1 700 Hz 载频
7	2000	2 000 Hz 载频
8	2300	2 300 Hz 载频
9	2600	2 600 Hz 载频
10	-1	1 型载频选择
11	-2	2 型载频选择
12	F1～F18	29～10.3Hz 低频编码选择线
13	1～5、9、11、12	功放输出电平调整端子
14	S1 S2	功放输出端子
15	T1 T2	测试端子
16	FBJ-1 FBJ-2	外接 FBJ（发送报警继电器端子）

② 接收器安装在 U 形槽内。接收器外形，如图 4-1-5 所示。

图 4-1-5　接收器外形

接收器插座板底视图，如图 4-1-6 所示。

				D
ZIN(Z)	XIN(Z)		024	(+24)
	GIN(Z)		1700(Z)	2000(Z)
G(Z)	GH(Z)		2300(Z)	2600(Z)
XG(Z)	XGH(Z)		1(Z)	2(Z)
XGJ(Z)	XGJH(Z)		X1(Z)	X2(Z)
ZIN(B)	XIN(B)		JB+	JB−
	GIN(B)			(+24)
G(B)	GH(B)		1700(B)	2000(B)
XG(B)	XGH(B)		2300(B)	2600(B)
XGJ(B)	XGJH(B)		1(B)	2(B)
			X1(B)	X2(B)
		锁闭杆		

图 4-1-6　接收器插座板底视图

接收器端子代号及用途说明见表 4-1-2。

表 4-1-2　接收器端子代号及用途说明

序号	代号	用途
1	D	地线
2	+24	+24 V 电源
3	（+24）	+24 V 电源（由设备内给出，用于载频及类型选择）
4	024	024 V 电源
5	1700（Z）	主机 1 700 Hz 载频
6	2000（Z）	主机 2 000 Hz 载频
7	2300（Z）	主机 2 300 Hz 载频
8	2600（Z）	主机 2 600 Hz 载频
9	1（Z）	主机 1 型载频选择
10	2（Z）	主机 2 型载频选择
11	X1（Z）	主机小轨道 1 型载频选择
12	X2（Z）	主机小轨道 2 型载频选择

续表

序号	代号	用途
13	ZIN（Z）	主机轨道信号输入
14	XIN（Z）	主机邻区段小轨道信号输入
15	GIN（Z）	主机轨道信号输入共用回线
16	G（Z）	主机轨道继电器输出线
17	GH（Z）	主机轨道继电器回线
18	XG（Z）	主机小轨道继电器（或执行条件）输出线
19	XGH（Z）	主机小轨道继电器（或执行条件）回线
20	XGJ（Z）	主机小轨道检查输入
21	XGJH（Z）	主机小轨道检查回线
22	1700（B）	并机 1 700 Hz 载频
23	2000（B）	并机 2 000 Hz 载频
24	2300（B）	并机 2 300 Hz 载频
25	2600（B）	并机 2 600 Hz 载频
26	1（B）	并机 1 型载频选择
27	2（B）	并机 2 型载频选择
28	X1（B）	并机小轨道 1 型载频选择
29	X2（B）	并机小轨道 2 型载频选择
30	ZIN（B）	并机轨道信号输入
31	XIN（B）	并机邻区段小轨道信号输入
32	GIN（B）	并机轨道信号输入共用回线
33	G（B）	并机轨道继电器输出线
34	GH（B）	并机轨道继电器回线
35	XG（B）	并机小轨道继电器（或执行条件）输出线
36	XGH（B）	并机小轨道继电器（或执行条件）回线
37	XGJ（B）	并机小轨道检查输入
38	XGJH（B）	并机小轨道检查回线
39	JB+	接收故障报警条件"+"
40	JB−	接收故障报警条件"−"

③ 衰耗盘安装在移频柜中部的框格中，衰耗盘外形及盘面布置如图 4-1-7 所示。衰耗盘端子代号及用途说明见表 4-1-3。

发送工作
接收工作
轨道占用

发送电源
发送功出
接收电源
输入
主轨出
小轨出
GJ
XGJ

注:
发送工作:绿色
接收工作:绿色
轨道占用:红色

图 4-1-7 衰耗盘外形及盘面布置示意图

表 4-1-3 衰耗盘端子代号及用途说明

序号	端子号	用途
1	c1	轨道信号输入
2	c2	轨道信号输入回线
3	a24	正向小轨道信号输入
4	c24	反向小轨道信号输入
5	a1～a10、c3、c4	主轨道电平调整
6	a11～a23	正向小轨道电平调整
7	c11～c23	反向小轨道电平调整
8	c5	主机主轨道信号输出
9	c7	主机小轨道信号输出
10	c6、c8	主机主轨道小轨道信号输出共用回线
11	b5	并机主轨道信号输出
12	b7	并机小轨道信号输出
13	b6、b8	并机主轨道小轨道信号输出共用回线
14	a30、c30	轨道继电器（G、GH）
15	a31、c31	小轨道继电器（XG、XGH）
16	a29	发送+24V 直流电源
17	c29	接收+24V 直流电源
18	c9	024V 电源
19	a25、c25	发送报警继电器 FBJ-1、FBJ-2
20	a26、c26	接收报警条件 JB+、JB-
21	a27	移频报警继电器 YBJ
22	c27	移频报警检查电源 YB+

续表

序号	端子号	用途
23	a28、b28	发送报警条件 BJ1－BJ2
24	b28、c28	接收报警条件 BJ2－BJ3
25	a32、c32	功放输出 S1、S2

2.移频组合柜

移频组合柜由移频信号组合、电缆网络模拟盘组合组成。移频信号组合与电气集中信号组合类似，由组合框、组合侧面和继电器插座板组成。电缆网络模拟盘组合是由不同的电缆网络模拟单元构成，根据需要，通过各单元之间的连接，可实现电缆网络的模拟。电缆网络模拟盘组合也可安装在防雷柜内。电缆网络模拟盘组合如图 4-1-8 所示。

图 4-1-8　电缆网络模拟盘组合

3.站内移频柜

站内移频柜与移频柜原理相同。

4.综合柜

综合柜由站内电码化受电端隔离器、站内电码化送电端隔离器和移频自动闭塞方向组合组成。

5.防雷柜

防雷柜由站内电码化发送防雷组合组成。

模拟网络盘（含站内防雷组合）：设在室内，按 0.5 km、0.5 km、1 km、2 km、2 km、2 km×2 km 六段设计，用于对 SPT 电缆的补偿，总补偿距离为 10 km，对雷电进行纵向和横向保护。

6.分线柜

（1）分线柜外形如图 4-1-9 所示。

电源绝缘测试及配线端子层布置

电源层及保险层布置

图 4-1-9　分线柜外形

（2）分线柜结构。

① GXF 型信号分线柜为分体结构。

② 柜体由基本框架加侧板、顶盖、底板、底座、柜门组成。

③ 配线端子每层为一独立组合，分为电源层、保险层、绝缘测试层、6 或 18 位端子层。配线端子全部采用 WAGO 接线端子。

④ 端子层安装在柜内端子框竖梁上。

⑤ 每块端子层均装有横线槽。

⑥ 端子层两端装有竖线槽。

⑦ 电缆固定在柜底部的电缆横担上。

7.电源屏

（1）电源屏按容量分为 5 kV·A、8 kV·A 两种，分别容纳 8～15 区段和 16～30 区段。也可根据用户需求设置。

（2）电源屏组成。

① 两路输入转换单元。

② 配出回路单元。

③ 直流模块。

④ 交流模块。

⑤ 防雷单元。

⑥ 监控系统。

8.电源引入防雷开关箱

电源引入防雷开关箱由防雷模块、断路器和开关组成，有两路电源输入以及提速电源屏、区间电源屏等多路输出。

（二）室外部分

室外设备主要包括匹配变压器、调谐单元、空心线圈、机械绝缘节空心线圈、补偿电容、防雷模块等。

1.调谐区（JES—JES）

调谐区（JES—JES）。按 29 m 设计，设备包括调谐单元及空心线圈，其功能是实现两相邻轨道电路电气隔离。

2.机械绝缘节

机械绝缘节。由机械绝缘节空心线圈（按载频分为 1 700 Hz、2 000 Hz、2 300 Hz、2 600 Hz 四种）与调谐单元并接而成，其特性与电气绝缘节相同。

3.匹配变压器

一般条件下，按 0.25～1.0 Ω·km 道砟电阻设计，实现轨道电路与 SPT 铁路信号数字传输电缆匹配连接。

4.补偿电容

根据通道参数兼顾低道砟电阻道床传输，选择电容器容量。使传输通道趋于阻性，保证轨道电路良好传输性能。

5.传输电缆

传输电缆采用 SPT 型铁路信号数字电缆，线径 ϕ 1.0 mm，一般条件下，电缆总长度按 10 km 考虑。根据工程需要，传输电缆长度可按 12.5 km、15 km 考虑。

6.调谐设备引接线

采用 3 700 mm、2 000 mm 长钢包铜引接线，用于调谐单元、空心线圈、机械绝缘节空心线圈等设备与钢轨间的连接。

（三）系统防雷

（1）发送端、接收端的"站防雷"。

发送端、接收端的"站防雷"设于模拟网络盘内，实现对从电缆引入雷电冲击的横向、纵向防护；站内电码化设计单独的防雷单元。

（2）对从钢轨引入雷电冲击保护。

① 横向：设在调谐单元、匹配变压器两端。

② 纵向：在空心线圈中心线不接地条件下，防雷单元设在中心线与地间。

③ 防雷元器件根据需要和可能，选择高可靠、免维护、带劣化指示的器件。

六、ZPW-2000A 移频自动闭塞设备原理

（一）发送器

发送器用于产生高精度、高稳定的移频信号。系统采用 $N+1$ 冗余设计，故障时，通过发送报警继电器（FBJ）接点转至"+1"发送器。系统原理如图 4-1-10 和图 4-1-11 所示。系统原理接线如图 4-1-12 所示。

（二）接收器

ZPW-2000A 型无绝缘轨道电路分为主轨道电路和调谐区短小轨道电路两部分，并将短小轨道电路视为列车运行前方主轨道电路的"延续段"。该"延续段"信号由运行前方相邻轨道电路接收器处理，并将处理结果形成小轨道电路轨道继电器执行条件（XG、XGH）送至本轨道电路接收器，作为轨道继电器（GJ）励磁的必要检查条件。

接收器用于接收主轨道电路和相邻区段发送器在调谐区短小轨道电路形成的信号。动作本轨道电路的轨道继电器（GJ），并向相邻区段提供小轨道电路轨道继电器执行条件（XG、XGH）。同时，还接收处理另一区段的信号，并联输出，完成冗

余工作。系统中接收器采用成对双机并联运用方式，如图 4-1-13 和 4-1-14 所示。

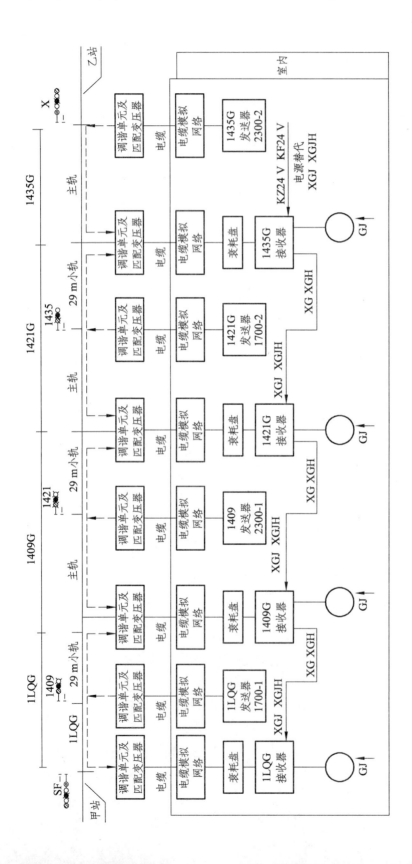

图 4-1-10　ZPW-2000A 型系统构成原理框图

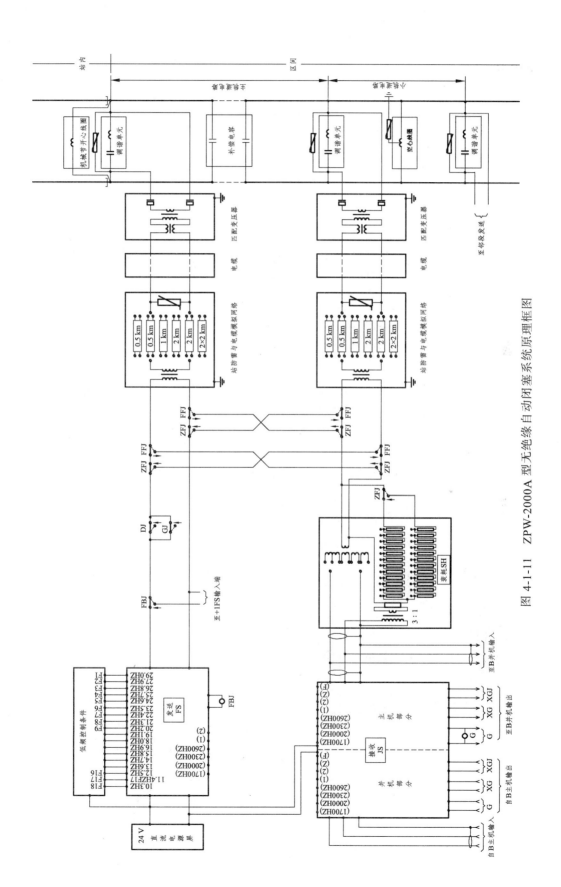

图 4-1-11 ZPW-2000A 型无绝缘自动闭塞系统原理框图

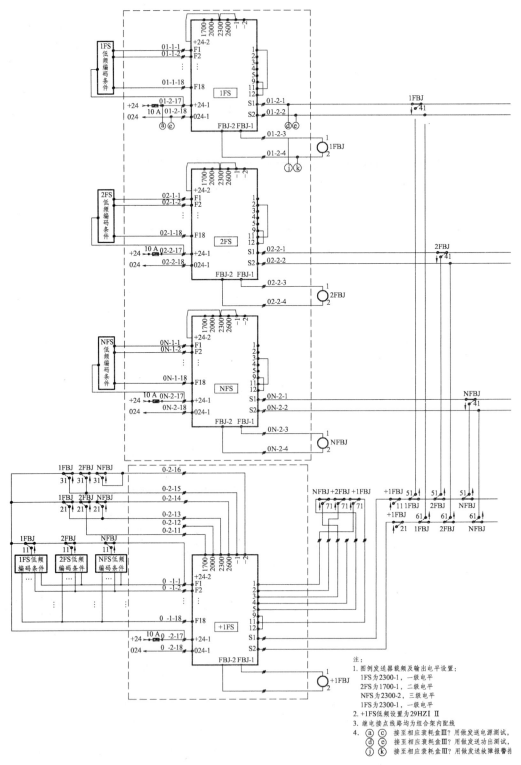

图 4-1-12　发送器"N+1"冗余系统原理接线图

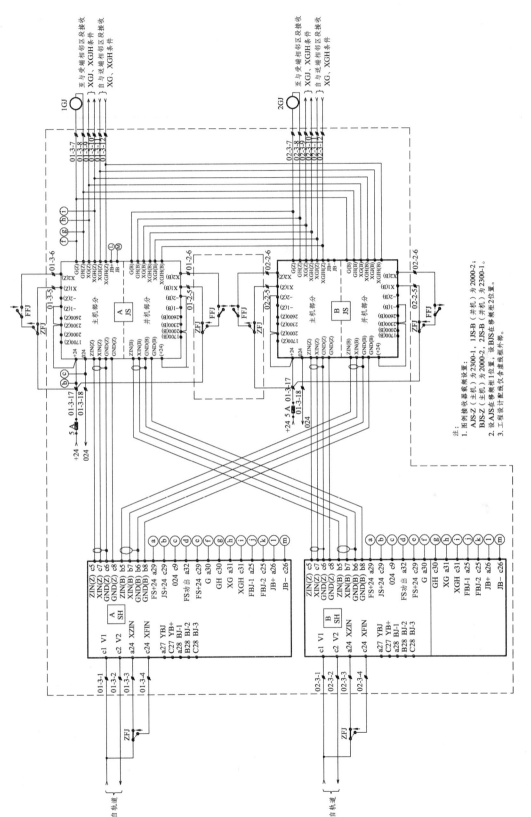

图 4-1-13　接收器双机并联运用原理接线图

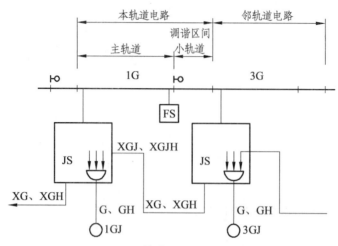

图4-1-14　接收器双机并联运用

（三）衰耗盘

（1）衰耗盘的作用。

① 用于实现主轨道电路、小轨道电路的调整。

② 给出发送接收故障、轨道占用表示及其他有关发送、接收用+24 V 电源电压，发送功出电压，接收 GJ、XGJ 等测试条件。

③ 给出系统总报警接点条件。

（2）衰耗盘外线连接，如图 4-1-15 所示。

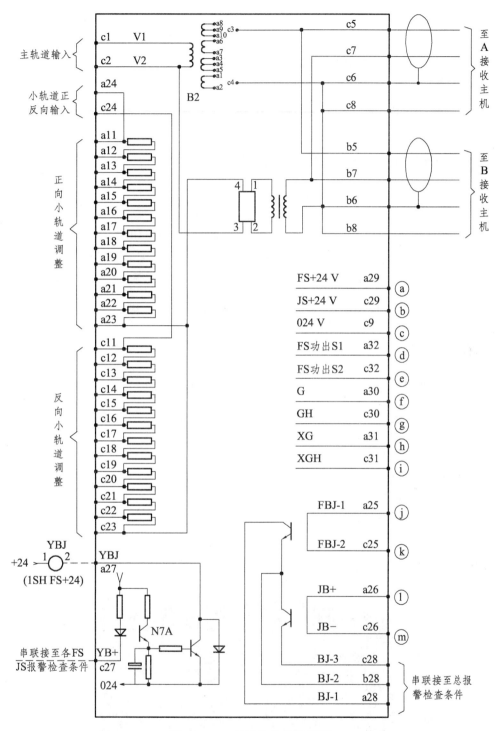

图 4-1-15 衰耗盘的外接线图

任务实施

ZPW-2000A 型自动闭塞设备日常养护

一、作业前

（一）工作安排

布置工作任务，明确驻站联络员、现场防护员。

（二）安全讲话

根据天气、作业环境、作业内容、人员、机具、列车运行状况有针对性地提出安全注意事项。

（三）仪表料具

通信联络工具一台并试验良好、照明灯具（夜间）、钥匙、手锤、活动扳手、一字螺丝刀、十字螺丝刀、克丝钳，按需要携带钢丝刷、油刷、油壶、机油、棉纱、1.6 mm 铁线。

（四）联系登记

室内驻站联络员办理登记手续，现场防护员接到允许作业命令后方可上线。

二、作业中

安全风险点：现场防护员必须按规定设置"安全岛"，防护员引领列队上线，横越线路按"眼看、手比、口呼"作业标准执行。

（1）检查箱盒无破损、标识清晰，安装牢固、油饰、密封、加锁良好；基础完好倾斜合格（倾斜度不超过 10 mm），各部螺栓齐全、油润、不松动，防松、防脱作用良好；电缆不外露，引接线无破皮、无膨胀变形、固定良好，防混措施良好，不得埋于石砟中，过轨卡子固定良好无破损；机械绝缘节外观良好、无肥边，扣件不碰鱼尾板、无铁屑，如图 4-1-16 所示。

标识清晰　　卡子固定良好　　机械绝缘节检查

图 4-1-16　外观检查

（2）补偿电容安装牢固，引接线外皮无破损，塞钉无松动，安装卡具齐全完好，电容标识清晰，如图 4-1-17 所示。

图 4-1-17　补偿电容检查

（3）禁停标志牌外观良好，标志杆不倾斜、无裂纹，标志牌外观整洁，字迹清晰，如图 4-1-18 所示。

禁停标志牌

图 4-1-18 禁停标志检查

（一）室内单项设备、器材更换

1. 发送器更换

天窗点内作业人员在得到作业命令后，首先关掉发送器 24 V 电源，然后用钥匙逆时针旋转打开发送器上的锁，这时将发送器向上托起再向往外拔出并取下，将需要换上的新发送器锁用钥匙逆时针旋转打开，然后插入发送器安装插座，用钥匙顺时针旋转上好锁，打开 24 V 电源，发送器工作。这时，衰耗盘发送工作灯亮起，用移频表测试发送电源和发送功出符合标准，如图 4-1-19 所示。

2. 接收器更换

天窗点内作业人员在得到命令后，首先关掉接收器 24 V 电源，然后用钥匙逆时针旋转打开接收器上的锁，这时将接收器向上托起再向往外拔出并取下，将需要换上的新接收器锁用钥匙逆时针旋转打开，然后插入接收器安装插座，用钥匙顺时针旋转上好锁，打开接收 24V 电源，接收器工作。这时，衰耗盘接收工作灯亮起，用移频表测试符合标准，如图 4-1-20 所示。

锁

图 4-1-19　发送器

图 4-1-20　接收器

3. 衰耗器更换

天窗点内作业人员在得到命令后，首先关掉发送器和接收器 24 V 电源，然后松掉衰耗器后面的固定螺丝，这时向外拔出并取下衰耗器，将需换上的新衰耗器放入卡槽推入安装插座，拧上衰耗器后面的固定螺丝，打开发送和接收 24 V 电源，衰耗器工作。这时，衰耗器上的工作灯亮起，用移频表测试发送电源，接收电源，发送功出、轨入、轨出 1、轨出 2、GJ（Z）、GJ（B）、GJ、XG（Z）、XG（B）、XG、XGJ 数据正常，如图 4-1-21 所示。

图 4-1-21　衰耗器

4. 防雷模拟网络盘更换

天窗点内作业人员在得到命令后，首先松掉防雷模拟网络盘后面的固定螺丝，这时将防雷模拟网络盘向外拔出并取下，将需换上的新防雷模拟网络盘放入卡槽推入安装插座，上紧固定螺丝，用移频表测试防雷入、电缆入、电缆出数值符合标准，则更换完毕，如图 4-1-22 所示。

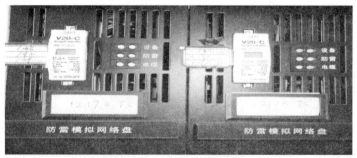

图 4-1-22　防雷模拟网络盘

（二）室外单项设备、器材更换

1. 调谐单元更换

天窗点内作业人员在得到命令后，首先用扳手拧松调谐单元上钢包铜引接线螺丝，取下调谐单元两边的钢包铜引接线，然后松开匹配变压器与调谐单元的连线固定螺丝，取下连接线，最后松开固定调谐单元的螺丝，取下并换上新的同型号的调谐单元，依次安装匹配变压器与调谐单元的连线和钢包铜引接线，紧固各部螺丝，用移频表测试调谐单元上的电压、电流和极阻抗、零阻抗数值符合标准，则更换完毕。

2. 匹配变压器更换

天窗点内作业人员在得到命令后，首先用套筒松开并取下匹配变压器上 E1、E2 的发送电缆，再松开并取掉 V1、V2 上与调谐单元的连线，最后用扳手松掉固定匹配变压器的螺丝，取下并换上新的匹配变压器，依次安装 V1、V2 上与调谐单元的连线和 E1、E2 上的发送电缆，紧固各部螺丝，用移频表测试 E1、E2 和 V1、V2 电压符合标准，则更换完毕。

3. 空心线圈更换

天窗点内作业人员在得到命令后，首先用扳手松开并取掉钢包铜引接线，再松开并取掉固定空心线圈的螺丝和地线螺丝，取下并换上新的同载频的空心线圈，依次安装固定螺丝和地线及钢包铜引接线，紧固各部螺丝，用移频表测试空心线圈阻抗符合标准，则更换完毕。

（三）电容更换作业

（1）对需要更换的电容，使用冲子将塞钉冲下，用手锤将新电容塞钉打入原塞钉孔，打入深度最少与轨腰平，露出不超过 5 mm，塞钉与塞钉孔全面紧密接触，并涂漆密封。

（2）将电容枕上的防护罩拆下，将旧电容取出并放入新更换电容，最后将电容罩装回到电容枕上。

（四）钢包铜引接线更换作业

1. 拆除钢包铜引接线

将钢轨上的钢包铜引接线塞钉螺母卸下，取出钢包铜引接线，然后将调谐单元上的引接线连接螺丝卸下，取出更换下来的钢包铜引接线。

2. 安装钢包铜引接线

将钢包铜引接线一端安装在调谐单元的安装孔上，用螺丝进行紧固，然后将另一端安装在钢轨上的钢包铜引接线塞钉上并将螺母紧固。更换完毕将引接线固定在专用固定卡子上，穿越钢轨处，用绝缘卡子固定在钢轨上，距轨底不应小于 30 mm。

（五）防护盒限界测量

防护盒限界测试方法：

（1）测钢轨水平面至防护盒顶的距离为设备高。

（2）测线路中心至防护盒突出边缘的距离为限界，如图 4-1-23 所示。

图 4-1-23　防护盒限界测量

（六）禁停标志限界测量

禁停标高的测试方法：

（1）测钢轨水平面至禁停标顶的距离为禁停标的高。

（2）测线路中心至禁停标突出边缘的距离为限界，如图 4-1-24 所示。

图 4-1-24　禁停标限界测量

三、作业后

（1）确认设备良好后进行料具清理。

（2）销记、小结。

① 通知作业负责人作业完毕，作业负责人通知驻站联络员销记。

② 防护员引领列队原路返回后，作业人员将任务完成情况、设备质量问题及待修缺点填入"工作手册"，并向工班长汇报。

【复习与思考题】

1. 简述 ZPW-2000A 型移频自动闭塞设备基本原理。

2. 简述 ZPW-2000A 型移频自动闭塞室内设备组成及其作用。

3. 简述 ZPW-2000A 型移频自动闭塞室外设备组成及其作用。

4. 简述发送器工作原理。

5. 简述接收器工作原理。

6. 衰耗器的作用是什么?

7. 发送器正常工作的条件有哪些?

8. 简述 ZPW-2000A 型移频自动闭塞设备日常养护的内容有哪些。

任务 2　ZPW-2000A 型自动闭塞设备集中检修

任务描述

ZPW-2000A 型移频自动闭塞设备的日常检修作业是电务工作人员设备养护的重要内容，本任务主要讲解 ZPW-2000A 型自动闭塞设备日常检修的内容以及相关技术标准和作业流程。

教学目标

1. 知识目标
（1）掌握 ZPW-2000A 型移频自动闭塞设备检修的内容。
（2）掌握 ZPW-2000A 型移频自动闭塞设备检修的作业流程。
（3）掌握 ZPW-2000A 型移频自动闭塞设备检修相关技术标准。
2. 技能目标
（1）掌握 ZPW-2000A 型移频自动闭塞设备检修标准化作业流程以及相关技术标准。
（2）能够按照 ZPW-2000A 型移频自动闭塞设备检修作业流程，完成检修工作。
3. 素质目标
（1）树立良好的责任意识。
（2）培养严谨细致的职业素养。

任务实施

一、作业前

（一）工作安排

布置工作任务，明确驻站联络员、现场防护员。

（二）安全讲话

根据天气、作业环境、作业内容、人员、机具、列车运行状况有针对性地提出安全注意事项。

（三）仪表料具

携带通信联络工具、照明灯具（夜间）、移频参数测试仪、地线测试仪、万用表、钥匙、手锤、冲子、活动扳手、一字螺丝刀、十字螺丝刀、万可起子、克丝钳、套筒、分路测试线、毛刷、棉纱。

移频表
使用方法

（四）联系登记

室内驻站联络员办理登记手续，现场防护员接到允许作业命令后方可上线。

二、作业中

（一）室内检修

（1）移频柜、区间综合柜设备安装稳固、防松措施齐全，标识清晰；各部螺丝紧固、备帽齐全，配线整齐、无松脱；发送器 $N+1$、接收器 $1+1$ 双机互备转换试验良好；清扫机柜内部，如图 4-2-1 所示。

（2）区间组合架设备安装稳固、防松措施齐全，标识清晰；各部螺丝紧固、备帽齐全；断路器性能良好、容量符合设计规定；配线整齐、无松脱；清扫机柜内部，如图 4-2-2 所示。

图 4-2-1　室内机柜

图 4-2-2　区间组合架

（二）室外检修

（1）地线齐全，与贯通地线接触良好，接地电阻不大于 $1\,\Omega$；调谐单元、匹配变压器、空心线圈，安装固定良好，配线整齐，不破皮，螺丝不松动，防护盒无裂纹、无破损；防雷单元安装稳固、无劣化显示；清扫内部，如图 4-2-3 所示。

图 4-2-3　室外设备

（2）匹配变压器与调谐单元的连线采用 $7.4\,\text{mm}^2$ 的铜缆，线头两端采用 $\phi 6\,\text{mm}$ 的铜端头冷压连接，不松动，如图 4-2-4 所示。

图 4-2-4　接线端头

（3）测试检查补偿电容容量不超过+5%，如图 4-2-5 所示。

图 4-2-5　补偿电容

（三）调整测试

（1）发送器输出电平的调整：在发送器底座后的发送电平调整座上进行调整，常用的有五级，其是根据轨道电路调整表进行调整的。这项工作在设备施工开通时调整好后，在正常使用中一般不做调整，如图 4-2-6 所示。

ZPW-2000A 移频
轨道电路测试

每一级电平的端子连接如下：

① 底座端子 9-11、12-1 连接，构成第 1 级发送电平，输出电压 176 V。

② 底座端子 9-11、12-2 连接，构成第 2 级发送电平，输出电压 158 V。

③ 底座端子 9-11、12-3 连接，构成第 3 级发送电平，输出电压 137 V。

④ 底座端子 9-11、12-4 连接，构成第 4 级发送电平，输出电压 111 V。

⑤ 底座端子 9-11、12-5 连接，构成第 5 级发送电平，输出电压 78 V。

图 4-2-6　发送器输出电平调整

（2）室内衰耗器轨出1电压的调整方法：根据具体区段的各项参数指标（区段长度、载频频率、补偿电容数、道床电阻等）查找《铁路信号维护规则》技术标准Ⅱ中轨道电路调整表，算出接收电平等级后，根据主轨道接收电平调整接线表，在"轨出1电压调整端子座"进行调整。

（3）轨出2正反向电压调整：测试中发现某区段轨出2电压不符合技术指标时，需在衰耗器背面的小轨正向调整或小轨反向（反方向运行时）调整配线端子座上进行调整。现场轨出2电压一般调整在135 mV左右，调整方法：在衰耗器"轨入"测量小轨道信号幅值，根据这个幅值在《铁路信号维护规则》技术标准Ⅱ"小轨道电路调整表"中的规定，轨出2电压应调整至（135±10）mV，在调整表中查找与之对应的数值，然后根据表中的接线端子在"轨出2电压正向调整（或反向调整）端子座"用短连线连接即可。

（4）室内测试。

① 防雷模拟网络盘测试：发送、接收防雷模拟网络盘上有三对测试孔，分别为设备、防雷、电缆测试孔，使用移频表逐对进行测试，如图4-2-7所示。

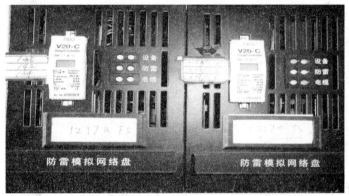

图4-2-7　防雷模拟网络盘测试

② 衰耗器测试：衰耗器上共有13对测试孔，分别为发送电源、接收电源、轨入、轨出1、轨出2、GJ（Z）、GJ（B）、GJ、XG（Z）、XG（B）、XG、XGJ、发送功出。其中轨入、轨出1、轨出2、发送功出4对测试孔用移频表"多载频"挡位，发送电源、接收电源、GJ（Z）、GJ（B）、GJ、XG（Z）、XG（B）、XG、XGJ 9对测试孔用"直流电压幅值"挡位进行测试，如图4-2-8所示。

图4-2-8　衰耗器测试

（5）室外测试：入口电流测试，电容测试，按照Ⅰ级测试表（见表4-2-1）进行测试并做好记录。

① 入口电流的测试：在轨道电路的接收端用 0.15 Ω的分路线分路轨道电路，使用移频测试仪接上电流测试卡钳，卡在分路线上测得的数据就是入口电流，载频 1 700 Hz、2 000 Hz、2 300 Hz 入口电流不小于 500 mA，2 600 Hz 入口电流不小于 450 mA。

② 电容的测试：打开移频表选择补偿电容测试挡位，两电压表笔测得电容两端电压，用电流卡钳卡在电容上测得电容的电流，测试表中即测得电容的容量值，电容容量不超过+5%。

表 4-2-1　ZPW-2000A 室外测试卡片

区段名称：

日　期													
测试人													
载测（主轨）													
匹配变压器电压/V（测试 E1、E2、V1、V2 端）	输入	主轨												
		小轨												
	输出	主轨												
		小轨												
轨面电压/V	主轨													
	小轨													
零阻抗/mΩ													
极阻抗/mΩ													
塞钉电阻/mΩ													
空心线圈/mΩ	阻抗													
	塞钉电阻													

注：1. 发送调谐单元只测试主轨电压，接收调谐单元全测；

　　2. 空心线圈的测试值填写在接收端。

（四）ZPW-2000A 型设备测试方法及标准

1. 测试项目及周期

测试项目及周期见表 4-2-2。

表 4-2-2 测试项目及周期

设备名称	测试项目	测试周期		备用
		Ⅰ级	Ⅱ级	
ZPW-2000A 移频闭塞设备	1.发送电源（SK1） 2.接受电源（SK2） 3.发送功出（SK3） 4.轨道输入（SK4） 5.主轨道输出（SK5） 6.小轨道输出（SK6） 7.GJ（Z）（SK7） 8.GJ（B）（SK8） 9.GJ（SK9） 10.XGJ（Z）（SK10） 11.XGJ（B）（SK11） 12.XGJ（SK12） 13.引接线塞钉与钢轨压降 14.补偿电容	1次/10天	1次/2年	在发送功出（SK3）测试低频与载频时，测试周期为1次/半年。第4、5、6项在雨、雪天气时加测
ZPW-2000A 移频闭塞设备	15.发送端电缆模拟网络电压（设备、防雷、电缆） 16.接收端电缆模拟网络电压（设备、防雷、电缆） 17.送、受电端匹配变压器Ⅰ、Ⅱ次电压 18.送、受电端轨面电压	1次/月	1次/2年	
	19.分路残压 20.入口短路电流 21.载频 22.低频	1次/半年		

2. 测试方法及标准［用移频参数在线测试表（CD96-3S型）测试］

（1）第1项用直流挡在衰耗盒的 SK1 测试，标准为 23.5～24.5 V。

（2）第2项用直流挡在衰耗盒的 SK2 测试，标准为 23.5～24.5 V。

（3）第3项用多载频挡（两个载频）在衰耗盒的 SK3 测试，标准为 75～70 V（视输出电平等级）。

（4）第4项用多载频挡（两个载频）在衰耗盒的 SK4 测试，主轨道输入大于 240 mV，小轨道输入大于 42 mV。

（5）第5项用单载频挡在衰耗盒的 SK5 测试，输出标准为不小于 240 mV。

（6）第6项用单载频挡在衰耗盒的 SK6 测试，输出标准为 110～130 mV。

（7）第7项用直流挡在衰耗盒的 SK7 测试，继电器电压不小于 20 V。

（8）第8项用直流挡在衰耗盒的 SK8 测试，继电器电压不小于 20 V。

（9）第9项用直流挡在衰耗盒的 SK9 测试，继电器电压不小于 20 V。

（10）第10项用直流挡在衰耗盒的 SK10 测试，继电器电压不小于 20 V。

（11）第 11 项用直流挡在衰耗盒的 SK11 测试，继电器电压不小于 20 V。

（12）第 12 项用直流挡在衰耗盒的 SK12 测试，继电器电压不小于 20 V。

（13）第 13 项用多载频挡，使用"塞钉测试线"，测试端的一个测试插柄选插"小鳄夹"，另一个测试插柄选插"测试磁吸"，并插入磁吸侧面的塞孔中。将"小鳄夹"咬夹在塞钉引接线的线鼻上，磁吸吸附于"小鳄夹"咬夹点垂直方向的钢轨轨面上（此时必须注意"测试磁吸"的引线与"小鳄夹"的引线所形成的平面应尽量与钢轨保持垂直），进行电压测量，测试数值不大于 5 mV。

（14）第 14 项"补偿电容"测试手段测出电容所在位置的阻抗值，然后换算出等效的、并非该电容自身的电容容值。

该项的操作步骤如下：按动选择键，选中菜单中在线阻抗中的"电容"测项；仪表屏中显示"首先测试补偿电容端压"。将两支"测试磁吸"分别插入"公用测试线"的标准测试插柄上，然后分别吸附在电容引接线和正上方的钢轨轨面上，进行电压测试，此时电流钳必须空置，当电压测试数值稳定后，按动"选中"键确认后，方可撤回磁吸。

再测试补偿电容电流。测试表换插电流钳后，将补偿电容任一端引接线卡入电流钳，进行电流测试，此时磁吸必须空置。当电流测试值稳定后，按动"选中"键确认，此时，可得出被测补偿电容的换算值。

（15）第 15 项用多载频挡分别在发送端电缆模拟网络的"设备""防雷""电缆"塞孔测试，"设备"电压与发送功出同；"防雷"电压高于设备电压；"电缆"电压低于功出电压。

（16）第 16 项用多载频挡分别在接收端电缆模拟网络的"设备""防雷""电缆"塞孔测试，"设备"电压主轨电压数百毫伏，小轨电压大于 42 mV；"防雷"电压主轨、小轨均高于设备电压；"电缆"电压均高于防雷电压值。

（17）第 17 项用多载频挡分别在送、受电端的匹配变压器的 Ⅰ、Ⅱ 次测量。发送端匹配变压器"E1E2"电压，接近发送端模拟网络的"电缆"电压，"V1V2"电压，约是"E1E2"的 1/9。受电端的匹配变压器"V1V2"电压，约等于轨面电压，"E1E2"电压约等于"V1V2"的 9 倍。

（18）第 18 项用多载频挡分别在送、受电端轨面测量电压，符合设计。

（19）第 19 项在室外钢轨最不利处所用 0.15 Ω 分路电阻分路时，用单载频挡在衰耗盒的 SK5 测试，主轨输出标准为不大于 140 mV；用单载频挡在衰耗盒的 SK6 测试，小轨输出应小于可靠落下值 63 mV。

（20）第 20 项在室外钢轨最不利处所用 0.15 Ω 分路电阻分路时，用钳型电流表测试机车信号入口短路电流，当频率为 1 700 Hz、2 000 Hz、2 300 Hz 时，大于 500 mA；当频率为 2 600 Hz 时，大于 450 mA。

（21）第 21 项用多载频挡（两个载频）在衰耗盒的 SK3 测试，载频频偏 ± 11 Hz，载频频率 ± 0.15 Hz；载频-1 为载频+1.4 Hz，载频-2 为载频 – 1.3 Hz。

（22）第 22 项用多载频挡（两个载频）在衰耗盒的 SK3 测试，低频频率 ± 0.03 Hz。

三、作业后

（1）确认设备良好、料具清理。

（2）销记、小结。

① 通知作业负责人作业完毕，作业负责人通知驻站联络员销记。

② 防护员引领列队原路返回后，作业人员将任务完成情况、设备质量问题及待修缺点填入"工作手册"，并向工班长汇报。

【复习思考题】

补偿电容的容量误差是多少？

任务 3 ZPW-2000A 型自动闭塞设备故障处理

ZPW-2000A 型移频自动闭塞设备在日常维护过程中，当发现设备故障时，信号工作人员要按照故障处理流程完成区间闭塞设备的故障处理，本任务主要讲解常见的 ZPW-2000A 型自动闭塞设备故障处理流程以及方法。

教学目标

1. 知识目标

（1）掌握 ZPW-2000A 型移频自动闭塞设备故障判断的方法。

（2）掌握 ZPW-2000A 型移频自动闭塞设备移频报警故障处理的方法。

（3）掌握 ZPW-2000A 型移频自动闭塞设备常见故障处理的方法。

2. 技能目标

（1）掌握 ZPW-2000A 型移频自动闭塞设备常见故障处理的方法和思路。

（2）能够处理 ZPW-2000A 型移频自动闭塞设备常见故障。

3. 素质目标

（1）培养严谨的逻辑判断分析能力。

（2）树立安全风险责任意识。

任务实施

一、作业前

（一）故障处理前准备

故障情况上报，准备故障处理器材、仪表。

（二）故障处理登记

设立驻站联络员、现场防护员，登记联系。

二、作业中

（一）室内外故障判断

1. 分析集中监测曲线判断故障

通过集中监测对 ZPW-2000A 型电缆侧发送电压、接收电压日曲线结合分析，判断故障范围。例如，某区段的电缆侧发送电压日曲线正常，电缆侧接收电压日曲线下降（见图 4-3-1 和图 4-3-2），判断故障在室外。可结合发送电流的日曲线变化，进一步进行判断。

（1）发送电流上升为短路故障。

（2）发送电流下降为虚接故障。

（3）发送电流为零为开路故障。

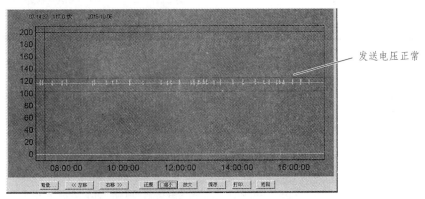

图 4-3-1　正常发送电压

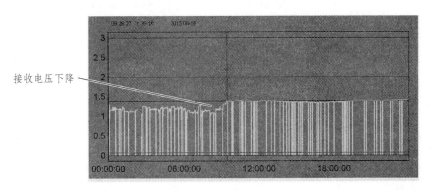

图 4-3-2　故障发送电压

2. 测试判断故障

通过对 ZPW-2000A 型设备的衰耗器塞孔、综合柜零层端子的测试、分析，判断故障范围。

单个区段故障，用 3Z 移频表在衰耗器（见图 4-3-3）塞孔测试故障区段功出电压正常，轨入无主轨电压（主轨电压下降），小轨电压正常。

（1）在综合柜零层端子测试发送电压无，判断室内发送电路故障。

（2）在综合柜零层端子测试发送电压正常，接收主轨电压无，小轨电压正常，判断为室外故障。

在衰耗器塞孔测试故障区段的功出电压、轨入电压、载频均正常，测试无 XGJ 电压。在前方区段衰耗器测试 XG 电压，判断故障范围。

两个区段同时故障，在前方故障区段的综合柜零层端子测试轨入无电压，断开接收端电缆，测试电缆电压无，判断为室外故障。如在综合柜零层端子测试轨入电压正常，在衰耗器塞孔测试轨入电压无，判断为室内故障。

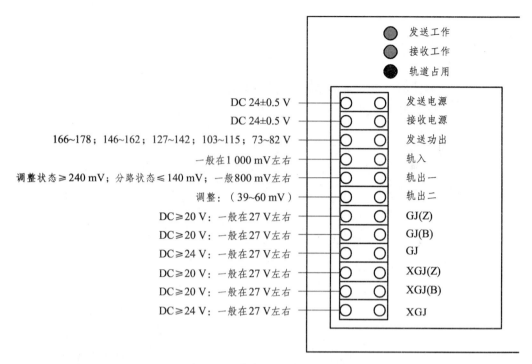

图 4-3-3　衰耗器塞孔电压对照

（二）移频报警故障处理

有报警的设备故障，主要指 ZPW-2000A 冗余设备中主用设备故障，可自动切换到备用设备工作，不影响设备正常使用。

1. 报警故障处理程序

（1）控制台移频报警。

（2）信号机械室查看各衰耗器的发送、接收工作灯（绿）状态，灭灯为设备故障。

（3）机械室内各衰耗器发送、接收工作灯均正常，查看 + 1FBJ 状态，落下为 +1 发送器故障。

ZPW-2000A 移频轨道
电路故障处理

（4）瞬间的移频报警故障，要通过观察设备运行状态进行分析，判断是设备故障还是报警电路故障。

2. 报警故障处理方法

（1）发送工作灯灭灯故障。

ZPW-2000A 移频轨道
电路故障处理案例

衰耗器上的发送工作灯灭灯，说明所对应的发送器未工作，换发送器后故障未消除，不是发送器自身故障，而是发送器正常工作的外部条件不满足造成的。发送器不工作的外部条件：

① 无工作电源。

② 无低频编码或有 2 个以上。

③ 无载频编码或有 2 个以上，载频无选型或有 2 个以上。

④ 发生器功出短路。

针对上述原因，逐步测试判断处理。用直流电压挡在发送器背后将负表笔放在024 V 上，正表笔在 18 个低频、4 个载频及"-1""-2"选型上测量，应该有且只有一个+24 V，以此来判断条件是否具备。

（2）接收工作灯灭灯故障。

更换接收器后故障未消除，是接收器正常工作的外部条件不满足造成的。接收器不工作外部条件：

① 无工作电源。

② 主机（并机）载频无或有 2 个以上，载频选型无或有 2 个以上。

③ 主机（并机）无小轨选型或有 2 个以上。

针对上述原因，逐步测试查找。

（三）常见区段故障处理

ZPW-2000A 故障处理，主要依据故障现象以及与正常数据的对比，按照其本身电路特性原理，分析判断故障类型。如图 4-3-4 所示，两区段同时故障时，注意区分轨道和 A、B 轨。当 ZPW2000A 轨道长度超过 1 460 m 时要设置 A、B 轨。正向时车先压入 BG，后压入 AG，BG 红 AG 不红。BG 电路中串接有 AG 的继电器接点，当 AG 红时，BG 也为红。当区间改方向后，车先压入 AG，AG 红 BG 不红。BG 电路中串接有 AG 的继电器接点，当 BG 红时，AG 也为红。两相邻区段红光带，如果是AG、BG，需要根据主轨、小轨去判断发送接收通道。

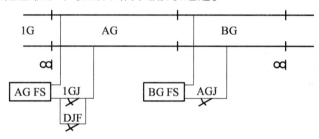

图 4-3-4　A、B 轨

（四）单一轨道电路故障

ZPW-2000A 无绝缘轨道电路的接收通道不仅传输本区段的主轨信号，还传输后方相邻区段的小轨道信号，所以接收通道故障会造成本区段、邻区段同时红轨。所以单一轨道电路故障，不考虑接收通道有故障。故障可能发生在发送传输通道、主轨道区段、小轨道区段中。

（1）在电缆模拟网络故障区段发送端测量，判断故障性质和处所。

测量电缆侧电压与设备侧电压。

① 电缆侧电压比设备侧电压高（高出接近十几伏），判断故障在电缆模拟网络电缆侧到调谐单元 E1-E2 之间有开路。

② 当测得电缆侧电压接近设备侧电压，则可以判断故障为调谐单元 V1-V2 或者钢包铜开路故障。

③ 测量电缆侧无电压（第一种方法：用钳型表测发送电缆是否有电流，有电流侧为短路故障，无电流侧为开路故障。第二种方法：拔出模拟网络盘，测模拟网络

盘后面 31、32 端子阻抗，无穷大则为开路，短路阻抗降低）断开分线盘测试。a.有电压，说明分线盘到匹配变压器 E1-E2 之间有短路故障。此时，可以用电流法来查找故障点：电缆侧电流比正常时增高。判断短路故障后，用电流法查找从有电流到无电流为故障点。b.无电压，故障在室内分线盘到发生器输出端之间。测量电缆模拟网络设备侧，发送输出端子，当测得有电压时，为开路故障，沿电路查找故障点。当无电压，改用电流法判断，有电流且明显增大，为短路故障。当电缆模拟网络之前包括电缆模拟网络的发送通道短路时发送通道会停止工作，发送器延时 10 s 监测发送通道，FBJ 瞬间吸起又落下。当电缆模拟网络设备侧电压正常，电缆侧无电压无电流时，可以判断电缆模拟网络故障，或者电缆模拟网络防雷元件短路。

（2）当测得发送电压与正常时无明显变化，测量本区段主轨信号是否正常。

因为只有单一轨道电路故障，不考虑接通收道故障。则：

① 主轨道电路无信号，主轨道到发送调谐单元 V1-V2 之间短路故障。

可测量小轨道信号继续判断是否发送调谐单元 V1-V2（钢轨侧）短路故障。若小轨道信号正常，故障在主轨道上，带上轨道电路诊查仪前往主轨道查找短路点。若小轨道信号也为零，则故障为发送调谐单元 V1-V2（钢轨侧）短路故障。

② 主轨道电路信号很小，说明接收端到主轨道电路中部多个补偿电路故障。此时会影响相邻区段的小轨道电路信号，相邻区段小轨道电路信号增加。从受电端向中部逐个检查补偿电容是否故障，电容塞钉与钢轨接触是否良好。

③ 主轨道信号正常，"轨出 1"无电压。判断为接收电平调整不当，或者调整线断。当轨出 1 电压也正常，GJ 无输出，则可判断接收盒坏。

（3）当测得发送接收信号都正常时，在故障区段的前方区段衰耗盒上测量本区段的小轨道信号，判断小轨道区段的工作情况、补偿电容的工作情况。

① 小轨道信号增加几十倍，说明接收小轨道信号的调谐单元对小轨道信号的零阻抗失效，调谐单元不工作。更换调谐单元恢复故障。或接收端调谐单元电缆对地绝缘不良造成零阻抗失效。

② 小轨道信号增加几十毫伏，导致对小轨道信号的解调关门。故障区段前方区段的主轨道信号减小。说明前方区段主轨道区段中部到受电端之间的补偿电容不工作故障。从受电端向中部逐个检查补偿电容是否故障，电容塞钉与钢轨接触是否良好。

③ 小轨道信号减小几十毫伏，说明主轨道中部靠近送端之间补偿电容故障。从送电端向中部逐个检查补偿电容是否故障，电容塞钉头与钢轨接触是否良好。

④ 小轨道信号非常小，说明小轨道区段钢轨断轨，检查确定断轨点，配合工务换轨恢复故障。

⑤ 小轨道信号正常，轨出 2 无电压，判断小轨正向调整不当，或者调整线断。

（4）当本区段测出的主轨道信号正常，在前方区段测得的小轨道信号也正常，此时应在本区段衰耗器 XGJ 测试孔测量 XGJ 电压，判断前方相邻区段接收器是否为本区段提供 XG 信号。

同一车站放置的接收器，在 XG 的提供上极少发生问题，而在设备分界处，由于 XG 信号的提供要经由站联电缆传送，而站联电缆发生故障的概率较大，所以在处理设备分界处的轨道电路故障时，要充分考虑 XG 信号是否输入。

（五）相邻两段轨道电路故障

ZPW-2000A 型无绝缘轨道电路接收通道不仅传输本区段的主轨道信号，又传输后方相邻区段的小轨道信号，而且接收盒是双机热备的。依据这两个特点，当相邻两个轨道电路故障，可以判断为前方接收通道故障（只存在一个故障前提下）。

（1）在两个故障区段的前方区段分线盘接收端测量有无正常值电压（建议参考主轨道信号来判断）。

有正常值电压十几伏左右，说明故障在室内分线盘到衰耗盒之间。

① 在两故障区段的前方区段电缆模拟网络的电缆侧测量无正常值电压，说明分线盘到电缆模拟网络之间开路。

② 若电缆侧电压正常，设备侧电压近似电缆侧电压，说明室内接收通道开路故障。

③ 电缆侧电压正常，设备侧电压为 0 V，使用电烙铁焊下电缆模拟网络 1 或者 2 端子，测量设备侧电压。若不正常说明电缆模拟网络故障，或者防雷元件故障，更换即可。若正常则判断故障在电缆模拟网络设备侧到衰耗盒 C1-C2 之间短路故障。分段断开接收通道配线，测量电压，判断故障范围。

（2）无正常电压，断开分线盘端子配线，测量两条电缆上有无正常电压值。

① 有正常值，说明故障在室内分线盘至电缆模拟网络电缆侧之间有短路。

② 无正常值电压，前往室外受电端查找故障。

（3）在两故障区段的前方区段受电端测量钢轨电压，钢包铜电流。

① 无正常电压值，说明故障发生在受端钢包铜或者匹配变压器 V1-V2 短路故障。

② 有正常电压值 1 V 左右，测量匹配变压器 V1-V2 电压；无电压，钢包铜接触不良，或者 V1-V2 连接线断线。

③ 若 V1-V2 电压正常，测量匹配变压器 E1-E2 电压。有正常电压值，则电缆断线故障。无正常电压值，断开 E1-E2 电缆，测量端子电压。无正常电压则匹配变压器故障，匹配变压器内部断线，或者内部短路。当断开 E1-E2 电缆后，有正常电压值，则故障为接受电流短路故障。

（六）移频报警故障

有报警的设备故障：主要指 ZPW-2000A 冗余设备中主用设备故障，可自动切换到备用设备工作，不影响设备正常使用。

（七）报警故障处理程序

（1）控制台移频报警。

（2）信号机械室查看各衰耗器的发送、接收工作灯（绿）状态，灭灯为设备故障。

（3）机械室内各衰耗器发送、接收工作灯均正常，查看 + 1FBJ 状态，落下为+1 发送器故障。

（4）瞬间的移频报警故障，要通过观察设备运行状态进行分析，判断是设备故障还是报警电路故障。

（八）报警故障处理方法

1. 发送工作灯灭灯故障

衰耗器上的发送工作灯灭灯，说明所对应的发送器未工作，换发送器后故障未恢复，则不是发送器自身故障，而是发送器正常工作的外部条件不满足造成。发送器不工作的外部条件：

（1）无工作电源。

（2）无低频编码或有 2 个以上。

（3）无载频编码或有 2 个以上，载频无选型或有 2 个以上。

（4）发生器功出短路。

针对上述原因，逐步测试判断处理。用直流电压挡在发送器背后将负表笔放在 024 V 上，正表笔在 18 个低频、4 个载频及 "−1" "−2" 选型上测量，应该有且只有一个 +24 V。以此来判断条件是否具备。

2. 接收工作灯灭灯故障

更换接收器后故障未恢复，是接收器正常工作的外部条件不满足造成的，接收器不工作外部条件：

（1）无工作电源。

（2）主机（并机）载频无或有 2 个以上，载频选型无或有 2 个以上。

（3）主机（并机）无小轨选型或有 2 个以上。

针对上述原因，逐步测试查找。

3. 其他故障

（1）控制台只有短暂的移频报警，需要两人配合共同判断，一人盯控报警的时间和列车运行的情况，当控制台发生移频报警，通知另一人观察衰耗器发送工作灯的变化，判断具体故障范围。可能是某一低频编码电路故障，造成发送器不工作。例如，本区段有车占用，发送器发 11.4 Hz 低频，低频编码电路正常，当列车出清本区段，占用前方区段，发 26.8 Hz 低频时，若低频编码电路故障，造成发送器无低频编码条件而不工作，使衰耗器发送工作灯灭灯，自动转 N+1FSQ 工作，并发出移频报警。当列车出清前方区段后，发 16.9 Hz 低频时，低频编码电路又正常，发送器正常工作，移频报警恢复。或者改方向后，反方向时有移频报警，正方向正常，是某发送器低频检测编码电路故障。遇到此类故障就要多观察、分析。

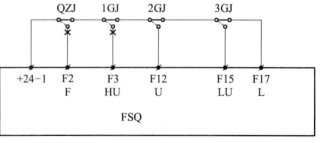

图 4-3-5　断线点排查

如图 4-3-5 中 "×" 标记为断线点。

（2）发生移频报警，机械室检查接收、发送工作灯正常，有两种情况。

① 检查 +1FBJ 状态，如落下，更换 +1FSQ。

② 如+1FBJ 吸起。说明报警电路故障，用万用表 24 V 直流挡借+24 V 电测试 QY1 的第一个衰耗器的 c27 端子，如有 24 V 电，说明衰耗器内的开关电路故障，更换该衰耗器。如无 24 V 电或电压低，借+24 V 电依次测试各衰耗器的 a28、c28 端子，电压变化点所对应的衰耗器内光耦损坏，更换衰耗器，如图 4-3-6（图中带圈字母标注的点为测试点）。

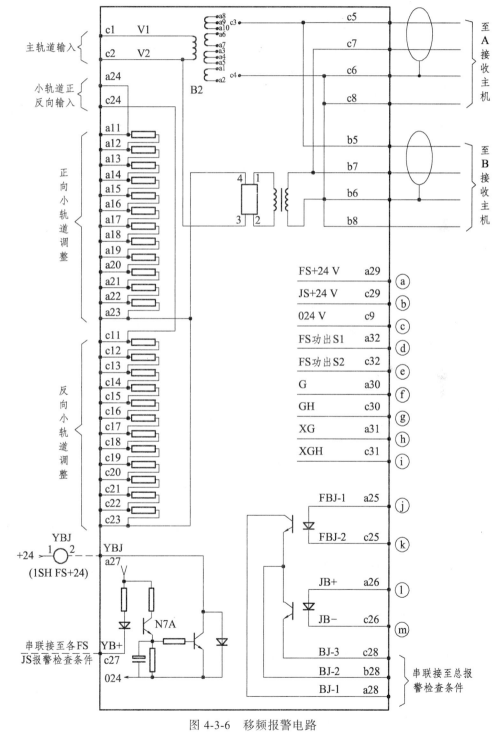

图 4-3-6　移频报警电路

三、作业后

故障处理完毕，对故障设备进行简单试验，确保设备处于良好状态，故障处理人员撤出现场，销记，上报故障处理分析报告。

【复习思考题】

1. 简述 ZPW-2000A 型移频自动闭塞设备故障处理流程。
2. 简述 ZPW-2000A 型移频自动闭塞设备故障处理的方法。
3. 简述 ZPW-2000A 型移频自动闭塞设备常见移频。
4. 简述 ZPW-2000A 型移频自动闭塞设备室内外故障判断方法。
5. 低频编码电路故障的处理方法有哪些？

任务 4　计轴闭塞设备日常养护

任务描述

计轴站间自动闭塞设备应用广泛，计轴设备是利用计轴的基本功能，配合半自动结合电路完成对铁路区间行车状况的检测与锁闭。本任务主要以 JWJ-C2 型微机计轴设备的日常养护为例讲解计轴设备日常养护作业的流程以及相关技术标准。

教学目标

1. 知识目标

（1）掌握 JWJ-C2 型微机计轴设备的日常养护的内容。

（2）掌握 JWJ-C2 型微机计轴设备的日常养护的作业流程。

（3）掌握 JWJ-C2 型微机计轴设备的日常养护的相关技术标准。

2. 技能目标

（1）掌握 JWJ-C2 型微机计轴设备日常养护的标准化作业流程以及相关技术标准。

（2）能够按照 JWJ-C2 型微机计轴设备的日常养护作业流程，完成日常养护工作。

3. 素质目标

培养敢于担当、求真务实的职业素质。

知识链接

计轴站间自动闭塞原理以及设备组成（以 **JWJ-C2** 型微机计轴设备为例）

一、计轴设备基本原理

（一）轴脉冲的形成

计轴设备采用电磁式有源传感器，利用电磁感应原理，在有车轮通过时磁场产生变化而检测到轮轴信号。车轮传感器的每套磁头包括发送（T）和接收（R）两个磁头，发送磁头安装在钢轨外侧，接收磁头安装在钢轨内侧。发送磁头的线圈和接收磁头的线圈及钢轨的几何形状如图 4-4-1 所示，发送线圈 S 和接收线圈 E 产生的磁通环绕过钢轨后形成两个磁通 ϕ_1、ϕ_2，它们以不同的路径、相反的方向穿过接收线圈 E。在没有车轮经过车轮传感器时，此时磁通 ϕ_1 远大于 ϕ_2，在接收线圈内感应出一定的交流电压信号，其相位与发送电压相位相同。当有车轮经过车轮传感器时，由于车轮的屏蔽作用，整个磁通桥路发生变化，此时 ϕ_1 减小、ϕ_2 增大，在接收线圈内感应的交流电压相位与发送电压相位相反。该相位变化经车轮电子检测器电路处理后，即形成了轴脉冲信号。

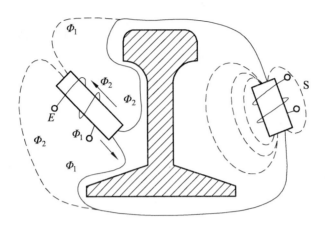

图 4-4-1　发送与接收磁头的磁路

JWJ-C2 型微机计轴设备的车轮传感器包括主传感器和辅助传感器，主传感器由两套磁头构成，辅助传感器由一套磁头构成。主、辅传感器分别安装在同一枕木空的两根钢轨上。当车轮经过时产生的轴脉冲如图 4-4-2 所示。

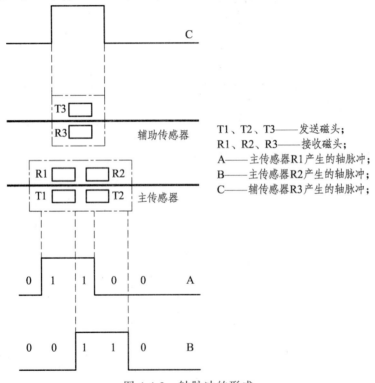

T1、T2、T3——发送磁头；
R1、R2、R3——接收磁头；
A——主传感器 R1 产生的轴脉冲；
B——主传感器 R2 产生的轴脉冲；
C——辅传感器 R3 产生的轴脉冲；

图 4-4-2　轴脉冲的形成

对于主传感器，当车轮经过时，两组磁头产生的轴脉冲在时间上先后不同，两脉冲组合后形成具有 5 种形态的脉冲对（即 00、10、11、01、00），根据两脉冲对的组合时序可确定列车的运行方向，从而进行相应的加轴、减轴运算。当通过主传感器识别到一个轴脉冲组合时，还要同步判断辅助传感器也有轴脉冲产生，否则将视为干扰。

（二）计轴基本工作原理

如图 4-4-3 所示，基于列车（车辆）驶入和驶出计轴点所监视的区段时所记录轴数的比较结果，以此确定该区段的占用或空闲状态。当列车从所检查区段的 A 端进入，车轮驶入车轮传感器（A）作用区域时，微机开始计数，并判别运行方向，确定对轴数是累加计数还是递减计数。这时 B 计数结果为零，微机根据轴数信息，经比较不一致后，发出区段占用信息，控制该区段轨道继电器落下。当列车完全通过 A 端，A 计数结果为 N（列车轴数）。当列车驶离区段时，经过车轮传感器（B）计数为 N，经微机比较结果一致，输出区段空闲信息，控制该区段轨道继电器吸起。

图 4-4-3　计轴设备基本原理

（三）系统结构及工作过程

1. 系统结构

系统由车轮传感器、车轮电子检测器（ADE）、计轴主机、轴数显示器、传输通道及结合电路等构成（见图 4-4-4）。其中，计轴主机包括运算器（ACE）、计轴电源及防雷组匣。

2. 系统工作过程

如图 4-4-4 所示。车轮传感器安装在进站信号机内方 2～3 m 处，用于检查甲站与乙站区间的占用和空闲状态。当区间处于空闲状态，办理由甲站至乙站发车进路，通过计轴设备与结合电路（包括与半自动闭塞结合电路）构成自动站间闭塞。当列车出发、车轮驶入车轮传感器（A）作用区域时，甲站微机开始计轴，并判别列车运行方向，确定对轴数是累加计数还是递减计数。此时，B 计数结果为零，两站的微机通过站间通道互传轴数信息，经比较不一致后，同时发出区间占用信息，区间轨道继电器（QGJ）落下。当列车完全通过 A 端，A 计数结果为 N（列车轴数）。当列车驶离区间时，经过车轮传感器（B）作用区域时，乙站微机开始计轴，经两站的微机比较结果一致，同时输出区间空闲信息，驱动区间轨道继电器（QGJ）吸起。当列车完全进入乙站股道后，站间闭塞自动恢复。

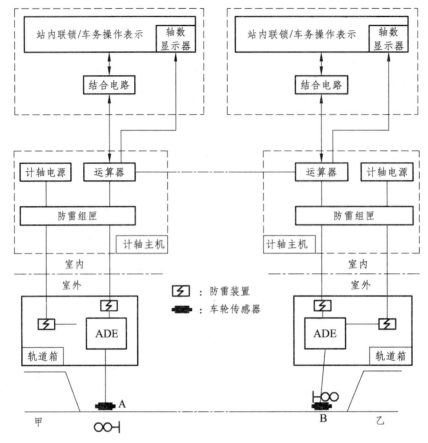

图 4-4-4　系统结构

（四）计轴设备的主要技术条件

1. 适应环境

系统在下列工作环境条件下应可靠工作。

（1）周围空气温度。

① 室内设备：−5～+40℃。

② 室外设备：−40～+80℃。

（2）周围空气相对湿度。

① 室内设备：不大于 90%（温度为+25℃时）。

② 室外设备：不大于 95%（温度为+25℃时）。

（3）车轮传感器振动，在频率 10 Hz、30 Hz、55 Hz 时，加速度幅值为 100 m/s²。

（4）车轮传感器冲击，峰值加速度 500 m/s²，脉冲持续时间为 6 ms。

（5）车轮电子检测器的振动，在频率 10 Hz、30 Hz、55 Hz 时，加速度为 20 m/s²。

（6）大气压力不低于 70～106 kPa（海拔高度不超过 3 000 m）。

2. 适合的线路

（1）钢轨类型：43 kg/m、50 kg/m、60 kg/m 的钢轨。

（2）轨枕类型：木质、混凝土、钢。

（3）道床电阻：$0 \sim \infty\,\Omega \cdot km$。

（4）适应区段：电化区段、非电化区段。

3. 主要技术指标

（1）车轮传感器信号频率：主传感器 2 套磁头的工作频率 $f_1=(28.00 \pm 0.50)\,kHz$，$f_2=(24.00 \pm 0.50)\,kHz$；辅助传感器的工作频率 $f_3=(20.00 \pm 0.50)\,kHz$。

（2）应变时间：占用不大于 1s，空闲不大于 2s。

（3）系统供电电源：交流 220 V（电源允许波动范围：187～242V），（50±1）Hz；计轴设备配 UPS 电源，不间断供电时间不小于 60 min。

（4）功耗：每个运算器功耗为 50 W，每个车轮电子检测器功耗为 15 W，维护机最大功耗为 300 W。

（5）室内设备与计轴点之间最大通信距离 4 km。

站间通信传输距离与通道介质有关。当采用实回线（线径为 0.9 mm）点对点直连时，最大距离为 10 km；当采用光纤点对点直连时，距离一般为 20 km，最大距离为 100 km。

（6）当车轮最小直径为 830 mm，车列速度为 0～350 km/h 时，应可靠工作。

当车轮最小直径为 470 mm，车列速度为 0～200 km/h 时，应可靠工作。

当车轮最小直径为 350 mm，车列速度为 0～100 km/h 时，应可靠工作。

（7）室内计轴设备接地电阻值不大于 1 Ω；室外计轴设备接地电阻值不大于 4 Ω。

二、计轴主要单元设备的构成及原理

（一）计轴主要单元设备的构成

1. 计轴主机的构成

计轴主机包括运算器、防雷组匣及计轴电源等。计轴主机设备布置如图 4-4-5 所示。其中运算器（ACE）由 6 种单元卡组成：主控卡（MCU）、显示卡（DPU）、输入输出卡（IOU）、测试卡（TSU）、光纤转换卡（FCU）及运算器电源卡（PCU）。

2. 维护机

维护机由维护机主机和维护机组合构成。其中，维护机主机由工控机、显示器、数据采集卡、Modem 卡及 CAN 卡等组成；维护机组合由托盘和侧面接线端子组成，如图 4-4-5 所示。

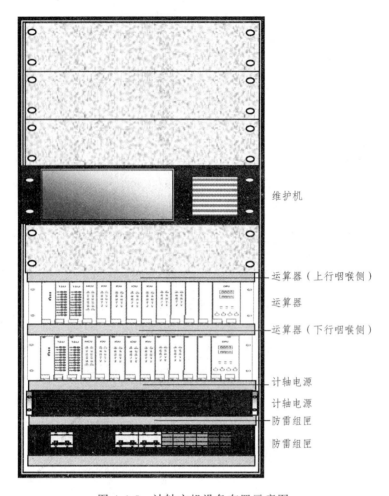

图 4-4-5　计轴主机设备布置示意图

3. 车轮电子检测器（ADE）

如图 4-4-6 所示，车轮电子检测器（ADE）安装在轨道箱内，由 6 块单元卡组成：计数卡（ACU）、发送接收卡（TRU1、TRU2、TRU3）、检测卡（SDU）和检测器电源卡（PDU），在轨道箱上还装有防雷单元和接线端子排等。

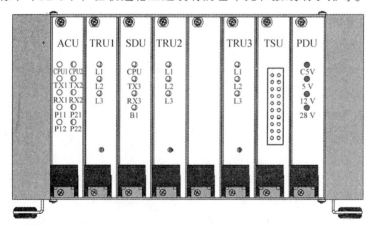

图 4-4-6　车轮电子检测器（ADE）

4.车轮传感器

车轮传感器由主传感器和辅助传感器组成。

（1）主传感器。

主传感器由 2 套磁头、共用的 1 套底座、引接电缆及电缆护套构成。每套磁头包括 1 个发送磁头（T）和 1 个接收磁头（R），每个磁头上带有一条 2 芯屏蔽电缆，T1/R1 磁头的工作频率为 28 kHz，T2/R2 磁头的工作频率为 24 kHz。每套底座包括发送头底座和接收头底座各 1 个，发送头底座上带有 2 个电缆护套接头。如图 4-4-7 所示。

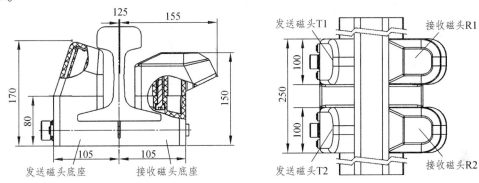

图 4-4-7　主传感器结构示意图

（2）辅助传感器。

辅助传感器由一套磁头、一套底座、引接电缆及电缆护套构成。磁头与主传感器通用，每个磁头上带有一条 2 芯屏蔽电缆，磁头的工作频率为 20kHz。每套底座包括发送头底座和接收头底座各一个，在接收头底座上带有 1 根电缆护套接头，如图 4-4-8 所示。

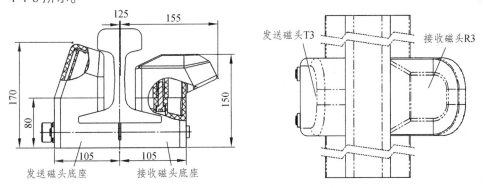

图 4-4-8　辅助传感器机构示意图

（二）计轴主要单元设备的原理

1.运算器（ACE）的工作原理

运算器的主要功能包括：实时接收本站计轴点上传的轴数信息；与相邻站运算器（ACE）通信，对来自计轴点及相邻运算器（ACE）的轴数和状态信息进行分析运算，从而确定计轴设备所防护区间的占用或空闲状态，动作相应的执行继电器。运算器（ACE）还采集站内相关的联锁条件（WG/JG），使系统在出现"±1"错误的情况下能够自动复原；通过 CAN 总线与安装在行车室的轴数显示器（DBU）通信。车务人员可以通过轴数显示器（DBU）观察区间的净轴数和设备的报警状态。

运算器（ACE）原理框图如 4-4-9 所示。

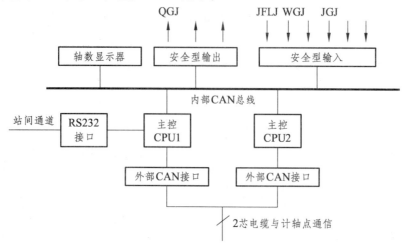

图 4-4-9　运算器（ACE）工作原理框图

2. 车轮电子检测器（ADE）的工作原理

车轮电子检测器（ADE）的主要功能包括：产生车轮传感器发送磁头需要的信号源；对车轮传感器接收磁头的信号进行放大、滤波以及相位识别，形成轴脉冲；识别车轮方向，将轴数累加或累减并记录结果；通过传输通道实时将轴数及状态信息传至室内的运算器（ACE）。其工作原理框图如图 4-4-10 所示。

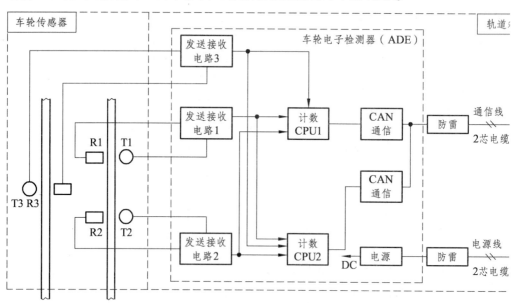

图 4-4-10　车轮电子检测器（ACE）工作原理框图

三、系统安全性、可靠性及可维护性

（一）系统的安全性

JWJ-C2 型微机计轴设备采取了以下"故障-安全"措施。

1. 双 CPU 结构

运算器（ACE）和车轮电子检测器（ADE）均采用双 CPU 结构。

2. 轴数比较采用"四取四"原则

运算器的每个 CPU 都有 4 个轴数供比较，即本站计轴点的轴 1、轴 2 和邻站计轴点的轴 1、轴 2，4 个数必须一致，CPU 判定区段为空闲状态。

3. 输出控制的"二取二"原则

运算器（ACE）是由硬件相同、功能相同、软件算法相异的两套 CPU 构成，只有当两套 CPU 根据上述的"四取四"原则，运算结果都是区间空闲后，两个结果输出通过"安全与"硬件电路，最终驱动轨道继电器吸起。

4. 动态安全驱动电路

为防止数字电路故障导致输出恒定为高电平或低电平，继电器驱动源均采用动态脉冲，保证故障导向安全。

5. 外部输入条件的动态采集

外部输入接口条件（复零操作、WGJ、JGJ 状态）的采集是由系统自身产生动态脉冲，通过相应继电器的接点构成回路，依此判断其动作状态，且 WGJ、JGJ 均采其上接点，满足故障安全。

6. 安全数据多区存储

对重要信息如轴数、标志、状态等采用多区存储，即利用单片机的内部 RAM 区，将信息以不同的码型分别存到 3 个区域。当使用这些信息时，采取"三取二"的方法取出正确信息，并将 3 个区域的信息重新刷新。若"三取二"不成功，则导向安全。

（二）系统的可靠性

JWJ-C2 型微机计轴设备采取了以下措施提高可靠性。

1. 辅助传感器

由于单轨小车、铁锹等造成的外界干扰，均能使计轴设备错误计轴，导致"通变停"事故发生。设置辅助传感器，可以有效地区分行车和外界干扰。

系统在软件上还采取了相关措施，通过对辅助传感器进行自检来判断其工作状态，一经发现其处于故障状态，系统将不再将其作为计轴的判据并告警。这样，在辅助传感器故障后系统仍能正常工作。

2. 车轮传感器的免调整结构

在所有提高计轴系统可靠性的措施中，传感器最为关键。车轮传感器安装在轨腰上，经常受到高强度振动及恶劣气候条件的影响，加之施工过程中的安装、调整不规范等，所有这些原因都可能引起传感器参数发生漂移，使计轴设备不能正常工作。采用免调整结构可以从根本上解决上述问题。

3. AC 220 V 供电及 CAN 通信技术

室外计轴点设备的工作电源采用交流供电（220 V），不仅线路损耗小，还可通过变压器进行纵向隔离，提高系统防雷能力。

室内的运算器（ACE）与室外的车轮电子检测器（ADE）之间的通信，采用 CAN 总线技术。CAN（Controller Are a Network）即控制器局域网络，是一种典型的现场总线。它具有布线简单、易扩展、实时性好等特点，特别是 CAN 与 RS485 一样，所采用的平衡发送及差分接收方式，抗共模干扰能力非常强。

4. 利用站内联锁条件清除"±1"轴

在增设辅助传感器有效防止外界干扰的基础上，同时还利用双方站的 WG 条件，在设备受到上述特殊因素影响导致区间轴数为"±1"时，系统能自动复原并清除此轴，进一步提高了系统可靠性。

5. 系统防雷

计轴设备防雷采用横纵结合、光电隔离等项措施，在电源通道、通信通道等环节均采取了完备的防护措施。

（三）系统可维护性

JWJ-C2 型微机计轴设备在方便用户使用和维护方面具有以下特点。

1. 直观的面板指示

运算器（ACE）及车轮电子检测器（ADE）均采用简洁、直观的指示灯，设备工作状况一目了然，便于设备巡检。

2. 报警代码可用于故障定位

计轴设备具有自诊断功能。当设备故障后，通过按动运算器（ACE）中显示卡（DPU）面板上的功能按钮，在 LED 上可显示出具体的故障报警代码，据此可确定具体的故障原因，指导维护人员尽快排查故障。

3. 防雷器件带有劣化指示

当防雷器件损坏后，维护人员通过观察其"劣化指示窗"的颜色变化，便可直观地分辨出来，及时更换。

4. 采用标准机柜

室内设备采用标准的机柜式结构，占用空间小，符合信号机械室设备布局的一体化要求，也便于施工及维护。

四、计轴设备的特点

（1）设备的软硬件体系采用"二取二"的安全结构，满足安全性的运用要求。

（2）采用 CAN 总线传输技术，系统可靠性大大提高，可扩展性强。

（3）采用轨旁处理轮轴信号及数字传输轴数信息的工作方式，系统抗干扰能力强。

（4）实现了车轮传感器免调整结构，便于设备安装及运用维护。

（5）设备故障能够通过自检故障代码提示出来，便于使用维护。

（6）配套开发的计轴设备维护机，为系统的运用维护提供了科学的监测手段。

（7）计轴设备与 64D/F 结合构成自动站间闭塞系统，也可完全脱离 64D/F 与站内联锁系统结合，独立构成自动站间闭塞系统。

任务实施

一、作业前

（一）工作安排

工班长布置工作任务，明确驻站联络员、现场防护员。

（二）安全讲话

根据天气、作业环境、作业内容、人员、机具、列车运行状况有针对性地提出安全注意事项。

（三）仪表料具

携带通信联络工具、照明灯具（夜间）、活动扳手、卷尺、内六角扳手（按需要携带钢丝刷、油刷、油壶、机油、棉纱）。

（四）联系登记

室内驻站联络员办理登记手续，现场防护员接到允许作业命令后方可上线。

二、作业中

（一）电子检测盒检查养护

箱盒无破损，电缆无外漏，支架底座不倾斜（倾斜度不超过 10 mm）；各部螺丝紧固、无锈蚀，硬化面无杂物；电缆防护套无裂纹，弯曲时半径不得小于 70 mm，如图 4-4-11 所示。

图 4-4-11　电子检测盒检查

（二）车轮传感器检查养护

主传感器与辅助传感器的水平中心位置相对偏差不大于 50 mm；传感器底面与石砟间隙不小于 50 mm，500 mm 范围内不得有轨距杆和其他金属器件；传感器无裂纹、螺栓不松动，表面不得有杂物，如图 4-4-12 所示。

辅助传感器

主传感器

传感器螺丝

图 4-4-12　车轮传感器

三、作业后

（1）确认良好后进行料具清理。

（2）销记、小结。

① 通知作业负责人作业完毕，作业负责人通知驻站联络员销记。

② 防护员引领列队原路返回后，作业人员将任务完成情况、设备质量问题及待修缺点填入"工作手册"，并向工班长汇报。

【复习思考题】

1. 计轴闭塞设备的工作原理是什么？

2. 简述计轴闭塞设备的组成。

3. 简述计轴闭塞的特征。

4. 简述计轴主机的组成以及各板件的作用。

5. 简述车轮电子检测盒的组成以及各部件的功能。

6. 简述计轴闭塞设备日常养护的内容以及相应的技术标准。

任务 5　计轴闭塞设备集中检修

任务描述

　　计轴设备日常的检修作业是计轴闭塞设备日常维护的重要内容，本任务主要讲解 JWJ-C2 型微机计轴设备集中检修作业的内容以及相关技术标准和作业流程。

教学目标

1. 知识目标

（1）掌握 JWJ-C2 型微机计轴设备集中检修作业的内容。

（2）掌握 JWJ-C2 型微机计轴设备集中检修作业的作业流程。

（3）掌握 JWJ-C2 型微机计轴设备集中检修作业的相关技术标准。

2. 技能目标

（1）掌握 JWJ-C2 型微机计轴设备集中检修作业的流程以及相关技术标准。

（2）能够按照 JWJ-C2 型微机计轴设备集中检修作业流程，完成其日常养护工作。

3. 素质目标

　　培养吃苦耐劳、甘于奉献的职业素质。

任务实施

一、作业前

　　安全风险：室内外作业人员必须按规定着装。

（一）工作安排

　　工班长布置工作任务，明确驻站联络员、现场防护员。

（二）安全讲话

　　根据天气、作业环境、作业内容、人员、机具、列车运行状况有针对性地提出安全注意事项。

（三）仪表料具

　　携带通信联络工具、照明工具（夜间）、仪表（具备 20～40 kHz 频率）、钥匙、套筒、活动扳手、一字螺丝刀、十字螺丝刀、万可起子、尖嘴钳、斜口钳、克丝钳、内六角扳手、毛刷。

（四）联系登记

　　室内驻站联络员办理登记手续，现场防护员接到允许作业命令后方可上线。

二、作业中

（一）室外检修

（1）室外电子检测盒检查：内部清洁，密封良好，配线整齐；各板件插接牢固，铭牌齐全，指示灯正常；防雷单元无劣化；车轮传感器电缆防护套内无积水；检查紧固车轮传感器护套管与磁头连接螺丝，如图 4-5-1 所示。

图 4-5-1　室外电子检测盒

（2）室外 I 级测试并记录：车轮电子检测器工作电源 28 V 的技术标准，发送磁头电压 36～46 V，接收磁头电压 60 kg/m 轨为 25～200 mV、50 kg/m 轨为 30～200mV、43 kg/m 轨为 50～200 mV，见表 4-5-1（此表为车轮电子检测器工作电源 48 V 的测试表）。

表 4-5-1　车轮电子检测器技术标准

测试项目		标准值
车轮电子检测器输入电源/VAC		187~242
车轮电子检测器工作电源/VDC	C5	5.0±0.2
	+5	5.0±0.2
	+12	12.0±0.5
	48	48.0±2.0
TRU1 鉴相电压/VDC	JX1	≤0.6
TRU2 鉴相电压/VDC	JX2	
TRU3 鉴相电压/VDC	JX3	
车轮传感器发送磁头电压/VAC	T1	≥65.0
	T2	
	T3	
车轮传感器接收磁头电压/mVAC	R1	≥45
	R2	≥40
	R3	≥35

（二）室内检修

（1）发送接收卡（TRU1、TRU2、TRU3）初相检查、调整。 测试调整方法：用一字螺丝刀在发送接收卡的初相调整电位器"adj"的调整孔内调整，使鉴相电压 JX<0.6 V，发送接收卡（TRU1、TRU2、TRU3）面板指示灯（L1、L2、L3）处于全灭状态，如图 4-5-2 所示。

图 4-5-2　发送接收卡

（2）机柜内板卡固定螺丝齐全、不松动；数据线插接牢固，固定螺丝齐全、不松动；室内Ⅰ级测试、记录，见表 4-5-2 所示。

表 4-5-2　机柜内电压

测试项目		标准值
输入电源/VAC		187~242
运算器工作电源/V	+5	5.0±0.2
	+12	12.0±0.5
	−12	−12.0±0.5
	C5	5.0±0.2
区间轨道继电器（QGJ） 驱动电压/V		24±2

三、作业后

（1）确认设备良好后，进行料具清理。

（2）销记、小结。

① 通知作业负责人作业完毕，作业负责人通知驻站联络员销记。

② 防护员引领列队原路返回后，作业人员将任务完成情况、设备质量问题及待修缺点填入"工作手册"，并向工班长汇报。

【复习思考题】

1. 简述计轴闭塞设备的集中检修的内容。

2. 简述计轴闭塞设备的集中检修的技术标准。

3. 简述计轴闭塞设备Ⅰ级测试的内容以及测试方法。

4. 简述计轴闭塞设备的集中检修的作业流程。

任务 6 计轴闭塞设备故障处理

任务描述

计轴闭塞设备常见故障的判断与处理，是铁路信号工作人员应急故障处理必须具备的专业技能。本任务主要以 JWJ-C2 型微机计轴设备故障处理为例，讲解计轴设备故障处理的方法和思路。

教学目标

1. 知识目标

（1）掌握计轴设备故障判断处理的流程。

（2）掌握计轴设备常见故障处理的方法。

2. 技能目标

能够查找和处理计轴设备常见故障。

3. 素质目标

树立安全责任意识，培养逻辑分析能力。

任务实施

一、作业前

（一）故障处理前准备

故障情况上报，准备故障处理器材、仪表。

（二）故障处理登记

设立驻站联络员、现场防护员，登记联系。

二、作业中

（一）故障判断及处理流程

故障判断及处理流程如图4-6-1所示。

图 4-6-1 故障判断及处理流程

1. 故障判断

可借助计轴设备的自诊断功能判断故障原因。当计轴设备发生故障时，故障报警指示灯红灯点亮（IOU1 面板上的 BJ 灯），此时可通过显示卡（DPU）面板上的两行 LED 数码显示来查询故障代码。查询时需按压 DPU 面板上的功能按钮 F1（持续 1 s 以上），各种代码对应的故障类型及可能的原因见表 4-6-1。

表 4-6-1 故障代码与故障类型对照表

序号	故障代码		故障类型	可能的故障原因
	第一行	第二行		
1	0001	0001	与计轴点计数卡通信中断	1.计轴电缆通信线断线
				2.计轴电缆电源线断线
				3.ADE 电源卡（PDU）故障
2	0001	0002		4.ADE 计数卡（ACU）故障
3	0001	0003	主控卡与输入输出卡通信中断	1.IOU 卡故障
				2.MCU 卡故障
4	0001	0004	主控卡内部通信故障	MCU1、MCU2 之间故障
5	0001	0005	计轴点检测卡通信中断	1.计轴电缆通信线断线
				2.计轴电缆电源线断线
				3.ADE 电源卡（PDU）故障
				4.ADE 检测卡（SDU）故障
6	0001	0006	站间通信中断	1.通信通道故障
				2.MODEM 故障
				3.MCU 卡与 MODEM 间通信线故障
				4.电源设备停电
				5.对方站设备故障
7	0001	0007	主控卡与显示卡通信中断	1.DPU 卡故障
				2.MCU 卡故障
8	0001	0009	JGJ 异常落下	JGJ 落下超过 10s，区间没有列车通过
9	0001	0010	站内通信中断超过 2 s	1.通信通道故障
				2.MODEM 故障
				3.MCU 卡与 MODEM 间通信线故障
				4.电源设备停电
				5.对方站设备故障
10	0001	0011	计轴点相位异常	1.主传感器上有金属物体长时间停放
				2.TRU1 卡故障（相位漂移）
				3.TRU2 卡故障（相位漂移）
				4.主传感器断线

续表

序号	故障代码		故障类型	可能的故障原因
	第一行	第二行		
11	0001	0012	计轴运算器主被叫设置错误	站间计轴运算器都设置为主叫
12	0001	0019	主控卡内部通信故障	MCU 卡故障
13	0002	0001	ACU 故障	1.ACU 卡故障
				2.有车轮作用于计轴点
14	0002	0002	计轴检测器重新上电	1.ADE 电源停电或瞬间断电
				2.PDU 接插不可靠或故障
				3.ACU 接插不可靠或故障
15	0002	0004	ACU 卡故障	ACU 卡工作状态错误
16	0002	0005	计数错误	ACU 卡计轴数错误
17	0002	0006	主传感器自检错误	1.TRU1 卡故障
				2.主传感器 T1 或 R1 断线
18	0002	0007	主传感器自检错误	1.TRU2 卡故障
				2.主传感器 T2 或 R2 断线
19	0002	0008	辅助传感器自检错误	1.TRU3 卡故障
				2.辅助传感器 T3 或 R3 断线
20	0003	0003	QGJ 状态错误	1.驱动 QGJ 吸起，但未吸起
				2.采集 QGJ 接点断线
21	0003	0004	通信通道错误	1.IOU 卡 CAN 接收通道错误
				2.MCU 卡 CAN 发送通道错误
22	0003	0007	QGJ 状态错误	1.驱动 QGJ 落下，但未落下
				2.采集 QGJ 接点混线
23	0004	0001	辅助传感器自检错误	1.TRU3 卡故障
				2.辅助传感器 T3 或 R3 断线
24	0004	0002	主传感器自检错误	1.TRU2 卡故障
				2.主传感器 T2 或 R2 断线
25	0004	0003	主传感器自检错误	1.TRU1 卡故障
				2.主传感器 T1 或 R1 断线
26	0004	0004	电源卡（PDU）故障	1.12 V 电源工作故障

续表

序号	故障代码		故障类型	可能的故障原因
	第一行	第二行		
27	0004	0005	电源卡（PDU）故障	2.TRU3 的 24 V 电源工作故障
28	0004	0006		3.TRU2 的 24 V 电源工作故障
29	0004	0007		4.TRU1 的 24 V 电源工作故障
30	0004	0008	SDU 卡断电	SDU 供电电源停电或瞬间断电
31	0004	0009	计轴点相位异常	1.TRU3 板相位漂移
32	0004	0010		2.TRU2 板相位漂移
33	0004	0011		3.TRU1 板相位漂移
34	0005	0001	DPU 卡收不到 MCU1 信息	MCU 卡或 DPU 卡故障
35	0005	0002	DPU 卡收不到 MCU2 信息	
36	0005	0003	DPU 卡收不到 DBU 信息	DBU 卡故障

注：邻站故障的代码与本站的区别只是最高位不同，即本站为 0×××，邻站为 1×××，但含义相同。例如本站设备发生故障，按 F1 显示代码为"0001、0001"，在邻站按压 F2 显示代码为"1001、1001"。

如果车站配置维护机，可以通过维护机查询故障点及故障发生过程。

2. 故障排查

当计轴系统发生故障时，系统自诊断提示的故障代码一般对应多种故障原因，需要进行故障排查。其主要方法包括：

（1）观察与故障代码提示的故障原因有关的单元卡面板指示灯的状态。

（2）对相关指标进行测量。

3. 故障确认

故障排查定位后，有些故障还需要进一步确认，根据故障的不同类型一般有如下几种方法。

（1）对于单元卡故障，可以通过更换备用卡恢复故障。

（2）对于车轮传感器断线故障，可以通过测量车轮传感器的磁头的电阻值进行确认（见表 4-6-2）。测试时应先关断计轴主机上的 ADE 供电断路器后，将被测车轮传感器的电缆从车轮电子检测器（ADE）的端子上拆下，用万用表测量电缆两端的电阻值。

表 4-6-2　车轮传感器磁头电阻值

项目	发送磁头	接收磁头
阻值/Ω	≤2	≤6

（3）对于 UPS 的故障，可根据 UPS 的面板指示以及对其输出电压指标的测量结果进行确认。

① UPS 面板。

UPS 前面板指示灯代表不同意义，如图 4-6-2 所示。

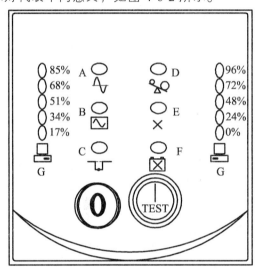

A—在线运行指示，显示此时 UPS 对输入电源进行调整，并向负载提供电源。

B—当 UPS 使用电池向负载供电时，此灯亮，同时发出报警声。

C—显示 UPS 正处于"旁路"模式，电源屏提供电源直接输送到负载。

D—当 UPS 超载时，此灯亮，同时发出报警声。

E—显示 UPS 内部发生故障。

F—当电池需要更换时，此灯亮，同时发出报警声。

G—显示连接设备（负载）所用的可用电力的比例。如果三个发光二极管亮着，表示此时 UPS 的连接负载为其容量的 51% 至 68%。如果 5 个发光二极管全部亮着，则表示此时 UPS 的连接负载为其容量的 85% 至 100%。

H—显示 UPS 电池当前储电量占电池容量的百分比。当 5 个发光二极管全部亮开时，表示电池已充满电。当电池容量减少时，发光二极管自上而下逐个熄灭。

图 4-6-2　UPS 前面板指示灯意义

② 自检功能。

a.自动自检：启动时自动执行自检，其后每两周自检一次（默认值）。自动自检免去人工定期检查的麻烦，使得维护更方便。在自检期间，UPS 临时用电池电力运行连接的设备。如果自检通过，则返回在线运行。如果自检失败，UPS 将点亮更换电池 ⊠ 发光二极管并立即返回在线运行。若要证实自检失败，对电池进行 24 h 的重新充电，然后再次进行自检。如果失败，必须更换电池。

b.手动自检：按住Test按钮，直到UPS发出两次嘟嘟声开始自检。

（4）电池供电。

当没有电源屏为UPS供电时，UPS可以在一段时间内用其内部电池向连接的设备供电。用电池供电时，UPS每隔30 s发出一次警报（4声"嘟"）。当UPS返回在线操作时，警报停止。

（5）对于计轴电缆故障，可通过测试环线电阻、电缆线间绝缘或对地绝缘进行确认，测试前应将电缆与室内外设备断开。

（6）对于防雷单元故障，可通过观察防雷单元的劣化指示窗是否变红来确认。

4. 故障处理

故障经过排查和确认后，需要对故障进行处理。在故障处理过程中，应注意以下事项：

（1）单元卡可以进行"热插拔"（运算器电源卡除外），更换单元卡时，位置不可插错。将单元卡插入机箱后，应将面板固定螺丝紧固。

（2）更换车轮传感器时，应先将其连接电缆从车轮电子检测器拆下，再将电缆护套管从轨道箱拆下，彻底将车轮传感器与轨道箱分离。然后用扳手松开车轮传感器底座与钢轨的紧固螺栓，将底座与钢轨分离后，再将钢轨内侧的车轮传感器底座连同磁头一起从钢轨下面撤出。拆卸过程中应注意两个车轮传感器底座间的电缆，分开时适当串动电缆，防止用力过猛导致电缆被拉断。

（3）更换发送接收板（TRU）或车轮传感器后，应对初相进行调整。

（4）当 UPS 故障时，要及时排除 UPS 故障。

（5）运算器的显示板（DPU）故障时，系统虽然报警，但仍能正常工作，应及时处理。

（6）辅助传感器或与之对应的发送接收卡（TRU3）故障时，系统的抗外界干扰能力下降，但仍能正常工作，并发出报警信息，应及时处理。

（7）在故障处理过程中，可参考显示卡（DPU）的故障代码以及各单元卡面板指示灯的状态来判断故障是否排除。

（8）出于故障安全的需要，凡是影响"安全"的故障一经发生，系统均不能自动恢复。即使故障已被排除，轨道区段状态仍会处于占用表示，系统仍然报警，直至"人工复零"。这些故障包括：车轮电子检测器电源故障、计数卡（ACU）/检测卡（SDU）/发送接收卡（TRU1、TRU2）故障和主传感器断线等。故障排除后，能够自动恢复的一般有发送接收卡（TRU3）、辅助传感器断线和运算器故障等。

5. 系统复原

故障处理完毕后，需车站值班员确认区段空闲的前提下，按下总复零按钮和轨道区段计轴复零按钮，恢复计轴设备正常使用。

三、注意事项

（1）工务部门维修线路作业进行捣固、起道、换轨、清筛时，应避免损坏车轮传感器，无法避开时应通知设备维护（电务）部门配合。

（2）更换单元卡时，必须确认插槽的位置，严禁错位。

（3）在对室外设备的日常巡视时，如果发现发送接收卡（TRU1、TRU2、TRU3）的相移指示灯 L2 和 L3 在无车轮作用时点亮，必须进行初相调整。建议此项检查至少每 3 个月进行一次。

（4）更换单元卡时，必须确认插槽的位置，严禁错位插错。

（5）在单点应用模式下还应注意：通信部门进行设备维护或检修时，如果影响范围涉及计轴闭塞的站间通道，应通知设备维护（电务）部门配合。

（6）当在接近区段（JG）施工而导致 JGJ 落下超过 10 s 时，计轴设备控制的区间轨道继电器（QGJ）会落下并报警。当接近区段（JG）恢复正常后，电务部门应通知本站和邻站车站值班员，在确认区间空闲后，同时对计轴设备进行复零操作。

【复习思考题】

1. 简述 ZPW-2000A 型自动闭塞设备日常检修内容。
2. 简述 ZPW-2000A 型自动闭塞设备常见故障现象。
3. 简述 ZPW-2000A 型自动闭塞设备发生故障时的应急处理办法。
4. 简述 ZPW-2000A 型自动闭塞设备故障处理流程。
5. 简述计轴站间自动闭塞设备集中检修内容。
6. 简述计轴站间自动闭塞设备常见故障现象。

项目 5　计算机联锁设备维护

【项目导学】

计算机联锁系统

计算机联锁设备是以计算机技术为核心，辅以通信技术、计算机网络技术、容错技术、故障-安全技术，保证车站内列车和调车作业安全，提高车站通过能力的一种信号设备。计算机联锁设备利用计算机对车站作业人员的操作命令及现场设备状态表示的信息进行逻辑运算，从而实现对信号机及道岔、进路等进行集中控制，使其达到相互制约，保证行车安全的车站联锁设备。因此，计算机联锁设备运用质量决定了铁路车站内的行车安全程度及运输效率。

本项目通过学习我国铁路运输中使用广泛的 TYJL-Ⅱ、TYJL-ADX、DS6-K5B 以及 iLOCK 型计算机联锁设备组成、操作方式方法、日常养护内容及标准、故障处理流程内容，提高铁路电务准入人员的计算机联锁设备维护能力，确保铁路运输中计算机联锁设备运用质量。

【教学目标】

1. 知识目标

（1）掌握各型号计算机联锁设备组成、工作原理、界面显示、操作方法。

（2）掌握计算机联锁设备故障处理流程及故障测试方法。

2. 技能目标

（1）根据信号工派工单作业要求，确认检修设备及作业内容、标准，准备作业工具并确认良好。

（2）能进行安全预想，进行作业中安全卡控点分析并制订防护措施。

（3）能进行维修作业项目的登记。

（4）会按照操作流程进行各型号计算机联锁设备开关机。

（3）会按照操作流程进行各型号计算机联锁设备主备机切换。

（4）会利用电务维修机进行联锁设备数据调阅。

（5）会进行计算机联锁设备日常养护。

3. 素质目标

（1）认识计算机联锁设备检修作业对铁路运输生产的重大意义。

（2）树立爱岗敬业、遵章守纪的劳动精神。

（3）培养学生具备工作认真负责和良好的团队合作精神。

（4）培养学生精益求精、严谨细致的工匠精神。

任务 1　TYJL-Ⅱ型计算机联锁设备维护

任务描述

外电网断电后或来电时，××站的 TYJL-Ⅱ型计算机联锁设备应进行关机和开机，现指派××站信号工区职工对该站 TYJL-Ⅱ型计算机联锁设备进行开关机。

? 请思考：车站计算机联锁设备开关机应如何操作？

教学目标

1. 知识目标

（1）掌握 TYJL-Ⅱ型计算机联锁设备开关机操作流程。

2. 技能目标

（1）根据信号工派工单作业要求，确认开关机设备及作业内容并确认良好。

（2）能进行安全预想，进行作业中安全卡控点分析并制订防护措施。

（3）能进行作业项目的登记。

（4）会按照作业流程进行 TYJL-Ⅱ型计算机联锁设备开关机。

（5）会判断 TYJL-Ⅱ型计算机联锁设备工作正常。

（6）会进行 TYJL-Ⅱ型计算机联锁设备倒机操作。

3. 素质目标

（1）树立爱岗敬业、遵章守纪的劳动精神。

（2）培养学生具备工作认真负责和良好的团队合作精神。

（3）培养学生精益求精、严谨细致的工匠精神。

任务实施

一、作业前准备

（一）作业内容核对

××站信号工区工长接收到外电网断电作业通知，上报车间调度并根据实际情况进行作业内容、作业人员任务布置。

工长综合分析外电网断电后对该站计算机联锁设备的影响，结合车站行车指挥人员的反馈，记录车站信号设备工作状态、车站行车信息，密切关注信号设备工作状态，确保外电网来电后行车秩序恢复正常。

（二）TYJL-Ⅱ型计算机联锁设备开关机作业流程

1. 开机流程

开机流程见表 5-1-1。

表 5-1-1　开机流程

步骤	作业内容	安全风险点
1	UPS 电源开关	电源屏供电正常，按压 1～2 s，待 UPS 电池充满 60%
2	联锁机、执表机开机	工作指示灯正常
3	上位机监控机、显示器	显示器显示正常、鼠标操作正常
4	电务维修机开机	系统状态显示正常、采集驱动信息正确、时间正确

2. 关机流程

关机流程见表 5-1-2。

表 5-1-2　关机流程

步骤	作业内容	安全风险点
1	监控机信息存盘	维修机操作，确保信息及时保存
2	维修机关机	关闭系统按钮
3	上位机	关闭电源，保护 UPS
4	联锁机关机	
5	UPS 关闭	逆变输出时间不小于 10 min
6	电源开关	断电超过 3 min，保护 UPS

3. 倒机流程

联锁机 I 、 II 系倒机流程表见表 5-1-3。

表 5-1-3　倒机流程

步骤	作业内容	安全风险点
1	确认车站无行车作业	系统切换有可能关闭开放信号
2	确认联锁机主备机工作正常	主机亮绿色灯光、备机亮黄色灯光，电务维修机无报警信息
3	确认联锁机切换手柄位置	确认三位式手柄位置及将要处于的位置
4	扳动手柄进行倒机切换	倒机后确认联锁机工作正常、监控机工作正常，电务维修机显示数据无异常报警信息

二、开关机、倒机作业

（一）任务布置

工长根据岗位人员职责、技术水平进行任务布置，具体见表 5-1-4。

表 5-1-4　任务布置

序号	任务	负责人
1	1.室内驻站防护登销记联系，核对作业命令； 2.控制台检修	张××（驻站防护员）
2	1.安全风险点把控； 2.协助工长复查试验； 3.进入机械室登记	马××（安全员）

（二）安全讲话

安全员根据作业内容、车站作业情况、人员技术水平等有针对性地提出安全风险点及注意事项。

计算机联锁设备是整个车站进行铁路运输作业的核心设备，各工作人员务必遵守"三不动""三不离""七严禁"作业纪律，严格按规定着装，规范使用工具，按标准化作业流程进行操作，严禁无命令施工，严禁超命令工作内容施工，严禁带电插拔工作板卡。在注重设备安全的同时注意自身安全，尤其是地线测试过程中。驻站防护时刻盯控控制台状态变化，有异常情况立刻报告。

（三）知识链接

TYJL-Ⅱ型计算机联锁系统是铁道科学研究院通信信号研究所于 1993 年研制成功并应用于拉滨线平房站，是我国自主研发生产的第一套双机热备计算机联锁系统。1995 年，该计算机联锁系统应用在南昌向塘枢纽客站。1997 年，在阜阳铁路枢纽四个场使用。1999—2000 年，应用于武广线铁路干线。TYJL-Ⅱ型计算机联锁系统见证了我国自主研发生产的计算机联锁系统从发展到壮大的全过程。

TYJL-Ⅱ型计算机
联锁系统结构

1. TYJL-Ⅱ型计算机联锁设备的组成

为进行联锁运算，计算机需采集 DGJ、DBJ、FBJ、DJ 等表示条件，输出 DCJ、FCJ、SFJ（锁闭防护继电器，用于道岔控制双断）、DXJ、LXJ、ZXJ、LUJ、TXJ、ZCJ 等控制命令，控制室内执行组电路的继电器，以控制现场的信号设备。

TYJL-Ⅱ双机热备型计算机联锁为分布式多计算机系统，它主要由以下 5 部分组成：控制台、监控机、联锁机、执表机和电务维修终端，其系统结构如图 5-1-1 所示。控制台和维修终端是单套配置；联锁机、执表机为主、备双套。联锁机、执表机具有热备和自动切换功能；监控机也实现了双机热备工作，两

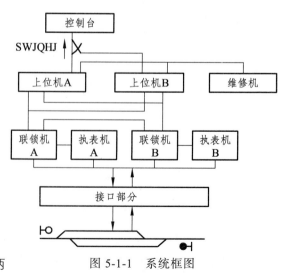

图 5-1-1　系统框图

台监控机工作状态一致。由于控制台为单套配置，造成双套监控机的区别在于仅有一套与控制台相连，但可以通过控制台切换单元来更改连接方式。各备用计算机构成备用子系统，与工作子系统同步工作，但对继电部分无控制权，备用子系统也可脱离工作子系独立工作，故还可用作软件修改时的模拟联锁试验设备。

系统（不包括室外设备）可划分为3个层次：监视控制系统和辅助系统（上层），主控系统（核心层），第3层是接口系统。系统的上层使用通用的局域网实现各子系统之间的连接；监视控制系统中监控机与控制台之间通过由视频线等线缆和切换装置组成的专用显示和命令通道连接。核心层的主控系统与监视控制系统之间、主控系统的联锁机与执表机之间通过专用的联锁总线实现安全信息的通信连接，联锁总线是实时的现场控制总线，是系统的核心总线。

2. 主控系统的构成及其功能

TYJL-Ⅱ型联锁系统在车站规模较大的情况下增设执行表示机（简称执表机），执表机与联锁机的硬件结构完全相同，区别主要在于软件实现的功能不同。

为了适应车站不同的控制对象容量的需要，机柜的结构分Ⅰ、Ⅱ和Ⅲ型。Ⅰ型为普通型；Ⅱ型，在一个柜内同时安装A、B两套联锁系统，适用于小站；Ⅲ型为增强型，其采集层增加到两层，最多可容纳28块采集板，驱动层为一层，最多可容纳14块驱动板，适用于大站。普通型联锁机柜的结构框，由上到下依次可分为电源层、计算机层、采集层、驱动层和零层。

一般站场设备布置如图5-1-2所示（不同厂家的机柜可能略有不同）。

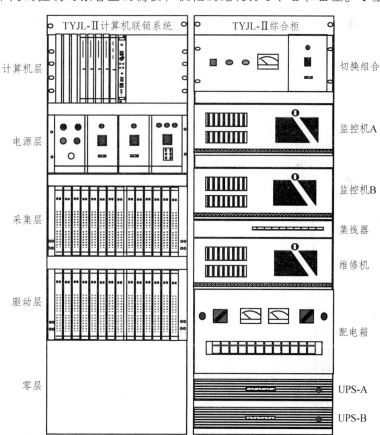

图 5-1-2　联锁机和综合柜设备

电源层主要由电源指示面板、采集电源、驱动电源和计算机电源组成。采集电源的工作电压为（12±1）V，该电源用于采集板对继电器接点信息的采集，采集回线的电压就由该电源提供。驱动电源的工作电压为（12±1）V，该电源用于驱动板送驱动信息给动态继电器（或动态驱动组合），驱动回线的电压就由该电源提供。计算机电源的工作电压为（5±0.2）V，该电源为计算机层所有电路板和采集板、驱动板的工作电源，它的故障可能会导致机器死机。它还提供±12 V电源用于调试设备使用。

计算机层采用 STD 总线标准的工业控制计算机。图 5-1-3 为联锁机各电路板间联系图。其中联锁机的 CPU 板是联锁系统的核心，专用操作系统和联锁软件固化在 CPU 板上，完成系统的调度、通信、诊断以及现场信息的采集、联锁逻辑的运算和控制命令的输出等功能。

主控系统的通信通过两块通信板进行，通过 STD—01（1）经切换控制后与监视控制机和执表机通信，接收监视控制机送来的车站值班员控制命令，并向其发送站场表示和提示报警信息；接收执表机发送的站场表示和提示报警信息，并向其发送其所管辖范围内的信号、道岔等的控制命令；通过 STD—01（2）实现主备联锁机之间的通信，以实现双机热备。

CPU 使用 1604I/O 接口板通过采集总线和驱动总线对采集板和驱动板进行控制和诊断，每组采集或驱动总线最多可控制 8 块采集板或驱动板，即每块 1604I/O 接口板按其设置最多可控制相应的 8 块采集或驱动板。

CPU 板通过指示报警板，点亮计算机层面板上的运行、通信收发和中断等指示灯。

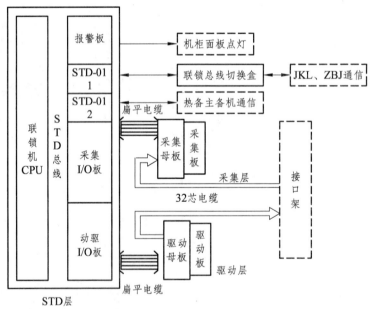

图 5-1-3 联锁机各电路板间联系

3. 采集层和驱动层

采集层主要由采集机笼、采集板以及与计算机层和电源层联系的扁平电缆、电源线及相应的接插件等组成。采集机笼的主体是采集母板，母板里侧是用于接插采集板的 64 芯插座，母板背侧的 32 芯插座用于接插来自接口架的专用采集信息配线电缆。采集机笼一般有两种规格，最小宽度的采集机笼可容纳 8 块采集板（此时与驱动机笼合为一体，按左边 8 块采集板，右边 6 块驱动板配置）；通常的采集机笼最多可容纳 14 块采集板，此时其母板实际由两组独立的采集总线构成，左边第一组控制前 8 块采集板，右边第二组控制后 6 块。采集板采用光电隔离技术，每块采集板可处理多路采集信息，通过 64 芯插头与采集母板插接采集板可带电插拔。

驱动层的结构与采集层的非常相似，主要由驱动机笼、驱动板以及与计算机层和电源层联系的扁平电缆、电源线及相应的接插件等组成。驱动机笼的主体是驱动母板，母板里侧是用于接插驱动板的 64 芯插座，母板背侧的 32 芯插座用于接插来自接口架的专用 32 芯驱动配线电缆。驱动机笼一般有两种规格，最小宽度的驱动机笼可容纳 6 块驱动板（此时与采集机笼合为一体，按左边 8 块采集板，右边 6 块驱动板配置）；通常的驱动机笼最多可容纳 14 块驱动板，此时其母板实际由两组独立的驱动总线构成，左边第一组控制前 8 块驱动板，右边第二组控制后 6 块。驱动板采用光电隔离技术，每块驱动板可输出多路驱动信息，通过 64 芯插头与驱动母板插接驱动板可带电插拔，但若插拔时发生较大的虚接抖动，则可能会导致非固定的回读错误产生，致使全部驱动被终止，此时应在插好后将 CPU 复位，重新启动系统。

4. 零 层

零层位于机柜最下层，主控系统最为重要的连接线缆从这里引入和引出，上面装有联锁总线切换盒、零层端子和接地端子等。联锁总线切换盒上装有 A、B 两条总线的两组共 6 个接插端口，联锁机上还另有一个用于主备机通信的独立插口，盒内装有总线切换板。联锁机、执表机和监控机之间通过屏蔽电缆的插接连通总线。零层端子分 01、02 两个，01 零层端子主要是电源配线，02 零层端子主要是切换校核电路的配线，该端子不能随便拔出，否则会影响主备机的切换校核。

5. TYJL-Ⅱ型计算机联锁系统的采集和驱动电路

现场表示信息的采集是由主控系统通过对相关继电器接点的数字量采集完成的。采集电路原理图如图 5-1-4 所示。

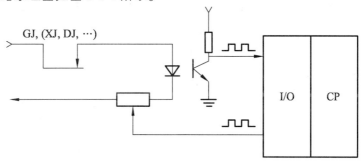

图 5-1-4　采集电路原理图

由机柜电源层送出的采集电源在机械室各继电器架之间环接，称之为采集回线。采集回线送出采集电源至各个继电器的接点，当接点闭合时即经其至相应采集板的输入端，以动态脉冲的方式经 I/O 板交 CPU 识别处理。电路中任何元器件故障均导致"0"或"1"的固定输出，软件判断固定的"1""0"信息无效，该信息倒向安全侧。轨道继电器的安全侧信息为 GJ↓，即占用。GJ、ZCJ 等信息微机无法校核，且和联锁直接相关，对这些信息系统采集前后接点，程序软件对这些信息的前、后接点加以比较，若均为"1"或均为"0"，可断定电路某处发生了故障，这种情况按落下接点信息处理，以保证安全。

6. 动态驱动设备

由机柜电源层送出的驱动电源在机械室各继电器架之间环接，称之为驱动回线。驱动回线送出驱动电源至各个驱动盒，当驱动盒收到驱动板送来的驱动脉冲信号后使相应继电器励磁吸起，不是脉动的信号不会使继电器励磁。

TYJL-Ⅱ型计算机联锁系统仍使用安全型继电器控制现场设备。Ⅱ型系统使用具有故障安全性能的驱动电路——由主控系统驱动板给出的动态脉冲经功率放大驱动安全型继电器。该电路主要由动态驱动电源、动态驱动电路和偏极 1000 安全型继电器组成。

动态驱动电路的原理如图 5-1-5 所示。

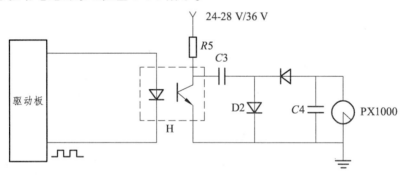

图 5-1-5　动态驱动电路的原理

无控制信号输入时，电路处于静止状态，固态继电器 H 截止，电容 C3 两端电压等于局部电源电压，电路中无电流流通，动态继电器处于落下状态。当有控制脉冲输入时，控制脉冲低电平使固态继电器 H 导通，电容 C3 经 H 向 C4 充电，控制脉冲由低变高时，H 截止，电源经 R5、D2 向 C3 充电，经两到三个脉冲，使 C4 的电位充到偏极继电器的吸起电压时，偏极继电器励磁吸起。此电路主要利用了偏极继电器的特性，使其吸起电压与电路的工作电压方向相反实现电路的故障安全。

TYJL-Ⅱ型联锁系统目前广泛使用双输入驱动单元，该单元由 4 组动态驱动电路合装在一个安全型继电器匣内，接受每组驱动电路都有 A、B 两个输入端，分别主控系统 A、B 机的输出脉冲控制，并有相应的灯光指示。A、B 双路输入只有一路有效，切换电路通过改变局部电源(动态驱动电源)的极性及切断备机的驱动回线来控制 A、B 系统的控制权，确保只有工作机的控制命令有效，即使任意操控处于脱机状态下的备机也不会对工作系统产生任何影响，具有绝对的安全性。图 5-1-6 所示为驱动局部电源切换图。

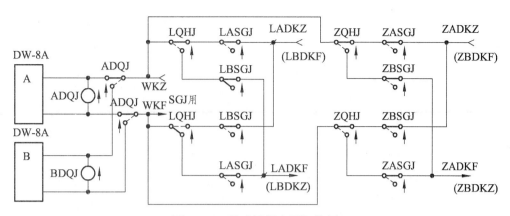

图 5-1-6　驱动局部电源切换图

　　TYJL-Ⅱ型联锁系统中每一个主控机柜，均专门设置一个事故继电器用于控制本机柜所属动态驱动电路所用的动态驱动电源。现多数系统使用专用的事故驱动组合，该组合亦采用动态驱动方式，有两个控制输入端，这两个输入是来自同一机柜且具有相反相位的动态脉冲，当两个输入端输入符合要求的脉冲时使事故继电器吸起。作为最关键的电源控制设备，在事故驱动组合内设置了专用电路对计算机的输出脉冲相位进行严格检查，当脉冲重叠超过 3 ms 时即会熔断组合内的保险丝，切断驱动电源，确保系统安全。

　　7. 联锁机切换控制电路

　　联锁机双机切换有两种控制方式：人工切换和自动切换。人工切换优先于自动切换。

　　人工切换是由维修人员通过转换切换手柄位置来实现的。如图 5-1-7 所示，当 QHSB 转到"A"位时，SBAJ 吸起，接通 LQHJ 的励磁电路。LQHJ 吸起后，LA$_1$QHJ、LB$_1$QHJ 和 LA$_2$QHJ、LB$_2$QHJ 将相继吸起，通过 LA$_1$QHJ、LB$_1$QHJ 的前接点将联锁 A 机接向 A 总线，联锁 B 机接向 B 总线。这样，A 机为工作机，B 机为备用机。当切换手柄 QHSB 转到"B"位时，SBBJ 吸起，切断 LQHJ 的励磁电路，使 LA$_1$QHJ、LB$_1$QHJ 和 LA$_2$QHJ、LB$_2$QHJ 相继落下，通过 LA$_1$QHJ、LB$_1$QHJ 的后接点将联锁 A 机接向 B 总线，联锁 B 机接向 A 总线，这样，B 机为工作机，A 机为备用机。

　　自动切换是把切换手柄 QHSB 转到"自动"位置，由系统根据故障检测结果自动进行双机切换。双机切换的条件如下：

　　主机定时向备机发送信息，主要内容为主机发出的信号控制命令，备机将此信息与备机的控制命令进行比较。如一致，则双机保持在热备同步状态。如不一致且备机命令多于主机，表明主机由于某种故障而停止输出控制命令，这时由备机发动切换，备机升为主机工作，继续向现场设备发送控制命令，原主机转入脱机状态；若主机命令多于备机命令，则备机自动脱机，等待查明原因。双机间的通信是由备机向主机进行呼叫和接收应答，若通信中断，有两种情况，一是主机死机，不应答；二是通信本身中断，备机接收不到主机的信息，此时同步热备机认为主机出现故障，发动切换，备机升为主机工作。主机通过自检测程序，发现严重故障，即通知备机进行切换倒机。

为了实现在故障时使系统能自动进行倒机，在切换控制电路中（见图 5-1-7），设有 A、B 机热备切换继电器（AQHJ 和 BQHJ）。AQHJ 和 BQHJ 选用 JWXC-1700 型继电器，分别由联锁 A 机和联锁 B 机第一块驱动板的第二、三位输出的切换控制命令控制驱动。为了保证安全，AQHJ 和 BOHJ 继电器只是在切换期间才使它们吸起，平时都处在落下状态。在正常情况下，AQHJ 和 BQHJ 均处于落下状态，LQHJ 由自闭电路保持吸起 A 机处于工作机位置。若在这种情况下，A 机发生故障，那么 A 机通知 B 机切换，这时 B 机输出切换控制命令，使 BQHJ 吸起，切断 LQHJ 自闭电路，BQHJ 落下，机柜内的切换继电器接点将 B 机接入 A 总线，B 机升为工作机。待倒机过程结束，B 机使 BQHJ 落下，此时，LQHJ 仍保持落下。同样，当 B 机发生故障时，由 B 机通知 A 机进行切换倒机，A 机输出切换控制命令，使 LQHJ 吸起并自闭，A 机又升为工作机。在完成双机倒换后，AQHJ 恢复落下状态。需要指出的是，刚开机时，由于 A、B 机的切换继电器都不工作，LQHJ 落下，此时 B 机为工作机，A 机为备机。若想把 A 机设置为工作机，需要用切换手柄将系统人工切换成 A 机工作，B 机备用。

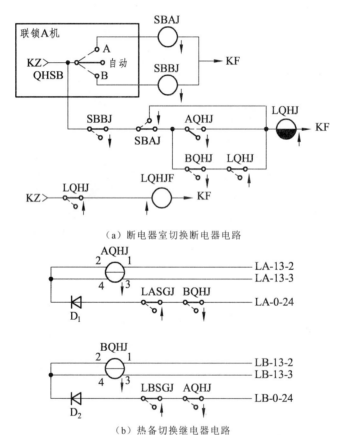

（a）断电器室切换断电器电路

（b）热备切换继电器电路

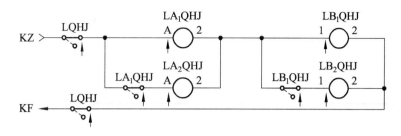

图 5-1-7　联锁双机切换控制电路图

监控机切换控制电路图如图 5-1-8 所示。

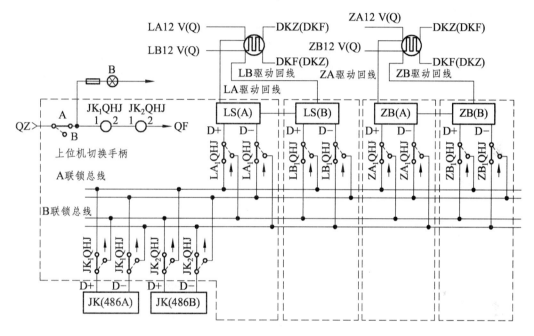

图 5-1-8　监控机切换控制电路图

三、作业总结

全体作业人员召开作业总结会，汇报工作过程中遇到的问题及解决方法，安全员给出点评，工长填写"工长日志"，值班人员填写"值班日志"。

【复习思考题】

1. 简述 TYJL-Ⅱ型计算机联锁设备开机作业流程。
2. 简述 TYJL-Ⅱ型计算机联锁设备关机作业流程。
3. 简述 TYJL-Ⅱ型计算机联锁设备开关机注意事项。
4. 简述 TYJL-Ⅱ型计算机联锁设备倒机作业流程。
5. 简述 TYJL-Ⅱ型计算机联锁设备供电顺序。

任务 2 　TYJL-ADX 型计算机联锁设备维护

任务描述

按照《铁路信号设备维护规则》要求，××站的 TYJL-ADX 型计算机联锁设备应进行集中检修，现指派××站信号工区职工利用维修天窗对该站 TYJL-ADX 型计算机联锁设备进行集中检修。

？ 请思考：如何完成站计算机联锁设备集中检修？

教学目标

1. 知识目标

（1）掌握 TYJL-ADX 型计算机联锁设备组成、工作原理、界面显示、操作方法。

（2）掌握 TYJL-ADX 型计算机联锁设备故障处理流程及故障测试方法。

2. 技能目标

（1）根据信号工派工单作业要求，确认集中检修设备及作业内容、标准，准备作业工具并确认良好。

（2）能进行安全预想，进行作业中安全卡控点分析并制订防护措施。

（3）能进行维修作业项目的登记。

（4）会进行 TYJL-ADX 型计算机联锁设备控制台内部检修。

（5）会进行 TYJL-ADX 型计算机联锁设备联锁机柜检修。

（6）会进行 TYJL-ADX 型计算机联锁设备板卡检修。

（7）会进行 TYJL-ADX 型计算机联锁设备网络设备检修。

（8）会进行 TYJL-ADX 型计算机联锁设备工控机检修。

（9）会进行 TYJL-ADX 型计算机联锁设备 UPS 放电试验。

（10）会进行 TYJL-ADX 型计算机联锁设备 I 级测试、地线电阻测试。

3. 素质目标

（1）树立爱岗敬业、遵章守纪的劳动精神。

（2）培养学生具备工作认真负责和良好的团队合作精神。

（3）培养学生精益求精、严谨求实的工匠精神。

任务实施

一、作业前准备

（一）作业计划核对

××站信号工区工长收到计算机联锁设备集中检修作业计划，同车间调度核对作业时间、作业内容、作业人员，并根据实际情况进行任务布置。

工长综合分析此检修周期内该站计算机联锁设备的运用质量，结合车站行车指挥人员的反馈、工区日常值班人员交接班日志、信号设备日常巡视记录等有针对性地提出检修重点。

（二）计算机联锁设备检修标准化作业流程

计算机联锁设备检修标准化作业流程见表 5-2-1。

表 5-2-1　计算机联锁设备检修标准化作业流程

序号	作业流程	作业项目	作业方法、质量标准	安全风险点
1	作业前准备	工作安排	工班长布置任务	按规定着装
		安全讲话	根据作业环境、作业内容、人员、机具、列车运行等情况，有针对性地提出安全注意事项	
		仪表料具	携带通信联络工具、照明灯具、万用表、地线测试仪、一字螺丝刀、十字螺丝刀、万可起子、尖嘴钳、斜口钳、克丝钳、网线钳、吸尘器、毛刷、RJ45 水晶头、绑扎带	
2	登记联系	手续办理	1.确认允许作业命令； 2.在"机械室出入登记本"内登记	
3	集中检修	控制台内部检修	1.底柜内部清洁，防尘良好； 2.螺丝紧固，插接件安装牢固，接触良好； 3.配线无破损、卡接良好、标识清晰； 4.柜门加锁试验良好； 5.电流表灵敏度高，动作与监测曲线一致； 6.显示器显示正常，鼠标、键盘操作灵活	倒机后，同步工作灯显示正常
		联锁柜检修	1.各工作指示灯显示正常； 2.双系切换试验，试验良好，恢复至规定工作状态； 3.地线连接良好； 4.各部清洁、标识清晰	
		板卡检修	1.各采集板、驱动板工作正常，指示灯显示正常； 2.机柜上板卡固定螺丝齐全、不松动	不得带电插拔器材、板件
		网络设备检修	各工作指示灯显示正常，数据线插接牢固，标识清晰，固定螺丝齐全、不松动	

续表

序号	作业流程	作业项目	作业方法、质量标准	安全风险点
3	集中检修	工控机检修	1.数据线、电源线插接牢固、绑扎良好； 2.上位机倒机切换试验后，前后台显示器、鼠标、音响工作正常； 3.在维修机查看联锁设备工作状态，处置异常信息； 4.各部清洁、标识清晰，防尘滤网清洗，风扇良好	不得带电插拔器材、板件
		UPS放电试验	1.切断UPS输入电源，当电池容量指示灯由5个减少至3个灯时，恢复UPS输入电源；记录放电时间。 2.检查UPS及电池不超期	
		测试	1.Ⅰ级测试、记录； 2.地线电阻测试	
4	复查		复查确认无异状，加锁良好，仪表料具清理	
5	销记		通知作业负责人作业完毕，作业负责人通知驻站联络员销记	
6	小结		作业人员报告任务完成情况和设备质量情况，工班长填写"工作日志"，对设备待修缺陷纳入待修记录	

二、集中检修

（一）任务布置

工长根据岗位人员职责、技术水平进行任务布置，见表 5-2-2。

表 5-2-2　任务分配

序号	任务	负责人
1	1.室内驻站防护登销记联系，核对作业命令； 2.控制台检修	张××（驻站防护员）
2	1.联锁机柜检修； 2.板卡检修； 3.网络设备检修	李××（信号工）
3	1.UPS检修； 2.工控机检修	王××（信号工）

续表

序号	任务	负责人
4	1.复查； 2.任务布置及总结会	刘××（工长）
5	1.安全风险点把控； 2.协助工长复查试验； 3.进入机械室登记	马××（安全员）

（二）安全讲话

安全员根据作业内容、车站作业情况、人员技术水平等有针对性地提出安全风险点及注意事项。

计算机联锁设备是整个车站进行铁路运输作业的核心设备，各工作人员务必遵守"三不动""三不离""七严禁"作业纪律，严格按规定着装，规范使用工具，按标准化作业流程进行操作，严禁无命令施工，严禁超命令工作内容施工，严禁带电插拔工作板卡。在注重设备安全的同时注意自身安全，尤其是地线测试过程中。驻站防护时刻盯控控制台状态变化，有异常情况即刻报告。

（三）知识链接

TYIL-ADX 型计算机联锁系统采用日立公司提供的 ADX1000 型专用计算机核心硬件系统和开放的软件平台，由铁科院通号所开发应用软件并进行系统集成的计算机联锁设备，由联锁柜、扩展柜、配电柜（综合柜）及电务维修机组成。其工作输入正常电压 AC 220 V，允许波动范围为 AC 185~235 V（47~63 Hz）；其适用工作环境温度为 0~55 ℃，湿度为 40%~95%，大气压力为 74.8~106 kPa，机房应采取有防静电措施、防尘和防化学侵蚀措施；保护地电阻小于 4 Ω，防雷地电阻小于 4 Ω，地线引入线径大于 16 mm。采用综合防雷时，遵照综合防雷地的要求。

1. TYJL-ADX 型计算机联锁系统结构

TYJL-ADX 型容错计算机联锁系统是个多层次多微处理器的分布式控制系统。它由联锁机、监控机、电务维修机、配电柜等部分组成，如图 5-2-1 和图 5-2-2 所示。

图 5-2-1　TYJL-ADX 计算机联锁设备

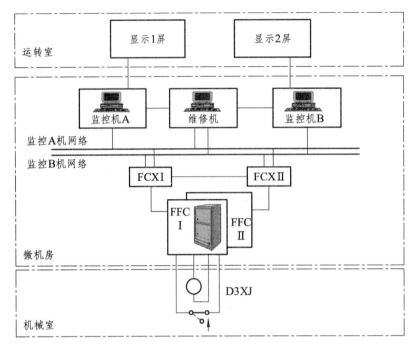

TYJL-ADX
计算机联锁
系统硬件结构

图 5-2-2　TYJL-ADX 型计算机联锁系统结构框图

2. 控制台检修

（1）控制台（MMI）。

控制台的主要功能是将站场表示、进路状态、操作结果用彩色显示器或单元表示盘的光带显示给操作人员；将操作人员的操作命令传输给监控机。

控制台监视器的数量取决于站场规模，通常为 1~2 台；还可通过视频分配器向后台值班员提供复示显示器。

此外，TYJL-ADX 与 6502 控制台一样仍然设置有道岔电流表。

监控机到控制台的视频线、鼠标线、数字化仪线和语音线均使用专用的屏蔽电缆（通常不超过 50 m，这些线缆可统称为显示和命令通道）经切换装置后与值班员控制室内的控制台相连。切换装置安装于值班室控制台内或安装于计算机房的综合柜内。

当控制台切换板故障时，可以从切换板拔下工作机的输入线和去控制台的输出线，然后直接进行对接，保证设备的正常工作。

（2）控制台（MMI）检修内容，见表 5-2-3。

表 5-2-3　控制台检修内容

序号	作业项目	作业内容
1	访问车务值班人员	访问车务值班人员了解设备使用情况
2	机柜密闭、门锁检查	机柜密闭良好、安装牢固，门锁良好
3	柜内接地连接线、配线标识检查	1.紧固地线压线螺丝，检查地线无断股、压线螺丝无锈点

续表

序号	作业项目	作业内容
3	柜内接地连接线、配线标识检查	2.检查端子紧固、整齐、焊接牢固，标识齐全、清晰有效
		3.线把整齐、无破损
4	检查鼠标、表示灯、光带及电流表	1.显示器显示清晰，图像不变形，屏面干净
		2.鼠标操作灵活、定位准确
		3.按钮良好、表示灯及电流表完整，颜色正确，按钮动作灵活无卡阻；表示灯、光带应明亮，无串光
5	卫生清洁	对显示器表面灰尘清理，控制台内插接件的角落部位可用压缩空气吹扫

3. 联锁机柜检修

联锁机柜包括3部分：总线层、FFC层及电源空气开关层。

每个联锁机机柜能容纳3个机笼，当FFC机笼超过2个时，需要扩展联锁机柜。如图5-2-3所示，联锁机柜第一层是总线层，有2个FCX机笼，左侧是Ⅰ系，右侧是Ⅱ系，两系不共用母板，相互独立。第二、三层是FFC层。扩展柜无总线层，全部是FFC层。底层是电源空气开关层。

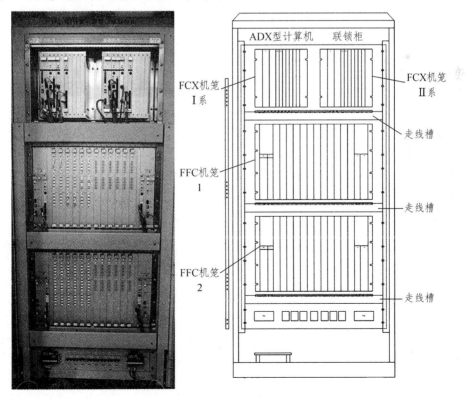

图 5-2-3 联锁机柜布置图

1）总线层（FCX 层）

（1）功能概述。

① 实现与监控机的通信调度。

② 实现信号设备的联锁逻辑处理功能，完成进路选路、确选、锁闭，发出开放信号和动作道岔的控制命令。

③ 采集现场信号设备状态，如轨道状态，道岔表示状态，信号机状态等。

④ 输出控制命令，直接输出 −24 V 电压至偏极继电器线圈，控制动作现场设备。

（2）硬件组成。

每套联锁机由两系组成，每系的总线层包括电源模块、处理器 FCX、通信板 ETH 和必要的 I/O 扩展板 SIO-D。

每块板卡都插在机笼的母板上，由母板提供板卡的工作电源，并且 CPU 板通过母板监控机笼中其余电路板的工作+。

与监控机之间采用以太网通信，槽位 3 上的以太网通信板 ETH 与监控机完成通信功能。

两系之间通信由 FCX 完成。

板间联系如图 5-2-4 所示。

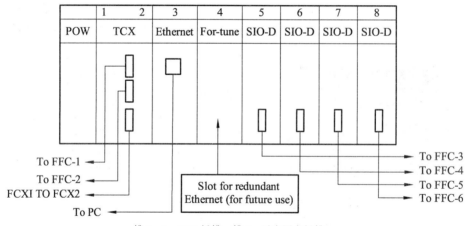

槽 1，2—FCX 插槽；槽 3—以太网卡插槽；

槽 4—Ethernet 预留；槽 5～8—SIO-D 插槽。

图 5-2-4　联锁机板件联系结构

注：总线层的外部接口全部在面板上，所有连线都在面板上连接。

（3）板卡面板指示灯及插口含义。

板卡面板指示灯及插口如图 5-2-5 ～ 图 5-2-8 所示。

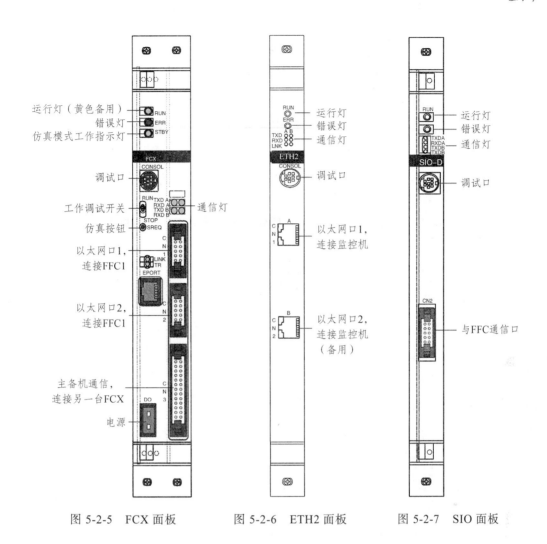

运行灯（黄色备用）—— RUN
错误灯—— ERR
仿真模式工作指示灯—— STBY

FCX
CONSOL
调试口——

RUN TXD A
工作调试开关—— RXD A —— 通信灯
TXD B
STOP RXD B
仿真按钮—— SREQ

以太网口1，—— CN1
连接FFC1 LINK TR
EPORT

以太网口2，—— CN2
连接FFC1

主备机通信，—— CN3
连接另一台FCX
电源—— DO

图 5-2-5　FCX 面板

RUN —— 运行灯
ERR —— 错误灯
TXD —— 通信灯
RXD A
LNK B
ETH2
CONSOL
调试口——

CN1 A —— 以太网口1，
连接监控机

CN2 B —— 以太网口2，
连接监控机
（备用）

图 5-2-6　ETH2 面板

RUN —— 运行灯
ERR —— 错误灯
TXDA
RXDA —— 通信灯
RXDB
TXDB
SIO-D
调试口——

CN2
与FFC通信口——

图 5-2-7　SIO 面板

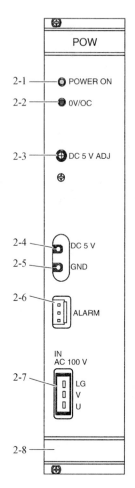

2-1—电源正常工作时，绿灯；2-2—过电压、过电流时，红灯；2-3—调整直流 5V 输出电压；

2-4—直流 5 V 确认端子；2-5—0 V 基准电压端子；2-6—不用；

2-7—输入电压交流 100 V（LG 为地线）；2-8—把手。

图 5-2-8　APW000 电源面板

2）FFC 层（采集驱动 I/O 层）

每个 FFC 机笼的容量是 12 块 I/O 板，Ⅰ系和Ⅱ系各有 6 块，间隔排列。I/O 板在软件操作平台固定位置后下载到 FCX 中，不需要跳线设置。位置和数量必须按照要求配置，否则将影响 FCX 运行。I/O 板的布置尽量采用每层固定采集或驱动的原则，尽量减少交叉使用。

如图 5-2-9（采集板 FDI 为例的前视图）所示，左侧为Ⅰ系的电源和 FFC，右侧为Ⅱ系的电源和 FFC。

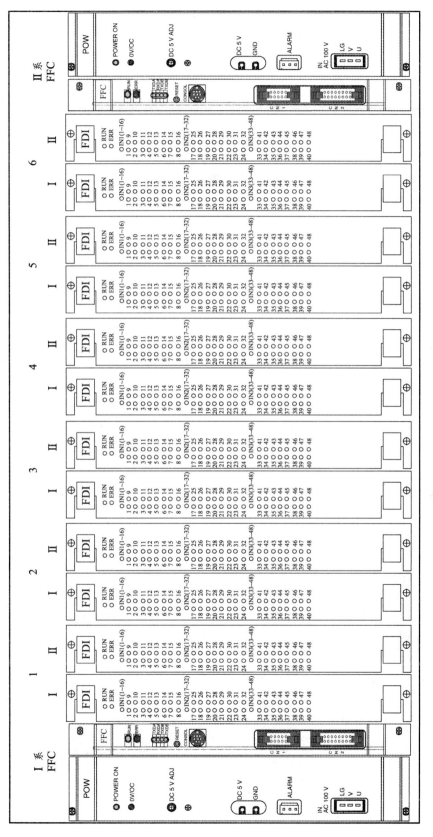

图 5-2-9 FFC 机笼 I/O 板配置

221

（1）FFC 层硬件组成如图 5-2-8 和图 5-2-10 所示。

（2）联锁机柜（扩展机柜）检修内容见表 5-2-4。

表 5-2-4　联锁机柜检修内容

序号	作业项目	作业内容
1	访问车务值班人员了解设备使用情况	访问车务值班人员了解设备运用情况，主要是操作是否灵活、偶发异常声光报警、显示异常等问题
2	柜内接地连接线、配线标识检查	1.紧固地线压线螺丝，检查地线无断股、压线螺丝无锈点；测量接地线至接地母排电阻小于 1 Ω
		2.检查端子紧固，整齐，焊接牢固；标识齐全、清晰有效
		3.线把整齐、无破损，插接件安装牢固
3	工作电源测试	测量 FCX 和 FFC 机笼电源板输出电压，标准为 4.85～5.15 V。电压偏差超出规定值时，可以通过面板微调电阻进行调整，但此时需要做好防护措施，调整中严密监视电压变化，此项操作需要 2 人进行，其中 1 人监视安全操作
4	机柜密闭、门锁、风扇检查	1.机柜密闭良好、安装牢固，门锁良好
		2.风扇安装牢固，扇叶旋转良好，无卡阻及无过大噪声
5	联锁通信线缆防松检查	联锁通信线连接牢固、不松动
6	卫生清洁	对机柜表面灰尘清理，各个插接件的角落部位可用压缩空气吹扫，表面脏污可用防静电喷剂以适当位置喷洒后再擦拭干净

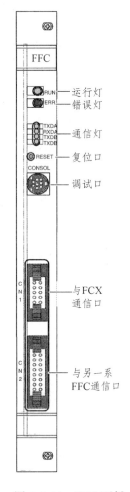

图 5-2-10　FFC 面板

4. 综合柜检修

综合柜由监视控制系统和电源系统构成。机柜第一层是监控机切换单元，第二层是监控机 A，第三层是监控机 B。第四层是光交换机，第五层是 24 V 电源和 TB1 线排，第六层是配电箱控制开关和 TB2 线排，第七层是不间断电源 UPSA，第八层是不间断电源 UPSB，第九层是隔离变压器和地线汇流排。图 5-2-11 所示为综合柜的前视图和后视图。

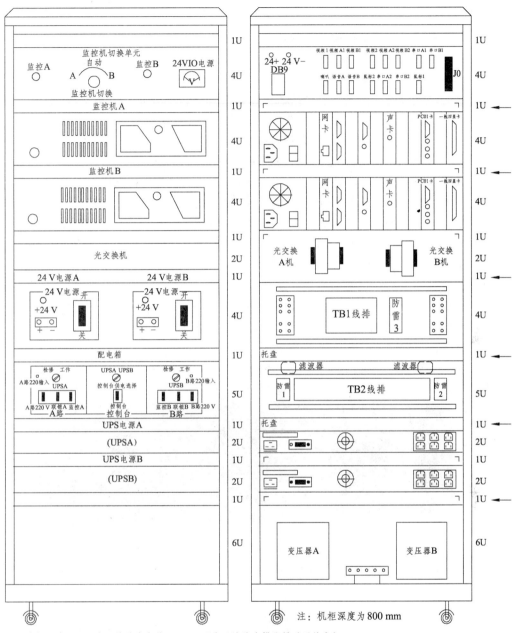

注：1. 背视图中"⌐ ¬"表示该处有角铁，"←"表示该处有横线槽（开放式）。

2. 24 V端子排TB1下方印字如下：

TB1	IO Z			IO F			+ 直流防雷 −
线排	1	2	3	4	5	6	

3. 220 V端子排IB2下方印字如下：

TB2 线排	A路 220 V		L N L A路防雷 GND N	UPSA 输入	UPSA 输出	监控A	联锁A	控制台	监控B	联锁B	UPSB 输入	UPSB 输出	L N L B路防雷 GND N	B路 220 V
	1	2		3 4 5	6 7 8	9 10 11	12 13 14	15 16 17	18 19 20	21 22 23	24 25 26	27 28 29		30 31

图 5-2-11　综合柜的前视图和后视图

1）监控机检修

监控系统是计算机联锁系统的操作界面的人机接口，其主要功能如下：

① 对值班员的所有操作进行提示、处理并记录，接收信号值班员的有效操作命令，向主控系统发出相应的执行命令。

② 接收主备联锁系统提供的站场表示信息，向值班员提供站场图像的实时显示。

③ 向值班员提供整个系统的工作状态信息、报警信息和简要的故障信息。

④ 记录系统的全部操作和运行信息。

⑤ 向辅助系统提供记录信息，与其他必要的信息系统接口。

（1）监控机组成。

监控机的计算机部分采用工业控制计算机（简称工控机）。它具有重要的计算机属性和特征，如具有计算机 CPU、硬盘、内存、外设及接口，实时的操作系统、控制网络和协议、计算能力，友好的人机界面等。目前，工控机的主要类别有 IPC（PC 总线工业计算机）、PLC（可编程控制系统）、DCS（分散型控制系统）、FCS（现场总线系统）及 CNC（数控系统）5 种。

以研华 610 为例，监控机正面，如图 5-2-12 所示：打开监控机正面的小门，可以看到红色的"RESET"按钮（用于监控机的热启动），蓝色的："KB-LK"按钮（用于将键盘锁定），黑色的电源开关（用于启动或关闭监控机）。

监控机正常工作情况下，设备"POWER"指示灯为稳定明亮绿色，其他指示灯为灭灯。"HDD"灯在硬盘读写数据时闪烁。

图 5-2-12　监控机正常工作状态正面视图

监控机背面插槽母板定义如图 5-2-13 所示。

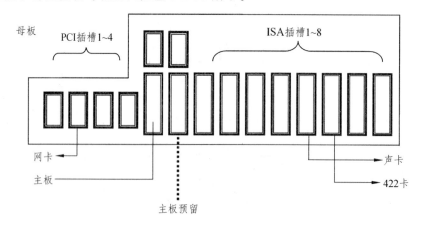

图 5-2-13　工控机母版上插槽

（2）监控机检修内容见表 5-2-5。

表 5-2-5　监控机检修内容

序号	作业项目	作业内容
1	查看监控机运行状况	电源工作指示灯正确点亮，监控机运行正常
2	外部插头防松、标识检查	1.外部插头牢固，不松动； 2.标识齐全、清晰有效
3	风扇检查	运行平稳，无异常噪声
4	卫生清洁	将主机防尘网取出后清理干净再安装；脏污部分可喷洒防静电喷剂后再擦拭干净
5	时钟校核	标准：与机械室的 GPS 时钟一致
6	监控 A/B 机倒换	转换切换手柄，切换顺利，采集信息正确
7	重启	按流程推出程序后分别对 A/B 机主机进行重启，重启后工作正常

2）UPS 检修

如图 5-2-14 所示，TYJL-ADX 型计算机联锁系统配有两个不间断电源 UPS，分别给联锁机 I 、II 系供电。使用时，负载不能超过容量的 60%。

TYJL-ADX 型计算机联锁系统联锁机运行需要 AC 100 V 电源，由于联锁机机笼要求浮空设计，故设置隔离变压器。安装于综合柜的最底部，从机柜后面看定义左侧的为隔离变压器 A，右侧的为隔离变压器 B。隔离变压器 A 给 I 系供电，隔离变压器 B 给 II 系供电。隔离变压器将 AC220V 转换成联锁机各电源模块所需的 AC 100 V 电压，并且隔离综合柜各种电磁对联锁柜的干扰。

TYJL-ADX 型计算机联锁系统采集驱动部分需要单独设置的 DC 24 V 电源。24 V 采用插接式模块电源，便于更换，安装于综合柜第五层。24V 电源同时给 I/O 板供电，因此一个 24V 电源故障不影响工作。每个 24 V 电源设有一个状态继电器，状态继电器在联锁机有固定的采集位置。当电源故障时，控制台上给出报警提示。

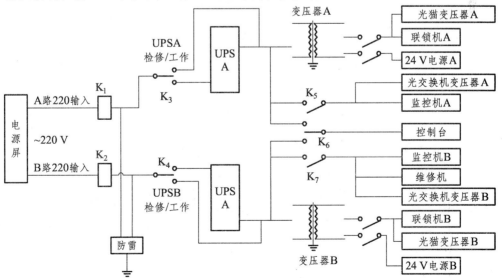

注：K1— I 路电源输入开关；K2— II 路电源输入开关；K3—UPS-A 工作/检修选择开关；K4—UPSB
工作/检修选择开关；K5—监控 A 机开关；K6—控制台电源选择开关；K7：监控 B 机开关。

图 5-2-14　配电系统结构

（1）UPS 的面板指示灯定义见表 5-2-6。

表 5-2-6　UPS 的面板指示灯定义

指示灯	说明
在线	UPS 正将市电提供给所连接的设备（参见故障检测）
AVR 电压降低	此时 UPS 校正过高的市电压
AVR 电压升高	此时 UPS 校正过低的市电压
电池供电	此时 UPS 将电池能量提供给所连接的设备
过载	所连接的负载高于 UPS 的额定功率（参见故障检测）
更换电池/断开电池	断开电池或是电池必须更换（参见故障检测）
开机（Test）	按下此按钮启动 UPS（参见附加功能）
关机	按下此按钮关闭 UPS

（2）UPS 检修内容见表 5-2-7。

表 5-2-7　UPS 检修内容

作业项目	作业内容
UPS 检查测试	1.输入输出电源插头插接牢固。 2.散热风扇运行平稳，无异常噪声，清洁灰尘。 3.放电试验，A/B 分别进行。关闭输入电源，进行电池放电维护，放电期间测试输出电压值，标准：AC217～223 V；观察放电时间与电量显示比例正常。 4.负载不能超过容量的 60%。负载可以看 UPS 的面板指示灯。上电时需按压开机按钮，关机时需按住关机钮 5s 直到 UPS 的风扇停止转动

3）光交换机检修

监控机与 FCX 通信时采用光纤通信方式。光纤通信设备包括以太网交换机、光电转换器两部分。

　　每套联锁系统需要2个以太网光交换机,安装于综合柜监控机B下方,如图5-2-15所示。由专用的光交换机变压器提供直流 24 V 工作电源。每个光交换机有两个电源输入接口,分别连接两个光交换机变压器,任何一个断电不影响使用。

　　每套联锁系统需要 2 个光电转换器〔光猫〕,安装于联锁机下部,在机柜后面从右向左依次是 A、B,如图 5-2-16 所示。光电转换器 A 对应光猫变压器 A,光电转换器 B 对应光猫变压器 B。

图 5-2-15　光交换机面板前视图　　　　　图 5-2-16　光电转换器

　　监控机、维修机连接到综合柜光交换机以太网口,综合柜光交换机和联锁机光电转换器是通过两芯光缆连接,光缆连接时要交叉,即一个光交换机的 TX 对应另一个光交换机的 RX。以太网连接方式如图 5-2-17 所示。

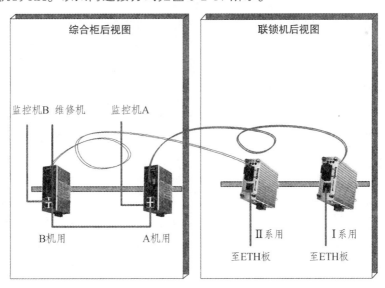

图 5-2-17　以太网连接示意图

通信设备检修内容见表 5-2-8。

表 5-2-8　通信设备检修内容

序号	作业项目	作业内容
1	光交换机检查	1.网线安装禁锢； 2.光纤弯曲不低于半径的 20 倍，绑扎牢固； 3.标识清晰，运行指示灯工作正常； 4.工作模式正确； 5.工作电源正常
2	光信号转换器检查	1.网线安装禁锢； 2.光纤弯曲不低于半径的 20 倍，绑扎牢固
3	卫生清洁	以太网光交换机、光猫的光口不能进入灰尘，光纤拔出时要用橡胶塞塞住，不用的光口也要用橡胶塞塞住。光纤在地板下方做好防护措施，以免损伤。对光通信设备表面灰尘清理，各个插接件的角落部位可用压缩空气吹扫
4	注意事项	RJ45 水晶头卡接不牢、尾纤接口进入灰尘、联锁机柜和扩展机柜连接的扁平电缆插头、FCX/FFC 机笼电源板输入插头，这些部位在维护中被碰撞容易造成插接不良

4）电务维修机检修

电务维修机的主要功能是记录操作信息、错误信息、站场显示信息、输入输出信息的功能、铅封计数器清零。除此之外电务维修机还需通过调制解调器连接远程设备实现远程诊断功能。因此电务维修机除具有基本的鼠标、键盘、显示器、打印机等设备外，还应设置调制解调器、网线设备，与微机监测、列车运行控制等设备相连接的设备。电务维修机必须与监控机通信才能完成上述功能。

维修机的电源采用系统电源中的 UPS 提供的 220 V 电源，维修机的配套设备中有打印机、调制解调器，因此维修台的电源又分为四个——维修机 220 V、显示器 220 V、打印机 220 V、插座 220 V（供调制解调器用）。

电务维修机检修内容见表 5-2-9。

表 5-2-9　电务维修机检修内容

序号	作业项目	作业内容
1	查看维修机运行状况	电源工作指示灯正确点亮，维修机运行正常
2	外部插头防松、标识检查	外部插头牢固、不松动，标识齐全、清晰有效
3	卫生清洁	将主机防尘网取出后清理干净再安装；脏污部分可采用防静电喷剂以适当位置喷洒后再擦拭干净
4	时钟校核	标准：与机械室 GPS 时钟一致
5	重启	按流程推出程序后进行重启，重启后工作正常，核对传输给监控机的站场信息应同步

5）地线检查测试

使用地线电阻测试仪表对地线电阻进行测试。

（四）复查试验

对照标准化检修作业流程及《铁路信号维护规则》核对检修项目是否有漏检漏修，并与驻站防护员联系核对各 TYJL-ADX 计算机联锁设备工作状态是否正常。

切勿因时间或个人技术等原因漏检漏修，作业质量不达标，以次充好。复查完毕，如实记录工作情况。

（五）销记试验

检修作业整体完毕后，清点工具作业人员离开作业场所，工长、安全员联合复查试验，驻站防护员进行销记申请，由车站值班员试验完毕上报调度员，设备恢复正常使用。

三、作业总结

全体作业人员召开作业总结会，汇报工作过程中遇到的问题及解决方法，安全员给出点评，工长填写"工长日志"，值班人员填写"值班日志"。

【复习思考题】

1. 简述计算机联锁设备标准化检修作业流程。
2. TYJL-ADX 型计算机联锁设备联锁机柜检修作业内容有哪些？
3. 简述 TYJL-ADX 型计算机联锁设备集中检修注意事项。
4. 简述 TYJL-ADX 型计算机联锁设备联锁机双机切换操作流程及注意事项。
5. 试简要叙述 UPS 充放电试验方法及注意事项。
6. 试简要叙述 TYJL-ADX 型计算机联锁设备供电顺序。
7. 试简要叙述 TYJL-ADX 型计算机联锁光通信设备检修注意事项。

任务 3　DS6-K5B 型计算机联锁设备故障处理

任务描述

××站车站信号员办理进路时，鼠标不能正常操作，请求电务职工快速处理。

？ 请思考：如何判断是计算机联锁设备故障？计算机联锁设备发生故障后该如何快速处理？

教学目标

1. 知识目标

（1）掌握判断计算机联锁设备故障的方法。

（2）掌握计算机联锁设备故障处理流程。

2. 技能目标

（1）根据控制台现象，信号机械室设备状态，能判断计算机联锁设备是否发生故障。

（2）会按照标准用语进行设备故障登记并上报。

（3）能根据计算机联锁设备故障处理流程进行故障处理。

（4）会进行 DS6-K5B 型计算机联锁设备控制台故障处理。

（5）会进行 DS6-K5B 型计算机联锁设备联锁机故障处理。

（6）会进行 DS6-K5B 型计算机联锁设备网络设备故障处理。

（7）会进行 DS6-K5B 型计算机联锁设备工控机故障处理。

（8）会进行 DS6-K5B 型计算机联锁设备电源故障处理。

（9）会进行 DS6-K5B 型计算机联锁采集、驱动设备故障处理。

3. 素质目标

（1）树立爱岗敬业、遵章守纪的劳动精神。

（2）培养学生具备工作认真负责和良好的团队合作精神。

（3）培养学生精益求精、严谨细致的工匠精神。

（4）培养学生冷静、沉着、稳重、尊重流程（前人经验）的品质。

任务实施

一、作业前准备

（一）系统简介

DS6-K5B 型计算机联锁设备是中国通信信号集团公司与日本京三公司联合开发的新系统。系统的应用软件是在 DS6 系统联锁软件的基础上移植生成的。系统硬件中的联锁机和输入输出电路采用京三公司的 K5B 型产品，为三层多机分布式结构，由控制台、电务维护台、联锁机、输入输出接口和电源 5 个部分组成，如图 5-3-1 和图 5-3-2 所示。

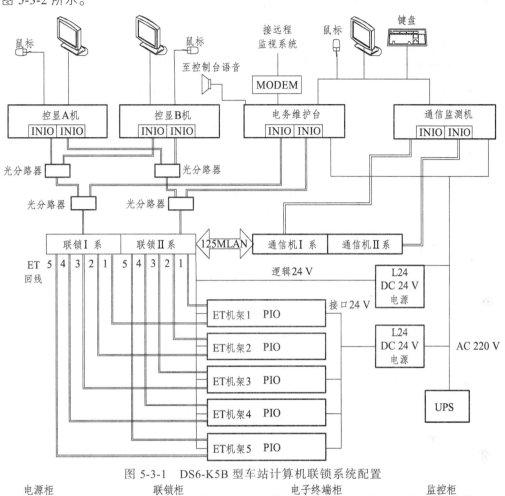

图 5-3-1　DS6-K5B 型车站计算机联锁系统配置

图 5-3-2　机柜配置

232

（二）控制台观察现象

信号工区值班人员接车站值班员通知后，携带通信工具 5 min 内赶赴运转室签到，并询问车站值班员操作内容、设备情况，观察控制台现象进行初步判断（见表5-3-1）。

表 5-3-1　故障现象

序号	故障范围	故障现象	故障位置
1	控制台故障	鼠标操作不良	运转室
		显示器像素光点显示不正常	
2	控显机故障	显示器未接收到数据	信号机械室或运转室
		显示器对鼠标操作无反应	
		显示器花屏	
3	联锁逻辑部故障	联锁逻辑部板卡工作指示灯灭或常亮、故障知识灯亮	
4	采集电路故障	采集板对应采集位指示灯不亮，但对应状态被采集继电器吸起（落下）	
5	ET 驱动板故障	驱动板对应驱动位指示灯不亮，但联锁机工作正常	
6	驱动电路故障	ET 驱动板对应驱动位指示灯亮，相应被驱动继电器未吸起或落下	
7	电源故障	设备电源指示灯灭	
8	网络、通信设备故障	设备工作指示灯正常，但仍不能按工作原理、动作流程动作	

（三）电务维护台调阅分析

通过菜单栏中功能按钮，进行站场图形回放再现和历史信息记录、监测报警信息查询，按照联锁逻辑动作过程进行分析，进一步确定故障范围，如图 5-3-3 所示。

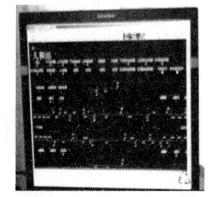

图 5-3-3　电务维护台设备信息调阅分析

（四）故障情况上报

将设备故障发生时间、初步判断范围、影响范围、采取措施等立即上报管辖车间调度，并组织工区人员立即处理故障，严格遵守"三不动""三不离""三不放过"，遇到困难可远程求助。

（五）准备工具

通信联络工具、万用表、备用设备、照明灯具（夜间）、一字螺丝刀、十字螺丝刀、万可起子、尖嘴钳、斜口钳、克丝钳、网线钳、吸尘器、毛刷、RJ45 水晶头、绑扎带。

二、故障处理

（一）故障处理登记

按照《中国铁路乌鲁木齐局集团有限公司铁路固定行车设备登销记规定》文件中的设备发生故障时应急处理标准用语在《行车设备检查登记簿》内进行登记。

第 6 条　固定行车设备发生故障办理登记时，应注明时间、地点、设备名称等基本要素；办理销记时，应注明时间、地点、停用设备名称、影响范围、行车限制条件等基本要素。列车调度员（车站值班员）、设备管理单位人员办理登销记时应分别签认（涉及多单位时分别签认）。

第 11 条　列车调度员、车站值班员发现或接到固定行车设备故障报告的登记用语。

（时间）×月×日×时×分，（地点）××站（××站至××站间×线××）××（设备名称）××××（故障概述）××××。

第 12 条　固定行车设备管理单位发现设备故障登记用语。

（时间）×月×日×时×分，（地点）××站（××站至××站间×线××）××（设备名称）故障（危及行车安全），封锁（停用）×××，需（单位）××××（含接触网停电，不需配合不用写）。

（二）故障处理

1. 电源故障处理

（1）供电原理如图 5-3-4 所示，电源控制装板接线如图 5-3-5 所示。

K5B 计算机系统要求信号电源屏经隔离变压器单独提供一路单相交流 220V 电源。从电源屏来的 220V 电源送到 K5B 的电源柜电源控制装板的空气开关，经过电源控制装板配线完成 UPS 供电与直接供电之间的切换。当交流接触器励磁时，交流接触器常开接点闭合，常闭接点断开，UPS1、UPS2 输出的 220V 经过冗余转换器送出。当因故交流接触器断电，由电源屏经交流接触器常闭接点直接供电。

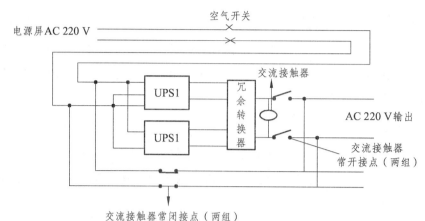

图 5-3-4　电源柜供电原理图

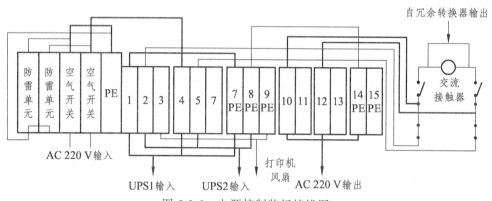

图 5-3-5　电源控制装板接线图

（2）线排2电源使用端子的分配：经过冗余转换器送出一路220 V电源经过内部配线送给2台逻辑24 V电源和2台接口24 V电源。通过逻辑24 V电源的变换给本系统中联锁逻辑部及电子终端机笼中逻辑电路供电，通过接口24 V电源的变换的电源用于继电器状态的采集和驱动联锁设备控制的继电器。线排2电源使用端子的分配如图5-3-6所示。

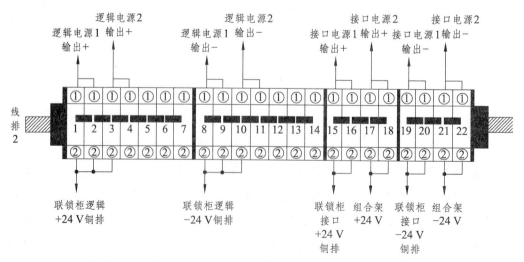

图 5-3-6　电源端子分配图

（3）逻辑 24 V 电源接入联锁柜逻辑铜排后，分派给联锁双系逻辑部、ET 机笼 ET-LINE 逻辑部、光分路器电源板和监控柜逻辑部使用。接口 24 V 电源接入联锁柜接口铜排后，分派给 ET1、ET2 两个机架所有 PIO 接口电路和监控柜接口部使用。接线如图 5-3-7 所示。

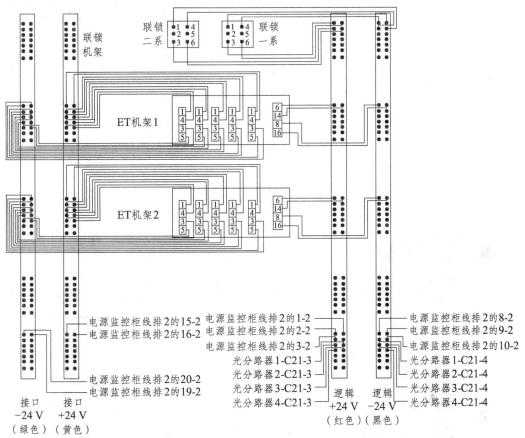

图 5-3-7　联锁机柜 24 V 电源接线图

（4）经过冗余转换器送出一路 220 V 电源经过接线端子对外分派控显机、控制台显示器和监测机。接线端子分配如图 5-3-8 所示

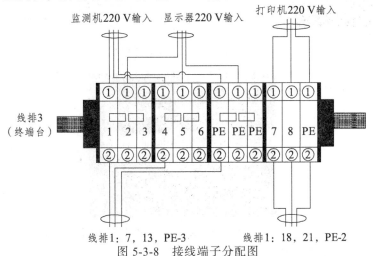

图 5-3-8　接线端子分配图

（5）电源系统如图 5-3-9 所示，电源整机图如图 5-3-10 所示，24 V 电源背视图如图 5-3-11 所示。

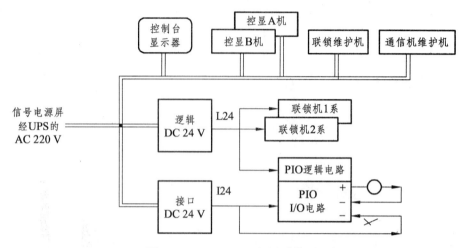

图 5-3-9　DS6-K5B 电源系统图

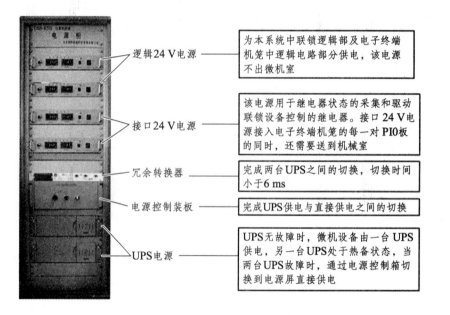

图 5-3-10　DS6-K5B 电源整机图

图 5-3-11　DS6-K5B 24 V 电源背视图

2. 控制台故障处理

如图 5-3-12 和图 5-3-13 所示，控制台由控显 A 机、控显 B 机和车站值班员办理行车作业的操作和显示设备组成。操作和显示设备提供站场图形显示、进路办理及现场作业情况、设备运行状态和有关的报警、提示信息等。操作设备选用鼠标（双鼠标），显示设备选用图形显示器（CRT 显示器）。

每台控显机内安装两块光电转换串行通信 INIO 接口板，通过光分路器同联锁 2 重系通信；安装的通用的鼠标串口、键盘并口、语音卡、多屏显卡，通过控显机转换箱与操作显示设备相连。控显 A、B 机的工作方式为双机热备，无扰切换。

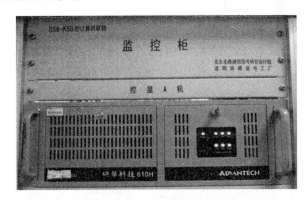

5-3-12　控显机前视图

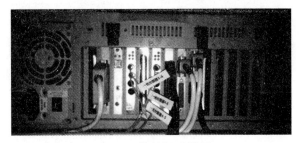

5-3-13　控显机后视图

光分路器由两块电路板组成，一块电源板 SPHC-PW，一块信号传送板 SPHC-TT。光分路器由接口 24 V（I24 V）供电。电源板产生 5 V 电压供信号传送板工作。光分路器电源连接图如 5-3-14（a）所示 SPHC-TT 各端口定义如图 5-3-14（b）所示。

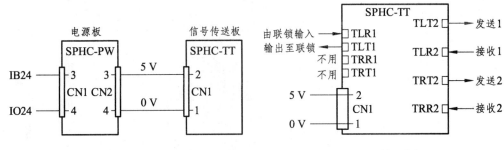

（a）光分路器电源连接图　　　　（b）SPHC-TT 端口定义

图 5-3-14　光分路器

DS6-K5B 型车站计算机联锁系统使用了 4 个光分路器。光分路器能把一侧的输入信号分成两路输出，同时又能把另一侧两路输入的信号合并成一路输出。利用光分路器的功能实现联锁 I、II 系、控显 A、B 机、维护监测机交叉冗余的连接。

控显机配备专用 CTC 通信接口，通过以太网接入 CTC 车站交换机，并 CTC 车站自律机交换站场表示信息、按钮信息、进路排列等信息。

控制台故障处理流程如图 5-3-15 所示。

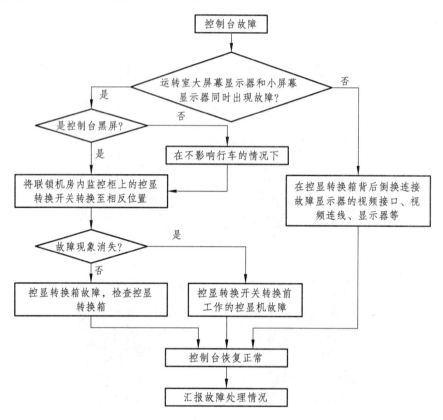

图 5-3-15　控制台故障处理流程

3. 联锁机故障处理

联锁逻辑部由联锁 I、II 系组成。联锁单系正面、背面如图 5-3-16 所示。

每一系由 F486-4I 联锁 CPU 板、FSIO1 电子终端及上位机接口板、FSIO2 电子终端通信扩展接口板和 VHSC26 125MLAN 通信扩展板 5 块电路板组成。各板之间通过机架底板的 VME 总线互连。在联锁机架的背面，每系各有 2 块光电转换板：EXP FIO7P 和 FIO7（P）。EXP FI07P 板是 FSIO2 的光电转换板，用于联锁机与电子终端之间的光缆连接。FIO7（P）板是 FSIO1 板的光电转换

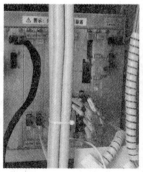

图 5-3-16　联锁单系正面、背面视图

板，用于联锁机与电子终端之间的光缆连接以及联锁机与控显机和监测机之间的光缆连接。

（1）F486-4I面板指示灯、开关的分布及功能定义如图5-3-17所示。

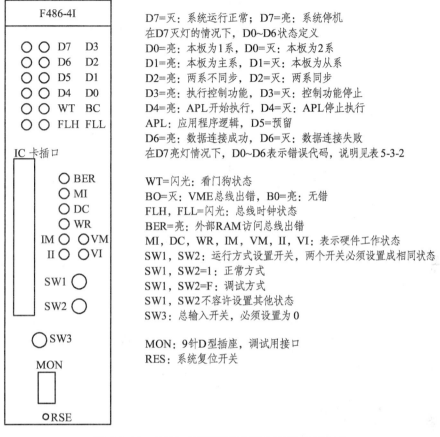

D7=灭：系统运行正常；D7=亮：系统停机
在D7灭灯的情况下，D0~D6状态定义
D0=亮：本板为1系，D0=灭：本板为2系
D1=亮：本板为主系，D1=灭：本板为从系
D2=亮：两系不同步，D2=灭：两系同步
D3=亮：执行控制功能，D3=灭：控制功能停止
D4=亮：APL开始执行，D4=灭：APL停止执行
APL：应用程序逻辑，D5=预留
D6=亮：数据连接成功，D6=灭：数据连接失败
在D7亮灯情况下，D0~D6表示错误代码，说明见表5-3-2

WT=闪光：看门狗状态
BO=灭：VME总线出错，BO=亮：无错
FLH，FLL=闪光：总线时钟状态
BER=亮：外部RAM访问总线出错
MI，DC，WR，IM，VM，II，VI：表示硬件工作状态
SW1，SW2：运行方式设置开关，两个开关必须设置成相同状态
SW1，SW2=1：正常方式
SW1，SW2=F：调试方式
SW1，SW2不容许设置其他状态
SW3：总输入开关，必须设置为0

MON：9针D型插座，调试用接口
RES：系统复位开关

图 5-3-17　F486-4I面板指示灯分布及显示意义

表 5-3-2　软件状态指示灯定义

LED	信息	正常状态	故障状态
D0	LED 输出	亮	灭（在向 LED 输出之前停止）
D1	初始化完成	亮	灭（初始化完成前停止）
D2	中断（Interrupt）ASK OK	亮	灭（F486 中断不正确）
D3	发送停止命令	灭	亮（接收到来自 F486 的停止命令）
D4	DPRAN 初始化	灭	亮（DPRAM 初始化未完成）
D5	运行停止命令	灭	亮（收到来自 F486 的停止命令）
D6	DPRAM 写故障	闪	亮或灭（DPRAM 写故障）
D7	DPRAM 读故障	闪	亮或灭（DPRAM 读故障）

（2）FSIO 面板指示灯分布及显示意义如图 5-3-18 所示。

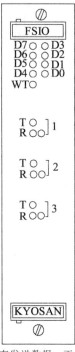

T：闪光=正在发送数据，灭=没有发送；
R：闪光=正在接收数据，灭=没有接收。

图 5-3-18　FSIO 面板指示灯分布及显示意义

（3）FIO7（P）板接线插孔分布及功能定义如图 5-3-19 所示。

CN9：预留

CN7：预留
CN8：预留

CNIT：ETLinel（单向输出）
CNIR：ETLinel（单向输入）

CN2T：ETLine2（单向输出）
CN2R：ETLine2（单向输入）

CN3T：ETLine3（单向输出
CN3R：ETLine3（单向输入）

CN5T：输出（与控制盘和监视器连接）
CN5R：输入（与控制盘和监视器连接）

CN6T：预留
CNIR：预留

注：◎为FC光纤接口

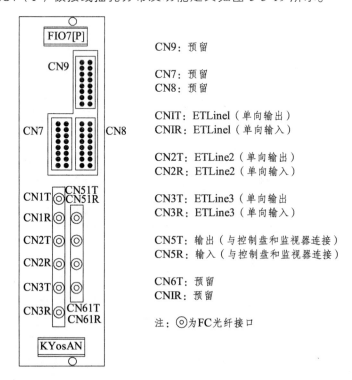

图 5-3-19　FIO7（P）板接线插孔分布及功能定义

（4）LAN 通信扩展板（VHSC26 板）。

VHSC26 面板指示灯、开关的分布及功能定义如图 5-3-20 所示。

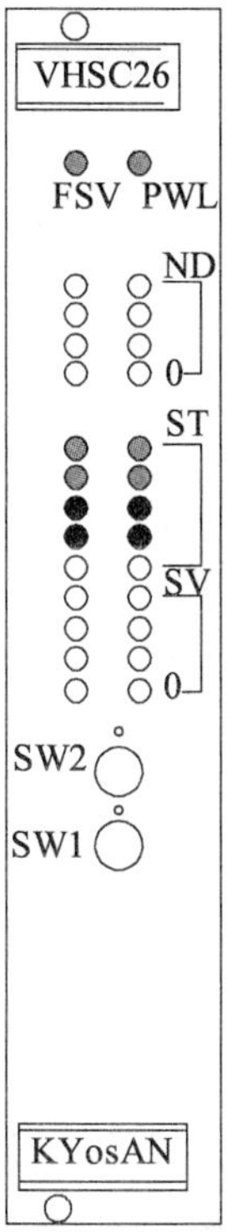

（绿灯）机笼正常表示：正常时点灯	（绿灯）LAN电源开状态：正常时点灯
ND	
（黄灯）设定节点D7	（黄灯）设定节点D6
（黄灯）设定节点D5	（黄灯）设定节点D4
（黄灯）设定节点D3	（黄灯）设定节点D2
（黄灯）设定节点D1	（黄灯）设定节点D0
ST	
（绿灯）RX_RLED：接收中时点灯	（绿灯）TX_TLED：发送中时点灯
（绿灯）RX_RMLED：单位数据接收中时点灯	（绿灯）TX_TMLED：单位数据发送中时点灯
（红灯）RX_RERR：接收存储器出错时点灯	（红灯）TX_BLED：备份发送时点灯
（红灯）TX_TMER：发送存储器出错时点灯	（红灯）RX_RSER：接收中断出错时点灯
（黄灯）	（黄灯）LNKLD：没有光纤接收时点灯
SV（表示VHSC26软件状态说明）	
（黄灯）软件状态D7	（黄灯）软件状态D6
（黄灯）软件状态D5	（黄灯）软件状态D4
（黄灯）软件状态D3	（黄灯）软件状态D2
（黄灯）软件状态D1	（黄灯）软件状态D0
SW2 基本地址设置开关	
SW1 LAN电源开关	

图 5-3-20　VHSC26 板面板指示灯、开关的分布及功能定义

（5）Z2ETH 板。

Z2ETH 板是 K5B 逻辑部的以太网接口板，执行以太网通信功能，该板卡设置在通信机逻辑部，如图 5-3-21 所示。

（6）HSC-SUB6 板。

HSC-SUB6 板为 125MLan 的接口板，执行 K5B 逻辑部与该环网上的其他 K5B 逻辑部之间通信的接口功能。每块板卡有 2 个光接口，下 R 上 T，如图 5-3-22 所示。

（7）IPU6 电源板。

IPU6 电源板是 K5B 系统联锁逻辑部内配备的专用电源，输入为逻辑 24 V 直流电源，输出为直流 5 V。该板前面板有电源开关，开关开启后即为本系的逻辑电路供电，如图 5-3-23 所示。

（8）DID 板。

DID 板卡后有一个 CN2 接口，在该接口上接入一个 DB25 插头（孔式），现场每站四个（联锁机 2 个，通信前置机 2 个）。Ⅰ、Ⅱ系的插头地址设置完全相同。但联锁机与通信机的接线方式不同，不可互换。该插头代表该逻辑部在该 125MLan 环网上的物理地址，拔下该插头或插头插接不牢会导致系统无法启动，如图 5-3-24 所示。

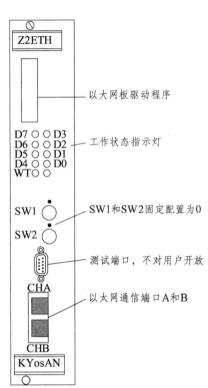

LED	项目	内容
D0	邮箱检测	邮箱 R 读入时，没有反转异常则 ON。对应邮箱 R 标识的处理结束，邮箱 L 写入后 OFF
D1	DPRAM 读入处理	邮箱 R 的读入要求标识为 ON，并且读入要求计数器更新时 ON。对应读入要求的处理（在本地缓冲器的复写）结束，将状态写入邮箱 L，读入完成计数器更新后 OFF
D2	DPRAM 写入处理	邮箱 R 的写入要求标识为 ON，并且写入要求计数器更新时 ON。对应写入要求的处理结束，将状态写入邮箱 L，写入完成计数器更新后 OFF
D3	DPRAM 状态写入处理	邮箱 R 的状态写入要求标识为 ON，并且状态写入要求计数器更新时 ON。对应状态写入要求的处理结束，将状态写入邮箱 L，状态写入完成计数器更新后 OFF
D4	数据块处理中	复写在本站缓冲的数据块的处理（块的检查、对子进程的分配等）中 ON。处理结束后 OFF
D5	发送完成（ALT）	在子进程发完包的时机 ALT[1]
D6	接收完成（ALT）	在子进程收完包的时机 ALT[2]
D7	主环 ALT	主环巡回一周 ALT
TW	WD7	有任何一个读入、写入状态，写入要求时对 WOT 清零，保持点灯。在一定时间内没有检测到上述要求时灭灯

图 5-3-21　Z2ETH 面板指示灯、开关的分布及功能定义

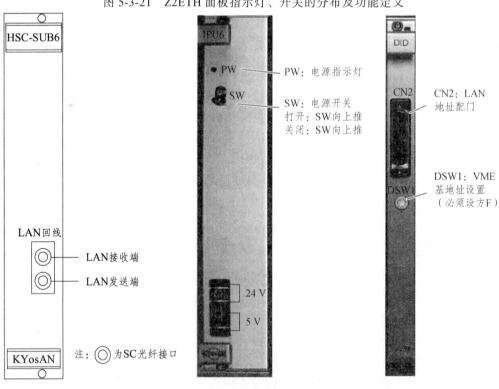

图 5-3-22　HSC-SUB6
面板插空定义

图 5-3-23　IPU6 面板
开关、指示灯定义

图 5-3-24　DID 板地
址配置示意

4. ET 故障处理

如图 5-3-25 所示，每个电子终端有 32 路输入和 32 路输出。ET-PIO 两重系的输出电路采取并联输出，输入电路采用静态−动态变换的故障−安全输入电路，如图 5-3-26 所示。

一个 ET 机架内有 12 个插槽；左边的 2 个插槽用于安装 2 个 ET-LINE 板。在每块 ETLINE 通信上有 2 个 DC 24 V-DC 5 V 电源。从第三个插槽起相邻成对安装 PIO 板。在每对 PIO 中，位置在左边的为 1 系 PIO 板，右边的为 2 系 PIO 板。每个 ET 机笼内最多可安装 5 对电子终端（ET-PIO）。

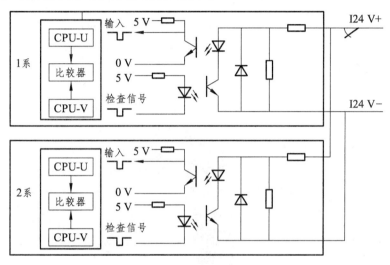

图 5-3-25　电子终端输入电路原理图

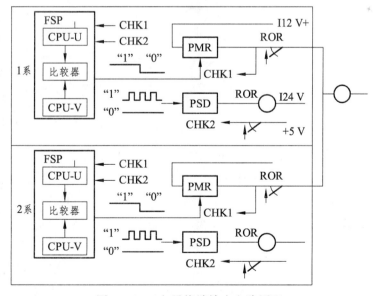

图 5-3-26　电子终端输出电路原理

1）ET 机箱与 ETLINE 通信板、PIO 板指示灯显示及定义

（1）LINE 和 PIO 面板指示灯：NORMAL、SYSTEM，亮为运行，灭灯为停止。

RXD：闪为接收；灭为无接收。TXD：闪为发送；灭为无发送。

DC5V ON：5 V 电源开关，向上为电源开，向下为电源关。

（2）ET 机架正面如图 5-3-27 所示。ETLINE 通信板、PIO 板如图 5-3-28、图 5-3-29 所示。

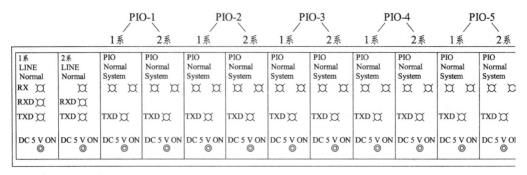

		PIO-1		PIO-2		PIO-3		PIO-4		PIO-5	
		1系	2系	1系	2系	1系	2系	1系	2系	1系	2系
1系 LINE Normal	2系 LINE Normal	PIO Normal System	PIO Normal System	PIO Normal System	PIO Normal System	PIO Normal System	PIO Normal System	PIO Normal System	PIO Normal System	PIO Normal System	PIO Normal System
RX ▢	▢	▢ ▢	▢ ▢	▢ ▢	▢ ▢	▢ ▢	▢ ▢	▢ ▢	▢ ▢	▢ ▢	▢ ▢
RXD▢	RXD▢										
TXD ▢	TXD ▢	TXD ▢	TXD ▢	TXD ▢	TXD ▢	TXD ▢	TXD ▢	TXD ▢	TXD ▢	TXD ▢	TXD ▢
DC 5 V ON ◎	DC 5 V ON ◎	DC 5 V ON ◎	DC 5 V ON ◎	DC 5 V ON ◎	DC 5 V ON ◎	DC 5 V ON ◎	DC 5 V ON ◎	DC 5 V ON ◎	DC 5 V ON ◎	DC 5 V ON ◎	DC 5 V ON ◎

图 5-3-27　ET 机架正面示意

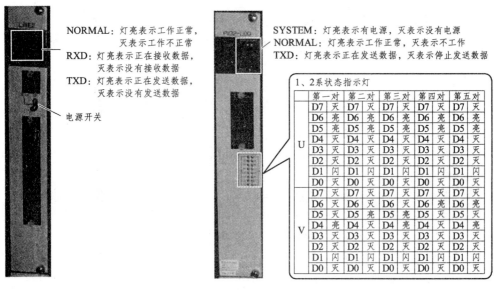

NORMAL：灯亮表示工作正常，灭表示工作不正常

RXD：灯亮表示正在接收数据，灭表示没有接收数据

TXD：灯亮表示正在发送数据，灭表示没有发送数据

电源开关

SYSTEM：灯亮表示有电源，灭表示没有电源

NORMAL：灯亮表示工作正常，灭表示不工作

TXD：灯亮表示正在发送数据，灭表示停止发送数据

1、2系状态指示灯

		第一对		第二对		第三对		第四对		第五对	
U	D7	灭	D7	灭	D7	灭	D7	灭	D7	灭
	D6	亮	D6	亮	D6	亮	D6	亮	D6	亮
	D5	亮	D5	亮	D5	亮	D5	亮	D5	亮
	D4	灭	D4	灭	D4	灭	D4	灭	D4	灭
	D3	灭	D3	灭	D3	灭	D3	灭	D3	灭
	D2	灭	D2	灭	D2	灭	D2	灭	D2	灭
	D1	闪	D1	闪	D1	闪	D1	闪	D1	闪
	D0	灭	D0	灭	D0	灭	D0	灭	D0	灭
V	D7	灭	D7	灭	D7	灭	D7	灭	D7	灭
	D6	灭	D6	灭	D6	灭	D6	亮	D6	亮
	D5	亮	D5	亮	D5	亮	D5	灭	D5	灭
	D4	亮	D4	灭	D4	亮	D4	灭	D4	亮
	D3	灭	D3	灭	D3	灭	D3	灭	D3	灭
	D2	灭	D2	灭	D2	灭	D2	灭	D2	灭
	D1	闪	D1	闪	D1	闪	D1	闪	D1	闪
	D0	灭	D0	灭	D0	灭	D0	灭	D0	灭

图 5-3-28　ETLINE 通信板　　　　　图 5-3-29　PIO 板

2）ET 机箱背面与 LINE 板、PIO 板插座定义及其连接

（1）ET 机箱背面如图 5-3-30 所示。

① 机笼背面右上角的 J1 插座是本机笼内各板卡所用的逻辑 24 V 电源的引入端，通过 ET-LINE 模块的板载 DC-DC 电源模块变成逻辑 5 V 电源，该电源仅供各板逻辑电路工作使用。

② ET-LINE 模块背面 SYS1 和 SYS2 的 A3/A4 光缆插座分别是电子终端与联锁 1、2 系连接的光缆接口插座，B3/B4 是扩展回线长度的光缆接口插座，每条回线最多可以扩展到 3 个电子终端机笼。

③ 每对 PIO 背面的 J3 插座是该对 PIO 所用的接口 24V 电源的引入端，通过 PIO 的输出端口驱动继电器或通过 PIO 的采集端口采集设备状态。

④ 每对 PIO 背面的 J4 和 J5 插座是机笼内部底板的跨接线，用短电缆连接不对外引出，与外部无关。

⑤ 每对 PIO 背面的 J1 插座是输入信号插座，采集信号设备状态信息由这里输入。

⑥ 每对 PIO 背面的 J2 插座是输出信号插座，信号设备的驱动命令由这里送出。

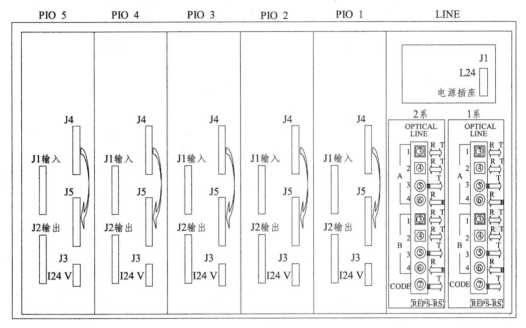

图 5-5-30　ET 机箱背面

（2）ETLINE 通信板与联锁逻辑部的连接。

每个 ET 机笼的 2 块 ETLINE 通信板，通过 2 根两芯光缆分别与联锁 2 系的 F107（P）接口板的 CN 端口连接。电子终端与联锁逻辑部的光缆连接如图 5-3-31 所示。

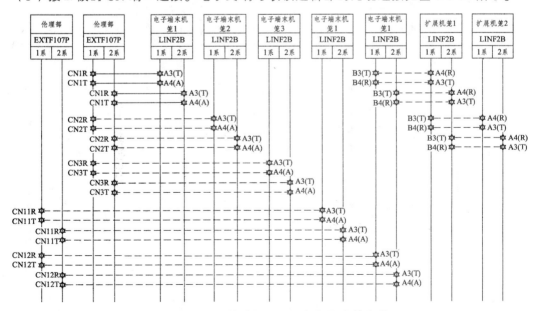

图 5-3-31　电子终端与联锁逻辑部的光缆连接

246

（3）电子终端的输入信号连接图。

如图 5-3-32 所示，PIO 输入信号电源从微机电源柜的接口 24 V（IB24）的"+"引出，通过采集继电器的接点到接口架的 CS-TX19-36T/Z 型插头/插座，经过信号电缆连到 PIO 的 J1，进入 PIO 模块内部的输入电路，经 J4、J5 回到接口 24 V 电源的"−"。

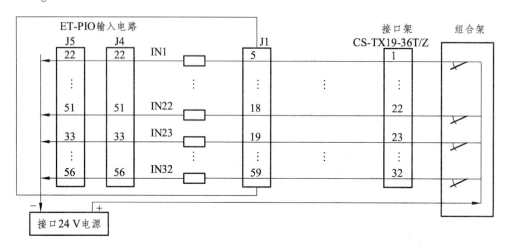

图 5-3-32　ET-PIO 输入信号连接图

（4）电子终端输出信号连接图。

如图 5-3-33 所示，电子终端输出驱动信号从 PIO 模块的 J2 引出，经过信号电缆连到接口架的 CS-TX19-36T/Z 型插头/插座，通过组合架间配线连接到被控继电器。电子终端 PIO 的输出驱动信号电压为 24 V，输出信号极性为"+"。继电器线圈的负极通过公共回线返回到接口 24 V 电源的"−"（IC24）。

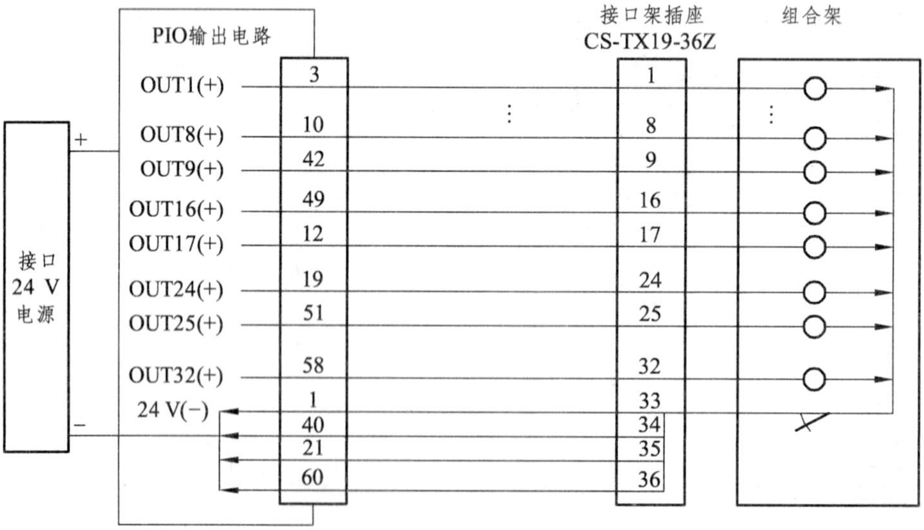

图 5-3-33　ET-PIO 输出信号连接图

采集电路故障处理流程如图 5-3-34 所示。

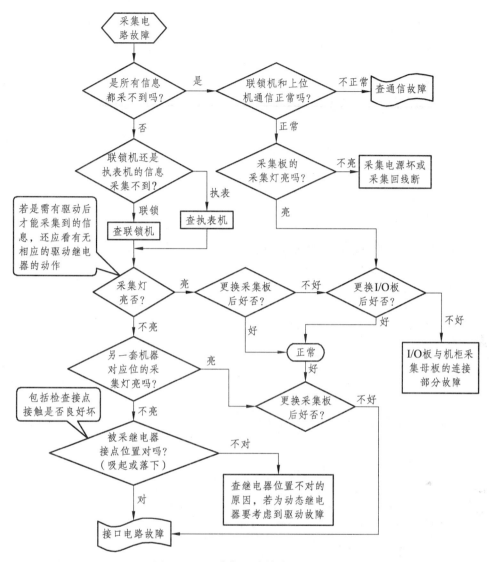

图 5-3-34　采集电路故障处理流程

驱动电路故障处理流程如图 5-3-35 所示。

（三）复查试验

严格遵守"三不离"作业纪律，对计算机联锁设备故障点处功能进行试验，并交由车站值班员试验，双方共同试验良好后进行销记处理。

（四）故障处理结果上报及销记

（1）故障处理结束并经双方试验良好后，故障处理负责人员向车间调度汇报故障处理情况，包括故障处理结束时间、故障原因、采取措施、材料消耗、人员分工等内容。

（2）销记用语。

在"行车设备检查登记簿"内采用标准用语进行销记。

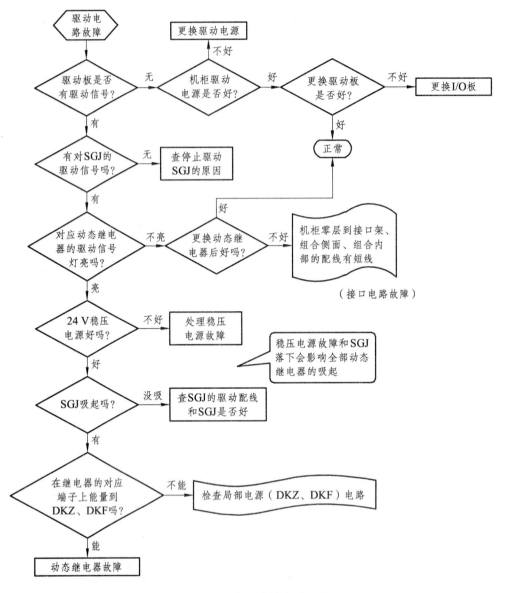

图 5-3-35　驱动电路故障处理流程

《中国铁路乌鲁木齐局集团有限公司铁路固定行车设备登销记规定》文件：

第 11 条　列车调度员、车站值班员发现或接到固定行车设备故障报告的销记用语。

（1）恢复正常行车：

（时间）×月×日×时×分，设备正常使用（开通）。

（2）限制行车：

（时间）×月×日×时×分，（地点）××站（××站至××站间×线××）××（设备名称）××，（行车限制条件）××。

第 12 条　固定行车设备管理单位发现设备故障销记用语。

（1）恢复正常行车：

（时间）×月×日×时×分，设备正常使用（开通）。

（2）限制行车：

（时间）×月×日×时×分，（地点）××站（××站至××站间×线××）××（设备名称）××，（行车限制条件）××。

阶梯提速（恢复常速）：

（时间）×月×日×时×分，（地点）××站××（××站至××站间×线××）提速至××（恢复正常速度）。

三、故障处理结束

（一）召开故障分析会

工长组织故障处理人员召开故障专题分析会，针对故障现象观察、故障范围判断、人员组织、故障处理过程中人员表现、信息沟通传达、工具材料准备等情况进行分析，找出不足，提出改进意见及优化措施，并对日常设备维护工作过程中的人员表现、技能做出针对性的改进计划。

在故障专题分析会记录本上进行会议内容的登记。

（二）工作日志记录

信号工区当日值班人员将故障相关情况在工作日志上进行记录。

（三）组织交接班、学习

休班人员接班时，交班人员应将故障处理情况重点交代，接班人员组织学习，并按照优化方案进行工作调整。

【复习思考题】

1.画出 DS5-K5B 型计算机联锁系统结构组成示意图。

2.画出 DS6-K5B 型计算机联锁系统供电联系示意图。

3.简述 DS6-K5B 型计算机联锁系统光分路器工作原理。

4.简述 DS6-K5B 型计算机联锁系统控制台故障处理流程。

5.简述 DS6-K5B 型计算机联锁系统工作正常时 CPU 板各指示灯含义。

6.DS6-K5B 型计算机联锁系统每个 ET 机架有几个插槽？最多能安装多少个电子终端(ET-PIO)？

7.简述 DS6-K5B 型计算机联锁系统采集电路故障处理流程。

8.简述 DS6-K5B 型计算机联锁系统驱动电路故障处理流程。

项目 6 | 分散自律调度集中系统（CTC）/列车调度指挥系统（TDCS）维护

【项目导学】

列车调度指挥系统（TDCS）是实现各级行车调度的集中管理、统一指挥和实时监督，覆盖全路的铁路列车调度指挥系统。调度集中系统（CTC）是对管辖区段内的列车和调车作业进行指挥和管理，通过联锁、列控、区间闭塞等信号设备，实现集中控制的铁路信号技术装备。CTC 在 TDCS 的基础上增加了各种控制功能，并具备与 TDCS 系统互联互通的能力。

为了解决行车和调车相互干扰的问题，必须实现在不影响列车运行的原则下，允许控制中心和车站通过调度集中系统自主进行调车的功能。这对于调度集中系统来讲是一种功能的分散，即分散自律地提出车站可以在自律条件下进行调车，车站系统具备自律控制的功能。分散自律调度集中系统具备了调车进路远程控制和智能化控制的功能，有效地解决了车站与调度中心频繁交换控制权进行调车控制的问题。

分散自律调度集中系统综合了计算机技术、网络通信技术和现代控制技术，采用智能化分散自律设计原则，以列车运行调整计划控制为中心，兼顾列车与调车作业的高度自动化的调度指挥系统，在全路铁路运输生产中起到了极大作用。

因此，该设备运用质量决定了铁路车站内的行车安全程度及运输效率。

本项目通过学习分散自律调度集中系统设备组成、操作方式方法、日常养护内容及标准、故障处理流程内容，提高铁路电务准入人员的设备维护能力，确保铁路运输中分散自律调度集中系统设备运用质量。

【教学目标】

1. 知识目标

（1）掌握分散自律调度集中设备组成、工作原理、界面显示、操作方法。

（2）掌握分散自律调度集中故障处理流程及故障测试方法。

2. 技能目标

（1）根据信号工派工单作业要求，确认检修设备及作业内容、标准，准备作业工具并确认良好。

（2）能进行安全预想，进行作业中安全卡控点分析并制订防护措施。

（3）能进行维修作业项目的登记。

（4）会按照操作流程进行分散自律调度集中设备开关机。

（5）会按照操作流程进行分散自律调度集中自律机及车务终端主备机切换。

（6）会进行分散自律调度集中日常简单故障处置。

3. 素质目标

（1）认识分散自律调度集中设备检修作业的意义。

（2）树立爱岗敬业、遵章守纪的劳动精神。

（3）培养学生具备工作认真负责和良好的团队合作精神。

（4）培养学生精益求精、严谨细致的工匠精神。

任务 1 分散自律调度集中系统/列车调度指挥系统日常养护

教学目标

1. 知识目标

（1）掌握分散自律调度集中系统组成、工作原理。

（2）掌握分散自律调度集中系统设备基本操作。

2. 技能目标

（1）根据信号工派工单作业要求，确认集中检修设备及作业内容、标准，准备作业工具并确认良好。

（2）能进行安全预想，进行作业中安全卡控点分析并制订防护措施。

（3）能进行维修作业项目的登记。

（4）了解分散自律调度集中系统组成。

（5）明确分散自律调度集中系统三部分的作用。

（6）了解分散自律调度集中系统基本原理。

3. 素质目标

（1）树立爱岗敬业、遵章守纪的劳动精神。

（2）培养学生具备工作认真负责和良好的团队合作精神。

（3）培养学生精益求精、严谨细致的工匠精神。

任务实施

分散自律调度集中系统由调度中心子系统、车站子系统和网络子系统三部分组成如图 6-1-1 所示。

调度中心子系统包括数据库服务器、应用服务器、通信前置服务器、网络设备、电源设备、防雷设备、网管工作站、系统维护工作站、调度员工作站、助理调度员工作站、值班主任工作站、控制工作站、计划员工作站、综合维修工作站等。根据需要也可为其他调度台设置相应显示终端。

分散自律 CTC
系统介绍

车站子系统安装于各个调度集中控制范围的车站，主要设备包括车站自律机、车务终端、综合维修终端、电务维护终端、网络设备、电源设备、防雷设备、联锁系统接口设备和无线系统接口设备等。

网络子系统包括网络通信设备和传输通道构成双环自愈网络，采用迂回、环状、冗余等方式提高其可靠性。

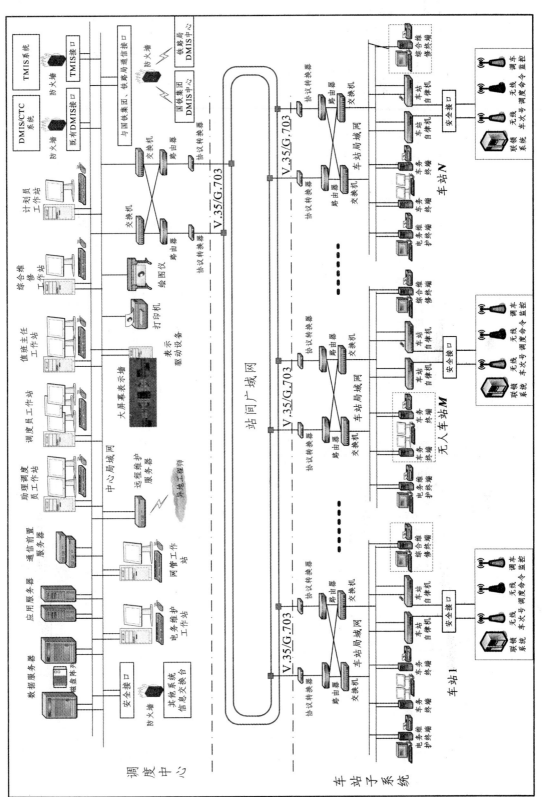

图 6-1-1　分散自律调度集中系统组成示意图

一、车站子系统

车站子系统是 CTC 系统的重要组成部分，是整个网络系统的基本功能节点。车站子系统根据列车运行调整计划完成进路排列、冲突检测、控制输出和状态采集与显示等核心功能。 车站子系统主要包含车站自律机、车务终端（值班员、信号员终端）、电务维修机、网络设备、电源设备等（见图 6-1-2 和图 6-1-3）。车站机械室放置 CTC 车站分机设备（见图 6-1-4）。车站运转室放置车务终端设备，用于线路状态的显示和排列进路等。

CTC 车站设备

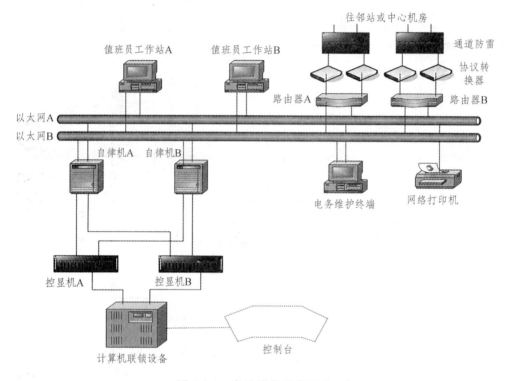

图 6-1-2　车站设备示意图（一）

二、车站 CTC 自律机机柜

（一）自律机（旧型）

自律机完成列车作业的智能控制，即按照列车运行调整计划自动排列列车进路，并根据《站细》规定，防止冲突进路（非联锁级的敌对进路）的办理。车站自律机完成调车作业的智能控制， 按照《站细》《行规》及《技规》对列车进路及调车进路进行可靠分离控制。车站自律机通过串口与计算机联锁系统进行连接，如图 6-1-5 所示。旧型自律机外形和 CPU 板如图 6-1-6 和图 6-1-7 所示，CPU 板指示灯含义见表 6-1-1。

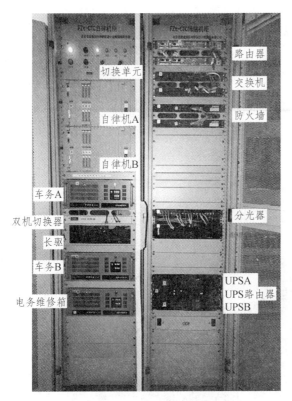

（a）旧型自律机

（b）新型 ECP 自律机

图 6-1-3 CTC 车站机柜

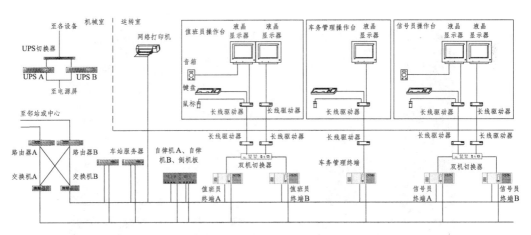

图 6-1-4　车站设备示意图（二）

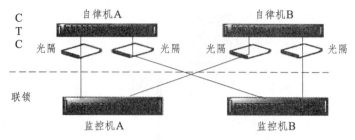

图 6-1-5　自律机与计算机联锁系统连接示意图

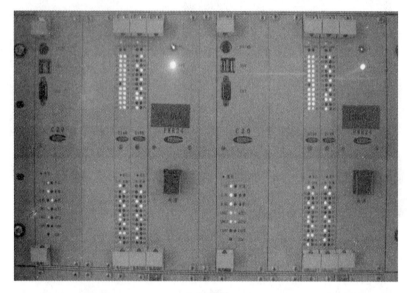

（a）正面

（b）背面

图 6-1-6　自律机

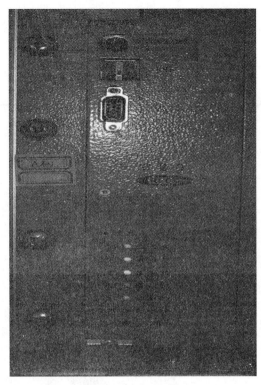

图 6-1-7　CPU 板

表 6-1-1　指示灯含义

指示灯	显示状态	显示含义
5 V	红灯亮	5 V 供电正常
欠压	黄灯亮	供电电压小于 4.75 V
工作	绿灯闪	CPU 板工作正常
故障	红灯亮	CPU 板工作不正常。启机时红灯亮，系统自检通过后红灯灭
主机	绿灯亮	当前本机在主机状态
备机	黄灯亮	当前本机在备机状态
LAK1	绿灯亮	网口 1 网络连接状态正常
ACT1	黄灯亮	网口 1 网络通信状态正常
LAK2	绿灯亮	网口 2 网络连接状态正常
ACT2	黄灯亮	网口 2 网络通信状态正常
CANT	绿灯亮	CAN 总线处于发送状态
CANR	黄灯亮	CAN 总线处于接收状态
1DE	绿灯闪亮	系统访问硬盘

倒切机笼面板如图 6-1-8 所示，A 主机灯点亮表示自律 A 机主用，B 主机灯点亮表示自律 B 机主用。

图 6-1-8　倒切机笼

（二）新型自律机

新型自律机 CPU 板及其前面板如图 6-1-9 和图 6-1-10 所示，面板指示灯定义表 6-1-2。

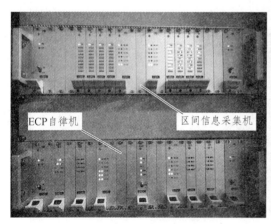

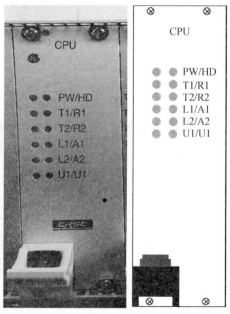

图 6-1-9　ECP 自律机（新型）CPU 板　　　　图 6-1-10　CPU 板前面板

表 6-1-2　面板指示灯定义

序号	名称	说明
1	PW（绿色）	正常供电为绿色
2	HD（绿色）	硬盘读写闪烁
3	T1（绿色）	串口 1 有数据发送闪烁

续表

序号	名称	说明
4	R1（绿色）	串口1有数据接收闪烁
5	T2（绿色）	串口2有数据发送闪烁
6	R2（绿色）	串口2有数据接收闪烁
7	L1（绿色）	网口1物理接口状态，常亮表示物理连接正常
8	A1（绿色）	网口1数据传输状态，闪烁表示有数据传输
9	L2（绿色）	网口2物理接口状态，常亮表示物理连接正常
10	A2（绿色）	网口2数据传输状态，闪烁表示有数据传输
11	U1（绿色）	用户指示灯，有亮、灭和闪烁三种状态，提供API。闪烁频率有4种：0.5 Hz、1 Hz、3 Hz和10 Hz
12	U2（绿色）	用户指示灯，有亮、灭和闪烁三种状态，提供API。闪烁频率有4种：0.5 Hz、1 Hz、3 Hz和10 Hz

（三）电源板

电源板为固定开关电源，它将外部引进的 AC 220 V 电源转换成供所在机箱内各板卡数字电路工作的 DC 5 V、DC 3.3 V、DC（±12）V 电源，通过背板走线为本系内各单元供电。其前面板如图 6-1-11 所示。

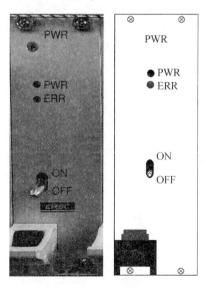

图 6-1-11　电源板前面板

面板指示灯定义见表 6-1-3。

表 6-1-3　电源板面板指示灯定义

序号	名称	说明
1	PWR（绿色）	电源工作状态指示灯，正常亮灯
2	ERR（红色）	故障指示灯，无故障灭灯，故障亮灯

（四）串口板

串口板实现与联锁数据通信，其外形如图 6-1-12 所示，各指示灯定义见表 6-1-4。

图 6-1-12　串口板

表 6-1-4　串口板指示灯定义

序号	名称	说明
1	TX1（绿色）	串口 1 有数据发送指示灯闪烁
2	RX1（绿色）	串口 1 有数据接收指示灯闪烁
3	TX2（绿色）	串口 2 有数据发送指示灯闪烁
4	RX2（绿色）	串口 2 有数据接收指示灯闪烁
5	TX3（绿色）	串口 3 有数据发送指示灯闪烁
6	RX3（绿色）	串口 3 有数据接收指示灯闪烁
7	TX4（绿色）	串口 4 有数据发送指示灯闪烁
8	RX4（绿色）	串口 4 有数据接收指示灯闪烁

（五）采集板

采集板主要功能为采集外部开关量，如图 6-1-13 所示。

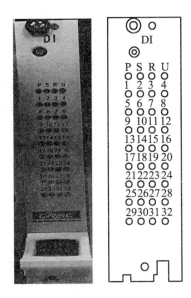

图 6-1-13　采集板

（六）倒机板

倒机板能够实现主备系状态的倒切。当 A 系为主机时，倒机单元可以将公共串口切换至 A 系；当 B 系为主机时，倒机单元可以将公共串口切换至 B 系，倒切板支持硬倒切（通过摇头开关手动倒切）、接受应用程序的倒机指令倒切（软倒切）和主机无响应时的自动倒切。倒机在自动开关位时，自律机 A 机故障时，会自动倒机到 B 机工作，反之相同。手动倒机时，需要手动操作倒机板上的摇头开关，倒到 A 机或 B 机。其前面板如图 6-1-14 所示。

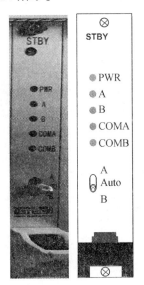

图 6-1-14　倒机板前面板

倒机板前插板有 1 个摇头开关，可使用其进行手动倒机。其指示灯定义见表 6-1-5。

表 6-1-5　倒机板指示灯定义

序号	名称	说明
1	PWR（绿色）	电源工作状态指示灯，正常亮灯
2	A（绿色）	A 系为主系时正常亮灯
3	B（绿色）	B 系为主系时正常亮灯
4	COMA（绿色）	COMA 口有 TX 数据时，指示灯闪烁
5	COMB（绿色）	COMB 口有 TX 数据时，指示灯闪烁

（七）车务终端

车务终端系统包括值班员终端系统、信号员终端系统、车务管理终端系统及网络打印机等。值班员终端系统、信号员终端系统硬件设备各包括工控机 2 台、键盘鼠标 1 套、显示器 2 台、双机切换器 1 套、长线驱动器 1 套、音箱 1 套；车务管理终端系统硬件设备包括工控机 1 台、键盘鼠标 1 套、显示器 1 台、长线驱动器 1 套。两台车务终端共用显示器、鼠标及键盘等外设，安装一台智能倒机单元来自动切换外设。早期系统工控机放置在行车室终端桌及其他终端桌内（见图 6-1-15），现全部布置在信号机械室系统机柜内部（见图 6-1-16）。

车务终端是双机冗余系统，不分主备，双机并行同时工作，保证了系统的高可靠性。车务终端软件包括站场图控制、行车日志、调度命令管理、小编组和站存车信息管理等模块（见图 6-1-17），信号员终端作为车务终端软件的一部分，通过权限配置仅提供站场图功能。

图 6-1-15 行车室 CTC 车务终端（旧型）

图 6-1-16 行车室 CTC 车务终端（新型）

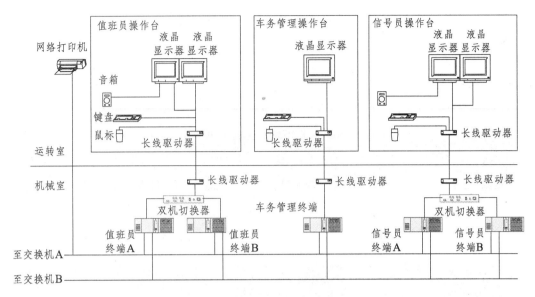

图 6-1-17　行车室 CTC 车务终端示意图

车务终端的显示器、键盘、鼠标等设备安放在各自的终端桌上，电源线引自电源机柜。

车务终端的主机安装在机械室的机柜内，电源引自柜内 UPS 输出；通过制作好的网线将交换机 A、B 分别与各工控机的双网卡连接。

双机切换器是使两台工控机共享一套显示器和鼠标键盘的设备，安装在机柜内，如图 6-1-18 所示。

（a）正面

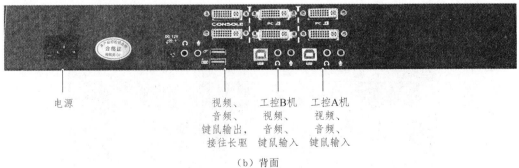

（b）背面

图 6-1-18　KVM HP4020

键盘、鼠标通过专用 USB 接口接至长驱 TX 键鼠口。

双机切换器后面的连线：2 套（2 条）键盘鼠标线分别接 2 台工控机、2 套（4

条）显示器电缆分别连接 2 台工控机的双屏卡、2 条显示电缆分别连接 2 台长线驱动器（柜内）。

KVM HP4020 双机切换器正面标识"1"和"2"代表主备机状态，"SELECT"按键为双机切换按钮。

长线驱动器如图 6-1-19 和图 6-1-20 所示。

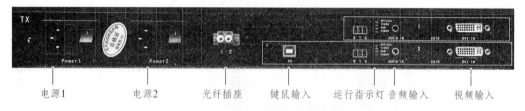

图 6-1-19　HP2200 长驱（TX）背面示意图

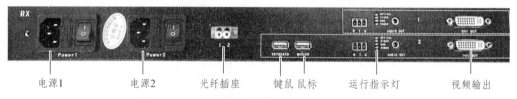

图 6-1-20　HP2200 长驱（RX）背面示意图

运转室显示器、键盘鼠标、音箱连接长线驱动器 RX（运转室）。

HP 2200 长驱电源类型为双路双电型，一路供电时使用电源 1 或电源 2 均可。

长线驱动器（柜内 TX）、长线驱动器（运转室 RX）之间通过光纤连接。

运行指示灯含义：

（1）POWER　电源指示灯　电源正常时亮绿灯。

（2）RUN　　运行灯　　　设备运行正常时亮绿灯。

（3）VIDEO　视频指示灯　有视频信号输入时亮绿灯。

车务终端双机切换操作：

光纤长线驱动器双击键盘上的"Ctrl"按键，再按压"1"或"2"键后，可以完成两台车务终端的切换。

对图 6-1-21 中网口长线驱动器双击键盘上的"Ctrl"按键即可切换。

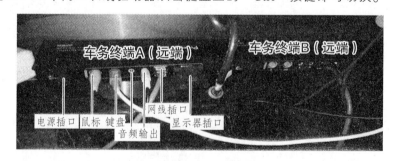

图 6-1-21　车务终端双机切换

（八）电务维护终端

电务维护终端软件（见图 6-1-22）与车务终端软件相同，只是操作权限不同，仅可显示站场图调监画面，不可以进行排路操作，可以设置股道与道岔区段的分路不良状况。显示各类报警信息，查看日志记录等。电务维护终端具备本车站设备管理的功能，在电务维护终端上可查看本车站自律机与联锁、列控中心的接口状态，同时也可以查看本站车务终端与中心、车务终端与自律机的连接状态。

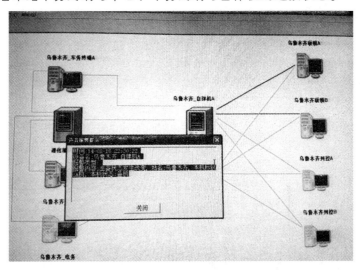

图 6-1-22　电务维护终端

三、车站 CTC 网络机柜

（一）通信网络

车站网络机柜交换机通过网络防火墙，分别连到路由器上，再与到车站的广域网连接（见图 6-1-23）。调度中心到车站的通道和车站间的通道可采用不同介质，如同轴电缆或光纤，目前乌鲁木齐铁路局集团有限公司全部采用光纤通道确保了通信质量。

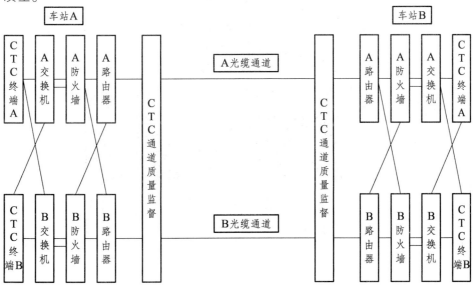

图 6-1-23　通信网络示意图

（二）网络设备

路由器是连接多个局域网，与广域网连接的网格设备。在 CTC 系统中，路由器是车站子系统与中心子系统和邻站子系统连接的重要工具。

防火墙是设置在不同网络（如企业内部网和公共网）或网络安全域之间的一系列部件的组合，通过监测、限制、更改跨越防火墙的数据流，尽可能地对外部屏蔽网络内部的信息、结构和运行状况，以此来实现网络的安全保护。

交换机为 CTC 车站子系统局域网的组网设备，自律机、车务终端、电务维修机、网络打印机均与交换机连接。交换机与路由器连接，实现外网与内网的信息交换，如图 6-1-24 所示。

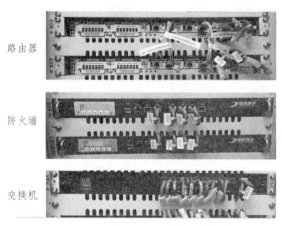

图 6-1-24　网络设备

（三）通信质量监督设备

通信质量监督设备用于监督光纤通道的质量状态，如图 6-1-25 和图 6-1-26 所示。

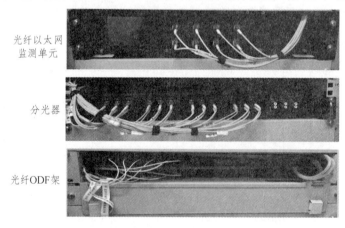

图 6-1-25　通信质量监督设备

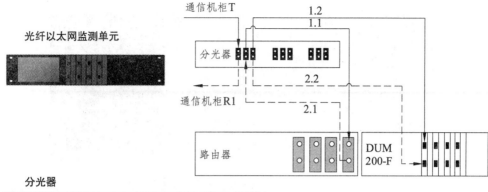

图 6-1-26　通信质量监督设备示意图

（四）电源设备

电源接线如图 6-1-27 所示。

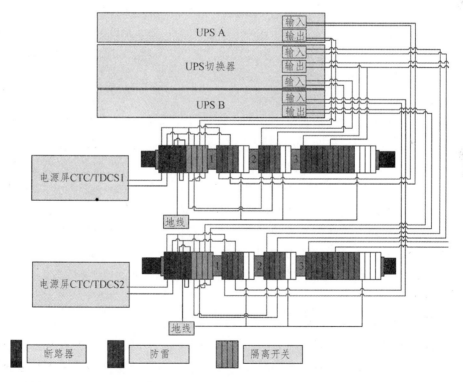

图 6-1-27　电源接线示意图

（五）UPS 及切换单元

分散自律调度集中系统 UPS 电源如图 6-1-28 所示。

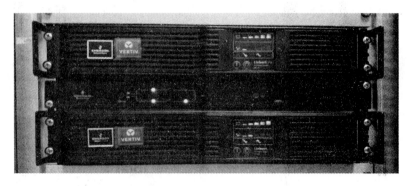

图 6-1-28　分散自律调度集中系统 UPS 电源设备

四、分散自律调度集中系统功能

分散自律调度集中系统是集调度智能决策、实时遥控、故障安全和信息安全技术于一体，采用智能化分散自律控制原则，以列车运行调整计划为中心，兼顾列车和调车的高度智能化自动控制系统。系统采用分散自律的系统架构，突出的特点是将程序化进路控制功能下放给各个车站设备。CTC 中心根据运输实际情况，编制列车运行调整计划，并适时地将调整计划直接下达给各个车站的自律机，由车站自律机根据列车运行调整计划生成列车进路操作指令，并根据车次号追踪结果适时地将进路操作命令传送给联锁系统予以执行，以此实现车站作业的远程调度指挥

（一）分散自律的实现

铁路的行车作业是车站值班员根据上级调度员的阶段计划进行的接发列车的工作，调车作业是车站自行组织的工作，一般情况下车站调车作业不能影响行车计划的执行。行车作业和调车作业都需要占用相同的运输设备（股道、咽喉等），正常的到发列车作业和组织高效的调车作业之间必然存在着矛盾。在传统的 CTC 系统下，通过切换站控模式（车站控制）和遥控模式（分局控制）来执行到发列车作业和调车作业进路，频繁切换严重影响了调车工作的效率。

分散自律的理论能较好地解决调度集中系统内车站本地调车作业和行车作业之间的矛盾。分散自律理论认为系统中所有的单元（子系统）都是独立平等的，能独立完成各自的任务而不依赖于其他单元，同时各个单元之间也能相互协调来实现整个系统的运行。

（二）与计算机联锁结合

计算机联锁系统自己独立构成一个封闭的控制局域网，为不影响联锁系统的正常工作，应该采用串口与联锁系统连接。联锁机一般为双套设备，采集和运算的结果信息均为双套，控显机收到的信息为当前使用的信息。并且联锁的控制指令也是从控显机发出的，所以自律机应该从联锁控显机获得信息，并将完整的进路操作指令传送给控显机，由控显机将此指令转换为联锁机能识别的控制命令。

双控显机与双自律机通过 2 个串口互联，要求联锁硬/软件进行较大改动，需要考虑双机信息的同步和一致性检查解决方案，但系统的可靠性会有较大提高，如图 6-1-29 所示。

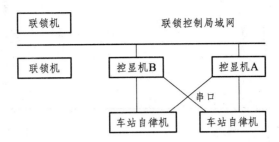

图 6-1-29　分散自律调度集中系统与计算机联锁设备联系图

1. 输入信息类型

由联锁系统送给自律机，CTC 表示需要的各种信息：

进站信号机——绿、黄、绿黄、双黄、黄闪黄、引导、红、断丝。

进路信号机——绿、黄、绿黄、黄闪黄、引导、红、白、断丝。

出站信号机——绿、绿绿、黄、绿黄、红、白、白闪、断丝。

调车信号机——白、白闪、蓝、（红）断丝。

轨道区段——锁闭、占用、空闲。

道岔——定表、反表、四开、单锁、单解、单封、解封、总锁。

闭塞——各种表示灯

区间——轨道占用、出清、红、绿、黄。

其他——熔丝、主灯丝等各类报警灯、股道封锁、区间封锁及联锁设备运行状态表示。

2. 输出信息类型

由自律机送给联锁系统，CTC 向联锁发送一条完整的进路控制命令，以编码形式实现。

选路——选路代码+始端 –（变更）– 终端。

取消——总取消+始端。

定位操作——总定+道岔。应该统一规定各种控制命令代码的编码原则，并确定各站信号机、道岔、轨道区段等设备代码编码原则。例如，若规定选路编码为 01，取消为 02，则一条选路命令为：01+始端按钮代码+终端按钮代码，一条取消命令为 02+始端命令代码。

可能的控制命令类型归纳如下：选路、取消进路、人工解锁、重复开放、道岔定位、道岔反位、道岔单锁、道岔单解、引导进路、区段解锁、道岔封闭、道岔解封、按钮单封、按钮解封、坡道解锁、引导总锁闭、轨道电路停电恢复、溜放功能等。控制命令代码的编码原则应该考虑故障 – 安全编码。

3. 非常站控按钮

非常站控按钮设计为非自复式带计数按钮设在联锁机操作界面上，表示控制模式状态的红绿黄 3 个灯设在联锁机和 CTC 的操作界面上，状态信息保存在联锁机中，定时（变化实时）发送到 CTC 自律机。

非常站控状态下，联锁操作有效，CTC 操作无效，但 CTC 判断转入分散自律模式条件是否满足，决定是否向联锁机发出点黄灯信息。只有在黄灯状态下，转回分散自律操作才能生效，否则 CTC 不接收，联锁也不应该使自己转换。状态灯：红灯。

分散自律模式下，联锁操作无效，CTC 操作有效。状态灯：绿灯。

上电时，联锁的操作模式进入前次控制模式，CTC 等待接收联锁机传来的模式状态信息决定进入何种模式。状态灯：前一次状态。

（三）分散自律控制方式

分散自律是指车站与调度中心各自独立、自成体系、灵活组合，由高可靠的双环网络结构将其连接在一起，可由中心通过给车站发命令的方式统一控制，也可由车站根据预定的规则和计划信息自动产生控制命令，也可由人工发命令控制。具体功能如下：

（1）车站可根据各个车站的站细规则和实际行车状况自我检查约束。

（2）中心可远程查看车站各方面的信息，并可远程控制车站设备操作。

（3）车站可在中心远程控制下工作，即使与中心断开，也可以自行保证行车安全。

（4）在各种控制方式下，均需要根据预定义的安全规则进行校核，确保自动化系统的动作是安全可控的。

CTC 系统具有分散自律控制和非常站控两种模式。CTC 的非常站控模式是遇行车设备故障、施工、维修需要时，脱离调度集中系统控制转为车站联锁控制台人工办理的模式。此时，转换是无条件的，只是在中心会有相应的报警提示。中心操作方式为默认操作方式，若需各种模式转换需点击"控制方式转换"菜单进行操作，并需中心确认。

分散自律调度集中区段，CTC 操纵模式分为车站调车、车站操作、中心操作三种模式（见图 6-1-30），其中中心操作是在分散自律模式下自动触发排列进路和开放信号。

图 6-1-30　分散自律调度集中控制方式

1. 中心控制

中心控制方式适用于较小的中间站或者无人站。中心具有信号设备的全部控制权，包括列车进路序列、列车进路按钮、调车进路序列、调车。进路按钮以及其他功能性控制操作，车站无直接控制权限。

2. 车站调车操作方式

车站调车操作方式适用于大多数 CTC 控制车站。中心对列车进路有操作权，对调车进路操作权；车站对调车进路有操作权，对列车进路无操作权。列车进路序列、列车进路按钮由中心控制；调车进路序列、调度进路按钮由车站控制；道岔的单操、单锁、单解、单封均可由中心和车站操作；功能按钮，即半自动闭塞按钮、坡道钮、上电解锁按钮、允许改方、总取消按钮，中心和车站均可操作。对于封锁操作，遵循"谁封，谁解锁"的原则，即调度员封锁的设备，车站无法解锁；车站封锁的设备，调度员无法解锁。

3. 车站操作方式

车站操作方式适用于较大型车站。车站具有全部信号设备的控制权，包括列车进路序列、列车进路按钮、调车进路序列、调车进路按钮以及其他功能性控制操作，中心无直接控制权限。

【复习思考题】

1.分散自律调度集中设备是由哪些设备组成的？

2.分散自律调度集中设备日常养护内容包括哪些？并说明注意事项。

3.简述 CTC 车站设备的安装位置及顺序。

4.简述车务终端设备的组成及连接顺序。

任务 2　分散自律调度集中系统系统基本操作

教学目标

1．知识目标

（1）掌握分散自律调度集中系统开关机及工控机双机切换。

（2）掌握分散自律调度集中系统自律机 A、B 机倒机切换、重启。

2．技能目标

（1）根据信号工派工单作业要求，确认集中检修设备及作业内容、标准，准备作业工具并确认良好。

（2）能进行安全预想，进行作业中安全卡控点分析并制订防护措施。

（3）能进行维修作业项目的登记。

（4）会开关分散自律系统。

（5）会按照程序进行工控机倒机、自律机倒机工作。

3．素质目标

（1）树立爱岗敬业、遵章守纪的劳动精神。

（2）培养学生具备工作认真负责和良好的团队合作精神。

（3）培养学生精益求精、严谨细致的工匠精神。

任务实施

一、开机步骤

1．电源设备

打开电源机柜内断路器开关，向 UPS 供电；打开两台 UPS 电源按压"ON"按钮时，要持续几秒，等听到响声后再松手；通过 UPS 切换器输出电源，向柜各设备供电。

2．网络设备

直接打开网络设备上的电源开关即可。

3．自律机

打开 A 机和 B 机电源板上的电源开关。

4．其他终端储备

打开显示器电源、工控机电源、服务器、双机切换器等设备电源。

二、关机步骤

正常情况下不必关机，如在接到电源屏停电通知或 UPS 故障情况下需要关机，则步骤与开机时相反，先关计算机和外部设备电源。

三、静电防护

操作人员在对柜内（特别是自律机板卡）设备进行操作之前，必须佩戴防静电手环，一般在机柜的前方和后方都设置有防静电手环连接点，可以满足 2~3 人同时对设备进行操作。禁止不戴防静电手环其进行操作。

（1）在佩戴防静电手环之前，应首先确认防静电手环与机柜的连接可靠。

（2）在操作主机单元时，同时只能对单系进行操作。

（3）禁止非专业操作人员对自律机设备的操作。

（4）备品及更换的硬件单元，请放入抗静电袋内，否则可能造成硬件单元的静电损坏。

（5）更换设备时，保证手的干燥，佩戴防静电手环，实施更换作业。

（6）更换设备时，要关闭对应硬件单元的电源操作。

四、车务终端双机切换

CTC 车务终端系统硬件设备包括工控机 2 台、键盘鼠标 1 套、显示器 2 台、双机切换器 1 套、打印机 1 台、音箱 1 套和电源插座等，其中工控机的网线为双网线。

双机切换器是使两台工控机共享一套显示器和鼠标键盘的设备，连线比较复杂，要特别注意，键盘是通过一条专用三通电缆分出两个 PS2 接口分别插在双机切换器正面的两个键盘插孔，鼠标则插在正面左边第一个鼠标插孔中；双机切换器后面的连线要更为复杂，有 2 套（4 条）键盘鼠标线分别接 2 台工控机、2 套（4 条）显示器电缆分别连接 2 台工控机的双屏卡、2 条显示电缆分别连接 2 台显示器，如图 6-2-1 所示。

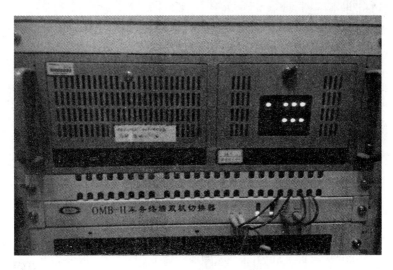

图 6-2-1　CTC 车务终端

图 6-2-2 所示为早期 TDCS、CTC 2.0 系统进行车务终端切换时，只需在运转室车务终端键盘上双击"Ctrl"键，即可完成车务 A、B 机切换。

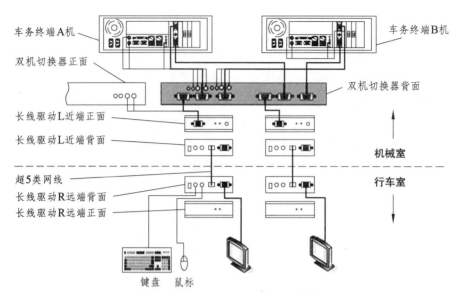

车务终端A机

双机切换器正面

长线驱动L近端正面

长线驱动L近端背面

超5类网线

长线驱动R远端背面

长线驱动R远端正面

键盘　鼠标

车务终端B机

双机切换器背面

机械室

行车室

图 6-2-2　CTC 车务终端连接示意图

图 6-2-3 所示为中期系统 KVM HP4020 双机切换器配合 HP2200 光纤长驱收发器（RX），进行车务终端切换时，需在运转室车务终端键盘上双击"Ctrl"键后，再按压"1"或"2"键后，可完成车务 A、B 机切换。

图 6-2-3　KVM HP4020 双机切换器

图 6-2-4 所示为最新 3.0 系统配置的 LT-KVM1000D KVM 延长器（相当于图 6-2-3 中双机切换器/光纤长线驱动器，合二为一），进行车务终端切换时，需在运转室车务终端键盘上按压回车键（shift）后，再按压"1"或"2"键后，可完成车务 A、B 机切换。

图 6-2-4 LT-KVM1000D KVM 延长器

五、自律机 A、B 机倒机切换

（一）"自动状态"下的自律机的 A、B 机切换

如图 6-2-5 所示，主备机工作表示灯 A 机表示灯点亮，说明自律机 A 机是工作状态，B 机工作灯灭灯，说明 B 机处于备机状态。确认需要切换至 B 自律机工作正常，指示灯正常。将钥匙旋钮置于"自动"，将自律机 A 机电源板的红色按钮按下，可切换到 B 机。等待 1 min 后，再将关闭的自律机 A 机电源开关按下开启，等 3~5 min 后，倒机板故障灯熄灭，C20（C30）板所有指示灯工作正常（包括区间采集板）。

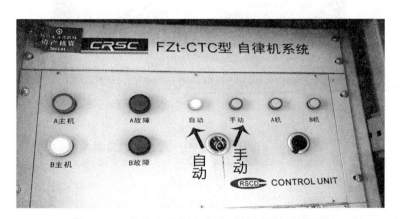

图 6-2-5 分散自律调度集中系统倒机切换面板

（二）"手动状态"下自律机 A、B 机倒机切换

将自律机 A 机切换到 B 机。确认自律机 A 机是工作状态，B 机处于备机状态。
第一步：将自动/手动按钮转到手动。
第二步：将 A 机/B 机按钮旋转到要倒入的自律机 B 机。
第三步：确认自律机 B 机亮绿灯工作正常。
第四步：将自动/手动按钮转到自动。

（三）自律机 A、B 机重启

如图 6-2-6 所示，首先确认自律机 A 机是工作状态，B 机处于备机状态，这时可以重启自律机 B 机。重启方法：将自律机 B 机电源板的电源开关关闭（按下红色按钮），5 s 后再次按压电源开关开机，即可重启自律机 B 机。

图 6-2-6　分散自律调度集中系统主机板

（四）ECP 自律机双机切换操作简单说明

对于新型 ECP 自律机（见图 6-2-7），其机笼内倒机板支持硬倒机（通过摇头开关，进行手动倒机）、接受应用程序的倒机指令倒机（软倒机）和主机无响应时的自动倒机。

倒机在自动开关位时，自律机 A 机故障时，会自动倒机到 B 机工作，反之相同

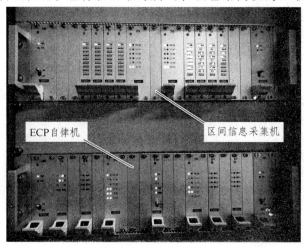

图 6-2-7　新型分散自律调度集中系统主机板

【复习思考题】

1.简述调度集中系统的开关机流程。

2.简述调度集中系统静电防护操作的要求。

3.车务终端双机切换的流程是什么？

4.简述自律机 A、B 机切换操作的流程。

任务 3　分散自律调度集中系统/列车调度指挥系统集中检修

一、任务布置

工长根据岗位人员职责、技术水平进行任务布置，见表 6-3-1。

表 6-3-1　任务分配

序号	任务	负责人
1	1.室内驻站防护登销记联系，核对作业命令； 2.系统检修	张××（驻站防护员）
2	1.自律机（采集分机）柜检查； 2.网络设备检修	李××（信号工）
3	1.终端检修； 2.电源（柜）、地线、防雷设备检查	王××（信号工）
4	1.复查； 2.任务布置及总结会	刘××（工长）
5	1.安全风险点把控； 2.协助工长复查试验； 3.进入机械室登记	马××（安全员）

二、安全讲话

安全员根据作业内容、车站作业情况、人员技术水平等有针对性地提出安全风险点及注意事项。

三、作业实施

检修内容见表 6-3-2。

表 6-3-2　分数自律调度集中系统检修内容

序号	作业项目	作业内容
1	访问车务值班人员	访问车务值班人员了解设备使用情况
2	终端检修	1.工控机各部线缆插接牢固、固定良好； 2.显示器、打印机、音响、键盘、鼠标设备检查良好； 3.柜内插线板、双机切换器、长线驱动器、网线、电源线各线缆排列整齐、插接牢固、绑扎良好、无破皮；

续表

序号	作业项目	作业内容
2	终端检修	4.各终端机工作状态正常,车务终端主备机界面切换、备机重启并试验良好; 5.各部清洁,标识清晰,防尘滤网清洗,机柜门加锁良好; 6.处理 CTC 报警信息; 7.复示终端、受令终端按以上相关项目检修,机柜密闭良好、安装牢固,门锁良好
3	自律机(采集分机)柜检查	1.各工作指示灯显示正常; 2.自律机(采集分机)A、B 机倒机切换试验,重新启动,功能试验良好,恢复至规定工作状态,倒机切换手柄扳至自动位置; 3.区间开关量采集信息校核; 4.插接件及各部螺丝紧固,采集线缆插接牢固; 5.机柜内部清洁,标识清晰,各类风扇运用良好; 6.温升检查
4	网络、网络安全设备检查	1.电源柜及 UPS 工作指示灯显示正常,无报警。 2.UPS 充放电试验,切断 UPS 输入电源,当电池容量指示灯由 5 个减少至 3 个灯时,恢复 UPS 输入电源;记录放电时间。 3.检查 UPS 及电池不超期。 4.防雷元件安装牢固、无劣化指示。 5.检查电源端子板固定良好、螺丝不松动,熔断器检查良好。 6.地线连接良好。 7.各部清洁,标识清晰
5	测试	1.I 级测试、记录; 2.地线电阻测试

四、复查试验

对照标准化检修作业流程及《铁路信号维护规则》核对检修项目是否有漏检漏修,并与驻站防护员联系核对系统设备工作状态是否正常。

切勿因时间或个人技术等原因漏检漏修,作业质量不达标,以次充好,如实记录工作情况。

五、销记试验

检修作业整体完毕后,清点工具作业人员离开作业场所,工长、安全员联合复查试验,驻站防护员进行销记申请,由车站值班员试验完毕上报调度员,设备恢复正常使用。

【复习思考题】

简述 CTC/TDCS 设备检修作业内容。

任务 4　分散自律调度集中系统/列车调度指挥系统

常见故障处理

1. 知识目标

掌握分散自律调度集中系统故障处理。

2. 技能目标

（1）根据信号工派工单作业要求，确认集中检修设备及作业内容、标准，准备作业工具并确认良好。

（2）能进行安全预想，进行作业中安全卡控点分析并制定防护措施。

（3）会进行简单网络故障判断。

（4）会进行简单硬件故障判断。

3. 素质目标

（1）树立爱岗敬业、遵章守纪的劳动精神。

（2）培养学生具备工作认真负责和良好的团队合作精神。

（3）培养学生精益求精、严谨细致的工匠精神。

任务实施

一、车站站场图上看不到其他站的信息

该站通信故障。用"PING"命令查看路由器是否与网络连通，若判断为设备问题时，检查交换机是否正常及网线插头是否松动，与厂家联系。

二、CTC 车次不跟踪、光带不动

手动将 CTC 分机切换至另一台，若故消失，说明 CTC 分机死机，断电重启即可，若故障依然存在，查看联锁系统是否故障。

三、车站采集信息错误

采集板或采集线故障。通过电务维护终端，判断故障出在哪一块采集板或哪一根采集线，更换相应的采集板或检查相应的采集线。

四、车站计算机程序死机

车站计算机程序死机可能是软件故障或硬件故障。重新启动程序或计算机，如果依然死机，说明操作系统或硬件出现问题，可更换计算机硬件。如果不再死机，说明软件有故障，与供货商联系解决即可。

五、车站计算机无法启动

硬件有问题。可修理或更换计算机,与维护中心或供货商联系解决该问题。

六、车务终端鼠标和键盘失效

首先对 KVM 长线驱动器发送和接收端进行断电重启。若故障未能排除,再检查鼠标、键盘与计算机的连线,或重启车务终端工控机,查看是否排除故障。

七、车务终端 A 显示器黑屏

首先查看车务终端 A 显示器、工控机是否断电。若电源供电正常,将黑屏显示器跳过 KVM 长线驱动器,直接连接车务终端 A 工控机的视频输出,查看是否有信号输出。若仍旧无信号输出,则工控机死机或故障,重启或更换车务终端工控机;若有信号输出,则 KVM 长线驱动器故障,对长线驱动器发送和接收端进行断电重启,重新紧固视频、网线接头。

八、双机不能切换

首先查看分机是否有故障,在分机故障的情况下无法正常倒机。其次,若非分机故障,人工倒机也不能完成切换,则更换切换板。

九、CTC 站机 B 系与联锁通信中断

与联锁通信中断后,CTC 主机机笼与联锁通信 COM 板对应的指示灯灭灯,首先查看 CTC 当前主系是否为 B 系,若是,手动切换为 A 系。其次,关闭 CTCB 系电源进行断电重启。若故障不能排除,更换该 COM 通信板。

十、更换板件说明

当自律机发生硬件故障后,需要及时更换故障的板卡,更换方法如下:关闭电源板电源,建议前后开关都关闭。注意更换板卡过程中不要用手触及电子元件部分,避免静电损坏元件更换板卡过程中需保证前板与后板为匹配板卡,产品型号相对应。替换板卡需与之前板卡为相同型号产品,勿交叉替换使用。

十一、CTC 车站系统异常应急处理

CTC 车站系统异常应急处理见表 6-4-1。

表 6-4-1 CTC 车站系统异常应急处理

序号	故障现象	故障原因分析	处理措施
1	自律机单机故障	设备硬件故障	当车站倒机单元"自动/手动"开关锁定在"自动"位置时,程序会自动倒机,不会影响行车指挥,应及时联系厂家,将更换备用自律机,更换其程序及配置
2	自律机双机故障	设备硬件双机故障	本站整个 CTC 系统停用,转非常站控,需要立即联系厂家,并及时更换备用自律机
3	倒机单元故障	设备硬件故障	如果车站当且仅当倒机单元故障时,自律机 A 机或 B 机能作为主机工作,CTC 系统能正常工作,不会有影响。 如果车站双机热备单元和自律机 A 机同时故障,自律机 B 机作为主机工作,CTC 系统能正常工作,不会有影响。 如果车站双机热备单元和自律机双机同时故障时,CTC 系统无法正常工作,应停用 CTC 系统,转非常站控,立即联系厂家,并更换备用设备
4	网络设备故障	查看路由器故障;交换机故障	若 CTC 系统无法正常工作,应立即停用系统,转非常站控,并立即更换备用设备及通知厂家
5	网络安全设备故障	通过"PING"命令测试确认防火墙故障时,应立即甩开防火墙保持系统通信畅通	机柜内预留路由器与交换机直连网线,将原通过防火墙的网线更换为预留备用网线。值班人员应立即通知有关技术人员对防火墙进行软、硬件检测和故障排查,修复后恢复其网内工作
6	CTC 系统软件故障	查看操作系统故障;应用程序故障	若操作系统故障,则先更换备用设备后再重新安装故障机器的操作系统; 若应用程序故障,则立即用厂家提供的备份程序更换,并及时通知厂家

【复习思考题】

1.简述分散自律调度集中设备故障处理流程。

2.简述 CTC 设备常见故障处理措施。

3.分析 CTC 设备常见故障导致原因。

项目 7 信号集中监测系统维护

【项目导学】

铁路信号集中监测系统是一种面向高速铁路和普速铁路信号领域的综合性维护支持和信息监控的网络平台，其能够实现对于监控对象的实时数据采集、数据通信和数据处理以及自动控制和多任务协调等功能。通过构建智能化预警分析功能从而使铁路信号的监测更为完善和可靠，极大地提高了铁路运行的安全性。

铁路信号集中监测系统的主要功能是对电源屏、转辙机、轨道电路、轨道电路绝缘、电源对地漏流、列车信号机点灯回路电流、区间 ZPW-2000 系统电压、载频以及低频和环境状态等模拟量的监测，还有对按钮状态、控制台表示继电器状态，道岔缺口报警等开关量进行监测。

本项目通过学习集中监测系统设备组成、操作方式方法、日常养护内容及标准、故障处理流程内容，提高铁路电务准入人员的设备维护能力，确保铁路运输中集中监测系统设备运用质量。

【教学目标】

1. 知识目标

（1）掌握集中监测系统设备组成、工作原理、界面显示、调看分析方法。

（2）掌握集中监测系统设备故障处理流程及故障测试方法。

2. 技能目标

（1）根据信号工派工单作业要求，确认检修设备及作业内容、标准，准备作业工具并确认良好。

（2）能进行安全预想，进行作业中安全卡控点分析并制订防护措施。

（3）能进行维修作业项目的登记。

（4）会按照操作流程进行设备开关机。

（5）会按照操作流程进行模拟量及相关其他项目分析。

3. 素质目标

（1）认识集中监测系统对铁路信号系统运用的重大意义。

（2）树立爱岗敬业、遵章守纪的劳动精神。

（3）培养学生具备工作认真负责和良好的团队合作精神。

（4）培养学生精益求精、严谨细致的工匠精神。

任务 1　信号集中监测系统日常养护

按照《铁路信号设备维护规则》要求，对车站信号集中监测设备进行日常养护。

教学目标

1. 知识目标

（1）掌握信号集中监测信号集中监测系统体系结构及功能。

（2）掌握信号集中监测设备信号集中监测基本数据和调看方法。

2. 技能目标

（1）了解系统总体结构。

（2）了解系统功能。

（3）了解车站站机的作用

（4）了解采集机各板件的作用。

（5）了解网络通信设备的作用。

（6）了解服务器子系统、终端子系统的作用。

3. 素质目标

（1）树立爱岗敬业、遵章守纪的劳动精神。

（2）培养学生具备工作认真负责和良好的团队合作精神。

（3）培养学生精益求精、严谨细致的工匠精神。

任务实施

一、作业前准备

（一）系统总体结构

如图 7-1-1 所示系统配置的层次结构分为三级四层，分别为车站系统层、电务段系统层、铁路局系统层、国铁集团系统层。每一层组成自己的局域网，各车站之间通过专用广域网络环形连接，然后以抽头的方式与电务段监测中心连接。整个系统以电务段监测中心为集中控制的中心，各个车站构成监控系统的基层信息基础。国铁集团设监测终端，铁路局、电务段分别配置应用服务和终端，车站配置监测机和采集机。

铁路信号集中
监测系统介绍

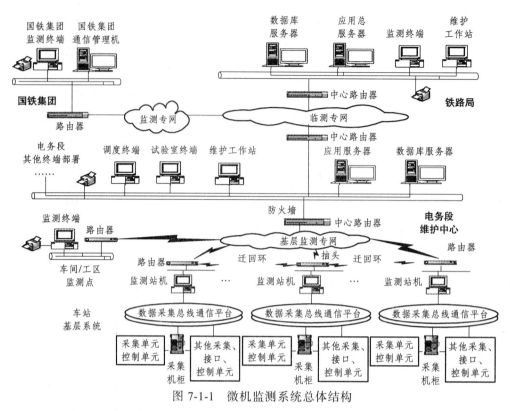

图 7-1-1 微机监测系统总体结构

（二）系统网络结构

系统网络结构图如图 7-1-2 所示。

图 7-1-2 微机监测系统网络结构

1. 站 机

每套站机主要包括 1 台工控机、1 台显示器、1 只鼠标、1 个键盘等设备，主要负责对监测信息的统计汇总、逻辑处理、界面显示、网络通信以及与其他外部系统的接口。

功能：系统是保证行车安全、加强信号设备接合部管理、监测信号设备状态、发现信号设备隐患、分析信号设备故障原因、辅助故障处理、指导现场维修、反映设备运用质量、提高电务部门维护水平和维护效率的重要行车设备。系统实现了对信号设备的模拟量、开关量的采集、显示、存储、回放、转存以及分析、判断、统计、报警记录、设置等功能，具有按设备类型和功能划分的实时值、日曲线、月曲线、年趋势、信息汇总、预警、报警、天窗设置、巡视汇报等的显示和记录。

站机板卡功能结构如图 7-1-3 所示。

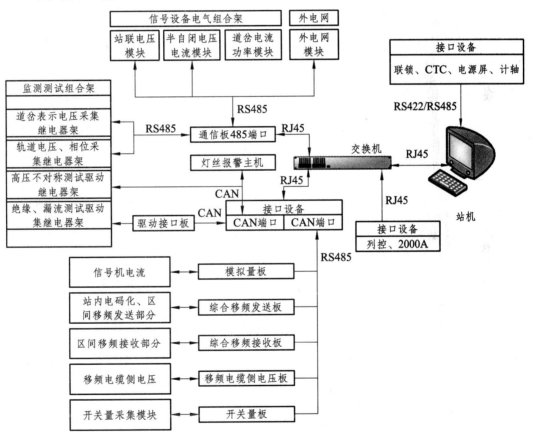

图 7-1-3　微机监测系统站机板卡功能结构

（1）基本信号设备实时信息采集监测。

① 电源屏监测。

② 轨道电路监测。

③ 转辙机监测。

④ 道岔表示电压监测。

⑤ 电缆绝缘监测。

⑥ 电源对地漏泄监测。

⑦ 列车信号机点灯回路电流的监测。

⑧ 站内电码化监测。

⑨ 集中式有绝缘移频自动闭塞监测。

⑩ 集中式无绝缘移频自动闭塞监测。

⑪ 半自动闭塞外线电压、电流监测。

⑫ 环境信息监测。

⑬ 控制台及关键继电器等开关量和报警监测。

（2）基本信号设备实时信息显示与报警。

（3）历史回放及故障再现。

（4）进路监测和进路追踪。

（5）智能预警与故障诊断。

（6）辅助维修决策支持。

（7）网络管理。

（8）系统维护。

（9）室外信息采集。

（10）门禁安防系统。

2. 网络通信设备

每套车站网络通信设备主要包括 2～3 台协议转换器、1 台路由器、1 台交换机以及通道防雷等设备，主要负责建立车站监测局域网和集中监测广域网。

3. 服务器子系统

服务器子系统主要包括 PC Server、磁盘阵列、交换机、路由器、机架式协议转换器、GPS 授时仪以及通道防雷等设备。相关设备均安装在服务器柜内。

服务器作为集中监测系统的应用数据中心，负责管理联网车站的数据，负责站机和终端间的命令和数据转发，实现数据流调度和信息路由的等功能。服务器与 GPS 授时仪连接，实现对 GPS 时钟的读取和同步，服务器应用程序则与各车站及终端通过网络进行时钟校核。

4. 广域网数据传输子系统

信号集中监测的广域网络部分，是由路由器等网络通信设备和通信单位提供的 2 M 数字传输通道构成的环形加星网络。

二、日常养护

（一）任务布置

工长根据岗位人员职责、技术水平进行任务布置，见表 7-1-1。

表 7-1-1　任务分配

序号	任务	负责人
1	信号机械室登记、申请进入机械室命令	张××（驻站防护员）
2	1.站机日常养护； 2.信息调阅、设备状态查看	李××（信号工） 刘××（工长）
3	网络通信设备日常养护	王××（信号工） 马××（安全员）
4	1.安全风险点把控； 2.协助工长复查试验	马××（安全员）

（二）安全讲话

安全员根据作业内容、车站作业情况、人员技术水平等有针对性地提出安全风险点及注意事项。

信号机是指示列车运行的关键设备，各工作人员务必遵守"三不动""三不离""七严禁"作业纪律，严格着装、工具使用规范，按标准化作业流程进行操作，严禁无命令施工，严禁超命令工作内容施工，严禁带电插拔点灯设备。在注重设备安全的同时注意自身安全，尤其是高柱信号机顶端作业过程中。驻站防护时刻盯控控制台状态变化，有异常情况立刻报告。

（三）作业内容

（1）指示灯显示正常、无报警。

（2）系统运行正常、通信通道良好、日期时钟核对。

（3）设备模拟量、状态和报警信息调看分析。

（4）UPS 工作、负载、电源指示灯显示正常。

（5）防雷元件无劣化、告警指示。

（6）监测终端设备显示正常。

（7）监测采集设备安装稳固、无发热、无脱线现象。

三、作业结束

日常养护过程中遇到的不能解决的问题，危及行车安全的应及时要点维修，不危及行车安全的进行记录，利用维修天窗维修。

【复习思考题】

1.信号集中监测采集的信息包括哪些？

2.简述信号集中监测日常养护作业的流程。

3.简述信号集中监测养护作业内容。

任务 2　信号集中监测设备集中检修

任务描述

按照《铁路信号设备维护规则》要求，应对××站的信号集中监测系统进行集中检修，现指派××站信号工区职工利用维修天窗完成。

教学目标

1. 知识目标

（1）掌握信号集中监测设备组成、工作原理、界面显示、操作方法。

（2）掌握信号集中监测设备故障处理流程及故障测试方法。

2. 技能目标

（1）根据信号工派工单作业要求，确认集中检修设备及作业内容、标准，准备作业工具并确认良好。

（2）能进行安全预想，进行作业中安全卡控点分析并制订防护措施。

（3）能进行维修作业项目的登记。

（4）会进行信号集中监测站机设备检修。

（5）会对信号集中监测机柜采集分机、网络设备检修。

（6）会进行集中监测数据校核及相关报警信息分析。

（7）会进行集中监测设备 UPS 放电试验。

（8）会进行集中监测设备 I 级测试、地线电阻测试。

3. 素质目标

（1）树立爱岗敬业、遵章守纪的劳动精神。

（2）培养学生具备工作认真负责和良好的团队合作精神。

（3）培养学生精益求精、严谨细致的工匠精神。

任务实施

一、作业前准备

（一）作业计划核对

××站信号工区工长收到集中监测设备集中检修作业计划后，同车间调度核对作业时间、作业内容、作业人员，并根据实际情况进行任务布置。

工长综合分析此检修周期内该站集中监测设备的运用质量，结合车站行车指挥人员的反馈、工区日常值班人员交接班日志、信号设备日常巡视记录等有针对性地提出检修重点。

维修日计划见表 7-2-1。

表 7-2-1　维修日计划

序号	计划项目	具体内容
1	序号	52
2	计划号	××
3	流程跟踪	正式维修计划
4	施工单位	××线路车间
5	设备管理单位	××工务段、××电务段
6	线别	××线
7	站/区段	××A（含）—××B
8	登记站	××A
9	行别	上
10	等级	Ⅱ
11	项目	工务、电务综合维修
12	维修类型	电务
13	天窗类型	垂直天窗
14	施工里程	2 340 km 147 m
15	施工内容	维修内容：电务在××站进行集中监测设备检修，影响××站集中监测设备使用。
16	时间	6：07—7：07（60 min）
17	配合单位	××车务段
18	作业单位及负责人	××电务段：张××，电话××××××
19	备注	

（二）集中监测设备检修标准化作业流程

集中监测设备检修标准化作业流程见表 7-3-2。

表 7-3-2　集中监测设备检修标准化作业流程

序号	作业流程	作业项目	作业方法、质量标准	安全风险点
1	作业前准备	工作安排	工班长布置任务	按规定着装
		安全讲话	根据作业环境、作业内容、人员、机具、列车运行等情况，有针对性地提出安全注意事项	

290

序号	作业流程	作业项目	作业方法、质量标准	安全风险点
1	作业前准备	仪表料具	携带通信联络工具、照明灯具，万用表、地线测试仪、一字螺丝刀、十字螺丝刀、万可起子、尖嘴钳、斜口钳、克丝钳、网线钳、吸尘器、毛刷，RJ45 水晶头、绑扎带	
2	登记联系	手续办理	1.确认允许作业命令； 2.在"机械室出入登记本"内登记	
3	集中检修	集中监测站机检修	1.工控机、显示器、打印机、键盘、鼠标设备检查良好； 2.电源线、数据线插接牢固、绑扎良好； 3.各部清洁，标识清晰，防尘滤网清洗、风扇良好	不得带电插拔器材、板件
		采集分机检修	1.电源板、CPU板、各类接口板工作指示灯正常、插接牢固； 2.各部螺丝紧固，连接电缆、配线整齐、无损伤； 3.各部清洁、标识清晰	
		网络设备检查	1.各设备摆放整齐，数据线插接牢固，工作指示灯正常； 2.与计算机联锁、CTC、ZPW-2000A、智能电源屏等通信状态正常； 3.各部清洁、标识清晰	1.不得带电插拔器材、板件； 2.数据校核准确
		数据校核及报警信息分析	1.开关量校核正确； 2.模拟量与实际测试数据校核一致； 3.集中监测一级、二级、三级报警信息分析； 4.保存并记录检查结果	
		地线及防雷检查	1.地线电阻测试； 2.防雷元件安装牢固、无劣化指示	
4	复查		复查确认无异状，加锁良好，仪表料具清理	
5	销记		通知作业负责人作业完毕，作业负责人通知驻站联络员销。	
6	小结		作业人员报告任务完成情况和设备质量情况，工班长填写"工作日志"，对设备待修缺陷纳入待修记录	

二、集中检修

（一）任务布置

工长根据岗位人员职责、技术水平进行任务布置，见表 7-2-3。

表 7-2-3　任务分配

序号	任务	负责人
1	室内驻站防护登销记联系，核对作业命令	张××（驻站防护员）
2	1.集中监测终端站机检修； 2.系统机柜采集分机检修； 3.UPS 检修及地线及防雷检查	李××（信号工）
3	1.网络设备检查； 2.数据校核报警信息分析	王××（信号工）
4	1.复查； 2.任务布置及总结会	刘××（工长）
5	1.安全风险点把控； 2.协助工长复查试验； 3.进入机械室登记	马××（安全员）

（二）安全讲话

安全员根据作业内容、车站作业情况、人员技术水平等有针对性地提出安全风险点及注意事项。

工作人员务必遵守"三不动""三不离""七严禁"作业纪律，严格着装、工具使用规范，按标准化作业流程进行操作，严禁无命令施工，严禁超命令工作内容施工，严禁带电插拔工作板卡。驻站防护时刻盯控控制台状态变化，有异常情况即刻报告。

（三）仪表材料准备

（1）通信联络工具、照明灯具、一字螺丝刀、十字螺丝刀、万可起子、绑扎带。

（2）核对板件型号是否与被更换的板件一致，核对待更换板件与故障板件拨码一致。

（3）戴静电手环，防止静电损坏板件

（四）作业实施

1. 集中监测站机设备检修

（1）站机是车站微机监测系统的核心，它实现监测系统的数据采集、分类、逻辑分析处理、报警、数据统计、汇总、存储、回放等功能。站机通过统一的标准接口与 CTC、列控中心、计算机联锁等系统通信，获取监测信息，提供统一的显示界面。主要设备包括工控机、显示器、打印机、网络设备（路由器、协议转换、交换机）、防雷设备、不间断电源（UPS），如图 7-2-1 和图 7-2-2 所示。

图 7-2-1 集中监测系统终端站机设备

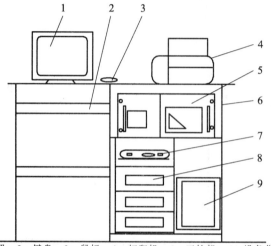

1—显示器；2—键盘；3—鼠标；4—打印机；5—工控机；6—设备集中柜；
7—路由器；8—协议转换器；9—不间断电源（UPS）。

图 7-2-2 集中监测系统终端站机设备示意图

（2）网络连接方式：现场选用 G.703/V35 协议转换器、通过 2 M 数字通道防雷和 CISCO 公司的路由器，进行组网。一般配置是一台主机配备一台路由器和两台协议转换器。连接方式为：主机的网卡—交换机—路由器的 ETHERNET 接口—路由器的串口 SERIALn（n 为接口编号）—协议转换器上的 V.35 接口—协议转换器通过 E1 接口—通道防雷—网络通道—邻站的协议转换器，如图 7-2-3 所示。

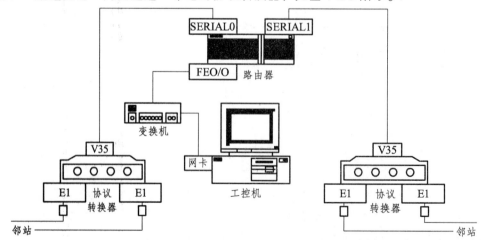

图 7-2-3 主机、路由器、协议转换器、通道防雷的连接示意图

（3）网络改造：集团公司 2019 年集中监测通道扩容由原来传输网方式改为数据网方式，监测设备原有的路由器、协议转换器均可拆除，集团公司大部车站均已改造完成，原集中监测网络设备均已拆除，减少了监测通道发生硬件接合部故障的概率，如图 7-2-4 所示。

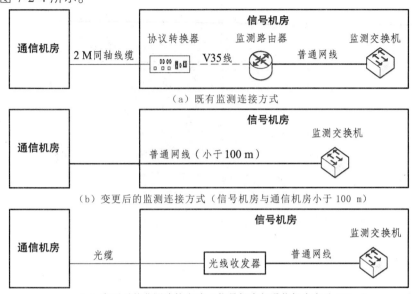

图 7-2-4　微机监测系统网络结构

同时车站与中心通信方式产生了较大变化，如图 7-2-5 所示。

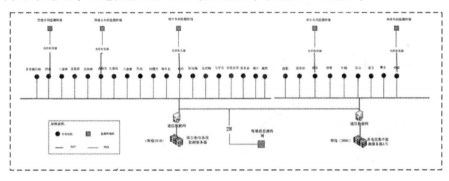

图 7-2-5　微机监测系统网络结构示意图

（4）检修内容。

① 检查 UPS 输入、输出电源，是否欠压或过载。

② 机柜内各散热风扇是否运行完好，有无异常、异味。

③ 巡视计算机运行正常，菜单显示正确，各项功能使用正常。

④ 检查显示器显示良好，调整亮度、对比度、位置、大小。

⑤ 询问或试验操作鼠标、键盘及打印机，使用是否良好。

⑥ 检查网络状况，包括协议转换器显示或指示灯是否正常。

⑦ 检查时钟是否正常。

（5）设备变化：近年来，系统设备各厂家将站机（工控机）、显示器及网络设备集中放置到站机子系统机柜内部，如图 7-2-6 所示。

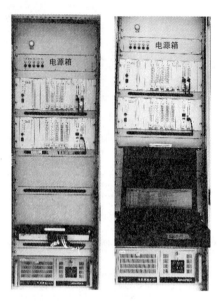

图 7-2-6　微机监测系统站机子系统机柜布置图

2. 采集机检修

1）采集机柜

采集机柜（见图 7-2-7）用于集中安装采集机及其他监测附属设备。对于集中式安装，应尽可能将所有监测设备安装于机柜内。采集设备包括采集板和采集模块等，主要负责对信号设备的数据采集和预处理，按类划分为开关量接口板、模拟量接口板、驱动接口板、通信接口板、转辙机电流/功率采集模块、开关量采集器、信号机点灯电流采集模块等。

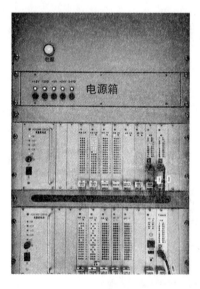

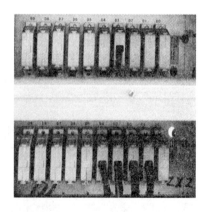

　　（a）正面　　　　　　　　　　　（b）背面

图 7-2-7　采集柜

2）检修内容

（1）外观完好，无破损各部清洁，机柜内部清洁，标识清晰，各类风扇运用良好。

（2）柜内插线板、网线、电源线各线缆排列整齐、插接牢固、绑扎良好、无破皮。

（3）插接件及各部螺丝紧固，采集线缆插接牢固。

（4）网络设备（交换机、路由器等）、网络安全防护设备摆放整齐、各种配线插接牢固、绑扎良好、无破皮。

（5）各工作指示灯显示正常。各部清洁，标识清晰。

（6）检查网络状况，包括协议转换器显示或指示灯是否正常。

（7）集中监测设备Ⅰ级测试、地线电阻测试。

3. 开关机注意事项

系统在使用中不能带电插拔电路板，禁止对计算机直接断电，应先进入操作系统，执行关机操作，关机完毕后再切断计算机电源。当机房长时间停电时，应及时采取临时措施保证监测系统的正常供电，如不具备临时供电条件应注意及时关闭 UPS 电源，避免 UPS 电池放光。

系统启动前应做好准备和检查工作。首先将输入空开合上，接通电源；再在采集分机面板上启动各个采集分机的电源，启动采集分机；站机在接通电源后会自动启动，系统启动后，不需登录，自动运行站机程序。

4. 设备更换

1）更换采集机板件

（1）确认更换的板件位置和型号。

（2）关闭采集分机电源。拆除待更换板件固定螺丝，将被更换的板上对准插槽，推入，固定。

（3）打开采集机电源，面板上有电源和工作两个表示灯，正常状态下，电源灯常亮（无闪动），工作灯会出现频率均匀的闪动，说明更换的 CPU 板工作正常。

注意：更换板件时，严禁带电拔插板件，严禁用手解摸板件电路板和针脚，以防静电损坏板件；更换板前应与故障板件核对拔码位置。

2）更换采集模块

采集模块分为开关量采集和模拟量采集模块。普通道岔电流综合采集器、提速道岔电流采集器、25 Hz 相敏轨道电路相位角综合采集器、电码化电流采样模块、区间发送电压传感器模块等。

本书以更换 ZD6 开关量采集模块为例加以讲解。

第一步，在组合架上找到相应道岔的开关量采集器，对被更换的开关量采集器配线进行编号、标识，关闭道岔采集机电源。

第二步，用万可起子拆除被更换开关量的采样配线。

第三步，将新的开关量采集器固定好。用万可起子将做好打号标记的采样配线安装复位。

第四步，试验确认。例如，更换的道岔开关量采集器，将该道岔进行操纵，在站机上查看该组道岔的动作时间和曲线是否正常。

3）更换外设设备（以更换键盘为例）

外设设备包括键盘、鼠标、打印机、显示器。

键盘有两种接口。一种是 PS/2 接口，另一种是 USB 口。更换 PS/2 接口一定要关机，USB 的不用。

（1）首先按站机的键盘的"Alt"＋"Ctrl"＋"Delete"三键，选中"关机"选项；然后点击"确定"，系统开始关闭，当提示"正在关机"结束后（工控机仅"5 V"指示灯点亮），即可关掉工控机电源开关。

（2）拆除工控机上的原键盘线，将待更换的键盘放置在合适位置，将待更换键盘线接入站机的鼠标键盘二合一转接线插口中。

三、作业结束

集中检修过程中遇到的不能解决的问题，危及行车安全的应及时要点维修，不危及行车安全的进行记录，利用维修天窗维修。

【复习思考题】

1.简述微机监测设备集中检修作业流程。

2.简述微机监测设备集中检修作业内容。

3.简述微机监测设备集中检修注意事项。

4.如果你是工区安全员，请针对微机监测系统集中检修进行安全讲话。

任务 3 信号集中监测数据调阅及分析

严格按照电务段信号集中监测调阅分析制度要求，对车间管辖内信号设备监测数据曲线进行详细调阅及分析。段、车间设专人每日对管辖内各站循环式调阅，对有人值班站进行抽调，保证每日每站调阅在一次以上。发现异常数据、曲线，等同于设备故障处理，要求工区及时出动进行处理。

一、模拟量分析

分析模拟量的实时值报表、模拟量日报表、模拟量日曲线、模拟量月曲线、模拟量年曲线。

二、模拟量分类

（1）电源屏电压实时报表、日报表、日曲线、月曲线、年曲线。

（2）外电网实时报表、日报表、日曲线、月曲线、年曲线。

（3）轨道电压的实时报表、日报表、日曲线、月曲线、年曲线。

（4）轨道相位的实时报表、日报表、日曲线、月曲线、年曲线。

（5）道岔表示电压的实时报表、日报表、日曲线、月曲线、年曲线。

（6）道岔的启动电流曲线、动作次数。

（7）电缆绝缘的命令测试、历史测试数据报表。

（8）电源漏流的命令测试、历史测试数据报表。

（9）ZPW-2000A 发送设备的功出电压、功出电流实时报表、日报表、日曲线、月曲线、年曲线，发送载频、低频的实时报表。

（10）ZPW-2000A 接收设备的主轨出电压、小轨出电压实时报表、日报表、日曲线、月曲线、年曲线，主轨入载频、低频，小轨入载频、低频的实时报表。

三、模拟量分析过程

（一）模拟量实时值分析（以外电网模拟量分析为例）

模拟量显示颜色有三种，黑色为正常，红色表示该模拟量超过规定的上限，紫色表示该模拟量超过规定的下限。

有如下两种方式查看实时值。

第一种方法：点击测试功能菜单中的【电源】→【外电网】→【实时报表】，实时报表栏中显示外电网模拟量实时报表。

第二种方法：鼠标指针停留在标题栏、工具栏或实时报表的标题栏处，点击鼠标右键，从右键菜单中选择【外电网实时报表】，实时报表栏中显示外电网模拟量实时报表，如图 7-3-1 所示。

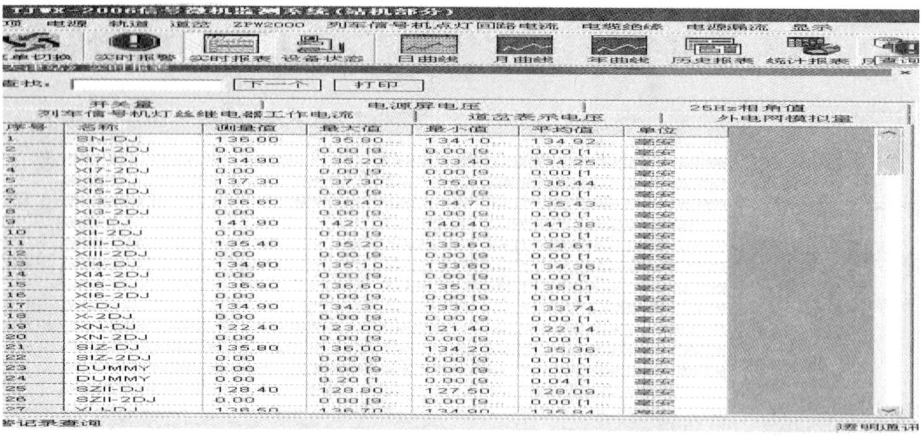

图 7-3-1 外电网实时报表

在查找输入框中输入查找关键字，当前报表会自动选择包含该关键字的模拟量，如图 7-3-2 所示。

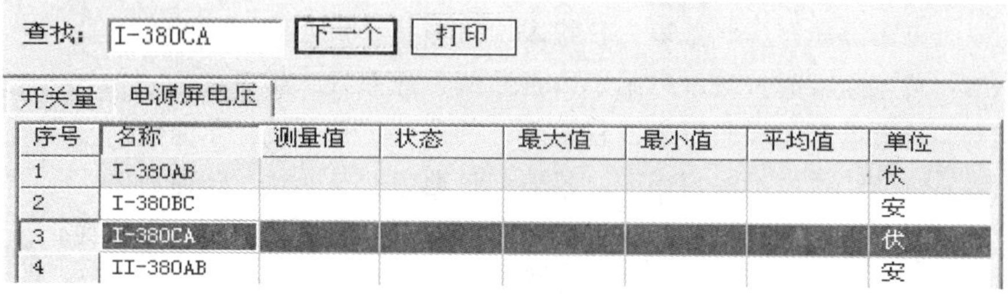

查找: I-380CA	下一个	打印				

开关量 | 电源屏电压

序号	名称	测量值	状态	最大值	最小值	平均值	单位
1	I-380AB						伏
2	I-380BC						安
3	I-380CA						伏
4	II-380AB						安

图 7-3-2　模拟量查询

（二）模拟量日报表分析

有两种方式查看模拟量日报表。

第一种：点击测试功能菜单中的【电源】→【外电网】→【日报表】，模拟量日报表窗中显示外电网模拟量日报表，如图 7-3-3 所示。

图 7-3-3　外电网模拟量日报表

第二种：点击工具栏的【历史报表】按钮，弹出模拟量日报表窗，从模拟量日报表窗的类型下拉框中选择【外电网模拟量】，显示外电网模拟量日报表。

在模拟量日报表窗日期下拉框中选择要查看的日期，报表区显示选定日的外电网模拟量数据，显示内容包括当天记录的外电网模拟量的名称、当日最大值及其出现时间、当日最小值及其出现时间、当日平均值、单位。在【查找】框中输入要查询的外电网模拟量名称，软件自动选择当前报表中包含该关键字的第一个模拟量，点击【下一个】按钮，自动选择下一个包含该关键字的模拟量。点击【导出为 Excel】按钮，将该报表以 Excel 格式保存在"站机程序目录/导出报表"目录中，站机程序目录是指站机程序所在的目录。点击【打印】按钮，自动打印当前报表。点击【退出】按钮，退出外电网模拟量日报表窗。

（三）模拟量日曲线分析（以日曲线分析为例）

模拟量日曲线系用对比的方法进行分析。有三种方法调阅模拟量日曲线。

第一种方法：点击测试功能菜单中的【电源】→【外电网】→【日曲线】，模拟量日曲线窗中默认显示外电网模拟量日曲线。

第二种方法：点击工具栏的【日曲线】按钮，弹出模拟量日曲线窗，从模拟量日曲线窗【类型】下拉框中选择【外电网】，默认显示外电网模拟量日曲线。

第三种方法：外电网实时报表中选择某模拟量，点击右键，右键菜单【模拟量分析】→【日曲线】，默认显示该外电网模拟量日曲线。

如图7-3-4所示，外电网日曲线窗【名称】下拉框中选择要查看的外电网模拟量名称，在【时间】下拉框中选择要查看的日期，曲线显示区显示所选日期的模拟量日曲线，曲线列表中显示曲线名称。选择【小时曲线】，【时间】行出现"小时"选项，选择要查看的时间，曲线显示区显示所选时间的模拟量小时曲线。勾选【实时曲线】项，从当前时刻起实时描绘曲线。红色虚线表示外电网模拟量超限报警上/下限。

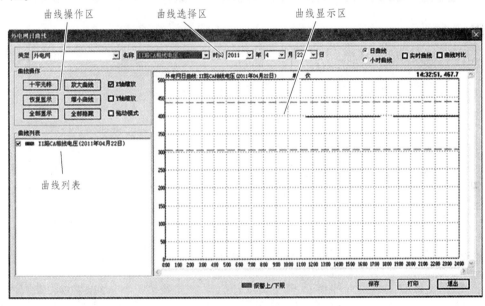

图 7-3-4　外电网日曲线

模拟量日曲线记录了该模拟量的值，并反映出值随时间变化的情况。如图7-3-5所示，为便于确定曲线上某点的时间和数值，曲线显示区右上角实时显示鼠标指针在显示区的坐标，点击【曲线操作】区【十字光标】，鼠标指针处出现随指针移动的十字光标，使用它可以方便地确定某个点的数值和时间。再次点击【曲线操作】→【十字光标】，十字光标消失。选中曲线后，曲线的有效点以突出点显示，鼠标指针移动到某点，显示该有效点的时间和数值，勾选【曲线操作】区的【X轴缩放】或【Y轴缩放】复选框，点击【放大曲线】或【缩小曲线】按钮，放大或缩小曲线。如果此时选择的只是【X轴缩放】，则曲线只横向放大或缩小；如果选择的只是【Y轴缩放】，则曲线只纵向放大或缩小；如果同时选择【X轴缩放】和【Y轴缩放】，则曲线横向和纵向同时放大或缩小。初始状态的日曲线，连续放大6次横坐标单位变为分钟。勾选【曲线操作】区的【拖动模式】，在曲线显示区按住鼠标左键，可以拖动显示区移动。点击【曲线操作】→【恢复显示】，则曲线恢复初始状态。

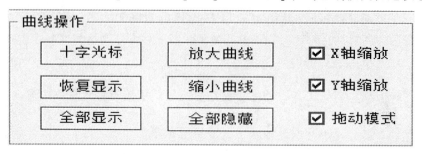

图 7-3-5　曲线操作

如图 7-3-6 所示，勾选【曲线对比】复选框，选择同一模拟量的不同时间或者同类型的不同模拟量，显示区内同时显示这一模拟量不同时间的曲线，从而达到曲线对比的效果。

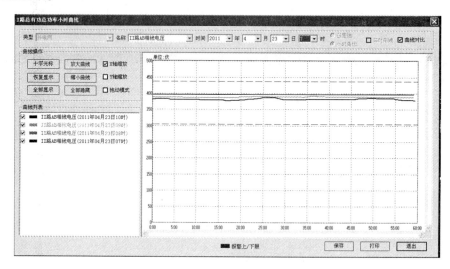

图 7-3-6　曲线对比

点击【保存】按钮，将曲线保存至"站机程序安装目录/Screenshots"目录中，以"该模拟量名称"+"保存日期"命名保存的文件。点击【打印】按钮，自动打印当前报表。点击【退出】按钮，退出外电网模拟量日曲线窗口。

（四）月曲线分析

有三种方式调阅模拟量月曲线。

第一种方法：点击测试功能菜单中的【电源】→【外电网】→【月曲线】，显示外电网月曲线。

第二种方法：点击工具栏的【月曲线】按钮，弹出模拟量月曲线窗，从模拟量月曲线窗【类型】下拉框中选择【外电网】，显示外电网月曲线。

第三种方法：外电网实时报表中选择某模拟量，点击右键，【模拟量分析】→【月曲线】，显示该外电网模拟量月曲线。

从外电网月曲线窗中的【名称】下拉框中选择要查看的外电网模拟量。在【时间】下拉框中选择要查看的月份，曲线显示区内绘出当月已记录的该模拟量曲线。

外电网模拟量月曲线有最大值、最小值、平均值三条曲线，以不同颜色线条显示，如图 7-3-7 所示。

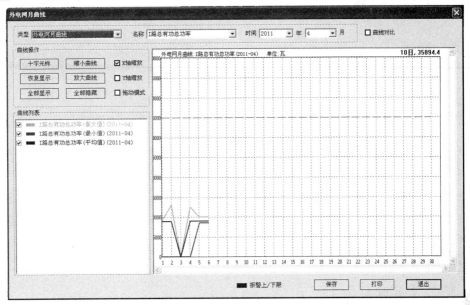

图 7-3-7　外电网月曲线

外电网月曲线的横坐标单位是天，量程是当月天数。月曲线窗提供曲线【类型】、【名称】、【时间】选择，提供曲线显示、曲线对比、曲线缩放等功能，外电网月曲线选择、显示、缩放、对比、保存、打印等操作与外电网日曲线操作方法相同

（五）年曲线分析

有三种方式调阅外电网模拟量年曲线。

第一种方法：点击测试功能菜单中的【电源】→【外电网】→【年曲线】，显示外电网年曲线。

第二种方法：点击工具栏的【年曲线】按钮，弹出模拟量年曲线窗，从模拟量年曲线窗【类型】下拉框中选择【外电网】，显示外电网年曲线。

第三种方法：外电网实时报表中选择某模拟量，点击右键，【模拟量分析】→【年曲线】，显示此外电网模拟量年曲线。

从外电网年曲线窗中的【名称】下拉框中选择要查看的外电网模拟量。在【时间】下拉框中选择要查看的年份，曲线显示区内绘出当年已记录的该模拟量曲线。外电网模拟量年曲线有最大值、最小值、平均值三条曲线，以不同颜色线条显示。

外电网月曲线的横坐标单位是月，量程是 1 月—12 月。年曲线窗提供曲线【类型】、【名称】、【时间】选择，提供曲线显示、曲线对比、曲线缩放等功能。初始状态年曲线连续放大 4 次，横坐标单位变为天。外电网年曲线选择、显示、缩放、对比、保存、打印等操作与外电网日曲线操作方法相同。

【复习思考题】

1.集中监测能进行哪些数据调阅？

2.如何进行模拟量数据日分析？

3.如何进行模拟量数据月分析？

4.如何进行模拟量数据年分析？

项目 8　智能电源屏维护

【项目导学】

信号电源屏是电气集中联锁、自动闭塞、驼峰信号设备等的供电装置。它将变压器、稳压器、整流器等组合起来，由工厂生产，以简化施工和维修。电源屏必须保证不间断的供电，并且不受电网电压波动和负载变化的影响，还要保证供电安全。

本项目通过学习我国铁路运输中使用广泛的鼎汉、康达电源屏组成、日常养护及集中检修内容、故障处理流程内容，提高铁路电务准入人员的电源屏设备维护能力，确保铁路运输中电源屏设备运用质量。

【教学目标】

1. 知识目标

（1）掌握各型号电源屏共同要求、工作原理。

（2）掌握电源屏设备故障处理流程及故障测试方法。

2. 技能目标

（1）根据信号工派工单作业要求，确认检修设备及作业内容、标准，准备作业工具并确认良好。

（2）能进行安全预想，进行作业中安全卡控点分析并制定防护措施。

（3）能进行维修作业项目的登记。

（4）会按照操作流程进行各型号智能电源屏 Ⅰ、Ⅱ 路电源切换、直供操作。

（3）会按照操作流程进行 UPS 电源日常养护及开关机操作。

（4）会按照操作流程进行智能电源屏单项设备、器材更换。

（5）会按照操作流程进行 UPS 电源的更换。

（6）会进行智能电源屏设备日常养护及集中检修。

3. 素质目标

（1）认识电源屏设备检修作业对铁路运输生产的重大意义。

（2）树立爱岗敬业、遵章守纪的劳动精神。

（3）培养学生具备工作认真负责和良好的团队合作精神。

（4）培养学生精益求精、严谨细致的工匠精神。

任务 1　鼎汉智能电源屏日常养护

任务描述

按照《铁路信号设备维护规则》要求，××站的智能电源屏进行每天一次（无人值班车站每月 2 次）日常养护，现指派××站信号工区职工对该站智能电源屏进行日常养护。

? 请思考：智能电源屏日常养护应如何做？

任务描述

一、作业前准备

（一）电源屏技术要求

（1）电源屏应有两路独立的交流电源供电，两路输入电源允许偏差为 +15%~−20%。电源屏的输入、输出电磁断路器（熔断器），在短路过流时应可靠断开；断路器应根据设备实际用电负载进行选择，输入电源选择的断路器应不大于负载电流的 2 倍，输出应不大于 1.5 倍。

（2）输入电源的供电方式及转换时间。

① 一主一备的工作方式：正常情况下应用可靠性较高的一路电源供电，一路电源故障时，自动切换到另一路电源供电，并具有手动转换和直供功能。

② 两路同时供电方式：两路电源同时向电源屏供电；当其中一路断电时，另一路自动承担全部负荷供电。

③ 两路输入交流电源，当其中一路发生断电或断相时，转换时间（包括自动或手动）不大于 0.15 s；智能电源屏模块之间转换时，转换时间应不大于 0.15 s。在两路输入交流电源转换期间，采用续流技术的直流电源（不含直流电动转辙机电源，闭塞电源）、25 Hz 电源应实现不间断供电。

（3）当输入电源屏的交流电源在 +15%~−20% 变化时，经稳压（调压）后的电源允许波动范围应不大于 ±3%。当稳压（调压）系统出现故障时，应能断电维修，且应不影响信号设备的继续供电。

（4）信号电源屏主、备转换过程中，应不影响信号设备的正常使用，备用电源屏应能完全断电。

（5）三相交流输出电源应确保相序正确，若相序错误，应报警；当车站装有三相交流电动（电液）转辙机时，电源屏的三相交流输出电源相序检测装置在三相断相或错相时能发出报警信号。

（6）电源屏供表示灯的闪光电源，其闪光频率在室内作表示使用应为 90~120 次/min，在室外作信号点灯用时，宜采用闪光频率为 50~70 次/min。电源的通断比为 1∶1。

（二）电源屏命名规则

电源屏命名规则如图 8-1-1 所示。

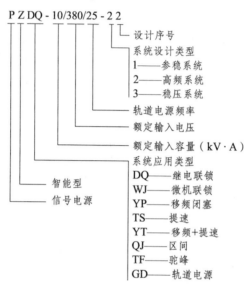

图 8-1-1　电源屏命名规则

（三）鼎汉智能电源屏的组成

鼎汉智能电源屏由输入输出电路、监控单元、电源模块等组成，如图 8-1-2 ~ 图 8-1-6 所示。

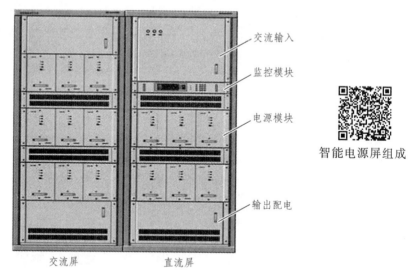

图 8-1-2　鼎汉智能电源屏整体结构（正面）

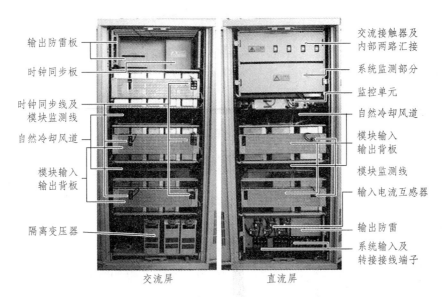

输出防雷板

时钟同步板

时钟同步线及
模块监测线

自然冷却风道

模块输入
输出背板

隔离变压器

交流接触器及
内部两路汇接

系统监测部分

监控单元

自然冷却风道

模块输入
输出背板

模块监测线

输入电流互感器

输出防雷

系统输入及
转接接线端子

交流屏　　　　　　　　　直流屏

图 8-1-3　H 型鼎汉智能电源屏整体结构（背面）

切换控制
单元

两路输入电网
指示灯及系统
故障指示灯

系统两路
输入空开

D 级防雷盒

旋钮
门锁

蜂鸣器

蜂鸣器
开关

蜂鸣器软
消音开关

C 级防雷器

C 级防雷开关

模块输入空开（通过下
面的标识与模块对应）

图 8-1-4　H 型鼎汉智能电源屏整体结构（内部）

D 级防雷　D 级防雷空开　两路输入电源空开

直供选择
转换开关

直流模块
输入空开

图 8-1-5　Y 型鼎汉智能电源屏整体结构（内部）

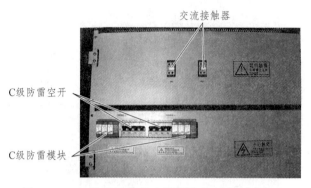

图 8-1-6 Y 型鼎汉智能电源屏整体结构（背面）

1. 电源模块

根据模块输出的差别，系统的电源模块可以分为三类：直流模块、交流模块和控制模块。它们的外观结构基本相同，主要由前面板、散热器和盖板等部分组成。模块的前面板上有电源指示灯（绿）、保护指示灯（黄）、故障指示灯（红）、模块通信地址拨码开关和操作把手等。

模块面板上的指示灯上按钮说明见表 8-1-1。

表 8-1-1 电源模块指示灯

指示标识	正常状态	异常状态	灯亮的含义
电源灯	灯亮	灯亮或灭	模块有输入电压
保护灯	灯灭	灯亮	交流输入过/欠压，输出欠压，模块过温、过流、短路，主要是由外部电网、负载、环境异常引起的动作
故障灯	灯灭	灯亮	原边输入过流、输出过压，主要是模块内部故障引起的动作

1）直流模块 HXD-D1、HXD-E、HXD-F2

直流模块均采用高频开关电源技术、有源功率因数校正技术 PFC 和直流并联自主均流技术，具有极宽的交流输入电压范围、完善的保护功能和故障告警功能，模块内置 CPU，可与系统的监控单元模块通信实现工作状态的实时监测。

2）交流稳压模块 HXD-C、HXD-W1

交流稳压模块 HXD-C 采用高频开关电源技术、有源功率因数校正技术 PFC，具有极宽的交流输入电压范围、完善的保护功能和故障告警切换功能，切换时间小于 150 ms。模块内置 CPU，可与系统的监控单元模块通信实现工作状态的实时监测。

HXD-W1 模块为交流稳压电源，具有完善的保护功能和故障告警功能，HXD-W1 在故障情况下可自动分路工作，模块内置 CPU，可与系统的监控单元模块通信实现工作状态的实时监测。

3）交流隔离模块 HXD-T2、T3、T4B

交流隔离模块主要是接在交流稳压模块后面用来隔离和多路输出，其中 T2、T3、T4B 与 HXD-W1 模块连接，一般采用"1+1"热备份工作方式，通过输出互锁实现模块切换，切换时间小于 150 ms，模块具备监测报警功能。模块内置 CPU，可与系统的监控单元模块通信实现工作状态的实的监测。

4）HXD-D2 模块

HXD-D2 模块为交流转辙机电源专用控制模块，当交流转辙机专用变压器的交流输入电压错相、缺相，输出过欠压、输出短路时，模块能自动关机保护，面板红灯亮。故障排除后，人工恢复工作。当模块输出过流时，模块面板黄灯亮，故障排除后，自动恢复工作。模块内置 CPU，可与系统的监控单元模块通信实现工作状态的实时监测。

2. 监控模块

1）概　述

监控模块 PSM-C 的正面如图 8-1-7 所示，包括 LCD 液晶显示器、键盘和 LED 显示灯。用户可在液晶显示器上非常直观地查阅系统的运行参数，并通过按键，对系统的重要参数进行设置和配置，界面采用全中文操作，每步操作都有相应的提示和帮助。液晶显示器选用 240×64 的 CCFL 背光液晶，一屏最多可显示 15×4 个汉字，每屏的最右边 4 行是菜单，由对应的 4 个功能键（F1～F4）选择，左边是显示的内容。

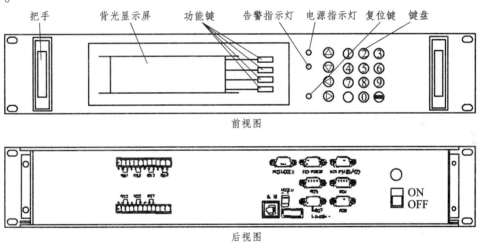

图 8-1-7　监控模块结构示意图

2）各操作键的基本功能及定义

如图 8-1-8 所示，F1～F4 是四个功能键，对应着显示屏右侧反白显示的四种功能；0～9 和"·"可用于设置菜单中数字的输入；四个方向键用于控制菜单中光标的移动，其中"→""←"键用于选择设置项的值，"↑""↓"键用于改变选择项。按确认键可使用户的设置生效。复位键用于手动复位监控模块，进行维护级设置后必须复位才能生效。当监控模块工作时，可看到电源指示灯（绿色）亮。告警灯用来指示系统的状态，若有告警产生，告警灯点亮。系统使用时先引 24 V 的稳压电源到机箱后面板的插座上，按正负极性连好，打开机箱电源开关，监控单元即可开始工作。

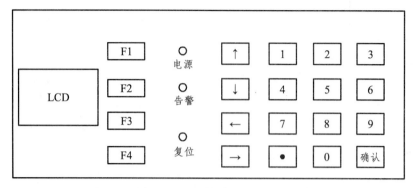

图 8-1-8　监控单元显示屏

3）操作说明

监控模块上电时，首先调入一些配置文件和系统自检工作，屏幕上依次显示有关信息，若配置文件打开成功，几秒钟后系统设置完毕后出现主屏幕，在主屏幕上按 F4 即可查看关于系统的一些信息，按 F2 返回主屏。

在主屏上按 F2 即可进入主菜单，再按 F2 返回主屏幕，也可选择 1~7 数字键分别进入 7 个菜单。

3. 直流屏配电

1）交流输入配电

直流屏具有两路交流输入的自动切换控制和系统的输入防雷等功能。正面有交流输入空气开关、C 级防雷器（含防雷空气开关）、D 级防雷盒、直流模块输入空气开关、接地汇流排和零线汇流端子排等，背面有两组机械联锁接触器、配电监控板、监控转接板、交流电流采样板、两路交流相线汇流端子排等。

2）直流输出配电

直流输出配电完成两路市电的输入及转接、交流输入电流采样、系统直流电源输出和防雷、空开状态采集。

4. 交流屏配电

1）交流模块输入配电

交流模块输入插框具有交流模块的输入、交流输出防雷和 25 Hz 轨道电源负载短路切除等功能。它正面有输出防雷隔离开关和交流模块输入空气开关，背面有交流输出防雷板和负载短路切除板。

2）交流输出配电

交流输出配电完成系统的交流输出，正面有交流输出空开，背面有隔离变压器组件。用于模块 HXD-C 的交流输入隔离。

5. 工作原理

1）H 型切换原理

如图 8-1-9 所示，QF2 ~ QF3 为手动转换开关，KM1 ~ KM4 为交流接触器，KM1 与 KM2、KM3 与 KM4 分别具有电气和机械互锁特性，接触器的切换构成"H"型切换方式。

正常供电的情况下，两路输入时 KM1 和 KM3 吸合；当外电网第二路输入不正常时，KM1、KM4 吸合，KM2、KM3 断开；当外电网第一路输入不正常时，KM2、KM3 吸合。

当外电网有电，而电源屏交流接触器不能正常切换，导致全场停电或部分模块停电时，启用新增直供转换开关。但一定要按正确的操作步骤进行，否则会发生烧毁全部电源屏配线、模块和配电箱开关的严重后果。

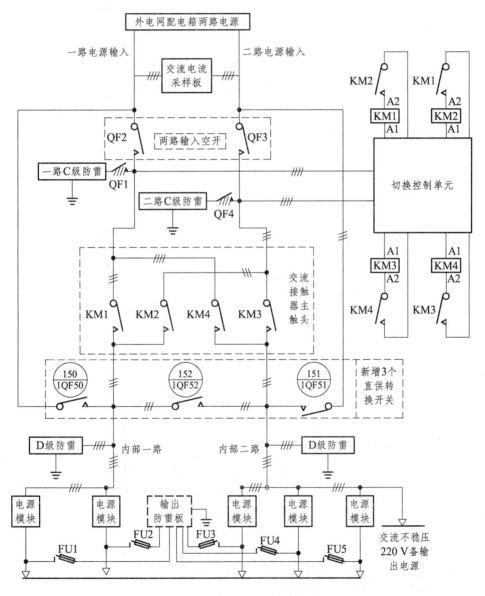

图 8-1-9　H 型切换系统配电原理

2）Y 型切换原理

如图 8-1-10 所示，QF1 ～ QF2 为手动转换开关，KM1、KM2 为交流接触器具有电气和机械互锁特性。

（1）正常供电：正常供电的情况下，KM1 吸合，KM2 断开，由第一路输入给后续模块供电。在第一路输入不正常时，KM1 断开，KM2 吸合，由第二路输入给后续模块供电。KM1 与 KM2 的转换时间不大于 150 ms。

（2）应急直供：在切换系统故障时直供转换开关 QF3 断开把 QF4 闭合，（QF3 与 QF4 为机械互锁关系，不能同时闭合）可用 QF5、或 QF6 的一断、一合（QF5 与 QF6 为机械互锁关系，不能同时闭合），来转换选择外电网任意路输入供电，实现第一路输入或第二路输入直供供电。

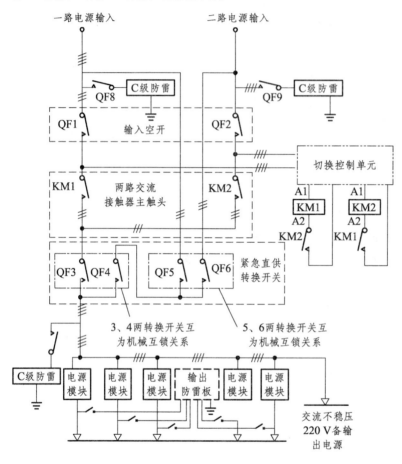

图 8-1-10　Y 型切换系统配电原理

二、日常养护

（一）工作安排

工长根据岗位人员职责、技术水平进行任务布置，见表 8-1-2。

表 8-1-2　任务分配

序号	任务	负责人
1	申请机械室命令令号，室内驻站防护登销记联系，室内驻站防护	张×× (驻站防护员)

续表

序号	任务	负责人
2	1.安全风险点把控； 2.进入机械室登记； 3.室内设备巡视； 4.填写工作日志	李××（信号工）

（二）安全讲话

根据作业环境、作业内容、人员、机具、列车运行等情况，有针对性地提出安全注意事项。

（三）仪表料具

携带通信联络工具、照明灯具、点温仪、毛刷、棉纱、防火泥。

（四）办理手续

"机械室出入登记本"上登记出入机械室应按规定着装，并严格执行相关管理规定。

（五）日常巡检内容

日常巡检内容见表 8-1-3。

表 8-1-3　日常巡检内容

序号	工作内容
1	检查熔断器、电源线、变压器、接触器、中间继电器安装状态，有无过热现象、不正常噪声及异味
2	调压屏手动、自动位检查
3	盘面显示状态检查及屏内外部清扫
4	进行 I 级测试并记录
5	智能电源屏监测信息检查分析

（1）打开监控单元，界面如图 8-1-11 所示。

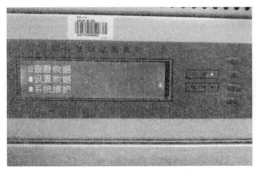

（a）　　　　　　　　　　（b）

图 8-1-11　监控单元界面

（2）数据调看。

在图 8-1-12（a）界面，通过上下键可选择相应选项，如选择查看数据，点击确认进入，通过上下键可选择调看相应的数据，如图 8-1-12（b）所示。

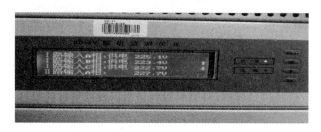

（a）

（b）

图 8-1-12　查看具体数据

（六）复查、销记

料具清理无遗漏，并在"机械室出入登记本"内销记。

三、作业总结

作业人员报告任务完成情况和设备质量情况，作业负责人或由其安排胜任人员填写"工作日志"，将设备待修缺陷纳入待修记录。

【复习思考题】

简述电源屏日常养护作业流程。

任务2 鼎汉智能电源屏两路电源切换

任务描述

按照《铁路信号设备维护规则》要求，××站的智能电源屏进行每月1次切换主（A）、备（B）屏。单月主（A）屏，双月备（B）屏，"N+1"系统定期进行切换试验。现指派××站信号工区职工对该站智能电源屏进行Ⅰ、Ⅱ路电源切换。

？ 请思考：如何切换智能电源屏Ⅰ、Ⅱ路电源？

任务实施

一、作业前准备

（一）任务布置

工长根据岗位人员职责、技术水平进行任务布置，见表8-2-1。

表8-2-1　任务分配

序号	任务	负责人
1	申请机械室命令号，室内驻站防护登销记联系，室内驻站防护	张××（驻站防护员）
2	1.安全风险点把控； 2.协助工长复查试验； 3.进入机械室登记	李××（信号工）

（二）安全讲话

根据作业环境、作业内容、人员、机具、列车运行等情况，有针对性地提出安全注意事项。

二、作业实施

（一）手续办理

1. 在"行车设备检查登记簿"上登记

按照《中国铁路乌鲁木齐局集团有限公司铁路固定行车设备登销记规定》文件中的设备日常养护巡视时标准用语在"行车设备检查登记簿"内进行登记。

第13条　固定行车设备使用和管理需办理登销记的用语（行车设备巡视等项目登销记用语）。

（1）登记用语

（时间）×月×日×时×分至×时×分，在（地点）××站××（××站至×

×站间×线××）××（设备名称）进行（具体项目）××，不影响正常行车。

（2）销记用语

（时间）×月×日×时×分，（地点）××站××（××站至××站间×线×
×）××作业完毕。

2. 在"机械室出入登记本"上登记

严格执行机械室出入管理制度。

（二）电源屏Ⅰ、Ⅱ路电源切换

通过按压切换按钮即可实现Ⅰ、Ⅱ路转换，如图 8-2-1 所示。

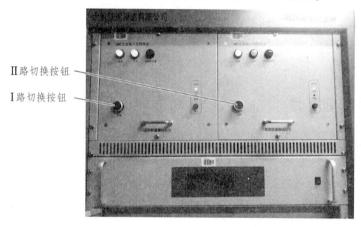

图 8-2-1　切换按钮

切换后进行数据调看，检查电源屏输入输出电源是否正常，供电设备工作状态
是否正常。

（三）复查销记

询问行车指挥人员设备工作正常，履行销记手续。

（1）料具清理无遗漏，在"机械室出入登记本"内销记。

（2）"行车设备检查登记簿"销记。

三、作业总结

作业人员报告任务完成情况和设备质量情况，作业负责人或由其安排胜任人员
填写"工作日志"，对设备待修缺陷纳入待修记录。

【复习思考题】

电源屏Ⅰ、Ⅱ路电源切换的流程是什么？

任务 3　康达智能电源屏集中检修

任务描述

按照《铁路信号设备维护规则》要求，××站的智能电源屏设备 2 年应进行 1 次集中检修，现指派××站信号工区职工利用维修天窗对该站智能电源屏设备进行集中检修。

? 请思考：如何做智能电源屏集中检修？

任务实施

一、作业前准备

（一）作业计划核对

××站信号工区工长收到智能电源屏设备集中检修作业计划，同车间调度核对作业时间、作业内容、作业人员，并根据实际情况进行任务布置。

工长综合分析此检修周期内该站电源屏设备的运用质量，结合车站行车指挥人员的反馈、工区日常值班人员交接班日志、信号设备日常巡视记录等有针对性地提出检修重点。

维修日计划见表 8-3-1。

表 8-3-1　维修日计划

序号	计划项目	具体内容
1	序号	52
2	计划号	×××
3	流程跟踪	正式维修计划
4	施工单位	××线路车间
5	设备管理单位	××
6	线别	××线
7	站/区段	××A（含）—××B
8	登记站	××A
9	行别	上
10	等级	Ⅱ
11	项目	工务、电务综合维修
12	维修类型	电务

316

续表

序号	计划项目	具体内容
13	天窗类型	垂直天窗
14	施工里程	2 340 km 147 m
15	施工内容	维修内容：电务在××站进行电源屏检修，影响××站信号联锁闭塞设备使用
16	时间	6：07—7：07（60 min）
17	配合单位	××车务段
18	作业单位及负责人	××电务段：张××，电话×××××
19	备注	

（二）工作安排

工长根据岗位人员职责、技术水平进行任务布置，见表8-3-2。

表8-3-2　任务分配

序号	任务	负责人
1	核对作业命令，申请机械室命令号，室内驻站防护登销记联系，室内驻站防护	张××（驻站防护员）
2	屏内各部检查，紧固配线端子；屏内、外部及电源线沟槽清扫，检查防鼠措施；主、副屏倒机试验，两路电源的相序检查；屏内主要元器件检查测试，不良更换	李××（信号工）
3	检查、测试地线及防雷元件，不良整修或更换；检查并按周期更换屏内熔断器；配合更换电源屏器材及仪表校核；电气特性测试	王××（信号工）
4	1.复查； 2.任务布置及总结会	刘××（工长）
5	1.安全风险点把控； 2.协助工长复查试验； 3.进入机械室登记	马××（安全员）

（三）安全讲话

根据天气、作业环境、作业内容、人员、机具、列车运行等情况，有针对性地提出安全注意事项。

电源屏是整个设备的供电装置，各工作人员务必遵守"三不动""三不离""七严禁"作业纪律，严格按规定着装，规范使用工具，按标准化作业流程进行操作，严禁无命令施工，严禁超命令工作内容施工，严禁带电插拔工作板卡。在注重设备安全的同时注意自身安全，尤其是地线测试过程中。驻站防护时刻盯控控制台状态变化，有异常情况即刻报告。

（四）仪表料具

通信联络工具、照明灯具、万用表、地线测试仪、一字螺丝刀、十字螺丝刀、万可起子、克丝钳、扳手、吸尘器、毛刷、绑扎带。

（五）知识链接

1. 康达电源屏供电原理

1）输入电源

本系统的两路输入交流电源采用互为主、备的供电控制方式。正常情况下，一路电源主用供电，另一路备用。当主用电源故障时（断电、缺相、过压、欠压），自动转为备用电源供电，并设置手动转换功能。为避免两路输入电源切换部分因器件损坏导致电源屏掉电，电源输入部分具有手动直供功能。

2）电源模块

（1）25 Hz 相敏轨道电源模块采用"1+1" 热备方式工作，分路输出。

（2）直流电源采用高频开关电源模块，按"1+1"或"$N+M$" 并联冗余方式实现，其电源输入范围宽、抗干扰能力强、稳压精度高、纹波系数小。

（3）交流转辙机电源采用隔离直供方式，"1+1"热备工作。

（4）交流隔离电源模块采用"$N+1$"或"1+1"热备工作方式。

（5）交流稳压电源模块采用正弦能量分配的原理，具有良好的稳压性能，稳压器设有输出过、欠压自动旁路和手动旁路功能。

（6）模块化结构，提高了系统的可靠性、灵活性，实现了系统的免维修，少维护。

3）完善的自我保护功能

（1）电源输入侧设置过/欠压保护措施。

（2）电源输出侧设置过压/限流/短路保护措施。

（3）电源屏设有完善的输入/输出防雷模块。

（4）各电源模块均有过温保护措施。

（5）绝缘导线全部采用 105℃的阻燃多芯铜导线。

2. 康达电源屏电气特性

1）输入电源

电源屏由两路独立的交流 380 V（三相四线制）或 220 V 电源供电，两路输入电源允许偏差范围见表 8-3-3。

表 8-3-3　输入电源允许偏差参数

序号	输入电源	允许偏差
1	电压/V	AC380：−76～+57 或 AC220：−44～+33
2	频率/Hz	± 0.5 Hz
3	三相电压不平衡度	≤5%
4	电压波形失真度	≤5%

注：凡要求电源屏运行在超过以上规定的条件，按制造厂与用户之间的协议来设计和使用。

2）输出电源

康达电源屏的输出电源种类及标准根据站场需求设定，普通站场输出电源种类及特性见表 8-3-4。

表 8-3-4　输出电源种类及特性

序号	输出电源名称	规格，范围	容量，路数	备注
1	信号点灯电源	AC（220±6.6）V	6A×2	
2	道岔表示电源	AC（220±6.6）V	5A	
3	计算机联锁电源	AC（220±6.6）V	10A×2	
4	微机监测电源	AC（220±6.6）V	5A	
5	CTC/TDCS 电源	AC（220±6.6）V	10A	
6	稳压备用	AC（220±6.6）V	5A×2	
7	25 Hz 轨道电源	AC（220±6.6）V	4.8A×2	
8	25 Hz 局部电源	AC（110±3.3）V	6A×2	
9	直流转辙机电源	DC 220^{+20}_{-10} V	16A	
10	继电器电源	DC $24^{+3.5}_{-0.5}$ V	20A	
11	站间联系电源	DC 24～60 V	2A×4	
12	交流转辙机电源	AC 380 V	15 kV·A	
13	不稳压备用	AC（220±10）V	5A	随外电网变化

3. 康达电源屏操作说明

康达智能型电源屏由净化稳压屏、交直流 A/B、交流转辙机屏组成。

1）净化稳压屏

将两路 AC 380 V 电源引入净化稳压屏。

Ⅰ路输入电源分别接至端子 D1-1～D1-3；Ⅱ路输入电源分接至端子 D1-7～D1-9；Ⅰ、Ⅱ路电源的零线接至端子 D1-4，5，6，如图 8-3-1 所示。

图 8-3-1　净化稳压屏零层接线端子分配图

断路器 1QF1、1QF2 为交流输入控制及保护单元 AMS1、AMS2 的供电控制断路器，如图 8-3-2 所示。

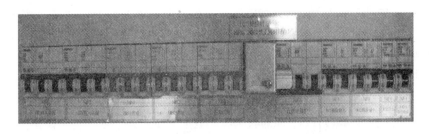

图 8-3-2　净化稳压屏断路器功能分配图

两路输入电源互为主、备方式工作，Y 型互锁控制方式供电。先闭合 1QF1，此时 I 路电源（AMS1）工作，闭合 1QF2，II 路电源（AMS2）处于备用状态。如 I 路电源断电或断相，系统自动转换为 II 路电源供电。

正常时，两路电源 AMS1、AMS2 的维修旋锁旋至工作（左）挡位，如图 8-3-3 所示。

闭合断路器 1QF1，AMS1 有电，红色电源指示灯点亮；同时，白色工作指示灯点亮。

闭合断路器 1QF2，AMS2 有电，红色电源指示灯点亮；两路白色工作指示灯不能同时点亮，如图 8-3-4 所示。

图 8-3-3　维修旋锁位置示意图

图 8-3-4　电源屏面板指示灯

系统具有手动转换功能，按下Ⅰ路、Ⅱ路手动转按按钮，进行两路电源的手动转换。

系统供电（DC 28 V）有电（为故障总指示灯供电）。

闭合系统正常供电隔离开关1QS1，经隔离开关2QS8及端子D3-4～D3-7为交直流B屏提供不稳压电源，向高频电源模块（25 Hz电源模块、直流电源模块）供电。

闭合稳压模块W11、W12输入断路器1QF4、1QF5，闭合稳压供电隔离开关2QS3、2QS5，经隔离开关2QS7及端子D3-1～D3-3为交直流A屏提供稳压电源向交流输出电源模块供电。2QS4、2QS6为稳压模块W11、W12的手动旁路供电隔离开关。

稳压模块需要维修、维护时，应手动先断开相应隔离开关2QS3或2QS5，严禁同时闭合控制滑锁，再闭合2QS4或2QS6（2QS3与2QS4、2QS5与2QS6严禁同时闭合），由外电网直接供电后，断开输入断路器1QF4或1QF5。

电源系统具有输入电源直供功能，可实现输入控制系统的断电维修。1QF3、2QS1、2QS2组成输入电源直供控制电路。

正常时，Ⅰ、Ⅱ路输入电源其中的一路直供隔离开关2QS1、2QS2置于质量较好的一路输入电源侧，输入直供断路器1QF3置于断开位置。当主、备输入控制及保护单元控制失效或部件故障维修时，先断开正常供电隔离开关1QS3，严禁同时闭合控制滑锁，再闭合断路器1QF3（1QS3与1QF3、2QS1与2QS2严禁同时闭合），即可使输入电源直供。

控制及保护单元AMS需断电维修时，先断开控制及保护单元AMS输入控制断路器1QF1、1QF2及输出控制隔离开关1QS1、1QS2，使控制及保护单元AMS完全断电后再进行维修（需要点操作）。

控制及保护单元AMS需带电维修时，先将工作的控制及保护单元后部的维修旋锁顺时针旋至维修（右）挡位，再切断需维修输入控制及保护单元的输入断路器及输出隔离开关，不影响向信号设备继续供电。维修后恢复上电时，闭合输入控制及保护单元的输入断路器（1QF1或1QF2）及输出隔离开关（1QS1或1QS2）。维修后必须将输入控制及保护单元AMS1、AMS2后部的旋锁必须逆时针旋至工作（左）挡位，否则，两路电源将不能正常转换工作。

两路输入电源横向、纵向均设置防雷单元，正常时视窗为绿色。防雷器雷击损坏后，视窗为红色，监测单元发出报警，应及时其进行更换。

两路交流输入控制及保护单元均设有过、欠压保护功能，以实现对两路输入电源的监控。输入电源正常时，绿色指示灯点亮，当被监测输入电源三相中的任一相或一相以上电压超过过压保护值（265±2）V或电压低于欠压保护值（165±2）V时（该路为供电工作电源），将自动切换至另一路输入供电，红色指示灯点亮；当三相电压低于恢复电压值（255±2）V或高于恢复电压值（174±2）V时，绿色指示灯点亮，红色指示灯熄灭。

自动转直通功能：当外部输入电源电压正常，过、欠压保护单元自身出现故障时，关断正常输出条件（如该路电源工作，则切换至另一路），约2 s后，恢复接通正常输出条件（如另一路电源故障，可转回本路电源供电）。过、欠压保护自身故障直通工作时，仍能保证一定的过欠压保护功能，但保护范围变窄，监测电压超出

AC 190～240 V 的范围，按过欠压处理。在判断保护故障时，提供故障报警和报警条件，提醒维护人员及时更换处理，保证输入电源过、欠压保护功能完整。

手动转直通功能：外部输入电源电压正常，过、欠压保护部分自身供电电路出现故障，造成两路输入电源无法正常转换导致电源屏发生断电时，过、欠压保护部分停止工作，指示灯全部熄灭，不能自动转入直通状态，应采取应急措施，手动按下过、欠压保护部分的红色退出按键。保证输入电源控制功能完整（如另一路电源故障，可转回本路电源供电）。

当两路输入电源同时出现过、欠压故障导致电源屏发生断电现象，虽然可以按下红色退出按键，维持电源屏供电，但此时输入电源不受过、欠压保护器控制，易造成屏内器件损坏，需谨慎操作。

直供开关（1QF3）与正常开关（1QS1）为机械互锁关系，不能同时闭合，当电源屏故障需转直供时，将正常开关（1QS1）断开，互锁铁片转至右侧，直供开关（1QF3）闭合即可，如图 8-3-5 所示。

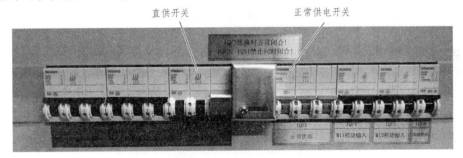

图 8-3-5　直供开关

断路器 2QF1 为不稳压备用电源的输出控制，接至 D2 端子。

端子 D4-1～3 为Ⅰ、Ⅱ路输入电源工作指示条件，端子 D4-4～6 为故障报警条件，两组干接点送至控制台，为控制台提供监测条件。

系统监测供电模块（UR）为监测单元、故障总指示灯供电，闭合断路器 1QF7 系统供电有电（DC 28～30 V），同时为监测单元蓄电池组浮充电。

注：信号电源系统出厂时，电池组处于断开状态，防止在产品存放或施工期间电池组过放电；电池组由售后服务人员在产品正式开通时，闭合电池组控制按键开关，电池组投入系统工作。

系统设置微机监测单元至上位机 RS485 的通信端子。

2）交直流 A 屏

由净化稳压屏端子 D3-1～3 引入的稳压电源接至端子 D1-1～3。

隔离电源模块 A11～A14、A21～A24、采用"N+1"配置，热备工作方式，分路输出，每组机框中的最后一台电源模块为本组其他电源的备用模块。

断路器 1QF1～1QF3，1QF5～1QF6，为各交流输出电源模块 A11～A13、A21～A23 主电源的输入控制。断路器 1QF4、1QF8 为备用电源模块 A14、A24 输入控制。平时由主用供电，备用电源热备。主用模块故障，自动转为备用模块供电，转换时间小于 0.15s。备用状态的模块的维修更换不影响正常供电。备用模块通过主用模块继电器落下接点输出，主用模块的维修更换应注意，先断开故障电源模块的输入断路器，再闭合由备用模块直接输出相应的短接开关端子（KD11～KD28），使备用模块的输出及转换插座针脚连通，输出由备用模块直接提供，再进行更换操作（正常工作时，KD 开关端子应处于断开位置）。

主用隔离模块维修：隔离模块为一路电源输出（BX-05E～BX-15E）型。

主用隔离模块维修：隔离模块为二路电源输出（BX-32E～BX-82E）型。

3）交直流 B 屏

由净化稳压屏端子 D3-4～7 引入的不稳压电源接至端子 D1-1～4。

断路器 1QF1、1QF2 为 25 Hz 电源的输入控制，由高频开关电源模块 B11、B12 进行 AC/DC/AC 变换，并经控制电路输出，分别接至 D2 端子，由 D2 端子引出接至 25 Hz 轨道电源、25 Hz 局部电源。

25 Hz 相敏轨道电源模块采用"1+1"配置，互为主、备方式工作，分路输出。平时一套主用供电，一套热备。主用模块故障，自动转为备用模块供电，转换时间小于 0.15 s。备用状态的模块的维修更换不影响正常供电。

断路器 2QF1～2QF4 为 25 Hz 轨道、局部电源各分路的输出控制。

直流电源采用高频开关电源模块实现，按"1+1"或"$N+M$"配置，分路输出并联冗余方式工作，均流性能良好。

并联冗余的模块组其中的一块模块故障，故障模块自动退出，不影响该组模块的正常输出。此时监测单元告警，并显示故障模块的具体位置，提醒用户及时更换。如现场条件允许，对于直流高频开关电源模块推荐断电更换。

直流转辙机、站间联系、灯丝报警电源输出均设置纵向防雷单元。

25 Hz 轨道电路各分路输出电源均设置纵向、横向防雷单元。

直流转辙机、站间联系电源输出均设置纵向防雷单元。

断路器 1QF7 为直流取样电路电源模块 UR 输入控制断路器。

交直流 B 屏各输入、输出控制端子定义见表 8-3-5。

表 8-3-5　交直流 B 屏各输入、输出控制端子定义

序号	输入控制	模块名称	输出控制	输出端子	输出分路名称	备注
1	1QF1		2QF1	D2-1、D2-2	25 Hz 轨道 1	
2		B11	2QF2	D2-3、D2-4	25 Hz 轨道 2	
3	1QF2	B12	2QF3	D2-5、D2-6	25 Hz 局部 1	
4			2QF4	D2-7、D2-8	25 Hz 局部 2	
5	1QF3	B21	2QF5	D2-9、D2-10	直流转辙机	
6	1QF4	B22、B23				
7	1QF5	B25、B26	2QF6	D2-11、D2-12	继电器	

续表

序号	输入控制	模块名称	输出控制	输出端子	输出分路名称	备注
8	1QF6	B27、B28	2QF7	D2-13、D2-14	站间联系1	
9			2QF8	D2-15、D2-16	站间联系2	
10			2QF9	D2-17、D2-18	站间联系3	
11			2QF10	D2-19、D2-20	站间联系4	
12	1QF7	UR1		DC±15 V		取样电路

4）交流转辙机屏

两路 AC380V 电源分别引入本屏，提供两路交流转辙机电源。

Ⅰ路输入电源分别接至端子 D1-1～D1-3；Ⅱ路输入电源分接至端子 D1-5～D1-7；Ⅰ、Ⅱ路电源的零线分别接至端子 D1-4。

交流转辙机电源采用"1+1"热备方式，可实现两路输入电源故障和主备隔离模块故障自动转换。

两路电源互为主、备方式工作，平时一套主用供电，一套热备。

先闭合断路器 1QF1，Ⅰ路隔离模块 T11～T13 工作，此时Ⅰ路电源控制及保护单元 AMC1 工作；闭合断路器 1QF2，Ⅱ路隔离模块 T22～T24 工作，Ⅱ路电源控制及保护单元 AMC2 处于备用状态（工作原理同净化稳压屏）。

每组输入控制及相序保护单元均设相序检控功能，正常时相序保护单元绿色相序正常指示灯点亮，A、B、C 三相电源红色指示灯点亮。如Ⅰ路电源断电或断相（A、B、C 三相电源对应的断相红色指示灯熄灭），错相时（绿色正常相序指示灯熄灭），系统自动转换为Ⅱ路电源供电。

系统具有手动转换功能，按下Ⅰ路、Ⅱ路手动切换按钮，进行两路电源的手动转换。

电源空闲时方可进行此项操作。

断路器 2QF1 为电源输出断路器，输出端子 D2-1～D2-3，向交流转辙机设备供电。

交流转辙机输出电源的均设置纵向防雷单元。

二、集中检修

（一）手续办理

按照《中国铁路乌鲁木齐局集团有限公司铁路固定行车设备登销记规定》文件中的设备日常养护巡视时标准用语在"行车设备检查登记簿"和"机械室出入登记本"内进行登记。

第13条　固定行车设备使用和管理需办理登销记的用语（行车设备巡视等项目登销记用语）。

（1）登记用语

（时间）×月×日×时×分至×时×分，在（地点）××站××（××站至×
×站间×线××）××（设备名称）进行（具体项目）××，不影响正常行车。

（2）销记用语

（时间）×月×日×时×分，（地点）××站××（××站至××站间×线×
×）××作业完毕。

（二）电源屏检修内容（见表 8-3-6）

表 8-3-6　电源屏检修内容

序号	作业内容
1	屏内各部检查，紧固配线端子
2	主、副屏倒机试验，两路电源的相序检查
3	检查、测试地线及防雷元件，不良整修或更换
4	检查并按周期更换屏内熔断器
5	屏内、外部及电源线沟槽清扫，检查防鼠措施
6	配合更换电源屏器材及仪表校核
7	屏内主要元器件检查测试，不良更换
8	电气特性测试

（三）检修作业流程

1. 电箱（柜）检修

地线完好，连接牢固；各开关、断路器安装牢固，线头不松动；电源输出线、
各部配线、断路器无变色；各部清扫，标识清晰，如图 8-3-6 所示。

图 8-3-6　配电柜

2. 电源屏Ⅰ、Ⅱ路输入电源转换试验

进行Ⅰ、Ⅱ路输入电源转换并核对报警；主备模块转换试验，核对报警；Ⅰ、

Ⅱ路直供试验，核对报警，如图 8-3-7 所示。

图 8-3-7　电源屏输入电源转换位置

3. 电源屏内检修

（1）屏内各地线检查连接良好，如图 8-3-8 所示。

图 8-3-8　电源屏地线

（2）监控单元与模块的监测接口插接牢固，螺丝不松动，如图 8-3-9 所示。

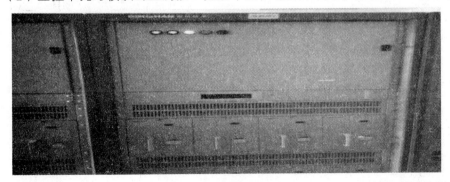

图 8-3-9　电源屏模块

（3）各开关、插接件、变压器、交流接触器、断路器安装牢固，线头不松动；电源输入、输出线、各部配线、断路器无变色；各部清扫，标识清晰，如图 8-3-10 所示。

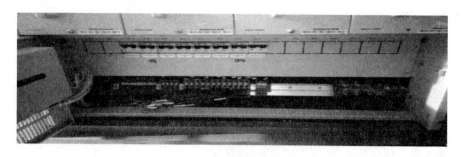

图 8-3-10　电源屏断路器、接线端子位置

4. 电源屏电气特性测试

1）测试项目及主要技术指标

电源屏Ⅰ级电气特性测试项目及主要技术指标见表 8-3-7。

表 8-3-7　测试项目及主要技术指标

序号	测试项目和内容	技术指标	备注
1	信号点灯 XJZ/XJF220	≤20 mA	
2	区间信号点灯 QJZ/QJF220	≤20 mA	
3	轨道电路 GJZ/GJF220	大站≤180 mA，小站≤100 mA	
4	局部电源 AC110V	≤20 mA	
5	道岔表示 DJZ/DJF220	≤20 mA	
6	表示灯 JZ/JF24	有载≤20 mA，无载≤1 mA	不稳压备用电源不测试接地电流
7	道岔控制 DZ/DF220、DZ/DF 24	有载≤10 mA，无载≤1 mA	
8	继电器　KZ/KF24	≤1 mA	
9	区间控制 QKZ/QKF24	≤1 mA	
10	区间站联直流 Z/F	有载≤10 mA，无载≤1 mA	
11	微电子等其他交流 220	≤20 mA	
12	计算机联锁、列控设备采集和驱动直流 24 V 电源	≤1 mA	铁科的 TR9 型计算机联锁不测试接地电流

2）对地电流测试方法

（1）用万用表测试。

第一步：测试对地电流前，首先使用电压挡确认被测电源对地电压平衡（不平衡时，测试回路中串入 0.5A 保险装置和 500Ω 电阻进行测试）。

第二步：用 MF14 万用表（或数字万用表），采用相关量程电流挡，测试回路中串入 0.5A 保险装置对电源屏相关输出电源端子进行测试。

（2）微机监测测试。

有微机监测车站用电源对地电流测试功能进行实时测试。

注：用万用表测试的路数与集中监测路数应一致，电源漏流必须在垂直天窗点内测试。

（3）地线电阻测试方法。

① 采用地线电阻测试专用仪表。

接地电阻测试仪用于测试地线的接地阻抗值，由手摇柄、辅助接地探测端钮 P1、辅助接地探测端钮 C1、测试端钮 P2、测试端钮 C2、表盘、刻度旋钮，以及刻度旋钮上的倍率旋钮组成。该仪表在使用时不需安装电池或外接电源。

② 该仪表必须经过段计量部门的校验合格并出具有效合格证后方可使用。

③ 将测试端钮 P2、测试端钮 C2 并联后接至被测地线；辅助接地探测端钮 P1 连接导线及接地棒，将接地棒距地线大于 20 m 处打入土地；辅助接地探测端钮 C1 连接导线及接地棒，将接地棒距地线大于 40 m 处打入土地。以 120 r/min 以上的转速旋转仪器的手摇柄，同时调整刻度旋钮，使指针指于黑线。如不能使指针指向黑线时，调整刻度旋钮上的倍率旋钮后，重新调整刻度旋钮，直至指针指于黑线。

注意：接地棒必须打入含水量高的土地，遇干地或碎石地时，须加水保持接地棒打入处的潮湿。遇水泥地时，将接地棒平放加水，并将湿毛巾等覆于接地棒上再测量。

④ 测定时，调整刻度旋钮，使指针指于黑线，此时刻度盘位于黑线的数值×倍率＝接地电阻值。

（4）智能电源屏电源模块更换。

当电源屏模块发生故障时，首先将模块对应的输入空气开关（见图 8-3-11），断开再闭合，反复两次如果仍不能恢复，则需更换同型号模块。更换模块前，先将模块对应的输入空气开关断开，再将相应故障模块面板上的固定螺丝松开，如图 8-3-12 所示。取出故障模块，更换同型号模块后，闭合相应输入空气开关，待模块稳定工作后，观察设备是否恢复正常。

图 8-3-11　电源屏模块故障时的空气开关操作位置

图 8-3-12　电源屏更换故障模块操作时的故障模块位置

3）记录测试数据

将测试数据记入表 8-3-8 中。

表 8-3-8　×× 站、场电源屏测试记录

站名：

电源名称	线电压/V			相电压/V			电流/A			防雷地线电阻/Ω			
	AB	AC	BC	A 相	B 相	C 相	A 相	B 相	C 相	保护地线电阻/Ω			
Ⅰ 路输入										温升检查/℃			
Ⅱ 路输入										UPS	输出电压		
相序核对											供电时间		
转换试验													

输出电源名称	输出电源						对地绝缘电阻/MΩ	蓄电池组号	电池总电压/V	单块电池电压/V	浮充电流/mA	放电电流/mA	对地绝缘电阻/MΩ
	电压/V			电流/A									
	AB	AC	BC	A 相	B 相	C 相							
道岔电源													
缺口检查													
信号点灯 1													
信号点灯 2													
轨道 1													
轨道 2													
表示灯													
闪光灯													

续表

电源名称	线电压/V			相电压/V			电流/A			防雷地线电阻/Ω	
	AB	AC	BC	A相	B相	C相	A相	B相	C相	保护地线电阻/Ω	
道岔表示											
不稳压备用1											
不稳压备用2											
控制电源											
道岔动作											
微机监测											
局部电源											
TDCS电源											
电码化1											
电码化2											
区间方向电路											

4）复 查

对照标准化检修作业流程及《铁路信号维护规则》核对检修项目是否有漏检漏修，并与驻站防护员联系核对各设备工作状态是否正常。

切勿因时间或个人技术等原因漏检漏修，作业质量不达标，以次充好，如实记录工作情况。

5）销 记

通知作业负责人作业完毕，作业负责人通知驻站联络员（驻所联络员）销记。

三、作业总结

作业人员报告任务完成情况和设备质量情况，作业负责人或安排胜任人员填写《工作日志》，对设备待修缺陷纳入待修记录。

"安全风险点"

1. 必须按规定使用绝缘工具、防护用品。
2. 不得带电插拔器材、板件。
3. 不得带电作业。

【复习思考题】

简述电源屏设备标准化检修作业流程。

任务 4　UPS 电源日常养护及开关机操作

任务描述

按照《铁路信号设备维护规则》要求，××站的计算机联锁设备、自动站间安全传输系统、区间逻辑检查系统等带有 UPS 电源的设备按照其周期进行集中检修。现指派××站信号工区职工对该站计算机联锁设备、自动站间安全传输系统、区间逻辑检查系统进行集中检修。

? 请思考：UPS 电源设备的日常养护内容都有哪些，应如何养护？

任务实施

一、UPS 开关机操作

UPS 面板及背板指示灯与接口如图 8-4-1 所示。

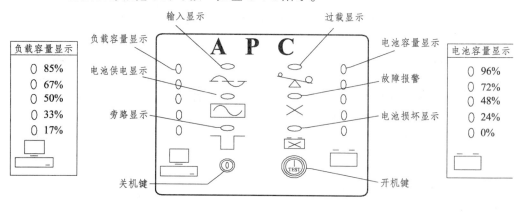

（a）UPS 面板

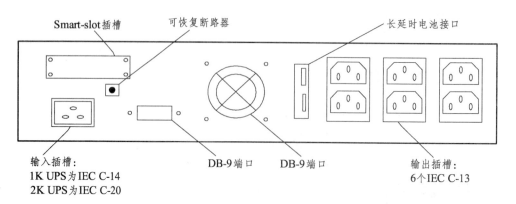

（b）UPS 背板

图 8-4-1　UPS 面板及背板

（一）开　机

持续按开机键 1 s 以上，UPS 开机。UPS 开机首先进入自检状态，自检完成后，此时输入指示灯、负载/电池容量指示灯亮，如图 8-4-2 所示。

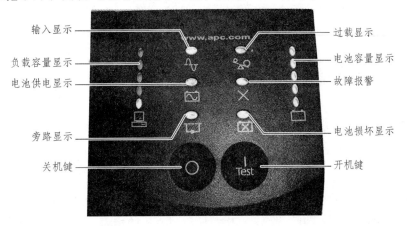

图 8-4-2　UPS 面板实物

（二）关　机

持续按关机键 1 s 以上，UPS 关机，UPS 关机首先进入自检状态，自检完成后，UPS 关闭输出。

二、UPS 电源日常养护

（1）每日检查 UPS 电源工作状态（无人站每月 2 次），检查各面板指示灯显示是否正常。

（2）检查 UPS 风扇转动正常。

（3）检查 UPS 各插接部件插接牢固，外部清洁良好。

（4）UPS 电源的蓄电池应定期进行充放电试验，保证 UPS 电源性能良好（天窗内进行）。

三、UPS 集中检修即放电试验

保持 UPS 工作在良好的通风环境中，避免阳光的直射，在高温环境下，电池每隔 2 个月充、放电 1 次，连续充电时间不小于 12 h；在正常工作环境，电池每隔 4～6 月充、放电 1 次，连续充电时间不小于 12 h。注意：须带 50% 以上负载进行放电，避免深度放电而损坏电池。

（1）切断 UPS 输入电源，当电池容量指示灯由 5 个减少至 3 个时，恢复 UPS 输入电源，记录充放电时间。

（2）检查及电池不超期。

四、UPS 出现故障时的处理方法

当 CTC 设备由于 UPS 故障造成无输出时，用以下办法解决。

（1）将 UPS 关机，此时旁路灯亮起，外电网直接供电至 UPS 输出，用万用表测量 UPS 输出正常。

（2）将 UPS 关机后重新启动，故障灯灭灯，LED 显示屏无异常，用万用表测量 UPS 输出正常。

（3）断开 UPS 直接将电源屏供电引入 CTC 设备，此后处理 UPS 故障。具体方法如下：

① 关闭机柜内所有插线板开关。

② 断开 UPS 输入与输出。

③ 连接空气开关下方连线，并用电源线与万科端子 1、2 直接连接。

④ 打开机柜内所有插线板开关，恢复供电。

五、UPS 电源的更换

当 UPS A 电源故障需进行更换时，首先按压 UPS A 前面板关闭按钮关闭 UPS A 电源，然后将对应的电源输入开关及负载开关断开，拔掉 UPS A 输入电源线及输出电源线，更换同型号的 UPS 电源。再按照原位将相应的输入、输出电源线插到新 UPS 电源上，闭合电源输入开关，按压 UPS A 前面板开机按钮，待 UPS A 工作稳定，各部指示灯显示正常后再闭合相应负载开关，如图 8-4-3 所示。

图 8-4-3

【复习思考题】

1. 简述铁路信号电源屏应满足的基本技术条件。

2. 简述铁路信号智能电源屏输入电源应满足的特性标准。

3. 简述铁路信号智能电源屏供出电源种类及各类电源应满足的电气特性标准。

4. 简述智能电源屏进行两路电源切换的作业流程。

5. 简述智能电源屏 H 型供电与 Y 型供电的区别。

6. 简述 UPS 电源日常养护的主要内容。

7. 简述电源对地电流的测试流程及注意事项。

8. 简述电源屏接地电阻测试流程及注意事项。

9. 电源屏日常养护和集中检修时登销记的位置是否一致，如何进行登销记？

10. 简述智能电源屏监控模块的作用。

项目 9　信号电缆设备维护

【项目导学】

铁路信号电缆是电气集中室内外设备联系的通道。电气集中室外设备的安全、可靠工作的基础条件是铁路信号电缆的正确敷设和配线。

本项目通过光、电缆设备基础、光（电）缆型号、AB 端的识别、光（电）缆测试、光（电）缆线路日常养护、光（电）缆线路标准化检修、光（电）缆线路接续、光（电）缆线路故障处理这几部分内容的学习，认识和理解我国铁路信号电缆设备的型号、测试、日常养护、标准化检修、线路接续、故障处理等方面的内容。

【教学目标】

1. 知识目标

（1）会识别光（电）缆型号、AB 端。

（2）掌握光（电）缆设备的测试、养护、检修。

（3）掌握光（电）缆线路接续、故障处理方法。

2. 技能目标

（1）根据信号工派工单作业要求，确认检修设备及作业内容、标准，准备作业工具并确认良好。

（2）能进行安全预想，进行作业中安全卡控点分析并制订防护措施。

（3）能进行维修作业项目的登记。

（4）会按照操作流程进行光（电）缆设备的测试。

（3）会按照操作流程进行光（电）缆设备的日常养护。

（4）会按照操作流程进行光（电）缆设备的标准化检修。

（5）会按照操作流程进行光（电）缆设备的线路接续。

（6）会按照操作流程进行光（电）缆设备的故障处理。

3. 素质目标

（1）认识信号电缆设备检修作业对铁路运输生产的重大意义。

（2）树立爱岗敬业、遵章守纪的劳动精神。

（3）培养学生具备工作认真负责和良好的团队合作精神。

（4）培养学生精益求精、严谨细致的工匠精神。

任务 1　信号电缆线路日常养护

1. 知识目标
（1）识别信号电缆的型号、类型。
（2）认识电缆代号含义。
（3）识别信号电缆径路图。
（4）认识数字信号电缆和内屏蔽数字信号电缆。
（5）认识电缆型号、长度和芯数。
（6）熟悉电缆测试内容。
（7）认识电缆芯线导通测试的方法。
（8）认识电缆芯线间绝缘测试与电缆对地绝缘测试的方法与标准。
（9）认识电缆电容测试方法与标准。

2. 技能目标
（1）会识别信号电缆的型号、类型。
（2）会识读信号电缆代号含义。
（3）会识别电缆型号、长度和芯数。
（4）掌握电缆芯线导通测试的方法。
（5）掌握电缆芯线间绝缘测试与电缆对地绝缘测试的方法与标准。
（6）掌握电缆电容测试方法与标准。

3. 素质目标
（1）树立爱岗敬业、遵章守纪的劳动精神。
（2）培养学生具备工作认真负责和良好的团队合作精神。
（3）培养学生精益求精、严谨细致的工匠精神。

任务实施

一、电缆与室外电缆盒认识

（一）电缆认识

1. 电缆型号

铁路信号采用的电缆通常有两类，普通信号电缆和数字信号电缆。

1）普通信号电缆

信号电缆接芯线扭绞方式分为普通型和综合扭绞型两种；按护套类型分为塑料护套、综合护套和铝护套三种，每类又分为带铠装和不带铠装两类；从绝缘上分为聚氯乙烯绝缘和聚乙烯绝缘两种。

普通型电缆芯线分层顺一个方向扭绞。综合扭绞型电缆的芯线分成若干四芯星绞组、二芯对绞组，再分层按一定要求扭绞。综合扭绞减少了芯线间电磁场干扰，优化了电气参数。塑料护套电缆用于楼内。综合护套由聚乙烯薄膜和铝箔黏接制成，为半密闭型护套，带铠装的用于室外可直埋；不带铠装的用于室外，需要有电缆槽、管的有效防护。铝护套为密闭型护套，无论是否带铠装，均可用于室外直埋。

信号电缆型号由汉语拼音字母和阿拉伯数字组成，其含义见表9-1-1。

表9-1-1　信号电缆代号含义

序号	代号	含义	序号	代号	含义
1	P	信号电缆	5	A	综合护套
2	T	铁路	6	L	铝护套
3	Y	聚乙烯绝缘（护套）	7	22	钢带铠装聚氯乙烯外护套
4	V	聚氯乙烯护套	8	23	钢带铠装聚乙烯外护套

PTYV：聚乙烯绝缘聚氯乙烯护套。

PTYL23：聚乙烯绝缘铝护套钢带铠装聚乙烯外护套。

普通信号电缆类型见表9-1-2所示。

表9-1-2　信号电缆类型

护套类型	电缆型号	含义
塑料护套	PTYV	聚乙烯绝缘聚氯乙烯护套
	PTYY	聚乙烯绝缘聚乙烯护套
	PTY22	聚乙烯绝缘钢带铠装聚氯乙烯外护套
	PTY23	聚乙烯绝缘钢带铠装聚乙烯外护套
综合护套	PTYA22	聚乙烯绝缘综合护套钢带铠装聚氯乙烯外护套
	PTYA23	聚乙烯绝缘综合护套钢带铠装聚乙烯外护套
铝护套	PTYL22	聚乙烯绝缘铝护套钢带铠装聚氯乙烯外护套
	PTYL23	聚乙烯绝缘铝护套钢带铠装聚乙烯外护套

2）数字信号电缆

普通信号电缆虽基本满足信号系统的要求，但其传输性能和可靠性不能适应信号技术进步和发展的需求。故需研制新型信号电缆替代现有信号电缆，实现电磁兼容，强电、弱电共缆传输。

内屏蔽数字信号电缆内有绝缘单线、四线组绞合、内屏蔽通信四线组单元组合。

绝缘单线采用内皮层、中间发泡层、外皮层三层一次共挤包在铜导体上。四线组采用高速精密星绞综合工艺。通信四线组单元用复合铜带纵包实现电磁屏蔽。

内屏蔽数字信号电缆代号含义见表 9-1-3 所列，型号见表 9-1-4 所列。

表 9-1-3　数字信号电缆代号含义

序号	代号	含义	序号	代号	含义
1	SP	数字信号电缆	5	A	综合护套
2	T	铁路		L	铝护套
3	YW	物理发泡聚乙烯绝缘（皮-泡-皮绝缘结构）	6	23	双钢带铠装聚乙烯外护套
4	P	内屏蔽		03	聚乙烯外护套

表 9-1-4　内屏蔽数字信号电缆型号名称

型号	名称
SPTYWP03	皮-泡-皮物理发泡聚乙烯绝缘聚乙烯外护套铁路内屏蔽数字信号电缆
SPTYWP23	皮-泡-皮物理发泡聚乙烯绝缘聚钢带铠装聚乙烯外护套铁路内屏蔽数字信号电缆
SPTYWPA03	皮-泡-皮物理发泡聚乙烯绝缘综合护层聚乙烯外护套铁路内屏蔽数字信号电缆
SPTWPA23	皮-泡-皮物理发泡聚乙烯绝缘综合护层钢带铠装聚乙烯外护套铁路内屏蔽数字信号电缆
SPTYWPL03	皮-泡-皮物理发泡聚乙烯绝缘铝护层聚乙烯外护套铁路内屏蔽数字信号电缆
SPTYWPL23	皮-泡-皮物理发泡聚乙烯绝缘铝护层钢带铠装聚乙烯外护套铁路内屏蔽数字信号电缆

二、电缆径路图

电缆径路图是进行室外信号设备安装的重要图纸，包括如下内容。

（一）轨道电路极性交叉的配置

粗线代表正极性，细线代表负极线。

（二）轨道电路送受电端的布置

送电端的图形符号：⊡。

受电端图形符号：⊞。

送、受电端可以合用一个终端电缆盒。

（三）室外电缆网络连接设备的类型和位置

（1）方向盒图形符号：4 方向 ⑷；7 方向 ⑺。

名称：D-1、C-1、S-2、X-4。

D：道岔电缆方向盒。

C：轨道电路送电端电缆方向盒。

S：轨道电路受电端电缆方向盒。

X：信号机电缆方向盒。

编号：下行咽喉编奇数，上行咽喉编偶数，从机械室电缆井向接发车口编。

（2）终端电缆盒图形符号

HZ12：⑿   HZ24：㉔

（四）室外信号设备的串接顺序和电缆径路

图纸中不同颜色线条表示不同用途电缆，直接从机械室电缆井连接到具体设备，干线电缆由方向盒连接，连接具体设备的支线电缆用终端盒连接。

（五）每根电缆型号、长度和芯数

如 140-12（6）中，140 为长度，12 为电缆芯数，6 为备用芯数。

（六）电缆埋设标志标桩的坐标

K1796+300/800 mm/5.2 m：坐标里程 K1796+300 m，埋深 800 mm，距离钢轨 5.2 m。

（七）电缆标号

用于室外电缆箱盒配线，位于电缆径路图纸底部。③表示 3 号电缆。下行咽喉用奇数，上行咽喉用偶数。

三、室外电缆箱盒配线图

室外电缆箱盒配线图详细表明了箱盒内设备端子与电缆芯线之间的对应关系。

（1）电缆从分线盘出发，经过中间的方向盒到达终端设备的终端盒，一般分线盘位于图纸的左侧，电缆标号为图纸编号。

（2）每一根电缆芯线详细注明使用电缆的那一线束的那一芯，线束用罗马数字表示，芯线用阿拉伯数字表示，如Ⅰ-1，表示第一束的第一芯电缆。

（3）电缆端别判断。用手锯、电工刀等工具将每盘电缆外圈端头剥开长度约 150 mm 的一段，面对电缆端头，若绿色四线组在红色四线组的顺时针方向侧或者每个四线组内，绿色芯线在红色芯线的顺时针方向侧，则本端为电缆 A 端，反之为 B 端，如图 9-1-1 所示。

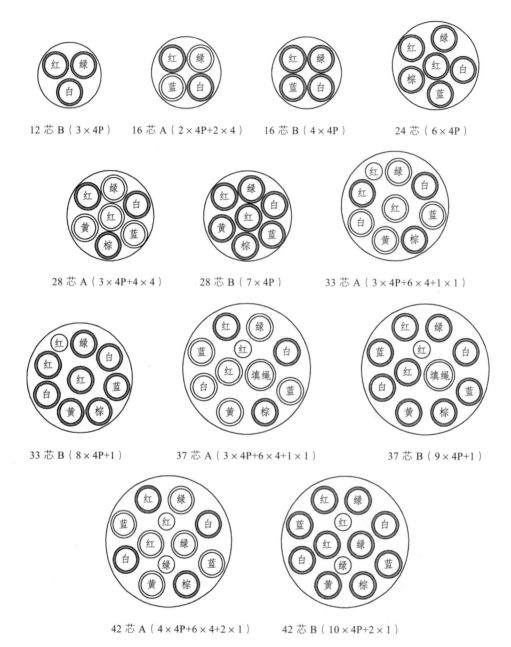

12 芯 B（3×4P）　　16 芯 A（2×4P+2×4）　　16 芯 B（4×4P）　　24 芯（6×4P）

28 芯 A（3×4P+4×4）　　28 芯 B（7×4P）　　33 芯 A（3×4P+6×4+1×1）

33 芯 B（8×4P+1）　　37 芯 A（3×4P+6×4+1×1）　　37 芯 B（9×4P+1）

42 芯 A（4×4P+6×4+2×1）　　42 芯 B（10×4P+2×1）

图 9-1-1　铁路内屏蔽信号电缆 A 端截面图

注：红绿白蓝表示红、绿、白、蓝皮-泡-皮绝缘芯线色标。

红绿白蓝棕黄表示红、绿、白、蓝、棕、黄四线组扎纱色标。

红绿白蓝棕黄表示红、绿、白、蓝、棕、黄屏蔽四线组扎纱色标。

四、信号电缆 A 端的线序、组序及编号规定

（一）四线组 A 端线序及电缆 A 端组序

四线组 A 端线序及电缆 A 端组序排列如图 9-1-2 所示。

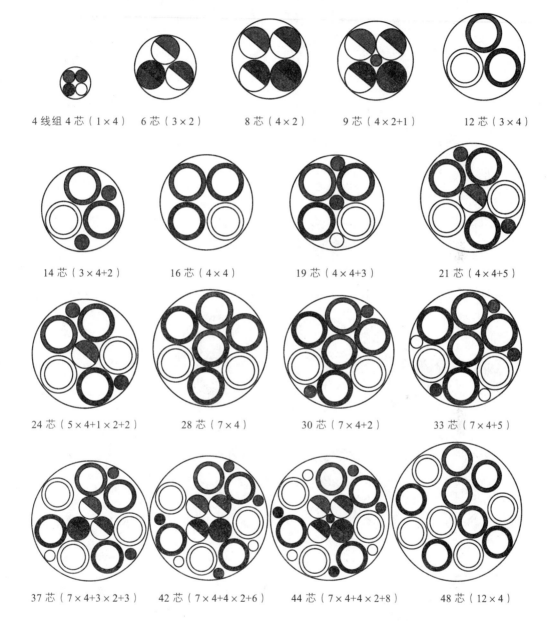

4 线组 4 芯（1×4） 6 芯（3×2） 8 芯（4×2） 9 芯（4×2+1） 12 芯（3×4）

14 芯（3×4+2） 16 芯（4×4） 19 芯（4×4+3） 21 芯（4×4+5）

24 芯（5×4+1×2+2） 28 芯（7×4） 30 芯（7×4+2） 33 芯（7×4+5）

37 芯（7×4+3×2+3） 42 芯（7×4+4×2+6） 44 芯（7×4+4×2+8） 48 芯（12×4）

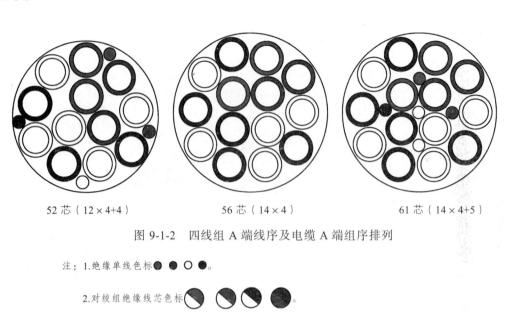

52 芯（12×4+4）　　56 芯（14×4）　　61 芯（14×4+5）

图 9-1-2　四线组 A 端线序及电缆 A 端组序排列

注：1.绝缘单线色标● ● ○ ●。

　　2.对绞组绝缘线芯色标 ◐ ◐ ◑ ●。

　　3.星形四线组扎丝色标 ○ ○ ◎ ○ ○。

（二）电缆 A 端组序、线序

电缆 A 端组序、线序排列如图 9-1-3 所示。

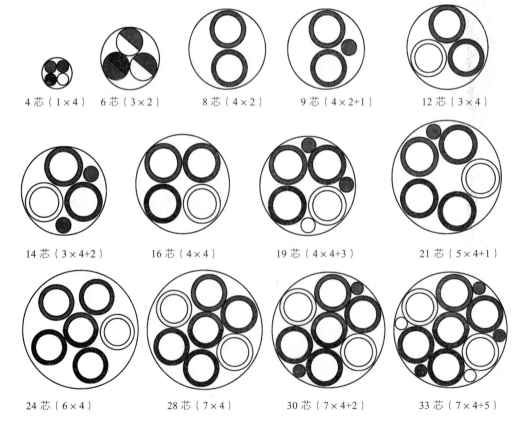

4 芯（1×4）　　6 芯（3×2）　　8 芯（4×2）　　9 芯（4×2+1）　　12 芯（3×4）

14 芯（3×4+2）　　16 芯（4×4）　　19 芯（4×4+3）　　21 芯（5×4+1）

24 芯（6×4）　　28 芯（7×4）　　30 芯（7×4+2）　　33 芯（7×4+5）

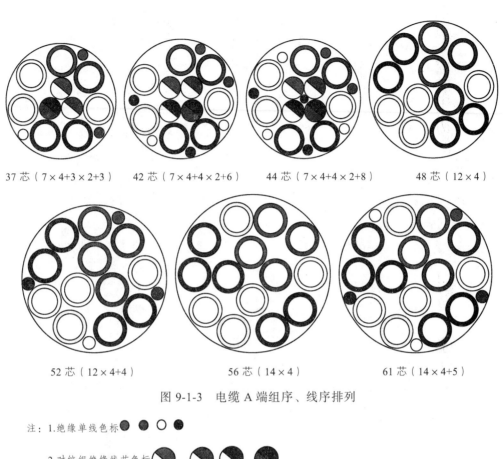

37 芯（7×4+3×2+3） 42 芯（7×4+4×2+6） 44 芯（7×4+4×2+8） 48 芯（12×4）

52 芯（12×4+4） 56 芯（14×4） 61 芯（14×4+5）

图 9-1-3 电缆 A 端组序、线序排列

注：1.绝缘单线色标 ● ● ○ ●

2.对绞组绝缘线芯色标 ◐ ◑ ◑ ●

3.星形四线组扎丝色标 ○ ○ ○ ○ ○ ○ ○

（三）内屏蔽铁路信号数字信号电缆 A 端组序、线序排列

内屏蔽铁路信号数字信号电缆 A 端组序、线序排列如图 9-1-4 所示。

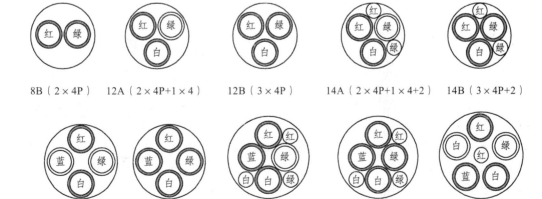

8B（2×4P） 12A（2×4P+1×4） 12B（3×4P） 14A（2×4P+1×4+2） 14B（3×4P+2）

16A（2×4P+2×4） 16B（4×4P） 19A（3×4P+1×4+3） 19B（4×4P+3） 21A（3×4P+2×4+1）

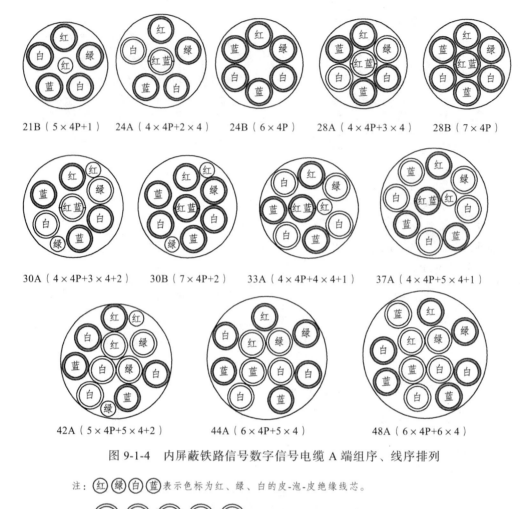

21B（5×4P+1） 24A（4×4P+2×4） 24B（6×4P） 28A（4×4P+3×4） 28B（7×4P）

30A（4×4P+3×4+2） 30B（7×4P+2） 33A（4×4P+4×4+1） 37A（4×4P+5×4+1）

42A（5×4P+5×4+2） 44A（6×4P+5×4） 48A（6×4P+6×4）

图 9-1-4　内屏蔽铁路信号数字信号电缆 A 端组序、线序排列

注：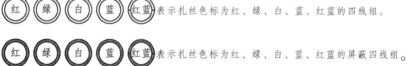表示色标为红、绿、白的皮-泡-皮绝缘线芯。

表示扎丝色标为红、绿、白、蓝、红蓝的四线组。

表示扎丝色标为红、绿、白、蓝、红蓝的屏蔽四线组。

（四）电缆编号

综合扭绞信号电缆的芯线编号，先外层后内层，每层按红、绿、白、蓝、白、蓝……的玻璃丝颜色顺序绕行编星绞组序，用罗马数字Ⅰ、Ⅱ、Ⅲ……表示，每一星绞组内则按红、白、蓝、绿的绝缘颜色顺序编芯线号，用阿拉伯数字1、2、3、4表示，例如红色星绞组里红色绝缘芯线编号为"Ⅰ-1"，绿色星绞组内白色绝缘芯线编号为"Ⅱ-2"；对绞组序从星绞红组旁的对绞组开始，按顺时针方向编，用"D"表示，每一对绞组内先编红色绝缘芯线，后编白色绝缘芯线，依次编号，其表示方法为D-1，D-2，D-3……。层绞单芯电缆从星绞红组旁红色绝缘芯线开始编，顺时针顺序编绿、白、蓝、白……绝缘芯线，先编外层后编内层，依次用阿拉伯数字表示，其表示方法为1、2、3……。

信号数字电缆芯线编号方法与综合扭绞信号电缆相同。

以上均以 A 端为例，B 端芯线编号以 A 端编号为准。B 端绕行方向为逆时针方向。

五、信号电缆设备测试前一般检查

（1）对每盘电缆进行统一编号，将编号用红油漆标注在电缆盘两侧。

（2）检查电缆盘外包装是否完整，电缆外观是否有破损等现象。

（3）检查电缆铝护套密封性能。

电缆出厂前，电缆铝护套内一般充入 100 ~ 200 kPa 干燥空气。出厂后经过储存、运输、现场存放，用气压表测量铝护套内气压值变化不大时，表明电缆密封良好。

若电缆内剩余气压较小，可及时向铝护套内充入 0.4 MPa 的干燥空气或氮气，气压稳定后，若能保持 6 h 不降压，则表明密封良好。

（4）电缆端别确认。

用电锯、电工刀剥开电缆护套，电缆盘外端电缆开剥长度为 150 ~ 200 mm，内端电缆开剥长度为 50 ~ 100 mm。长度太短不方便连接仪表，过长又浪费。

面对电缆端头，绿色四线组在红色四线组的顺时针方向侧；或者每个四线组内，绿色绝缘单芯芯线在红色绝缘单芯芯线的顺时针方向侧，则为 A 端，反之为 B 端。

及时在电缆盘两侧明显位置标明"外 A"或"外 B"字样。同时，用记号笔分别在电缆的内、外端头 50 mm 处，A 端写"A"，B 端写"B"。

六、信号电缆设备芯线导通测试与电阻值测试

（一）芯线导通测试方法

（1）将电缆两端各剥开约 30 mm，将 A 端所有芯线拧在一起，B 端用兆欧表的 E 端子连接一根芯线作回线。

（2）用 L 端子依次连接 B 端的其他芯线，轻摇兆欧表，当指针指零时，表示此芯线完好，否则该芯线为断线，如图 9-1-5 所示。

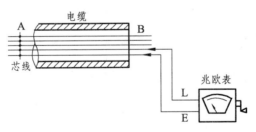

图 9-1-5　电缆芯线导通

（二）芯线直流电阻测试

用万用表测出每根芯线的电阻值。

测出的电阻值需换算成 20℃时每千米长度芯线电阻值 R，其换算公式如下：

$$R_{20} = \frac{R_x}{1 + a_{20}(t - 20)} \cdot \frac{1\,000}{L}$$

式中　R_x——实测电阻值，Ω；

　　　L ——电缆长度，m；

　　　a_{20}——电阻温度系数（0.003 93），1/℃；

　　　t ——测量时环境温度，℃。

在+20℃时，信号电缆导电线芯的直流电阻，不大于 23.5 Ω/km。

将测试结果填入"测试记录表"。

全部芯线测试结束，用粉笔在电缆盘上标写"直流电阻"字样，以示该盘电缆直流电阻测试完毕。

七、信号电缆设备工作电容测试

（1）将电缆盘内端电缆的芯线全部开路。

（2）将电缆盘外端电缆的钢带、铝护套、全部屏蔽层及排流线用一端带有鳄鱼夹的导线连接，连接后接到电容测试仪的接地端。

（3）将电缆外端头任意一四线组内的红、白芯线对或蓝、绿芯线对连接到电容测试仪的测试端子上，如图 9-1-6 所示。

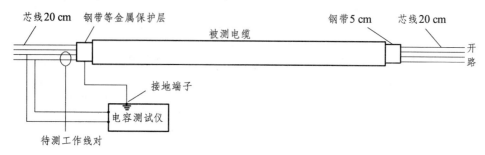

图 9-1-6　电缆电容测试

（4）测试电容值，将测试结果填入"测试记录表"。

（5）全部线测试完毕，用粉笔在电缆盘上标写"工作电容"字样，以示该盘电缆工作电容测试完毕。

八、信号电缆设备线间绝缘测试

（1）将电缆的 A 端芯线全部开路，B 端芯线全部拧在一起，与兆欧表的 E 端子连接，抽出其中任意一根芯线为 1 号线与兆欧表的 L 端子相连。

（2）以 120 r/min 速度摇表，当指针稳定后，其读数为 1 号芯线与其他芯线间的绝缘值。

（3）此后，E 端子不动，再抽出 2 号线接 L 端子用同样方法测试，依此类推，如图 9-1-7 所示。

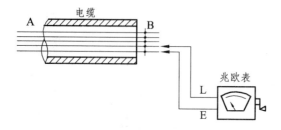

图 9-1-7　测试电缆线间绝缘

（4）所有芯线测试完后，用粉笔在电缆盘上标注"绝缘电阻"字样，以示该盘电缆的绝缘电阻测试完毕。

（5）绝缘值换算。

测得的电缆绝缘电阻值应用下面公式换算为每千米长绝缘电阻值：

$$R_X = 0.001L \times R_M$$

式中 R_X——换算到 1 km 电缆实际绝缘电阻值，MΩ；

L——电缆实际长度，m；

R_M——实际测得电缆绝缘电阻值，MΩ。

（6）将试验结果，填入表 9-1-5。

表 9-1-5　电缆单盘测试表

测试时间				测试地点				
环境温度				测试工具				

序号	电缆盘号	规格芯数	长度/m	实测绝缘/MΩ 线间	实测绝缘/MΩ 对地	换算绝缘/MΩ 线间	换算绝缘/MΩ 对地	导通	外端类别	备注

测试人：_____　　技术负责人：_____

九、信号电缆设备对地绝缘测试

（1）将电缆 A、B 两端全部开路，兆欧表的接地端子 E 与电缆铠装钢带连接（埋设后，可与地连接）L 端子依次连接各芯线进行测试。也可将 A、B 任一端全部芯线并联在一起，对地测试一次，发生不良时，再逐一测试以测试出对地不良的芯线。

（2）以 120 r/min 速度摇表，待指针稳定后，其读数即为每根芯线对地绝缘值，如图 9-1-8 所示。

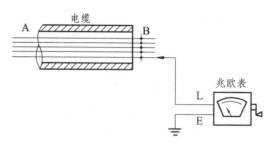

图 9-1-8　测试芯线对地绝缘

（3）绝缘值换算。

测得的电缆绝缘电阻值应用下式换算为每千米长绝缘电阻值：

$$R_X = 0.001L \cdot R_M$$

式中 L——电缆实际长度，m；

R_M——实际测得电缆绝缘电阻值，MΩ；

R_x——换算到 1 km 电缆实际绝缘电阻值，MΩ。

在进行电缆绝缘测试时，普通电缆用 500 V 兆欧表测试，综合扭绞电缆用 1 000 V 兆欧表测试。在普通环境温度+20℃时，信号电缆芯线间绝缘电阻、普通电缆任一芯线换算后的绝缘电阻值不得小于 500 MΩ/km，综合扭绞电缆不得小于 3000 MΩ/km。

（4）将试验结果填入表 9-1-5 中。

十、安全环保事项

（1）当电缆较长情况下，摇动兆欧表初期，其绝缘电阻值不能被如实反映（数据偏小），这是由于存在电缆芯线间电容的缘故，所以必须多摇一会儿，待电容充电饱和后，所测数据即为真实绝缘电阻值。

（2）电缆暴晒后测量所得数据，不能作为电缆电气特性的结论。

🚄【复习思考题】

1. 完成 24 芯电缆的导通测试。

2. 完成 24 芯电缆的芯线间绝缘测试。

3. 完成 24 芯电缆的对地绝缘测试。

任务 2　信号电缆线路集中检修

教学目标

1. 知识目标

（1）认知电缆的配线图。

（2）认识中修施工配线使用颜色标准。

（3）认识电缆配线标牌含义。

（4）认识方向盒内部配线方法。

（5）认识终端电缆盒内部配线、信号变压器箱盒端子板配线方法。

（6）认识电缆线路标准化检修流程。

2. 技能目标

（1）掌握电缆配线的方法。

（2）掌握电缆中修施工配线使用颜色标准。

（3）掌握电缆配线标牌含义。

（4）掌握终端电缆盒内部配线、信号变压器箱盒端子板配线。

（5）掌握电缆线路标准化检修流程。

3. 素质目标

（1）树立爱岗敬业、遵章守纪的劳动精神。

（2）培养学生具备工作认真负责和良好的团队合作精神。

（3）培养学生精益求精、严谨细致的工匠精神。

任务实施

一、电缆的配线

（一）电缆配线要求

（1）电缆芯线配线严格按照设计图施工，每根电缆在箱盒中挂电缆来、去向铭牌，每根电缆的备用芯线用 6 mm 套筒绕成螺旋状整齐地放在电缆根部的胶室内。

（2）电缆编号按星绞、对绞、加芯顺序进行编号。星绞组按：红、绿、白、蓝。对绞组按：红白、绿白、蓝绿、蓝白。四芯电缆编号：红、白、蓝、绿。

（二）组合柜配线

（1）组合柜、机柜、分线柜等架间的配线走在走线架上，不得走在防静电地板下，在走线架上将组合软线、微机监测软线、TDCS、CTC 软线、屏蔽线、电源线分开绑扎。

（2）组合侧面配线全部放在走线槽内，顶部入组合柜处采用胶圈进行防护。线把在走线槽内用尼龙扎带粗绑（移频线单独绑把）。组合柜零层电源环线从走线架底板上靠前面直接钻孔引下绑把，大鹅头弯上端子。

（3）室内配线除设计规定的颜色外，其余均采用蓝色阻燃铜芯塑料线。

（4）每个组合侧面、零层端子上应套上大小适中的白色套管，套管应长短一致（25 mm），上面用标记机打号标明侧面名称和来向，零层端子套管上标明电源类型、来去向。

（三）分线柜配线

（1）将电缆芯线与软线分开绑扎，移频线单独绑把。统一规定为：中小站电缆和软线从侧面走线槽走；大站电缆芯线、软线直接从走线架顶上下来，从上至下竖直在分线盘背面分线绑把；柜背面电缆配线做鹅头弯备用。

（2）区间电话线用一对 23×0.43 mm 铜芯塑料线引至微机联锁机房电务维修机处。

（3）微机联锁接口柜中的电缆应在柜顶挂铭牌，标明电缆编号。

（四）控制台配线

（1）控制台的微机接口电缆和电源线，使用 PVC 管防护。

（2）控制台的各类接口电缆、网线和电源线，应考虑备用数量统一敷设。

（3）区间电话线用一对 23×0.43 mm 铜芯塑料线引至运转室显示器机柜万可端子处，并做标记。

二、中修施工配线使用颜色标准

（1）进站信号机：L 灯一次侧输入 1 用绿线、输入 2 用绿黄线，二次侧主副线用绿线、回线用绿白线；1U 灯一次侧输入 1 用黄线、输入 2 用黄绿线，二次侧主副线用黄线、回线用黄绿线；2U 灯输入 1 用黄白线、输入 2 用黄绿线，二次侧主副线用黄白线、回线用绿黄线；H 灯一次侧输入 1 用红线、输入 2 用红白线，二次侧主副线用红线、回线用红白线；YB 灯一次侧输入 1 用白线，输入 2 用白蓝线，二次侧主副线用白线、回线用白蓝线；DS1 黄灯告警 Z 用蓝线，DS2 红灯告警 H 用黑线，DS3 白灯告警 H 用黄白线，告警串联环线用黑线。

（2）反方向进站信号机：1U 灯一次侧输入 1 用黄线、输入 2 用黄绿线，二次侧主副线用黄线、回线用黄绿线；2U 灯输入 1 用黄白线、输入 2 用黄绿线，二次侧主副线用黄白线、回线用绿黄线；H 灯一次侧输入 1 用红线、输入 2 用红白线，二次侧主副线用红线、回线用红白线；YB 灯一次侧输入 1 用白线，输入 2 用白蓝线，二次侧主副线用白线、回线用白蓝线；DS1 黄灯告警 Z 用蓝线，DS2 红灯告警 H 用黑线，DS3 白灯告警 H 用黄白线，告警串联环线用黑线。

（3）高、矮柱调车信号机：A 灯输入 1 用蓝线、输入 2 用蓝白线，二次侧主副用蓝线、回线用蓝白线；B 灯输入 1 用白线、输入 2 回线用蓝白线，二次侧主副用白线、回线用蓝白线。

（4）三显出发信号机：L 灯输入 1 用绿线、输入 2 用绿白线；H 灯输入 1 用红线、输入 2 用红白线；B 灯输入 1 用白线、输入 2 用红白线；DS1 绿灯告警 Z 用蓝线，DS2 白灯告警 H 用黑线，告警串联环线用黑线。

三、电缆配线图识图

典型的电缆配线图如图 9-2-1 所示，图中各符号含义如下。

HF-4：表示为 4 方向的方向盒。

1066-16（4）：室内分线盘至 C-1 方向盒之间的电缆为 1 066 m 长，16 芯，备用
4 芯。

XB1：信号变压器箱盒。

C1、C2：轨道电路送电端。

S1、S2：轨道电路受电端。

Ⅰ-1、Ⅰ-2、Ⅰ-3、Ⅰ-4：电缆芯线第一束。

3DG：轨道电路名称。

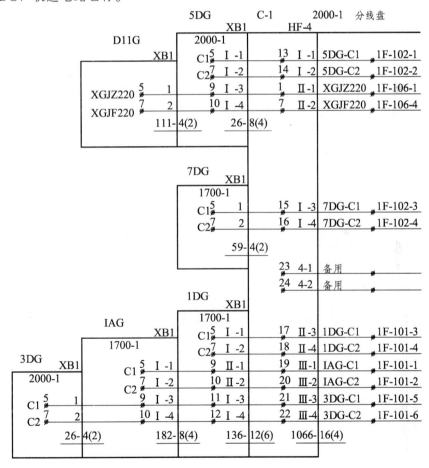

图 9-2-1　电缆配线图

四、室外电缆配线图

室外信号设备通过信号电缆与室内设备连接，室外电缆配线图以示意图的形式，
表明了室内分线柜与室外电缆网络设备的连接情况。

熟练掌握电缆配线图的内容和含义，是信号施工和维修人员必须掌握的基础知识，下面以图 9-2-2 所示的车辆段电缆配线图为例进行解读。

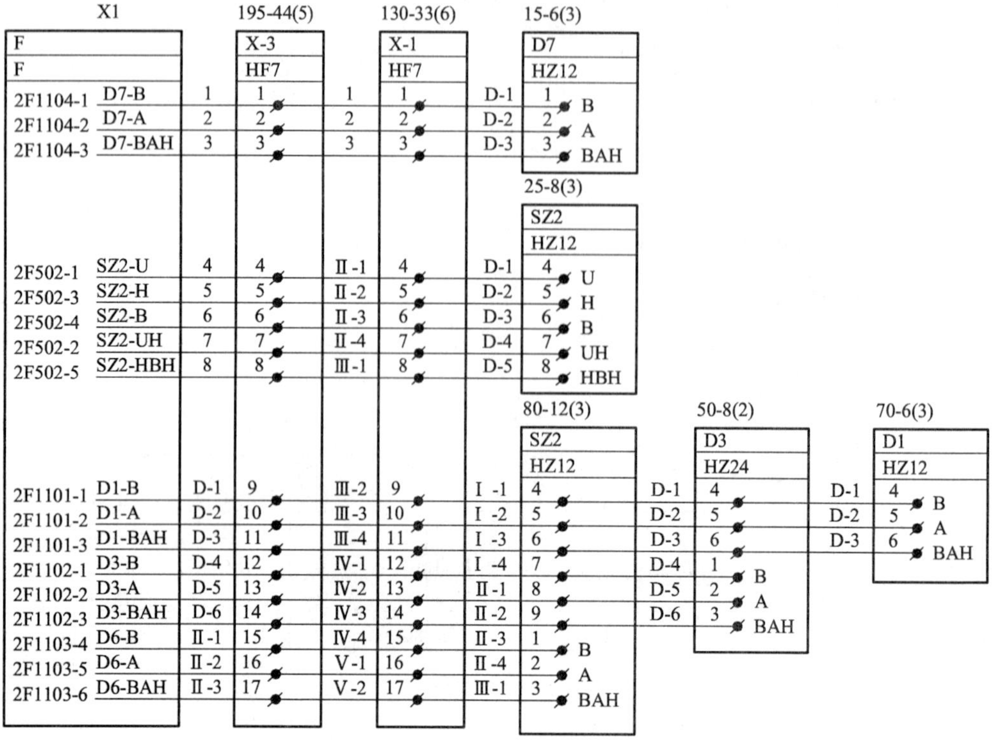

图 9-2-2 信号机电缆配线图

第一块（15-6(3) D7/HZ12）

X1		195-44(5) X-3/HF7	130-33(6) X-1/HF7	15-6(3) D7/HZ12	
F / F					
2F1104-1	D7-B	1 | 1	1 | 1	D-1 | 1	B
2F1104-2	D7-A	2 | 2	2 | 2	D-2 | 2	A
2F1104-3	D7-BAH	3 | 3	3 | 3	D-3 | 3	BAH

第二块（25-8(3) SZ2/HZ12）

2F502-1	SZ2-U	4 | 4	II-1 | 4	D-1 | 4	U
2F502-3	SZ2-H	5 | 5	II-2 | 5	D-2 | 5	H
2F502-4	SZ2-B	6 | 6	II-3 | 6	D-3 | 6	B
2F502-2	SZ2-UH	7 | 7	II-4 | 7	D-4 | 7	UH
2F502-5	SZ2-HBH	8 | 8	III-1 | 8	D-5 | 8	HBH

第三块（80-12(3) SZ2/HZ12，50-8(2) D3/HZ24，70-6(3) D1/HZ12）

2F端子	芯线	X1	195-44(5)	130-33(6)	80-12(3) SZ2/HZ12	50-8(2) D3/HZ24	70-6(3) D1/HZ12	
2F1101-1	D1-B	D-1	9	III-2 | 9	I-1 | 4	D-1 | 4	D-1 | 4	B
2F1101-2	D1-A	D-2	10	III-3 | 10	I-2 | 5	D-2 | 5	D-2 | 5	A
2F1101-3	D1-BAH	D-3	11	III-4 | 11	I-3 | 6	D-3 | 6	D-3 | 6	BAH
2F1102-1	D3-B	D-4	12	IV-1 | 12	I-4 | 7	D-4 | 1		B
2F1102-2	D3-A	D-5	13	IV-2 | 13	II-1 | 8	D-5 | 2		A
2F1102-3	D3-BAH	D-6	14	IV-3 | 14	II-2 | 9	D-6 | 3		BAH
2F1103-4	D6-B	II-1	15	IV-4 | 15	II-3 | 1			B
2F1103-5	D6-A	II-2	16	V-1 | 16	II-4 | 2			A
2F1103-6	D6-BAH	II-3	17	V-2 | 17	III-1 | 3			BAH

（一）图纸基本符号意义

图中长方框分别表示分线柜、方向盒、信号变压器箱及电缆终端盒。每个方框的第一行填写设备名称或编号，如"D7"，表示该设备为 D7 信号机的信号设备；第二行填写设备类型，例如"D7"下方填写"HZ12"，表示该设备为 HZ12 型的电缆终端盒。图中实心圆点"●"，有时也用"✦"表示各设备的端子；两个圆点之间的细实线表示电缆芯线。

（二）电缆配线图识读

从图中可以看出信号电缆"X1"为车辆段室外分线柜至室外 X-3 方向盒干线电缆、再从 X-3 分线，最终连接至相关信号机终端盒。在分线盘、方向盒、信号变压器箱及电缆终端盒的端子旁边填写有该端子所对应的编号；在分线盘及设备终端所对应的电缆终端盒的端子旁标注有电缆芯线名称；在方向盒、信号变压器箱及电缆终端盒表示的方框左上角标注有电缆长度及芯线使用情况；两连接设备之间表示的电缆芯线上标注其对应的电缆编号。

信号楼分线盘端子"2F1104-1"上配线为 D7 调车信号机的白灯点灯线，首先连接至 X-3 七方向盒的"1"号端子，其电缆长度为 195m，有 44 根电缆芯线，备用 5 根芯线，使用该根电缆的层绞单芯线的 1 号芯线。然后从 X-3 七方向盒分出，连接至 X-1 七方向盒的"1"号端子，使用该根电缆的层绞单芯线 1 号芯线，其电缆长度 130m，33 根芯线，备用 6 根。最后从 X-1 方向盒的"1"号端子，连接至 D7 调车信号机的 HZ12 电缆终端盒的"1"号端子，点调车信号机白灯，该电缆长度 15m，6 备 3，使用该电缆的对绞线的 1 号芯线。其电缆连接顺序为 2F1104-1#→X-3 1#→X-1 1#→D7 信号机 1#。

注意图中端子旁标注电缆芯线名称为"DH"或"DHH"表示电话线。

五、方向盒内部配线

方向盒内部配线如图 9-2-3 所示。

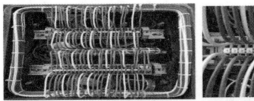

图 9-2-3　方向盒内部配线

注：HF-4、HF-7、HF1-5、HF1-7 方向电缆盒端子编号，面对信号楼，以"1 点钟"位置为 1 号端子，顺时针方向依次编号。

六、终端电缆盒内部配线

终端电缆盒内部配线如图 9-2-4 和图 9-2-5 所示。

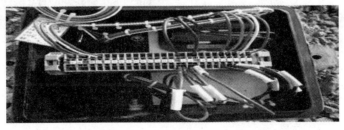

图 9-2-4　提速道岔终端电缆盒内部配线

注：提速道岔终端盒，1、2、3、4、5 端子配线分别为 X1、X2、X3、X4、X5 道岔控制线，9、10 端子配线分外接电阻。

图 9-2-5　调车信号机终端盒内部配线

注：调车信号机终端盒，1、2、3 端子配线分别为白灯去线（白色线）、蓝灯去线（蓝色线）、白、蓝灯回线（白蓝色线）。

七、信号变压器箱盒端子板配线

信号变压器箱盒内，1、2、3、4、5、6 端子配线分别为黄、绿、红、白、绿黄回、红白回点灯控制线，8、9、10 为绿灯（绿色线）至灯端点灯线，11、12、13 为红灯（红色线）至灯端点灯线，14、15、16 为黄灯（黄色线）至灯端点灯线，17、18、19 为白灯（白色线）至灯端点灯线，如图 9-2-6 所示。

图 9-2-6　信号变压器箱盒端子板配线

八、信号电缆线路标准化检修

（一）电缆运维管理措施

1. 建立完整的电缆维护计划

进行电缆的日常维护有许多方面，首先就是电缆自身的定期维护计划，对电缆缺陷技术处理，包括对电缆外围的金属保护层进行防腐处理和保养，对电缆支架的稳固，还有对电缆外围环境的维护。投入使用的电缆沟、电缆井以及电缆隧道等，这些外围的保护措施也需要根据日常的维护计划进行养护。预防性试验计划的制订，电缆运输电力的过程中，由于电流自身的特性，不可避免会出现损坏，电缆维护管理部门需要根据管理地区的实际情况进行针对性的试验，根据电缆线路的材质不同，制订不同的养护和防护措施，针对油浸纸绝缘电缆，可以定期进行直流耐压实验的检测。进行维修之前首先需要使用检测技术确定具体的损坏位置，根据电缆的使用期限和损坏腐蚀程度进行线路维修的具体技术制订，然后根据送电企业的实际要求和经费情况进行工作的安排。

2. 完善巡查制度

第一种是定期巡视为电缆运营维护。好的电缆线路定期巡查制度，不仅可以提高相关人员巡查的工作效率，还可以提前发现或者预测出将会发生的问题，然后将这些即将发生的问题扼杀在摇篮之中。第二种是特殊巡视，简要来说就是在特殊的情况下进行检查，如特殊的天气（暴雨、狂风、大雪等恶劣天气等）。第三种是夜间巡视，顾名思义就是相关人员在夜间进行巡视，主要是检查高负荷工作的电路，如果发现问题可以在夜间进行修理，不仅可以保证人民正常生活，而且还可以有足够的时间进行修理。第四种是故障巡视，就是相关人员检查发现电路线存在的故障因素，然后及时进行补救和修改。第五种是监察性巡视，是整个巡视制度的总领，负责巡视检查以上四种巡查制度的管理制度，这种巡查不仅有利于查漏，还有利于将以上四种巡查制度进行合理的调度，保障线路的安全性。

3. 电缆线路防火工作

电缆出现火灾事故的主要原因是外界的火源还有自身的故障引起的火灾，但是无论什么原因出现的火灾事故都会快速蔓延，并且造成大范围的电力故障，后续进行火灾抢救以及电力恢复的过程都十分困难。当前，针对电缆的防火情况进行防护的过程中需要做好工作。首先要提升电缆的制作和安装工艺，在制作和连接电缆终端和中间接头时，专业的技术人员和施工人员要严格按照施工的工艺和具体要求进行施工和安装。其次进行电缆的铺设过程当中要严格按照相关的规范进行施工，保证弯曲半径符合要求，电缆的保护层和绝缘效果要得到保证。在电缆竣工后，要严格按照交接验收的流程和规定进行检测和试验，对耐压和绝缘电阻进行测试。最后对周围的防护措施建设，电缆沟或者是电缆隧道的建设需要根据当地的实际情况进行选择，防止电缆护层的腐蚀和损坏。后续的维护和防水工作也是十分重要的。

4. 电缆信息化管理

对电缆进行管理的过程当中需要仔细认真对电缆的隐患进行排查，并且在进行定期检查和维护的过程当中需要对所有的电缆进行排查。对那些存在隐患或者是已经出现问题的区域进行有效记录，具体的解决方法和措施也需要记录下来。对电缆进行信息化管理不仅仅是使用信息检测等高新技术，还有对信息储存和上传分享等平台的建设。进行电缆检测的过程中使用红外线侧围和超声波局部检测技术，可以准确快速发现和解决存在的问题隐患。并且在专业的 PMS 系统当中构建闭环管理模式，减少电缆的故障；系统建设过程中，对电缆维修管理技术人员的综合素质和职业素养进行培训，提升管理质量。

（二）电缆检修管理措施

1. 故障诊断

一般而言电缆故障的出现可以分为三类，即低阻故障、高阻故障和开路电阻故障。不同故障在实际诊断方法方面也存在着一定程度不同之处，要明确故障诊断所在关键节点，进而采取针对性措施进行检修维护。在实际操作时，低阻故障主要利用低压脉冲方式来进行检测并进行诊断，当通过此类方法检测时发现异常，则可以确定为是相关故障问题，属于低阻故障。而高阻故障自身破坏性相对较强，会直接影响着用电安全及输配电有效性，产生较大实际性问题，影响最终工作效果。一般在实际诊断过程中，还需要结合具体情况来分为闪络性故障和泄漏性故障，只有前期精准有效诊断之后，才可以充分考虑到整体操作要点，合理进行维护与维修，确保最终运行效果得到控制。对开路电阻故障而言，不能将电压传输到终端，需要对相关问题及问题产生的原因进行处理，才可以保障最终综合效果情况。

2. 故障测距和定点

测距与定点是故障处理过程中十分重要的一部分内容，前者主要是指具体故障的某一个中段位置，利用相关仪器进行测距。这一过程大多数都是属于粗测，要结合实际情况进行实际使用。在测距时一般包括两种方法，即行波法、抗阻法，前者主要是利用行波原理对相关位置进行一定测量和测距，而后者主要是结合运行背景进行抗阻计算得到相关距离。在进行定点时，具体定点则要根据实际情况进行操作，尤其要考虑位置、距离等综合情况，选择符合实际性要求的技术进行操作，继而满足各类检修等工作的综合特异性需求，提高最终操作的效果和质量等方面情况。

【复习思考题】

1. 光、电缆线路集中检修作业主要有哪几个方面的内容？
2. 光、电缆设备箱盒内部检修主要包括哪些方面？
3. 光（电）缆线路标准化检修有哪些主要内容？

任务 3　信号电缆线路接续

1. 知识目标
（1）熟悉电缆施工工艺标准。
（2）熟悉电缆配线工艺标准。
（3）熟悉 HF7 方向盒的电缆配线步骤。
2. 技能目标
（1）掌握电缆施工工艺标准。
（2）掌握电缆配线工艺标准。
（3）掌握 HF7 方向盒的电缆配线步骤。
3. 素质目标
（1）树立爱岗敬业、遵章守纪的劳动精神；
（2）培养学生具备工作认真负责和良好的团队合作精神。
（3）培养学生精益求精、严谨细致的工匠精神。

任务实施

一、施工工艺及标准

（一）隐蔽工程检查

（1）综合防雷接地网、避雷带、屏蔽网、均压环。
（2）环境监测屏蔽线布放。
（3）开挖电缆沟及过道。

电缆芯线接续

（二）设计审核

接近轨最远端电话线安装在双体防护盒内，调车信号机所用终端盒改为 XB1 变压器箱，进站信号机采用 1 个 XB2 变压器箱。站内轨道电路中，发码处（即股道送、受电端、正线受电端）加装室外隔离器。

所有设计图纸更改必须要报项目部工程技术部批准后才能实施，且在工程日志上做好记录。

（三）电缆敷设

信号电缆严格进行芯线导通、绝缘电阻、导线直流电阻、工作线对导体电阻不平衡、工作电容等项目的测试，经检测不合格的电缆，严禁敷设。为防止电缆在敷设时扭结和穿管时划破护套，影响电缆绝缘，敷缆时，每 10～20 m 设一人看护，过桥、过轨、道口、涵洞等用钢管、水泥槽防护地段和转弯处设专人看护；电缆穿管时，用 1 mm 铁皮制成的喇叭口套在钢管上防护；放缆速度要适当、平稳，防止电缆受力不均、过大；已经敷设的电缆立即封头，防止受潮。电缆敷设完先填 30 cm 细土，电缆回填前先用摇表测试金属护套对地绝缘，合格后再全部填埋。不合格的要及时检查电缆外皮，如有破损，立即修复。

（1）普通土敷设单层电缆时，沟深不得少于 750 mm；普通土敷多层电缆时，沟深不得少于 850 mm；石质地带沟深不得少于 550 mm（必须设钢管或水泥槽道防护）；使用电缆槽时，槽盖上面距地面不得少于 400 mm。区间电缆沟深不得小于 1 200 mm。

（2）电缆要分清 A、B 端相接，保证 B 端对信号楼。干线电缆（两端进站信号机间）采用混凝土电缆槽。信号楼外电缆沟至"引入口"采用管或槽防护。

（3）原则上电缆径路在进站信号机外方不得在路肩上，大里程方向右侧石质路段站前单位预留有电缆槽，电缆过桥、涵、隧道时必须按照项目部印发的电缆径路图选择左右侧。

（4）电缆跨越股道采用钢管、铸铁管防护，防护两端应超过枕木头 500 mm。埋深应低于枕木底 500 mm。电缆穿越公路时应用钢管防护，管两端应伸出公路边沿不少于 500 mm。电缆过水沟原则上走沟底，过水沟、水渠采用钢管防护并进行包封。

（5）信号电缆要穿越铁路、公路及道口时，距铁路、公路、道口界限 2 m 内不允许地下接续；室外电缆敷设时，1 000 m 以内不得超过 1 个接续点，一条电缆中间设有接续点，必须是同一规格电缆。电缆地下接续时，在接续处应埋设 1 m 电缆槽防护，并增设接续电缆标记。

（6）信号电缆地下接续完成后，按规定记录详细位置，并作为工程资料移交。地下接续的埋设标上注明"接续"和芯数及用途。地下接续点必须在竣工图（包括临时竣工图）上标定编号、型号、坐标。

（7）电缆标埋设：

① 区间直线距离不大于 100 m、站内 50 m 设 1 个。

② 在电缆沟分支，转向处必须埋设。

③ 埋深 0.3 m，需增设 0.4 m 见方，厚 0.2 m 的混凝土底座。

④ 地下接续处应埋设电缆接续标。

⑤ 埋设地线处应埋设地线标。

（四）室外箱盒安装

1. 变压器箱安装

（1）用于轨道电路时，箱盖应向所属线路方向开，变压器箱最突出边缘距钢轨外沿不少于 1200 mm，基础顶面应与钢轨顶面相平。

（2）用于高柱信号机时，安装在显示方向侧，变压器箱中心线对准信号机柱中心，箱边距机柱边缘 380 mm，基础应随信号机高度装设。

（3）变压器箱两基础要求水平，螺栓要紧固。

2. 方向盒安装

（1）方向盒两基础中心线应与钢轨平行，打开盒盖，基础中心连线与胶室隔墙相叠的基础应对信号楼。

（2）方向盒与信号、轨道设备在一起时，其基础顶面与钢轨顶面相平，如果方向盒距线路或信号设备较远时，硬面化顶面距地面 150~200 mm，若地势低则培土保证。

（3）方向盒不能置于电缆沟正上方，盒中心距线路中心不应小于 2 300 mm。

（4）方向盒与其他箱盒安装在一起时，其基础应与其他箱盒基础顶面一致。

3. 终端电缆盒

用于道岔时，其电线引入口应与其转辙机引线孔相对，道岔盒中心距道岔基本轨内沿 1 900~2 000 mm。

4. 其他要求

灌胶前应将箱盒内清扫干净，沾有污油的地方用汽油擦洗干净，检查麻袋片是否将防护管口与钢带耳朵之间的空隙堵严，以及电缆备用引入口是否堵严。灌胶后应确保胶面光亮、整洁、无泡沫、无麻面皱纹及塌陷，备用引入口同时用胶封严，除方向盒主胶室外，其他胶室的胶面高度应一致。

二、配线工艺标准

（1）各种箱盒配线要求整齐美观、排列均匀、正确无误。箱盒内配有端子号码牌、配线图板和接线图板。

（2）软线配线采用自绕线环加套管，电缆在上，软线在下，并分层用加镀铬平垫片隔开。

（3）每根电缆（从室内分线盘算起）到最终端贯通一对备用电缆芯线，并绘制电缆贯通示意图。

（4）电缆盒主管引出的电缆芯线与端子应呈放射型，线头处绕成鹅头花状。副管线沿盒边用尼龙丝扣间距（10±1）mm 绑扎均匀。内屏蔽数字电缆备用量不得盘圈。

（5）变压器箱电缆横把绑好后，对准端子向左右两侧分线，从衬板孔中穿出（留有 2~3 个线环的余量在下面）。

（6）变压器箱软线配线，采用 4.0 mm 直径镀锌铁线加塑料套管固定支架，用浮把沿箱底均匀布线，线把高度与器材底面平。

（7）室内使用的电源线及架间配线，严格按设计文件规定截面积布线并考虑美观统一采用阻燃型聚乙烯多股塑料铜芯线（深蓝色）。

（8）室内（区间移频柜、站内移频柜、区间综合柜、站内综合柜以及和电码化、移频有关的组合柜）走线槽采用专用内设栅格，槽道走线槽安装要求平直、牢固，电缆布放配线时要求排列整齐，禁止配线盘圈，按用途分槽道布放。布放顺序及用途为 A 槽道为电缆，B 槽道为电源线，C 槽道为发送线，D 槽道为普通线，E 槽道为接收线。

（9）分线柜电缆和软线分别绑竖把，电缆线上在分线柜从正面看的左侧端子，软线上在右侧，留足 2～3 个线头余量，端子铭牌采用塑料铭牌。

（10）微机联锁接口柜软线从机柜左右两侧及层横向的走线槽上端子，绑扎好线把。微机联锁专用电缆从机柜顶层下线孔对应相应端子下线，在从端子下的穿线孔穿到正面焊线，焊线前先分线绑把。

（11）所有上万可端子的室内软线线头必须做镀锡处理。引向零层端子的线把，绑扎要整齐、均匀、顺直、美观，余量长度要一致。

（12）地线引入室内时应加装等电位箱过渡，并写明用途。

（13）干线电缆引入分线盘时，做好电缆成端，采用始端集中至汇集接地端子排，室内汇集接地端子采用长 1 500 mm×厚 5 mm×宽 50 mm 铜板。

（14）室内（含信号综合防雷及环境监控）一律采用暗线布线方式。

三、HF7 方向盒的电缆配线步骤

（1）安装箱盒。

（2）电缆的埋设。

（3）主、副管识别及安装。

（4）电缆的测试。

（5）电缆的开剥。

（6）电缆配线图识图。

（7）电缆配线（放线、校线、制作线环、绑扎线把）。

（8）灌胶。

【复习思考题】

1. 电缆标埋设的主要原则有哪些？

2. HF7 方向盒的电缆配线步骤是什么？

3. 电缆敷设的原则与方法是什么？

任务4　光（电）缆线路故障处理

1．知识目标
（1）熟悉光（电）缆线路故障的常见类型。
（2）熟悉故障处理原则。
（3）熟悉制订线路应急调度预案的方法。
2．技能目标
（1）会分析造成光（电）缆线路故障的原因。
（2）掌握光（电）缆线路故障处理原则。
（3）掌握光（电）缆线路故障修复流程。
3．素质目标
（1）树立爱岗敬业、遵章守纪的劳动精神。
（2）培养学生具备工作认真负责和良好的团队合作精神。
（3）培养学生精益求精、严谨细致的工匠精神。

外界因素或光纤自身等原因造成的光缆线路阻断影响通信业务称为光缆线路故障。光缆阻断不一定都导致业务中断，形成故障导致业务中断的按故障修复程序处理，不影响业务未形成故障的按割接程序处理。

一、光（电）缆线路故障的分类

根据故障光缆光纤阻断情况，可将故障类型分为光缆全断、部分束管中断、单束管中的部分光纤中断三种。

（一）光缆全断

如果现场两侧有预留，采取集中预留，增加一个接头的方式处理。
故障点附近有接头并且现场有足够的预留，采取拉预留，利用原接头的方式处理。
故障点附近既无预留、又无接头，宜采用续缆的方式解决。

（二）光缆中的部分束管中断或单束管中的部分光纤中断

其修复以不影响其他在用光纤为前提，推荐采用开天窗接续方法进行故障光纤修复。

二、造成光（电）缆线路故障的原因分析

引起光缆线路故障的原因大致可以分为四类：外力因素、自然灾害、光缆自身

缺陷及人为因素。

（一）外力因素引发的线路故障

（1）外力挖掘：处理挖机施工挖断的故障，管道光（电）缆应打开故障点附近人手井查看光缆是否在人手井内受损，并双向测试中断光（电）缆。

（2）车辆挂断：处理车挂故障时，应首先对故障点光（电）缆进行双方向测试，确认光缆阻断处数，然后再有针对性地处理。

（3）枪击：这类故障一般不会使所有光（电）纤中断，而是部分光（电）缆部位或光纤损坏，但这类故障查找起来比较困难。

（二）自然灾害原因造成的线路故障

鼠咬与鸟啄、火灾、洪水、大风、冰凌、雷击、电击。

（三）光纤自身原因造成的线路故障

（1）自然断纤：由于光纤是由玻璃、塑料纤维拉制而成，比较脆弱，随着时间的推移，光纤逐渐老化导致自然断纤，或者是接头盒进水，导致光纤损耗增大，甚至发生断纤。

（2）环境温度的影响：温度过低会导致接头盒内进水结冰，光缆护套纵向收缩，对光纤施加压力产生微弯使衰减增大或光纤中断。温度过高，又容易使光缆护套及其他保护材料损坏影响光纤特性。

（四）人为因素引发的线路故障

（1）工障：技术人员在维修、安装和其他活动中引起的人为故障。例如，在光纤接续时，光纤被划伤、光纤弯曲半径太小；在割接光缆时错误地切断正在运行的光缆；光纤接续时接续不牢、接头盒封装时加强芯固定不紧等造成的断纤。

（2）偷盗：犯罪分子盗割光（电）缆，造成光（电）缆阻断。

（3）破坏：人为蓄意破坏，造成光（电）缆阻断。

三、光（电）缆线路故障处理原则

以优先代通在用系统为目的，以压缩故障历时为根本，不分白天黑夜、不分天气好坏、不分维护界限，用最快的方法临时抢通在用传输系统。

故障处理的总原则是：先抢通，后修复；先核心，后边缘；先本端，后对端；先网内，后网外，分故障等级进行处理。当两个以上的故障同时发生时，对重大故障予以优先处理。线路障碍未排除之前，查修不得中止。

四、制订光（电）缆线路应急调度预案

制订应急调度方案之前，应对所有光缆线路的系统开放情况进行一次认真摸底，根据同缆、同路由光纤资源情况，合理地制订出光纤抢代通方案。

应急抢代通方案应根据电路开放和纤芯占用情况适时修订、更新，保持方案与实际开放情况的吻合，确保应急预案的可行性。

应急调度预案的内容应包括参与的人员、领导组织、具体的措施和详细的电路调度方案。

五、光（电）缆线路故障修复流程

光缆线路故障抢修的一般流程如图 9-4-1 所示。

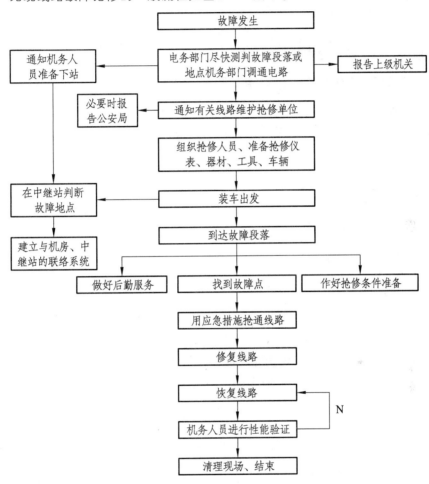

图 9-4-1 光缆线路故障抢修的一般程序

1. 处理重点

不同类型的线路故障，处理的侧重点不同。

（1）同路由有光缆可代通的全阻故障。机房值班人员应该在第一时间按照应急预案，用其他良好的纤芯代通阻断光纤上的业务，然后再尽快修复故障光纤。

（2）没有光纤可代通的全阻故障，按照应急预案实施抢代通或障碍点的直接修复进行，抢代通或修复时应遵循"先重要电路、后次要电路"的原则。

（3）光缆出现非全阻，有剩余光纤可用。用空余纤芯或同路由其他光缆代通故障纤芯上的业务。如果故障纤芯较多，空余纤芯不够，又没有其他同路由光缆，可牺牲次要电路代通重要电路，然后采用不中断电路的方法对故障纤芯进行修复。

（4）光缆出现非全阻，无剩余光纤或同路由光缆。如果阻断的光纤开设的是重要电路，应用其他非重要电路光纤代通阻断光纤，用不中断割接的方法对故障纤芯进行紧急修复。

（5）传输质量不稳定，系统时好时坏。如果有可代通的空余纤芯或其他同路由光缆，可将该光纤上的业务调到其他光纤。查明传输质量下降的原因，有针对性地进行处理。

2. 故障定位

如确定是光缆线路故障时，则应迅速判断故障发生在哪个中继段内和故障的具体情况，详细询问网管机房，如甲至乙 A/B 系统中断，同时还有甲至丙环路中断，那么就可以判断故障点位于甲机房至丙引接段。再根据判断结果，立即通知相关的线路维护单位测判故障点。

3. 抢修准备

线路维护单位接到故障通知后，应迅速携带抢修工具、仪表及器材等出发，同时通知相关维护线务员到附近地段查找原因、故障点。光缆线路抢修准备时间应按规定执行。

4. 建立通信联络系统

抢修人员到达故障点后，应立即与传输机房建立起通信联络系统。

5. 抢修的组织和指挥

光缆线路故障的抢修由机务部门作为业务领导，在抢修期间密切关注现场的抢修情况，做好配合工作，抢修现场由光缆线路维护单位的领导担任指挥。

在测试故障点的同时，抢修现场应指定专人（一般为光缆线务员）组织开挖人员待命，并安排好后勤服务工作。

6. 光缆线路的抢修

当找到故障点后，一般应使用应急光缆或其他应急措施，首先将主用光纤通道抢通，迅速恢复通信。观察分析现场情况，做好记录，必要时进行拍照，报告公安机关。

7. 业务恢复

现场光缆抢修完毕后，应及时通知机房进行测试，验证可用后，尽快恢复通信。

8. 抢修后的现场处理

在抢修工作结束后，清点工具、器材，整理测试数据，填写有关登记，对现场进行处理，并留守一定数量的人员，保护抢代通现场。

9. 线路资料更新

修复工作结束后，整理测试数据，填写有关表格，及时更新线路资料，总结抢修情况，报告上级主管部门。

六、常见光（电）缆线路故障现象及可能原因分析

常见光（电）缆线路故障现象及可能原因分析见表 9-4-1。

表 9-4-1　常见光（电）缆线路故障现象及可能原因分析

故障现象	故障的可能原因
一根或几根光纤原接续点损耗增大、断纤	原接头盒内发生问题
一根或几根光纤衰减曲线出现台阶	光缆受机械力扭伤，部分光纤受力但尚未断开
原接续点衰减台阶水平拉长	在原接续点附近出现断纤故障
光纤全部阻断	光缆受外力影响挖断、炸断或塌方拉断

（一）距离判断

当机房判定故障是光缆线路故障时，线路维护部门应尽快在机房对故障光缆线路进行测试，用 OTDR 测试判定线路故障点的位置。

（二）可能原因估计

根据 OTDR 测试显示曲线情况，初步判断故障原因，有针对性地进行故障处理。

根据故障分析，非外力导致的光缆故障，接头盒内出现问题的情况比较多，导致接头盒内断纤或衰减增大的原因分为以下几种情况：

（1）容纤盘内光纤松动，导致光纤弹起在容纤盘边缘或盘上螺丝处被挤压，严重时会压伤、压断光纤。

（2）接头盒内的余纤在盘放收容时出现局部弯曲半径过小或光纤扭绞严重，产生较大的弯曲损耗和静态疲劳，在 1 310 nm 波长测试变化不明显，1 550 nm 波长测试接头损耗显著增大。

（3）制作光纤端面时，裸光纤太长或者热缩保护管加热时光纤保护位置不当，造成一部分裸光纤在保护管之外，接头盒受外力作用时引起裸光纤断裂。

（4）剥除涂覆层时裸光纤受伤，长时间后损伤扩大，接头损耗随之增加，严重时会造成断纤。

（5）因光缆固定不紧，光缆因应力作用或外力影响发生位移导致光缆余纤扭曲或弯曲变化引起光纤衰耗。

（6）接头盒进水，冬季结冰导致光纤损耗增大，甚至发生断纤。

（三）查找光缆线路故障点的具体位置

当遇到自然灾害或外界施工等明显外力造成光缆线路阻断时，检修人员根据测试人员提供的故障现象和大致故障地段，沿光缆线路路由认真巡查，一般容易找到故障地点。如非上述情况，巡查人员就不容易从路由上的异常现象找到故障地点。这时，必须根据 OTDR 测出的故障点到测试端的距离，与原始测试资料进行核对，查出故障点是在哪两个标石（或哪两个接头）之间，通过必要的换算后，找到故障

点的具体位置。如有条件，可以进行双向测试，更有利于准确判断故障点的具体位置。

（四）影响光缆线路障碍点准确判断的主要原因

1. OTDR 存在固有偏差

OTDR 固有偏差主要反映在距离分辨率上，不同的测试距离偏差不同，在 150 km 测试范围时，测试误差达 ± 40 m。

2. 测试仪表操作不当产生的误差

在光缆故障定位测试时，OTDR 使用的正确性与障碍测试的准确性直接相关。例如，仪表参数设定不当或游标设置不准等因素都将导致测试结果的误差。

3. 计算误差

OTDR 测出的故障点距离只能是光纤的长度，不能直接得到光缆的皮长及测试点到障碍点的地面距离，必须通过计算才能求得，而在计算中由于取值不可能与实际完全相符或对所使用光缆的绞缩率不清楚，也会产生一定的误差。

4. 光缆线路竣工资料不准确造成的误差

由于在线路施工中没有注意积累资料或记录的资料可信度较低，都使得线路竣工资料与实际不相符，依据这样的资料，不可能准确地测定出障碍点。

譬如，光缆接续时接头盒内余纤的盘留长度、各种特殊点的光缆盘留长度以及光缆随地形的起伏变化等，这些因素的准确性直接影响着障碍点的定位精度。

（五）提高光缆线路故障定位准确性的方法

1. 正确、熟练掌握仪表的使用方法

准确设置 OTDR 的参数，选择适当的测试范围，应用仪表的放大功能，将游标准确放置于相应的拐点上，如故障点的拐点、光纤始端点和光纤末端拐点，这样就可得到比较准确的测试结果。

2. 建立准确、完整的原始资料

准确、完整的光缆线路资料是障碍测量、判定的基本依据。因此，必须重视线路资料的收集、整理和核对工作，建立起真实、可信和完整的线路资料。

建立准确的线路路由资料，包括标石（杆号）—纤长（缆长）对照表，"光纤长度累计"及"光纤衰减"记录，在建立"光纤长度累计"资料时，应从两端分别测出端站至各接头的距离，为了测试结果准确，测试时可根据情况采用过渡光纤。随工验收人员收集记录各种预留长度，登记得越仔细，障碍判定的误差就越小。

3. 建立完整、准确的线路资料

建立线路资料不仅包括线路施工中的许多数据、竣工技术文件、图纸、测试记录和中继段光纤后向散射信号曲线图片等，还应保留光缆出厂时厂家提供的光缆及光纤的一些原始数据资料（如光缆的绞缩率、光纤的折射率等），这些资料是日后

障碍测试时的基础和对比依据。

4. 进行正确的换算

要准确判断故障点位置，还必须把测试的光纤长度换算为测试端（或某接头点）至故障点的地面长度。

测试端到故障点的地面长度可由下式计算（长度单位为米）：

$$L = [（L_1-L_2）/（1+P）-L_3]/（1+a）$$

式中 L——测试端至故障点的地面长度，m；

L_1——OTDR 测出的测试端至故障点的光纤长度，m；

L_2——每个接头盒内盘留的光纤长度，m；

L_3——每个接头处光缆和所有盘留长度，m；

P——为光纤在光缆中的绞缩率（即扭绞系数），最好应用厂家提供的数值，一般为 7%；

a——光缆自然弯曲率（管道敷设或架空敷设方式可取值 0.5%，直埋敷设方式可取值 0.7% ~ 1%）。

有了准确、完整的原始资料，便可将 OTDR 测出的故障光纤长度与原始资料对比，精确查出故障点的位置。

5. 保持障碍测试与资料上测试条件的一致性

故障测试时应尽量保持测试仪表的信号、操作方法及仪表参数设置的一致性。因为光学仪表十分精密，如果有差异，就会直接影响到测试的准确度，从而导致两次测试本身的差异，使得测试结果没有可比性。

6. 灵活测试，综合分析

一般情况下，可在光缆线路两端进行双向故障测试，并结合原始资料，计算出故障点的位置。再将两个方向的测试和计算结果进行综合分析、比较，以使故障点的具体位置的判断更加准确。当障碍点附近路由上没有明显特点，具体障碍点现场无法确定时，也可采用在就近接头处测量等方法，或者在初步测试的障碍点处开挖，端站的测试仪表处于实时测量状态，随时发现曲线的变化，从而找到准确的光纤故障点。

七、光（电）缆线路故障判断和处理时应该注意的事项

（一）故障查修时需要注意的事项

（1）当省界或两维护单位交界处的长途光缆线路发生故障时，相邻的两个维护单位应同时出查，进行抢修。

（2）各级光缆线路维护单位应准确掌握所属光缆线路资料。熟练掌握光缆线路障碍点的测试方法，能准确地分析确定障碍点的位置。经常保持一定的抢修力量，并熟练掌握线路抢修作业程序和抢代通器材的使用。

（3）光缆维护人员应熟悉光缆线路资料，熟练掌握线路抢修作业程序、障碍测

试方法和光缆接续技术，加强抢修车辆管理，随时做好抢修准备。

抢修用专用器材、工具、仪表、机具以及交通车辆，必须相对集中，并列出清单，随时做好准备。抢修器材一般不得外借和挪用。

（二）处理过程中需要注意的事项

（1）光缆线路抢修过程中，应注意仪表、器材的操作使用安全，进行光纤故障测试前，被测光纤与对端的光端机断开物理连接。

（2）故障一旦排除并经严格测试合格后，立即通知机务部门对光缆的传输质量进行验证，尽快恢复通信。

（3）认真做好故障查修记录。故障排除后，线路维护部门应按照相关规定及时组织相关人员对故障的原因进行分析，整理技术资料并上报。总结经验教训，提出改进措施。

（4）接入或更换光缆时，应采用与故障光缆同一厂家同一型号的光缆，并要尽可能减少光缆接头和尽量减少光纤接续损耗。处理故障中所接入或更换的光缆，其长度一般不应小于 200 m，且尽可能采用同一厂家、同一型号的光缆，单模光纤的平均接头损耗应不大于 0.2 dB/个。故障处理后和迁改后光缆的弯曲半径应不小于 15 倍缆径。

【复习思考题】

1. 造成光缆线路故障的常见原因有哪些？
2. 光缆线路故障处理原则主要有哪些？
3. 光缆线路故障修复流程是什么？
4. 故障查修时需要注意的事项有哪些？
5. 故障处理过程中需要注意的事项有哪些？

项目 10　信号防雷与接地设备维护

【项目导学】

　　铁路信号控制设备位于室外平地或高处，易遭雷击，造成设备的损坏或误动，严重影响运输生产，对信号设备必须采取必要的防雷措施。

　　本项目通过学习信号防雷与接地基础、地线电阻测试、信号设备防雷元件劣化检查、信号防雷设备标准化检修、防雷元件更换、不良地线处理等内容，提高铁路电务准入人员的防雷和接地防护能力，从而确保铁路运输中信号设备的高效安全运行。

【教学目标】

　　1. 知识目标

　　（1）掌握铁路信号综合防雷系统的构成。

　　（2）掌握信号设备接地装置的作用、系统的分类、信号设备机房共用接地方式、等电位连接技术、安装浪涌保护器技术等。

　　（3）熟悉信号系统合理布线技术。

　　（4）掌握信号设备地线电阻的测试方法。

　　（5）熟悉信号设备防雷元件劣化指示，掌握检查检查方法。

　　（6）熟悉信号防雷设备标准化检修作业流程。

　　（7）掌握防雷元件更换、不良地线处理的处理方法。

　　2. 技能目标

　　（1）根据作业要求，确认检修设备及作业内容、标准，准备作业工具并确认良好。

　　（2）能进行安全预想，进行作业中安全卡控点分析并制订防护措施。

　　（3）能进行维修作业项目的登记。

　　（4）会按照作业流程对信号防雷设备进行标准化检修。

　　（5）会按照作业标准对地线设备进行电阻测试。

　　（6）能按照《铁路信号维护规则技术标准》对防雷元件进行更换，对不良地线进行处理。

　　（7）会对信号防雷和接地设备进行日常检修。

　　3. 素质目标

　　（1）认识防雷和接地设备对铁路安全运输生产的重大意义。

　　（2）树立爱岗敬业、遵章守纪的劳动精神。

　　（3）培养学生具备工作认真负责和良好的团队合作精神。

　　（4）培养学生精益求精、严谨细致的工匠精神。

任务 1　信号防雷设备日常养护

任务描述

按照《铁路信号设备维护规则》要求，××站的机械室防雷设备进行每天一次（无人值班车站每月 2 次）日常养护，现指派××站信号工区职工对该站防雷设备进行日常养护。

？请思考：应如何进行防雷设备日常养护？

知识链接

一、现代防雷技术基础

闪电是电流源，防雷的基本途径就是要提供一条雷电流（包括雷电电磁脉冲辐射）对地泄放的合理的阻抗路径，而不能让其随机地选择放电通道，简言之就是要控制雷电能量的泄放与转换。因此，应按照电子信息系统雷电防护原则，采用六大技术进行全面地、相互配合、综合性防护。

（一）直击雷防护技术

直击雷防护主要指对铁路信号楼的防护，即外部防雷。防护直击雷技术有接闪器（避雷针、避雷带、避雷网）、引下线、接地体和法拉第笼等。信息系统设备的外部防护第一是使用接闪器将主要雷电流引入大地；第二是通过信号楼四周的引下线与环形接地装置将雷电流分流、均压，避免造成过电压而危害设备；第三是利用建筑物中的金属构件按照防雷技术要求进行电气连接组成不规则的法拉第笼（笼式避雷网），起到一定的屏蔽作用；第四是信号楼各点的电位应均衡，避免由于电位差而危害设备；第五是有良好的共用接地系统以降低雷击信号楼时节点电位和地电位反击以损坏设备。铁路信号综合防雷系统构成如图 10-1-1 所示。

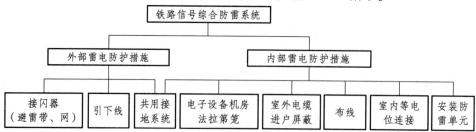

图 10-1-1　铁路信号综合防雷系统构成

1. 接闪器

接闪器的形式通常有避雷针、避雷带、避雷网、避雷线等。接闪器利用其高出被保护的突出地位，把雷电引向自身，然后通过引下线和接地装置，把直击雷电流泄入大地，以保护信号机房建筑物免遭雷击。

1）避雷针

避雷针是建筑物防直击雷结构最简单的防雷装置，其保护原理是依靠它的尖端，在雷云电场作用下不断积聚感应电荷，用它吸引雷电的下行先导，达到防雷的目的。也就是说避雷针是通过把雷电流引向自身来完成其保护区范围内的被保护对象免遭直接雷击的。但在避雷针引雷过程中会产生许多负面效应，其中最主要的是产生感应雷，增加雷击概率和地电位反击。

2）避雷带

避雷带是指在房屋顶向四周的女儿墙或坡顶的屋脊、屋檐上装上金属带作为接闪器。避雷带采用圆钢或扁钢，一般圆钢采用 8 mm，扁钢采用截面积 48 mm²（12 mm × 4 mm 扁钢）。避雷带一般高出屋面 0.15 ~ 0.2 m，如图 10-1-2 所示。

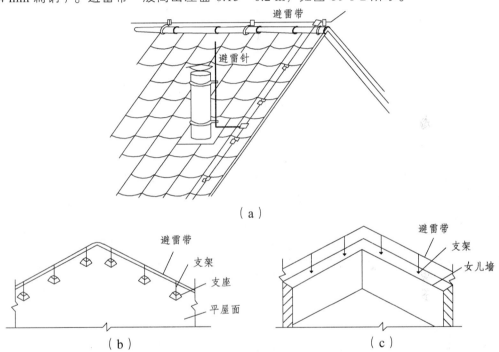

图 10-1-2　避雷带设置安全示意图

3）避雷网

1958 年，我国开始采用避雷网作接闪器，这是一种很好的防雷措施。避雷网相当于纵横交错的避雷带叠加在一起形成网格状。它可以是单独制作的金属网，架设在被保护的信号设备机房的建筑物顶上，这种形式属明装避雷网。也可以利用建筑物屋顶上的混凝土楼板构件的钢筋网作为避雷网，这种形式属暗装避雷网。

既有铁路信号机房的建筑物，一般采用明装避雷网（如暗装避雷网钢筋距屋面顶部厚度大于 20 cm 时应另设明装避雷网）。避雷网在屋顶的网格尺寸应不大于 3 m × 3 m，并与屋顶的避雷带多处焊接连通。屋顶如果存在有其他金属物（如卫星天线）都要用粗导体与避雷网、（带），牢固焊在一起。避雷网一般采用圆钢或扁钢，其截面尺寸同避雷带。

2. 引下线

引下线上与接闪器连接，下与接地装置连接，它的作用是把接闪器截获的雷电流引至接地装置流入大地。常规的避雷引下线由具有一定截面积的圆钢、扁钢或多股铜芯线等材料制成。雷电冲击电流流经避雷引下线时，在引下线周围会产生强大的电磁场，对信号楼内低压系统具有瞬态电磁脉冲冲击响应。因此，在有条件时避雷引下线可用单芯铜电缆加镀锌钢管护套的结构，以克服常规引下线瞬态响应的缺点。采用这种引下线装置，其特性阻抗和冲击阻抗优于常规引下线。这是由于电缆与镀锌钢管的内外导体之间的电容较大，降低了它的阻抗，使电缆截面上的电压降低到绝缘介质能够承受的水平。另外，雷电放电电流通过引下线的内导体入地时，接地的外屏蔽层对内导体起屏蔽作用，防止引下线与建筑物之间存在的很高电压以及引下线周围的强磁场对建筑物内低压系统的感应。因此，能够安全地将雷电流从接闪器上引导入地。

3. 接地装置

现代信号防雷的接地装置应采用共用接地系统，它的作用是使雷电流能顺利地流散到大地中去。

（二）屏蔽技术

屏蔽对于电场和磁场能起到类似屏障的作用。屏蔽技术是通过金属板式（电子设备外壳：箱、柜）、网状式（建筑物的避雷网、地网网格）或金属纺织带式（电缆屏蔽层或屏蔽线）的金属体做成一个全封闭的壳体，来阻挡和减小电磁能量对被保护的器件、设备进行干扰的一种技术。屏蔽可以防止外来的雷电电磁脉冲能量进入屏蔽体内，避免其电子设备受到干扰。同时，限制设备内部辐射的电磁能量漏出，干扰和影响周围环境。

在信号楼内，由于信息系统中各电子设备的性能不同，以及它们所处的不同的电磁环境，对其屏蔽措施也有差别。目前采取的基本屏蔽方式有信号楼的自然屏蔽；信息系统的电源线和信号传输线电缆屏蔽；以及电子设备机柜、机箱金属壳体屏蔽等措施。

（三）共用接地技术

接地是防雷技术最重要的环节，不论直击雷、雷电感应过电压或其他形式的电磁脉冲干扰，最终都是把电磁脉冲电流泄入大地。因此良好的接地装置是可靠防雷的保证。

在铁路信号机房内有许多不同的电气设备，需要多个接地装置如信号设备的防雷地线、安全地线和屏蔽地线、电力地线、通信地线和房屋建筑地线等。

独立接地系统是指上述各设备需要接地的系统分别独立地建立接地装置，共用接地系统是把需要接地的各系统地线统一接到一个地网上。

1. 接地装置的作用

接地装置是分流和排泄直击雷和雷电电磁脉冲能量最有效的手段之一。通过接地装置能把雷电流通过低电阻的接地体向大地泄放，保护信号机房、信号设备和人员的安全，并能预防火灾、防止雷击、防止静电侵害，保证铁路信号设备正常运行，因此对接地装置可靠性有很高的要求。另外，应把各种接地接在同一接地装置上，成为共用接地系统。如果不是这样，一旦出现接地不良不但不能起到上述作用，反而会成为引雷入室的祸害，把感性和容性的电磁场干扰带给设备。

2. 信号设备接地系统分类

信号设备的接地分为防雷地、安全地、屏蔽地及地及系统工作地，见表 10-1-1。

表 10-1-1　信号设备接地分类

序号	接地分类	内容	作用
1	防雷接地	电源馈线（强电）防雷地	保护设备
		信号传输线（弱电）防雷地	
2	安全地	室内信号设备机架（柜）、控制台、室外信号机梯子、机构、继电器箱、电缆箱盒等	保护人身
3	屏蔽地	信号电缆、屏蔽线、金属护套、电力电缆金属护套、金属管道	保护电子系统与设备安全可靠运行
4	系统工作地	1.系统逻辑地（电源悬浮接地），即电子设备内部逻辑电平负端公共地，也是+5 V 输出地； 2.信号回路接地，即变送器交流负接地和开关量信号负端接地； 3.安全栅接地； 4.电系统地（N 中性点接地）	

3. 信号设备机房共用接地方式

传统的铁路信号微机联锁设备要求单独设地，并与其他地严格分开。尤其与供电系统地、无线铁塔避雷针地、引下线地等，应分开且两地之间应保持 15 m 以上距离。但从工程角度讲，有些场合实现分地是困难的，应采用共用接地系统，即把防雷接地、安全接地、屏蔽接地、系统工作接地通过室内总等电位接地排连接后与接地装置相连接。

4. 等电位连接技术

为了消除雷电流引起的毁灭性电位差就特别需要实行等电位连接，因此说电位连接是雷电保护的基本安全措施。

等电位连接指信号楼内所有不带电金属物（混凝土内的钢筋及机房门窗、天花板框架、自来水管、煤气管及其他金属管道、机器基础金属物及其埋地金属物）、电缆金属屏蔽层、电力系统的中性线和设备柜、箱金属屏蔽体、电源线、静电活动地板金属支架、信号传输线、网络线的 SPD 接地等，统统用电气连接的方法通过等电位箱（排）与共用拉地系统连接起来（焊接或者可靠的导电连接），使整个信号楼成为一个良好的等电位体。

5. 分区、分级、分设备安装浪涌保护器技术

按照 TB/T 3074-2003 规定，应对建筑物需要进行保护的空间划分为不同的雷区

（LPZ），以确定各部分空间雷电电磁脉冲（LPMP）的严重程度和相应的防护对策。根据雷电电磁环境的特性，可以将建筑物需要保护的空间由表及里划分为不同的防雷区（$LPZ_0 \sim LPZ_N$），在各个防雷区交界面上应设界面防护，使电磁场强度由外及内逐渐衰减变弱。

据铁路信号电气设备在信号机械室内所处空间位置的不同，其雷电电磁强度有很大差异。LPZ 划分如图 10-1-3 所示。

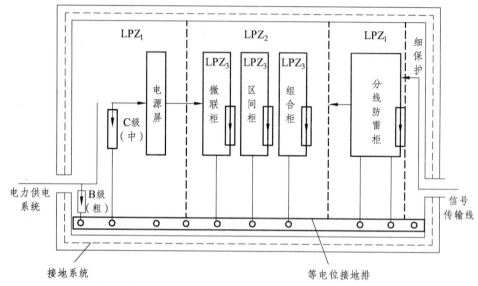

图 10-1-3　信号机械室防雷区划分示意图

（1）GB 50057《建筑防雷设计规范》要求，在任何两个防雷区交界处，配置浪涌保护器 SPD。即按照防雷区 LPZ_{OB}-LPZ_1-LPZ_2 三个防雷区界面加上被保护对象内的 SPD 就有三级保护（电源防雷一般考虑粗、中、细三保护），根据设备不同，信号传输线进入 LPZ_1 应在分线防雷柜作一级界面保护，其中轨道电路根据需要可在设备终端再做一级细保护。这就是分区、分级、分设备防护理念。

（2）分级保护。为达到分级泄流实现分级保护效果，第一级 SPD 设在进入信号楼界面处（如电力电缆引入口防雷箱 SPD 及信号传输线电缆引入室内分线防雷柜）。第一级 SPD 保护承受高电压、大电流并能快速泄流；第二级 SPD 用来降低残压。为了实现逐级防护效果，应使上一级 SPD 足够泄放雷电能量，避免在上一级 SPD 还没有动作时感应雷电波就到达下一级 SPD，提前动作出现泄流盲点，这样不仅不能有效保护设备，甚至导致自身烧毁，因此，两级 SPD 间应有足够长的间距进行配合（一般限压型 SPD 要求大于 10 m，当供电线路两级电源防雷 SPD 相距较近时，一般选用电感作退耦元件；若两 SPD 间距大于 10 m 时，就不需要安装退耦元件）。

6. 合理布线技术

合理布线技术是面向 EMC 电磁兼容，提高系统抵抗电磁干扰和防止电磁辐射能力的一项系统工程。综合布线系统的干扰源，一是来自室外引入的线缆、金属管路的端口干扰和强电、无线的电场、磁场空间干扰；二是内部布线诱发的干扰。它主要采用界面防护（屏蔽、接地及 SPD 防护）；设备屏蔽系统（计算机设备、通信设备、电子设备等的产品外形结构应该采用金属材料制成的箱、盒、柜、架，使其成为法接弟笼的形式，然后，再加上接地端子，进行良好的接地）等方法防护。屏蔽布线系统是在普通非屏蔽布线系统的外面加上金属屏蔽层，利用金属屏蔽层的反射、吸收及集肤效应，实现防止电磁干扰及电磁辐射的功能。屏蔽系统综合利用双绞线的平衡原理及屏蔽层的屏蔽作用，因而具有非常好的电磁兼容特性。

二、总体要求

（1）信号设备雷电电磁脉冲防护应根据防护需要，采取等电位连接、屏蔽、接地、合理布线，安装防雷元器件（浪涌保护器、防雷变压器等）等措施进行综合防护（简称综合防雷）。

（2）信号设备雷电电磁脉冲防护，应符合下列原则。

① 按照分区、分级、分设备防护原则，采用纵向、横向或纵横向防护方式，合理选用防雷元器件。

② 采取屏蔽、等电位连接、良好的接地以及合理布线等措施，改善信号设备电磁兼容环境。

③ 信号设备、器材须具有符合规定的耐受过电压、过电流的能力，满足电磁脉冲抗扰度的要求。

④ 防雷元器件应与被防护设备匹配设置，保证雷电感应电磁脉冲过电压限制到被防护设备的冲击耐压水平以下。

⑤ 防雷装置的设置、动作和故障状态，不得改变被保护系统的电气性能，不得影响被保护设备的正常工作，并应满足故障导向安全的原则。

（3）雷电活动地区与外线连接的信号设备应安装防雷元器件进行防护。

（4）对安装电子系统设备（计算机联锁、集中监测、CTC、列控地面设备、ZPW-2000A 等）的机房应进行有效的室内电磁屏蔽（法拉第笼电磁屏蔽）。

（5）信号设备雷电电磁脉冲防护应符合下列要求。

① 浪涌保护器的连接线应尽可能短，防雷电路的配线与其他配线应分开，不允许其他设备借用并联型防雷设备的端子。

② 防雷元器件的安装应牢固，标志清晰，并便于检查。

③ 避雷带、避雷网、引下线、避雷针无腐蚀及机械损伤，锈蚀部位不得超过截面的 1/3。

④ 进出信号机械室的信号传输线路不得与电力线路靠近和并排敷设。不得已时电力线路和信号传输线路的间距：电力电缆与信号缆线平行敷设时不小于 600 mm；采用接地的金属线槽或钢管防护的，不小于 300 mm。条件受限时应采用屏蔽电缆布放，电缆金属护套和电缆屏蔽层应作接地处理。

（6）进入雷电综合防护的机房，严禁同时直接接触墙体（含屏蔽层、金属门窗、水暖管线等）与信号设备。需要接触信号设备时，必须采取穿绝缘鞋或在地面铺垫绝缘胶垫等措施。

> **任务实施**

一、作业前准备

（一）工作安排

工长根据岗位人员职责、技术水平进行任务布置，见表 10-1-2。

表 10-1-2　任务分配

序号	任务	负责人
1	申请机械室命令号，室内驻站防护登销记联系，室内驻站防护	张×× （驻站防护员）
2	1.安全风险点把控； 2.进入机械室登记； 3.室内设备巡视； 4.填写工作日志	李×× （信号工）

（二）安全讲话

根据作业环境、作业内容、人员、机具、列车运行等情况，有针对性地提出安全注意事项。

（三）仪表料具

通信联络工具、照明灯具，点温仪、毛刷、棉纱、防火泥。

二、登记联系

在作业前，按规定在"机械室出入登记本"内登记，严格执行机械室出入管理制度。

三、日常养护

日常巡检内容见表 10-1-3。

表 10-1-3　日常巡检

修程	工作内容
日 常 养 护	1. 检查防雷元件安装状态，有无过热现象、不正常噪声及异味
	2. 防雷原件劣化检查
	3. 状态检查及屏内外部清扫
	4. 进行 I 级测试并记录

四、作业总结

作业人员报告任务完成情况和设备质量情况，作业负责人或安排胜任人员填写"工作日志"，将设备待修缺陷纳入待修记录。

【复习思考题】

简述防雷设备日常养护作业流程。

 任务 2　信号防雷设备集中检修

任务描述

按照《铁路信号设备维护规则》要求，××站的信号防雷设备应进行集中检修，现指派××站信号工区职工利用维修天窗对该站信号防雷设备进行集中检修。

教学目标

1. 知识目标

（1）掌握信号防雷设备标准化检修流程。

（2）熟悉各种作业工具的使用。

（3）根据《铁路信号维护规则技术标准》，对铁路信号防雷设备进行标准化检修。

2. 技能目标

（1）根据信号工派工单作业要求，确认集中检修设备及作业内容、标准，准备作业工具并确认良好。

（2）能进行安全预想，进行作业中安全卡控点分析并制订防护措施。

（3）能进行维修作业项目的登记。

（4）会进行机房外部防雷设备检查。

（5）会进行机房内部防雷设备检查。

（6）会测试防雷地线对地电阻。

3. 素质目标

（1）树立爱岗敬业、遵章守纪的劳动精神。

（2）培养学生具备工作认真负责和良好的团队合作精神。

（3）培养学生精益求精、严谨细致的工匠精神。

？ 请思考：完成站信号防雷设备集中检修需要如何做？

任务实施

一、作业前准备

（一）工作安排

工班长布置工作任务，明确驻站联络员、现场防护员，见表 10-2-1。

表 10-2-1　任务分配

序号	任务	负责人
1	1.室内驻站防护登销记联系，核对作业命令； 2.控制台检修	张××（驻站防护员）

序号	任务	负责人
2	1.机房外部检查； 2.机房内部检查； 3.网络设备检修	李××（信号工）
3	1.防雷元件检查； 2.测试	王××（信号工）
4	1.复查； 2.任务布置及总结会	刘××（工长）
5	1.安全风险点把控； 2.协助工长复查试验； 3.进入机械室登记	马××（安全员）

（二）安全讲话

根据天气、作业环境、作业内容、人员、机具、列车运行状况有针对性地提出安全注意事项。

（三）仪表料具

通信联络工具、照明灯具（夜间）、万用表、地线测试仪、手锤、扳手、一字螺丝刀、十字螺丝刀、克丝钳。

（四）联系登记

室内驻站联络员办理登记手续，现场防护员接到允许作业命令后方可上线。

二、作业中

安全风险点：现场防护员必须按规定进行防护，防护员引领列队上线，横越线路执行"眼看、手比、口呼"作业标准。

（一）机房外部检查

避雷带、避雷网、引下线、等电位体设施齐全、连接良好；地线标桩检查齐全完好；金属物体与环形接地装置（或与建筑物钢筋、机房屏蔽网）的等电位连接良好，如图 10-2-1 所示。

图 10-2-1　机房外部

（二）机房内部检查

（1）机房门、窗与屏蔽笼的连接牢固、可靠；墙壁地线设施齐全、无破损、连接良好，如图 10-2-2 所示。

图 10-2-2　机房内部

（2）防静电地板下铜箔带交叉处焊接牢固，不脱焊，与防静电地板支架连接可靠，如图 10-2-3 所示。

图 10-2-3　防静电地板下铜箔带

（3）电缆钢带、铝护套 U 形地线连接夹固定螺丝紧固，环节线、引出线检查紧固，接触良好，如图 10-2-4 所示。

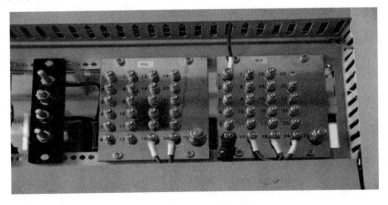

图 10-2-4　电缆钢带

（4）接地汇集线与设备（金属外壳、机架、地网）等电位的连接应牢固、不松动，如图10-2-5所示。

图 10-2-5　汇流排

（三）防雷元件检查

按照图纸核对电源屏、配电箱、分线盘、CTC、联锁机、微机监测、计轴、STP、模拟网络盘等各种防雷元件规格、位置，安装检查，如图10-2-6所示。

图 10-2-6　防雷元件

三、作业后

（一）复查确认

确认良好后进行料具清理。

（二）销记、小结

（1）通知作业负责人作业完毕，作业负责人通知驻站联络员销记。

（2）防护员引领列队原路返回后，作业人员将任务完成情况、设备质量问题及待修缺点填入"工作手册"，并向工班长汇报。

【复习思考题】

1.请说明信号设备防雷的必要性。

2.简述信号防雷设备集中检修流程。

任务 3　信号防雷设备故障处理

任务描述

按照《铁路信号设备维护规则》要求，××站的机械室防雷设备发生故障，现指派××站信号工区职工对该站防雷设备进行故障处理。

? 请思考：防雷设备故障应如何处理？

教学目标

1. 知识目标

掌握防雷设备故障处理方法。

2. 技能目标

（1）根据信号工派工单作业要求，确认故障设备位置。

（2）能进行安全预想，进行作业中安全卡控点分析并制订防护措施。

（3）能进行作业项目的登记。

（4）会按照标准作业程序对劣化防雷元件进行更换。

3. 素质目标

（1）树立爱岗敬业、遵章守纪的劳动精神。

（2）培养学生具备工作认真负责和良好的团队合作精神。

（3）培养学生精益求精、严谨细致的工匠精神。

任务实施

一、作业前准备

（一）工作安排

工长根据岗位人员职责、技术水平进行任务布置，见表 10-3-1。

表 10-3-1　任务分配

序号	任务	负责人
1	申请机械室命令号，室内驻站防护登销记联系，室内驻站防护	张××（驻站防护员）
2	1.安全风险点把控； 2.进入机械室登记； 3.防雷设备故障； 4.填写工作日志	李××（信号工）

（二）安全讲话

根据作业环境、作业内容、人员、机具、列车运行等情况，有针对性地提出安全注意事项。

（三）仪表料具

通信联络工具、照明灯具，点温仪、毛刷、棉纱、防火泥。

（四）登记联系

在"机械室出入登记本"上登记。

二、故障处理

防雷元件更换方法：将窗口显示红色已劣化的防雷模块拔下，插入窗口显示绿色的备用防雷模块，如图 10-3-1 所示。

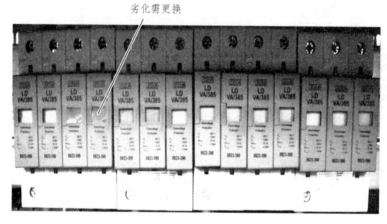

图 10-3-1　劣化防雷元件更换

三、作业总结

作业人员报告任务完成情况和设备质量情况，作业负责人或安排胜任人员填写"工作日志"，对设备待修缺陷纳入待修记录。

【复习思考题】

简述防雷设备日常养护作业流程。

任务 4　信号接地设备集中检修

任务描述

按照《铁路信号设备维护规则》要求，对××站的信号接地设备进行集中检修，现指派××站信号工区职工对该站信号接地设备进行集中检修。

? 请思考：信号接地设备应如何进行检修？

教学目标

1. 知识目标

（1）熟悉信号接地设备集中检修内容。

（2）掌握信号接地设备集中检修方法。

2. 技能目标

（1）根据信号工派工单作业要求，确认故障设备位置。

（2）能进行安全预想，进行作业中安全卡控点分析并制订防护措施。

（3）能进行作业项目的登记。

（4）会按照标准作业程序对接地设备电阻进行集中检修。

3. 素质目标

（1）树立爱岗敬业、遵章守纪的劳动精神。

（2）培养学生具备工作认真负责和良好的团队合作精神。

（3）培养学生精益求精、严谨细致的工匠精神。

知识链接

一、一般要求

（1）信号设备应设安全地线、屏蔽地线和防雷地线。信号设备的机架（柜）、控制台、箱盒、信号机梯子等应设安全地线，交流电力牵引区段的电缆金属护套应设屏蔽地线，防雷保安器应设防雷地线，安装防静电地板的机房应设防静电地线，微电子设备需要时可设置逻辑地线。上述地线均由共用接地系统的地网引出。

（2）室内信号设备的接地装置应构成网状（地网）。

（3）接地导线上严禁设置开关、熔断器或断路器。

二、接地装置

（1）信号设备设安全地线、屏蔽地线和防雷地线。

（2）信号设备的防雷装置设防雷地线；信号机械室内分组合架（柜）、计算机联锁机柜、闭塞设备机柜、电源屏、控制台，以及电气化区段的继电器箱、信号机梯子等设备安全地线；电气化区段的电缆金属护套设屏蔽地线。

（3）室内外信号设备设置综合接地装置，安全地线、屏蔽地线和防雷地线的接地电阻值符合以下要求：

① 综合接地装置（建筑物接地体、贯通地线、地网、其他共用接地体等），其接地电阻值小于 1 Ω。

② 分散接地装置，其接地电阻值应满足室外信号设备地线小于 10 Ω，室内电子设备地线小于 4 Ω，具体值符合表 10-4-1 要求。

表 10-4-1　接地阻值

序号	接地装置使用处所	土壤分类	黑土、泥炭土	黄土、砂质黏土	土加砂	砂土	土加石
		土壤电阻率/（Ω·m）	50 以下	50～100	101～300	301～500	501 以上
		设备引入回线数	接地装置接地电阻值小于/Ω				
1	防雷地线	—	10	10	10	20	20
2	安全地线	—	10	10	10	20	20
3	屏蔽地线	—	10	10	10	20	20
4	微电子计算机保护地线	—	4	4	4	4	4

三、贯通地线

（1）电气化区段、繁忙干线、铁路枢纽、编组场、强雷区和埋设地线困难地区及微电子设备集中的区段，设置贯通地线。

（2）贯通地线采用截面积不小于铜当量 35 mm²，耐腐蚀并符合环保要求的材料。

（3）与信号电缆同沟埋设于电缆槽下方土壤中，距电缆槽底部不少于 300 mm。

（4）隧道、桥梁应两侧敷设；与前两墩台接地装置连接的接地连接线设置成无维修方式。上下行线路分线时，应分别敷设。

（5）引接线采用 25 mm² 的多股裸铜缆焊接或压接，焊接时焊接长度不小于 100 mm，并套 150 mm 长热缩带防护。

（6）贯通地线任一点的接地电阻不得大于 1 Ω。

（7）贯通地线在信号机房建筑物一侧，采用 50 mm² 裸铜线与环形接地装置连接，信号楼两端各连接两次。

（8）设置贯通地线的区段，室外信号设备的各种接地线均与就近的贯通地线连接。

四、地　网

（1）地网由建筑物四周的环形接地装置、建筑物基础钢筋构成的接地体相互连接构成。

（2）环形接地装置由水平接地体和垂直接地体组成，环绕建筑物外墙闭合成环，受条件限制时可不完全环周敷设，尽可能沿建筑物周围设置，以便与地网连接的各种引线就近连接。水平接地体距建筑物外墙间距不小于 1 m，埋深不小于 0.7 m。

（3）环形接地装置必须与建筑物四角的主钢筋焊接，并在地下每隔 5～10 m 与机房建筑物基础接地网连接。

（4）垂直接地体可采用石墨接地体、铜包钢、铜材、热镀锌钢材或其他新型接地材料，电气化区段采用石墨接地体。

（5）环形接地装置的标志清楚明了，在地面上树立标桩或在墙面上设置铭牌。

五、接地汇集线及等电位连接

（1）室内系统设备的等电位连接由接地汇集线实现。

（2）控制台、继电器室、防雷分线盘、计算机室和电源室设置地线汇集线。接地汇集线采用宽 30 mm、厚 3 mm 的紫铜排，环形设置时不得构成闭合回路。铜排相互连接采用双螺杆进行固定，接触部分长度不少于 60 mm，接地汇集线之间的连接线应与墙体及屏蔽层绝缘。

（3）电源室电源防雷箱处、防雷分线盘处的接地汇集线单独设置，与环线接地装置单点冗余连接。其余接地汇集线可采用 2 根截面积不小于 25 mm² 有绝缘外护套的多股铜线或紫铜排相互连接后，再与环形接地装置单点冗余连接。

（4）室内走线架、组合架、电源屏、控制台、机架机柜等所有室内设备必须与墙体绝缘，其安全地线、防雷地线、屏蔽地线等必须以最短距离就近分别与接地汇集线连接。

（5）走线架应连接良好，不得构成环形闭合回路，已构成闭合回路应加装绝缘。室内同一排的金属机架、柜之间采用截面积大于 10 mm² 多股铜线连接后，再用 2 根不小于 25 mm² 有绝缘外护套的多股铜线或紫铜排与接地汇集线连接。

（6）信号房面积较大时，可设置与环形接地装置单点冗余连接的总接地汇集线。控制台、继电器室、计算机房等安装电子系统设备的机房接地汇集线可分别与总接地汇集线连接，也可相互连接后，用 2 根截面积不小于 25 mm² 有绝缘外护套的多股铜线或紫铜排与总接地汇集线连接。

（7）信号机房分布在几个楼层时，各楼层可分别设置总接地汇集线，总接地汇集线间采用 2 根不小于 25 mm² 有绝缘外护套的多股铜线或紫铜排连接。

（8）接地汇集线与环形接地装置的连接线，应采用 2 根不小于 25 mm² 有绝缘护套多股铜线单点冗余连接。以下 3 种接地汇集线在环形接地装置上的连接点相互间距不小于 5 m。

① 电源室电源防雷箱处（电源引入处）接地汇集线。

② 分线盘处接地汇集线。

③ 其余接地汇集线。

（9）引下线（避雷带与接地装置的连接线）在环形接地装置上的连接点，与以上三种接地汇集线在环形接地装置的连接点的相互间距也不小于 5 m。受信号楼周长太小限制的特殊情况下，其相互间距最近处不小于 3 m。

（10）无线天线的接地装置单独设置，并距环形接地装置 15 m 以上，特殊情况下不小于 5 m；确因条件限制，间距达不到要求时，与接地汇集线在环形接地装置上的连接点之间的间距不小于 5 m；无线天线设在屋顶的，其接地线可与避雷网焊接。

任务实施

一、作业前准备

（一）工作安排

工长根据岗位人员职责、技术水平进行任务布置，见表 10-4-2。

表 10-4-2　任务分配

序号	任务	负责人
1	申请机械室命令号，室内驻站防护登销记联系，室内驻站防护	张××（驻站防护员）
2	1.安全风险点把控； 2.进入机械室登记； 3.接地设备进行日常养护； 4.填写工作日志	李××（信号工）

（二）安全讲话

根据作业环境、作业内容、人员、机具、列车运行等情况，有针对性地提出安全注意事项。

（三）仪表料具

通信联络工具、照明灯具，点温仪、毛刷、棉纱、防火泥。

（四）登记联系

在"机械室出入登记本"上登记。

二、信号接地设备集中检修

（一）测试仪表

接地电阻测试采用图 10-4-1 所示的测试仪。

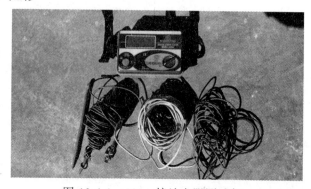

图 10-4-1　105A 接地电阻测试仪

（二）测试方法

将地线电阻测试仪中绿、黄、红线，分别插入仪表侧面相应颜色的塞孔中，将绿线与被测地线相连接，然后将黄、红线同方向无夹角拉至线的长度，同时将钢钎钉入地下，把线夹在钢钎上，打开仪表右侧旋钮开关，选择相应的挡位，选好挡位后将仪表左侧红色按钮按下进行测试（按下按钮向右旋转可以锁死测量，不用一直按压按钮）。此时，仪表显示的数据就是所测得的接地电阻值，如图 10-4-2～图 10-4-5 所示。

图 10-4-2　地线电阻测试

图 10-4-3　高柱信号机地线测试接线方式

图 10-4-4　各口接续方式

图 10-4-5　测试示意图

（三）测试数据

测试数据填入表 10-4-3。

表 10-4-3　信号设备接地电阻测试记录表

××电务段　　　　　　车间　　　　　　　　　　电信试表××

序号	测试	接地装置	地线	接地电阻/Ω	测试人	备注
	日期	使用处所	用途			
			—			

三、作业后

作业人员报告任务完成情况和设备质量情况，作业负责人或安排胜任人员填写《工作日志》，将设备待修缺陷纳入待修记录。

【复习思考题】

1. 简述信号设备应设哪几种地线，请分别说明。
2. 简述信号接地设备集中检修流程。

参考文献

[1] 袁成华. 信号设备故障分析与处理[M]. 北京：中国铁道出版社，2003.

[2] 武汉铁路局电务处. 信号设备故障一点通[M]. 北京：中国铁道出版社，2012.

[3] 袁成华. 铁路信号设备故障分析与处理[M]. 北京：中国铁道出版社，2009 年.

[4] 陈建译，陈习莲. 25Hz 相敏轨道电路技术与应用[M]. 北京：中国铁道出版社，2013.

[5] 中国铁路总公司. 铁路信号集中监测系统应用与维护技术[M]. 北京：中国铁道出版社，2013.

[6] 陈伟革. 电务道岔整治作业手册[M]. 北京：中国铁道出版社，2021.

[7] 张仕雄，薄宜勇. 铁路信号基础设备维护[M]. 北京：中国铁道出版社，2022.

[8] 林瑜筠. 区间信号自动控制[M]. 北京：中国铁道出版社，2020.

[9] 赵怀东，王改素. ZPW-2000A 型自动闭塞设备安装与维护[M]. 北京：中国铁道出版社，2005.

[10] 铁道部劳动和卫生司，铁道部运输局. 高速铁路控制中心信号设备维修岗位培训教材[M]. 北京：中国铁道出版社，2012.

[11] 钱艺，翟红兵. 车站信号自动控制系统维护[M]. 北京：中国铁道出版社，2020.